国家高端智库

中国网络借贷行业研究

胡　滨　尹振涛　主编

Research on China's Online Lending

图书在版编目（CIP）数据

中国网络借贷行业研究/胡滨，尹振涛主编．—北京：经济管理出版社，2016. 12
ISBN 978－7－5096－4735－6

Ⅰ．①中…　Ⅱ．①胡…　②尹…　Ⅲ．①互联网络—应用—借贷—研究—中国
Ⅳ．①F832. 4－39

中国版本图书馆 CIP 数据核字(2016)第 287438 号

组稿编辑：宋　娜
责任编辑：宋　娜
责任印制：黄章平
责任校对：超　凡

出版发行：经济管理出版社
（北京市海淀区北蜂窝 8 号中雅大厦 A 座 11 层　100038）
网　　址：www. E－mp. com. cn
电　　话：（010）51915602
印　　刷：三河市延风印装有限公司
经　　销：新华书店
开　　本：720mm×1000mm/16
印　　张：21. 25
字　　数：405 千字
版　　次：2016 年 12 月第 1 版　　2016 年 12 月第 1 次印刷
书　　号：ISBN 978－7－5096－4735－6
定　　价：88. 00 元

课题组主要成员：

尹振涛　王　刚　李　博　杜晓宇　李育峰　郑联盛　徐建军　薛勇臻
胡尔义　吴　飞　星　焱　张　旗　范如倩　周　群　袁　君　王寿菊
冷春雨　杨九公　徐曼琨　杨　楷　顾苏海

目　录

卷首语

不应妖魔化的互联网金融 …… 3

总报告

中国 P2P 网络借贷行业发展报告 …… 13

网络借贷平台的评级与排名实践 …… 40

中国网络借贷行业大事件评述 …… 73

P2P 网贷大数据和风险监测预警体系研究 …… 112

专题研究Ⅰ：行业制度和发展研究

浅析个体网络借贷的“个体”问题 …… 125

基于 P2P 网贷的金融消费者权益保护 …… 145

互联网金融投资者适当性管理研究 …… 155

网络借贷的投资者保护机制建设研究 …… 163

互联网金融行业自律机制有关问题研究 …… 179

网络借贷行业的转型发展分析 …… 203

专题研究Ⅱ：行业监管与法律问题

网络借贷监管的理念、思路与方法 …… 221

个体网络借贷监管框架研究 …… 230

互联网理财的定义、风险与监管 …… 253

互联网金融市场发展与监管现状 …… 259

网络借贷的风险特征与监管建议 …… 274

主要国家网络借贷监管法律制度比较研究 …… 285

专题研究Ⅲ：行业创新与案例研究

陆金所：互联网改变金融资产交易全流程 …… 309

人人贷：自律与合规铸就成长新动能 …… 318

玖富：围绕“成长周期”的场景金融服务体系 …… 322

信而富：用科技重构金融生态　普惠金融内涵初显 …… 327

卷首语

不应妖魔化的互联网金融

自2013年起，以P2P网络借贷为代表的中国互联网金融迎来了爆发式的发展，在支持小微企业融资、发展普惠金融及助力“双创”等方面发挥了重大的作用。但由于监管缺位及行业自律不足，网络借贷行业也暴露出一些发展初期的问题。同时，更有大量的线下理财或财富管理公司打着互联网金融或P2P的旗号，从事非法集资或违规业务。在国家积极促进互联网金融健康发展和推进互联网金融风险专项整治的背景下，对互联网金融及P2P网络借贷行业进行全面、系统和深入的研究，并针对当前所暴露出的一些错误认识进行客观的评价，有着极其重要的现实意义。

一、走下神坛的互联网金融又被妖魔化

近年来，在党中央、国务院先后出台“互联网+”行动方案、大数据发展纲要、鼓励支持“双创”以及深化经济体制改革等重要文件中，均提到了鼓励和促进互联网金融发展，并提出了殷切期望。最具市场敏锐的各类风险投资和股权投资机构，对互联网金融项目的投资热情也一直高涨，并带动各类互联网金融企业估值屡创新高。对于普通老百姓来说，相对更高的投资收益率也让互联网金融产品成为一个热门的投资途径。一时间，互联网金融及P2P网贷吸引各种眼球，被捧得高高在上，有被神化的倾向。大街小巷随处可见互联网金融企业的广告，电视媒体都是互联网金融创始人的励志故事，而各类活动也均可见这些年轻CEO站台演讲。互联网金融得到了前所未有的重视，而这是不理性的、不客观的，也是不可取的。

在互联网金融刚刚出现时，特别是余额宝等“宝宝类”产品盛行时，市场更多的声音是“颠覆性”的，但我们始终认为互联网金融在中短期内只能扮演

“补充性”的角色。当然，在中长期中，对于金融行业的业务模式、服务理念以及风险管控可能带来实质性影响。

随着“宝宝类”产品和 P2P 网贷产品收益率的下滑，互联网金融很快便被赶下神坛，逐步回归其本来面貌，这是市场理性的表现。但由于受到 e 租宝、泛亚、中晋等线下理财公司相继暴雷事件的波及，当前互联网金融业态又出现了被妖魔化的倾向，并且越来越严重。不可否认，在经历了野蛮式发展后，互联网金融不断暴露出一些风险，也存在着这样或那样的一些问题，这是一切事物在发展初期不可避免的。当然，现在媒体的发展环境和舆论语境都发生了很大的变化，互联网金融“从捧到杀”的转变中，媒体也应承担一定的责任。俗话说“好事不出门，坏事传千里”，在全民狗仔猎奇的时代下，老百姓都喜欢追求劲爆的话题，更喜欢看热闹、看悲剧。同时，在自媒体泛滥的情况下，这一现象尤为突出。极个别不负责任的自媒体完全站到经营的立场上，通过放大负面报道、采用标题党吸引眼球以获得关注，实现其利益最大化，而与传统媒体相比更缺少必要的监督和约束。因此，对待互联网金融这种新业态，不应该过分神化，更不宜过度妖魔化。

二、客观评价互联网金融的积极作用

对待一个只有三五年的新兴事物，更应该用理性的态度直面问题，用客观的标准进行评价。不可否认的是，互联网金融的出现为中国的金融市场化改革带来了诸多益处。

（一）互联网金融的出现激活了金融市场和金融产品的创新

金融创新是金融业发展的源泉，也是衡量一国金融发展水平和活力的重要标尺。改革开放以来，我国金融业取得了举世瞩目的成就，但是金融创新却总是乏力。一个重要的原因就是，在固有的监管制度框架下及以商业银行为主导的金融体系下，大多数金融创新并非发自内心。回顾我国之前的金融创新路径，大多都是监管机构前期研讨、论证，并在一定范围或区域内进行试点，据其效果进行全国推广。这种模式虽然在一定程度上能够防范风险，有利于金融稳定，但金融创新的效果很容易打折扣，这些创新也很难是金融机构或市场所期待的或适合的。事实证明，过去有太多由监管机构推动的金融创新，由于忽视市场能动性，在政策出台后，其效果并不理想，最终成为一纸空文。

但互联网金融的横空出世，却较好地激活了金融市场的活力，让更多的市场主体参与到金融创新中。有人质疑互联网金融创新是监管套利，是钻监管漏洞，但事实上金融创新本身就是以突破传统、突破常规为特征，金融创新与金融监管就是在博弈中前行，在保障金融稳定的前提下，应该包容金融创新。甚至，为了防范更大的系统性风险，可以“先放一把火”，只要这把火是小的、可控的，这对于金融体系而言更像是“压力测试”。同时，大型互联网金融企业的快速发展，也让中国的金融科技实力具备了国际水准。在几年的努力下，中国的互联网金融在规模、技术及模式等方面均走在了世界前列或处于第一梯队中，为中国金融业实现弯道超车提供了可能。

（二）互联网金融在努力填补传统金融机构服务上的短板

为什么有大量的中小微企业和个人选择去互联网金融平台借款，并要承担可能更高的贷款成本，主要是因为其贷款需求无法从传统金融机构获得，且 P2P 网贷平台的服务更便捷。长期处于绝对垄断地位及利率管制的背景下，商业银行更倾向于规模化放贷，以获得最大限度的息差收入，“喜大厌小”现象明显。同时，在现有的监管框架、内部考核及经济结构下，商业银行业更愿意服务于国有企业、大企业，“嫌贫爱富”现象突出。

反观 P2P 网贷平台，根据不完全统计，目前全国 P2P 网贷平台平均的单笔贷款不足 2 万元，属于典型的微金融。同时，全国 P2P 网贷平台平均的贷款期限只有 6 个月，有的甚至更短，这都是传统金融机构不重视或无法覆盖到的。在没有互联网金融之前，小微企业或个人想要获得临时性的、小额的短期周转资金，大多只能求助于民间借贷市场，甚至是通过地下钱庄借高利贷，而互联网金融平台的出现，在一定程度上提供了更加阳光化的融资渠道。这对于盘活民间的存量资金来服务中小微企业、服务实体经济是有帮助的。从规模上看，P2P 网贷行业贷款余额从 2013 年的不足 300 亿元，一路攀升至 2016 年 5 月的 5600 多亿元，实现了近 18 倍的增长，但仍不及一家商业银行个人住房贷款余额的 1/5。例如，截至 2015 年年底，中国工商银行个人住房贷款余额为 24861 亿元。由此可见，不管从业务范围还是产品类型上看，互联网金融企业根本无法与传统金融机构抗衡，只是在填补和挖掘市场空白，更在一定程度上起到了传统金融机构有益补充的作用。

（三）互联网金融让普通人获得了相对平等的金融参与权和相对市场化的金融收益权

随着经济的发展和收入的提高，居民的财富管理需求是巨大的，但是，我国存在较大的金融抑制，金融服务供给远远无法跟上需求的扩张，存在较为明显的需求—供给错配，而互联网金融的出现则在一定程度上缓解了错配的程度。一方面，互联网金融大幅度降低了老百姓投资理财的门槛。“宝宝类”产品的出现开创了1元钱的投资起点，而大多数的P2P网贷平台的最低投资额不足百元，这与商业银行动辄几万元、十几万元的理财产品相比降低很多。因此，互联网金融产品的出现，给不能或不想参与股票投资、房地产投资的老百姓增加了投资获利的渠道。同时，由于门槛的降低，互联网金融平台吸引了大量民间的闲散资金，为市场提供了更多的流动性补充。另一方面，也让零散少额的资金实现了最大化的收益。

还是以P2P网贷平台为例，目前平均的年化收益率在8%~12%，而央行一年定期存款利率仅为2.5%。虽然受市场环境的影响，“宝宝类”产品的年化收益率不断下降，但仍然比同期银行存款利率高很多。可见，互联网金融的出现在一定程度上削弱了金融排斥现象，让更多的人享受到了金融发展所带来的福利，很好地体现了普惠金融和共享经济的精髓。正如2013年诺贝尔经济学奖获得者罗伯特·希勒教授曾经指出的，金融的大众化将原本仅有华尔街客户享有的金融服务特权，传播给了沃尔玛的客户。

（四）互联网金融率先打开了金融业对民间资本放开的“玻璃门”

改革开放30多年来，我国民营经济实现了飞跃式的发展，民营经济活力不断对外释放，成为拉动我国经济增长，稳定经济的重要力量。但同时也应该看到，当前我国经济结构中也仍然存在着大量传统垄断行业，其中金融部门尤为突出。虽然，党的十八届三中全会以来，有关金融业的对内对外双向开放步伐加大，并批准成立了几家民营银行，但金融领域中民资的“玻璃门”现象仍然突出。其玻璃门是指虽然规章制度并未限制参与，但很多现实问题或难点仍然阻碍民间资本进入金融业，即使是新设立的民营银行，由于其业务范围受到限制特别是分支机构受到的限制更为明显，这对于扩大银行业竞争、市场化定价以及增加有效供给，暂时并没有实质性的促进作用。而互联网金融的诞生则有效地改变了这一现象，通过垂直或细分领域的布局，及服务覆盖范围的波及，互联网金融企业直接切入到了金融服务的第一线，构建了民营系金融阵地。

（五）互联网金融优化了金融服务质量并提升了客户体验感

互联网金融企业充分发挥电子商务、第三方支付、社交网络等形成的大数据优势，及其特有的互联网技术优势，很大程度上改变了传统金融服务机构的服务理念和服务模式。例如，用大数据风控和互联网可视技术代替线下审核，用APP客户端及社交软件替代营业网点，不仅大幅度降低了经营成本，更提高了获取金融服务的便利性和可得性，改善了服务质量，优化了服务环境。不得不说，互联网金融的客户体验更强，互动性更强。同时，互联网金融的崛起也倒逼传统金融机构必须尽快改善服务质量，优化服务内容，进一步加速了金融互联网化的发展。

（六）互联网金融的蓬勃发展加速了我国金融监管体系的完善

事实上，互联网金融出现野蛮式增长，并暴露出很多的风险和问题，不能都归责于互联网金融企业自身，监管的缺位与不力也应负有相应的责任。为什么没在 P2P 网贷出现之初就对其进行一定的监测或监管，为什么一些互联网金融模式存在明显的法律瑕疵却无人予以制止，并不是监管机构或政府部门不知道，而是现有的分业监管框架及金融监管中央化背景下，很多部门只能选择“失声”。很多互联网金融模式超出了某一种金融业态，属于跨业经营，在“谁的孩子谁抱走”的传统监管原则下，没有监管部门愿意认领，都有一个“事不关己，高高挂起”的心态。同时，在我国当前的金融监管框架下，地方金融主管部门的监管权限不足、力量较弱，并存在责任不明等问题，这都对互联网金融的无序发展提供了土壤。在中央大力鼓励“互联网 +”战略及促进互联网金融健康发展的背景下，这一问题必须解决，而中央也意识到了金融监管协调的重要性，金融监管框架的调整已提上议事日程。

三、互联网金融监管应刚柔并济

出于金融机理和金融本质，任何金融产品、任何风控模型都存在风险，不存在绝对的安全。全球范围内被认为是避险资产的美元和黄金也可能出现较大的风险。在宏观经济增速下滑的大环境下，即便是传统金融机构也会出现不良贷款规模的“双增”，何况是才初具规模的创业型金融企业。同时，创新与监管本身就是一对矛盾体，从全球金融危机史的演变过程也能够看到，金融业的发展需要找到金融创新与监管之间的平衡点。因此，对待以互联网金融为代表的新型金融业态，监管部门应该采取规范和包容兼顾的态度，不能从一个极端走到另一个极端，极端的转变对于丰富金融市场机构、完善金融市场体系以及健全金融监管框架等都是不利的。

（一）重视合规审核，而非常规监管

对互联网金融的管理，首先应该明确其定位及机理。按照目前的制度框架，

P2P 网贷平台属于信息中介范畴，并不属于金融机构，更不能开展实质性和主体性的金融业务。因此，金融监管部门可采用一般性监管原则进行监管，以防止监管过度，其监管重点放在审核信用中介的定位上。同时，对支持普惠金融发展，助力小微企业融资的纯信息中介还应该予以税收优惠、利息补贴等鼓励措施，以此鼓励互联网金融企业的发展，降低企业融资成本。

（二）采用分类监管，避免“一刀切”

基于分类监管原则，不同的互联网金融业务模式应适用不同的监管政策。明确各类互联网金融业务的监管主体、监管对象和监管范围，采取具有差异性的监管规范，以匹配原则性监管、限制性监管或功能性监管。绝不能采取“一刀切”的方式，扼杀互联网金融的发展活力。

（三）重视风险预警，谨防系统性风险

由于互联网金融风险存在特殊性，例如风险传染快、风险波及广、风险隐蔽性强等，因此，应该更重视事前管理和风险预警。同时，由于互联网金融在一定程度上实现了利率、期限和风险的重构，但本质上并没有消除风险，而更多是转移风险，因此，要严防互联网金融风险引燃时间维度的逆周期风险和空间维度的传染性风险，从而引发系统性风险。

（四）强调信息披露，注重消费者保护

互联网金融的信息传递具有多面性，一方面互联网技术便于信息的挖掘与展示，另一方面互联网技术又便于隐蔽信息和真实数据。因此，发展互联网金融必须强调信息披露，这不仅属于监管范畴，更应该是行业自律的核心。同时，由于互联网金融具有典型的零售性，涉及消费者或投资者众多，金融消费者的隐私和权益保护应是重中之重。

（五）加强基础设施建设，营造良好发展氛围

互联网金融的健康发展离不开传统金融机构的支持和政府的支持，更应该享受最基本和平等的金融基础设施。例如，允许接入或授权查询央行征信数据库，并通过行业协会等组织建立全国范围内的互联网金融企业征信系统或共享黑名单，这对降低互联网金融企业风险，减少风险事件有着重要的意义和作用。同时，针对当前 P2P 网贷资金托管难问题，可尝试性地建立政策性资金托管渠道及清算平台，这也可以在一定程度上杜绝平台跑路和资金占用现象，让投资者放心地投资自己青睐的平台。

四、互联网金融企业要不忘初心

当前，除了一些跑路的，以互联网金融名义行非法融资之实的伪 P2P 平台之外，中国已经开始形成了独具特色的互联网金融平台，一些平台无论从技术上、风险控制上还是经营模式上都处于世界领先的位置。这些是中国金融改革和金融创新的产物，是中国“互联网 +”战略在金融领域的具体体现，也是独具中国特色的践行普惠金融的代表。互联网金融的初心可能是服务普通大众、践行普惠金融，但是这种初心并非是免费的、不顾成本收益的。同时，只有初心是远远不够的。在一个金融抑制较为明显的经济体，在一个金融服务供给与需求错配日益严重的金融体系中，这种初心本质上是一种平等的金融参与权和市场化的金融收益权作为依托，实际上，这是一个非常严肃的金融话题和可以量化的成本收益分析。

互联网金融行业在经历了蓬勃兴起、监管收紧两个阶段之后，将迎来规范、健康发展的“新常态”，在此过程中，一些优秀的互联网金融平台也越来越得到投资人和市场的认可。今年，国内知名互联网财富管理平台陆金所和蚂蚁金服都先后获得巨额融资。其中，陆金所于年初率先宣布完成 12.16 亿美元的融资，更是创造了一季度全球金融科技最高融资额，估值高达 185 亿美元，这些数字和现象都说明，互联网金融平台仍被市场认同，远非有些人所说的“步入冬天”，而是到了规范发展、有序壮大的阶段。

国务院指导意见已经为互联网金融各业态明确了定位，监管细则的相继出台并不是互联网金融的终点，而是互联网金融迎来大发展的起点。对于正规的 P2P 网贷平台而言，应该在监管框架的指导下，尽快调整业务条线，绝不越雷池一步。同时，根据自身的特点在市场中挖掘自身的优势，实现业务模式的转型升级。例如，具有平安集团背景的陆金所就较早地启动了互联网金融业务条线的转型，从 P2P 网贷平台逐步升级为一站式财富管理平台，布局公募基金、保险理财以及多种固定收益率投资，尽可能地为客户提供优质、透明、高效和安全的金融产品。而对于一些中小 P2P 平台，也不应轻言放弃，在日益激烈的竞争环境下，应该精准地选择一个适合自己的垂直或细分领域。当然，不管业务如何转型、产品如何创新，互联网金融企业都不应该忘记服务于老百姓和助力普惠金融的初心。

胡滨

中国社会科学院金融研究所副所长

国家金融与发展实验室副主任

总报告

中国P2P网络借贷行业发展报告

深圳钱诚互联网金融研究院(第一网贷)课题组

一、2015年全国P2P网络借贷行业概况

1. 行业规模跨越式发展

2015年，我国的网络借贷行业发展迅猛，从成交额上看，2015年全国P2P网络借贷成交额达11805.65亿元，同比增长258.62%，首次突破了万亿元大关。从贷款余额上看，2015年全国P2P网络借贷贷款余额达5582.20亿元，同比增长302.55%，首次突破了5000亿元大关。从日均参与人数上看，于2015年全国P2P网络借贷11月达到峰值为35.82万人次，后有下降，12月日均参与人数达30.74万人次，同比增长125.86%。从平台数量上看，2015年全国P2P网络借贷平台数量达4948家，创历史新高。从反映行业发展概况的各项指标上看，行业规模呈跨越式发展，其中成交额同比增长2.5倍、贷款余额同比增长3倍、参与人数同比增长1.25倍。

2015年也可以说是P2P网络借贷的发展元年，因为这一年，随着7月18日央行等十部委发布的《关于促进互联网金融健康发展的指导意见》开始，P2P网络借贷不再是游离在灰色地带的产业，而正式被定义为互联网金融的一个新业态。

2. 行业认知度大幅提高

2015年我国P2P网络借贷行业认知度大幅提高，2015年P2P网络借贷市场参与人次累计达1.58亿，其中投资参与人次1.43亿，借款参与人次0.15亿。2015年网络借贷市场参与人数达561.34万，其中投资人数413.23万，借款人数148.11万。

P2P 网络借贷市场培育与受众群体培育是一个较长的过程，从 2007 年第一家平台诞生至今，已经走过近 8 年历程，随着大量的平台出现，平台的各类获客途径发挥了中坚作用，通过广告、社交媒体、线下推广等一系列渠道，P2P 网络借贷这一新生互联网金融新业态进入寻常百姓家。而在 2015 年，随着平台数量达到巅峰（2015 年年底，部分地区开始暂停注册），行业认知度得到了大幅提高。

3. 收益率、融资成本逐步降低

随着行业的不断发展，P2P 网络借贷市场的整体投资收益率均在逐年降低，相对地，贷款用户的融资成本也在逐步降低。2015 年，全国 P2P 网络借贷利率为 12.05%，较 2014 年的 17.52% 降低 5.47 个百分点，其中 2015 年 1 月全国 P2P 网络借贷利率为 13.85%，而到 2015 年 12 月则降低至 10.67%。投资收益率与融资成本呈逐年、逐月降低的态势。

P2P 网络借贷市场的收益率、融资成本的降低是行业充分竞争，也是行业回归理性发展的结果。正常的市场化投资收益率有利于行业的整体发展，也能带给投资者更加稳健的投资回报。而融资成本的降低有利于融资成本降低资金使用成本，从资产端上来讲，低廉的融资成本同样能更好地吸引融资客户，进而促进行业发展。

4. 普惠金融服务大众

2015 年，我国 P2P 网络借贷行业提供的普惠金融服务为大众投融资活动提供了极大的便利，2015 年 P2P 网络借贷市场中共有 148.11 万人，累计完成 1500 次的借款笔数，累计完成 10898.19 万亿成交额。

P2P 网络借贷业已成为我国多层次金融体系构成的重要一环，过去游离在传统金融机构门外的中小微企业、私营个体户、农户及个人的短期和中期融资服务成为了 P2P 资产端客户的重要来源。另外，鉴于零门槛的理财投资服务也吸引了大量的中低层收入民众参与到网络借贷的出借人行列，2015 年 P2P 网络借贷市场中共有 561.34 万出借人平均出借了 1.43 次资金。

5. 新模式、新产品不断涌现

在互联网信息技术的催化融合下，新产业、新业态、新产品不断涌现，云计算、物联网、互联网金融等蓬勃发展、快速壮大，对经济增长的支撑作用日益增强。同时，随着行业内竞争的加剧，以及 P2P 网络借贷与传统金融机构的错位服务与差异化营销，让新模式、新产品不断涌现，各种行业细分领域均有平台涉及，诸如车辆贷款、消费贷款、不动产抵押、大学生贷款、票据贷款、三农贷款、供应链贷款、担保机构合作贷款、小贷机构合作贷款等领域。

作为新行业，互联网金融的融合性与创新性较高，各类传统金融产品被改造赋予较好的用户体验后快速地被公众接受，而一些基于互联网的金融产品也不断涌现。

6. 传统金融加速介入

互联网金融的出现，特别是P2P网络借贷的出现，吹皱了一池春水，相对于传统金融，P2P网络借贷对利率更加敏感，利用便利与低成本的网络渠道提高了动员社会资金的能力，加快了资金的流转速度，使利率能够及时地反映资金供求，进而引导资金的合理流动。

随着P2P网络借贷的风生水起，过往被传统金融机构，特别是银行机构忽视的低净值客户、小微企业被P2P网络借贷作为突破口，在缓解传统金融不足的同时，互联网金融及其重要业态之一的P2P网络借贷为广大民众提供了便捷的金融服务体验。

传统金融在发现这一现状后，也开始不甘落后，积极转变过往的发展模式，开启了直销银行、网络银行等一系列新举措，也渴望在新市场上分得一杯羹。

7. 行业规则滞后，问题平台高企，非吸案件频发

在行业跨越式发展的同时，行业规则没有颁布，行业内野蛮生长后带来的后续问题——问题平台的高企与非吸案件频发较为突出。其中，2013年以来，我国P2P网络借贷行业已经发生各种问题平台1518家，其中2015年12月之前1156家，占76.15%。截至2015年12月底，问题平台率达30.68%，环比（较上月底的27.52%）增加3.16个百分点，同比（较上年12月底的12.17%）增加18.51个百分点。尽管问题平台大都是短命的小平台，但还是给投资者造成了一定的损失。

据不完全统计，2015年全年社会影响较大，涉及投资人较多的非吸案件主要有深圳平台国湘资本、北京平台e租宝、上海平台大大集团，其中北京平台e租宝涉案金额高达400亿元，影响最为恶劣。其余各地的小规模非吸案件在此不一一赘述。

8. 资本追逐P2P网络借贷行业

2015年资本市场对P2P网络借贷平台青眼有加，根据相关数据显示，2015年我国有68家P2P网贷平台获得各类资金投入，行业将向资本实力雄厚、风控完善的平台集中。

2015年P2P网贷行业的快速发展也吸引了各路资本的争相涌入，加之宜人贷（YRD. N）成功登陆纽交所，尽管股价走势不尽如人意，但至少打通了资本退出通道。

风投关注P2P行业之风始于2012年，当年，拍拍贷、团贷网、点融网、有利网等均陆续宣布获得风投青睐。2015年银行、国资、上市公司、风投资本更

是纷纷加速网贷行业的布局。2015 年共有 68 家 P2P 平台获得风投青睐，这一数据是 2014 年的 1.5 倍。这些平台集中在北上广，其中北京 24 家，上海 18 家，广东 10 家。不过，因多家平台未披露具体投资金额，故较难估算行业整体融资规模。

9. 银行存管举步维艰

2015 年 7 月 18 日和 12 月 28 日，监管层分别出台的《关于促进互联网金融健康发展的指导意见》及《网络借贷信息中介机构业务活动管理暂行办法（征求意见稿)》均要求“选择符合条件的银行业金融机构”作为出借人与借款人的资金存管机构。

截至 2015 年年底，已有民生银行、徽商银行、招商银行、浙商银行、建设银行、广发银行等 20 余家银行涉足了 P2P 网贷平台资金存管业务，仅有 10 家平台已对接银行资金存管系统，真正实现了银行资金存管，尚有 70 家平台处于签约—系统对接阶段。

在合作模式上，目前 P2P 网贷平台与银行的合作主要采取三种模式：银行直连、银行直接存管和“银行 + 支付公司”的联合存管模式。

银行直连，指 P2P 网贷平台直接与银行开通支付结算通道，在交易过程中，不用提前充值，交易资金直接在线结算，而投资人投标回款后，资金直接返回到投资人原始支付的银行卡中，无须人工提现。这种方式由于资金不经平台，并且因没有充值等操作，规避了资金池的形成，并有效隔离了平台、投资人与借款人的资金，使得投资人资金安全性更高，但对平台的审查条件也更严格。

银行直接存管，具有两类账户体系，一类是平台在银行开设的存管账户（大账户），另一类是投资人在存管银行的个人账户（子账户）。如平台有风险准备金或担保公司等，一般还会开设风险准备金账户和担保账户等，实现平台资金与投资人资金的隔离。该方式下，由于用户的资金从一开始就不在平台体系内运转，有效避免了平台随意挪用资金。该模式也是当前大多数与银行签订资金存管协议的平台所采取的方式。但该模式下，银行账户体系复杂，开发系统投入成本较大，同时银行为防范风险，一般会在合作前对平台进行严格审查，并选择实力较强的平台进行合作。

“银行 + 支付公司”联合存管，要求第三方支付机构或 P2P 网贷平台在存管银行开设存管账户，并根据平台发出的相关指令完成充值、投资、提现等功能，由银行监管资金流向，第三方支付机构则担任技术辅助方，提供支付结算、技术咨询、服务定制、运营维护等服务，协助银行完成所有借贷资金在出借人与借款人的存管账户之间的划转。

在监管办法的要求下，越来越多的平台选择直接与银行实行资金存管，但传统银行并不热衷资金存管业务，而中小 P2P 平台推进该业务更因其高门槛、高成本而举步维艰。

二、2015 年全国 P2P 网络借贷行业数据与分析

1. 平台数量及分布、平台注册资本

截至 2015 年 12 月底，被纳入中国 P2P 网贷指数统计的 P2P 网贷平台为 3555 家，未纳入指数而作为观察统计的 P2P 网贷平台为 536 家。另外，还观察了其余的 857 家 P2P 网贷平台。三者合计共 4948 家 P2P 网贷平台，创历史新高。

截至 2015 年 12 月底，中国 P2P 网贷指数在选择的样本 3555 家 P2P 网贷平台中，涉及 29 个省、市，平台数量前三名是广东省（706 家）、山东省（515 家）、北京市（402 家），这三个省（市）的 1623 家 P2P 网贷平台，超过了全国总数的 45%。

截至 2015 年 12 月底，被纳入中国 P2P 网贷指数统计的 3555 家样本平台中扣除 13 家非独立 P2P 网贷平台外的 3542 家样本平台，总注册资本为 1362.86 亿元，前三名分别是广东省（333.57 亿元）、北京市（226.43 亿元）、上海市（185.57 亿元），三省（市）P2P 网贷平台注册资本合计超过 745.57 亿元，超过了全国总数的 54%；全国 P2P 网贷平台平均每家注册资本为 3848 万元。

平台数量分布如表 1 所示：

表 1　截至 2015 年年底全国 P2P 网贷平台数量分布　　单位：家，%

地区	平台数量	占比	排名	地区	平台数量	占比	排名
广东（含深圳）	947	19.14	1	河北	135	2.73	10
深圳	731	14.77	1	福建	112	2.26	11
山东	673	13.60	2	河南	109	2.20	12
北京	595	12.03	3	湖南	105	2.12	13
上海	475	9.60	4	重庆	104	2.10	14
浙江	466	9.42	5	陕西	66	1.33	15
江苏	227	4.59	6	广西	65	1.31	16
安徽	174	3.52	7	江西	53	1.07	17
湖北	166	3.35	8	贵州	50	1.01	18
四川	144	2.91	9	云南	47	0.95	19

续表

地区	平台数量	占比	排名	地区	平台数量	占比	排名
天津	45	0.91	20	海南	13	0.26	27
山西	36	0.73	21	吉林	13	0.26	27
辽宁	35	0.71	22	甘肃	12	0.24	29
黑龙江	24	0.49	23	青海	2	0.04	30
内蒙古	20	0.40	24	西藏	1	0.02	31
新疆	17	0.34	25	香港	1	0.02	31
宁夏	16	0.32	26	全国	4948	100	—

资料来源：第一网贷。

2. 成交额及贷款余额

2015 年全国 P2P 网贷成交额突破万亿元，达到 11805.65 亿元，同比增长 258.62%；历史累计成交额 16312.15 亿元。

（1）2015 年全国 P2P 网贷成交额。

2015 年全国 P2P 网贷成交额 11805.65 亿元，各月的成交额如图 1 所示：

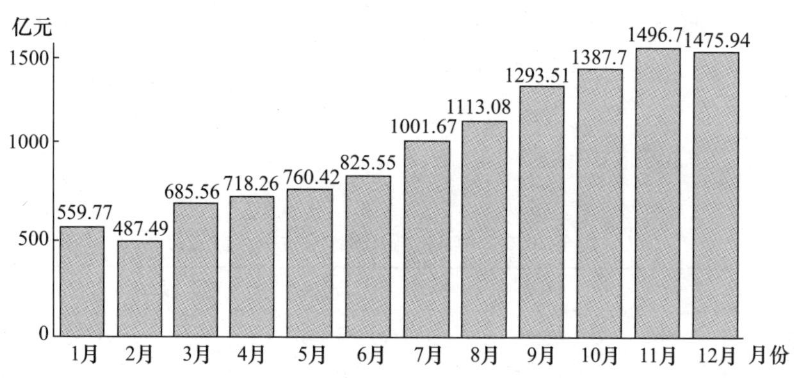

图 1　2015 年中国 P2P 网贷成交额

2015 年全国 P2P 网贷成交额，同比（较 2014 年的 3291.94 亿元）增加 8513.71 亿元，增长 258.62%；日均成交额 32.34 亿元，较 2014 年同期的 9.02 亿元增加 23.32 亿元。

（2）P2P 网贷历史累计成交额。

截至 2015 年 12 月末，历年全国 P2P 网贷成交额累计 16312.15 亿元，各年成交额如图 2 所示。

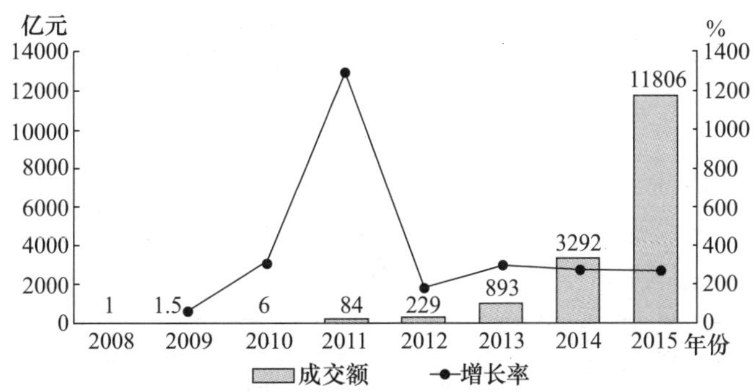

图 2　截至 2015 年 12 月末历年网贷成交额趋势

（3）按标种分 2015 年全国 P2P 网贷成交额。

2015 年全国 P2P 网贷的普通标、净值标、秒标分别为 10898. 19 亿元、854. 85 亿元、52. 61 亿元，分别占总成交额的 92. 31%、7. 24%、0. 45%。见图 3：

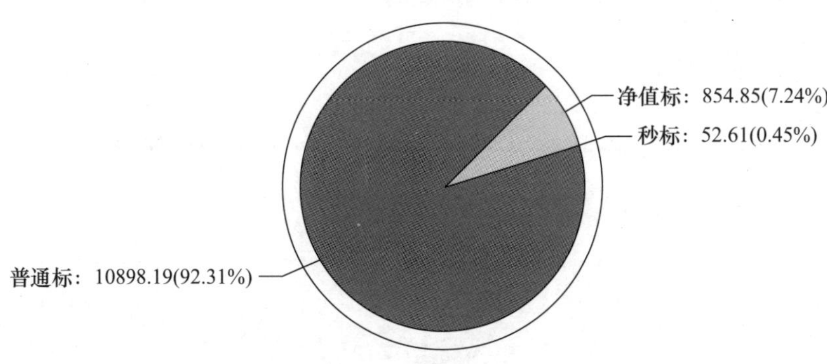

图 3　2015 年中国 P2P 网贷成交额（亿元）（按标种）

（4）平台成交额分布。

2015 年被纳入中国 P2P 网贷指数的样本平台的网贷成交额在 1 亿元以内的有 2873 家，占成交额的中国 P2P 网贷指数样本总平台的 76. 21%；1 亿 ~10 亿元的有 717 家，占 19. 02%；10 亿 ~50 亿元的有 144 家，占 3. 82%；50 亿 ~100 亿元的有 19 家，占 0. 50%；100 亿 ~160 亿元的有 5 家，占 0. 13%；160 亿元以上的有 12 家，占 0. 32%。见图 4：

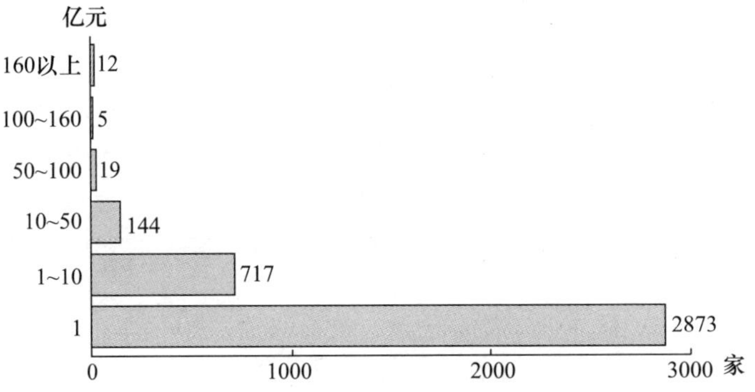

图4　2015年中国P2P网贷成交额（按平台）

（5）成交额利率分布。

2015年全国P2P网贷平均综合年利率在10%以内的成交额为4257.1亿元，占总成交额的36.06%；利率在10%～18%的成交额为6791.01亿元，占57.52%；利率在18%～24%的成交额为449.48亿元，占3.81%；利率在24%以上的成交额为308.07亿元，占2.61%。见图5：

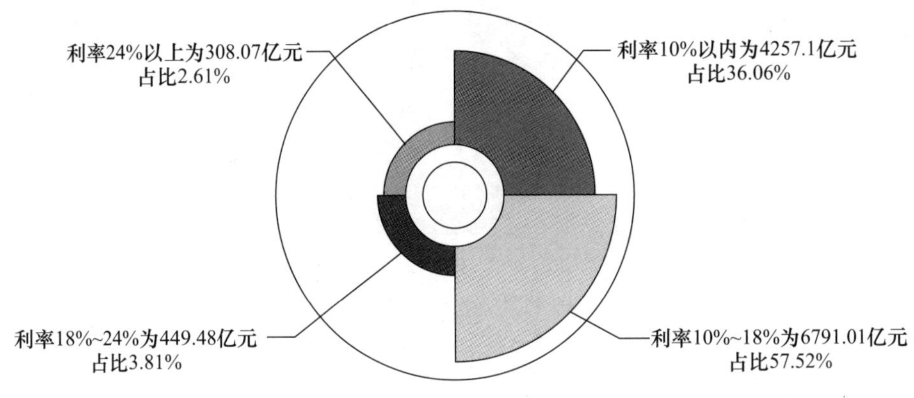

图5　2015年中国P2P网贷成交额（按利率）

（6）成交额期限分布。

2015年全国P2P网贷平均期限在1个月以内的成交额为4863.2亿元，占总成交额的41.19%；1～3个月的成交额为2353.7亿元，占19.94%；3～6个月的成交额为1568.5亿元，占13.29%；6～12个月的成交额为1437.81亿元，占12.18%；1年以上的成交额为1582.44亿元，占13.40%。见图6：

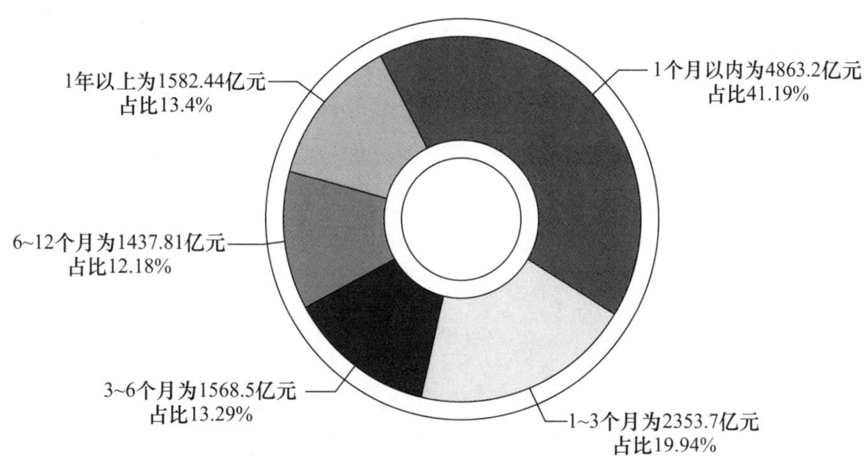

图6　2015 年中国 P2P 网贷成交额（按期限）

（7）成交额区域分布。

2015 年全国 P2P 网贷平台总成交额前三名分别是北京市（3467. 05 亿元）、广东省（3163. 54 亿元）、上海市（1843. 95 亿元）。三省市 P2P 网贷平台成交额合计超过 8474. 54 亿元，超过了全国总数的 71. 78%。见图 7：

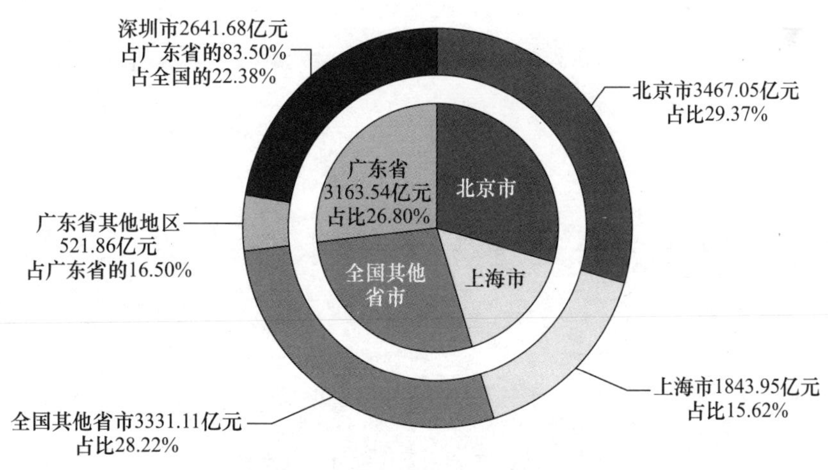

图7　2015 年中国 P2P 网贷成交额（按地区）

广东深圳 2015 年 P2P 网贷成交额为 2641. 68 亿元，占广东省的 83. 50%、占全国的 22. 38%。

（8）贷款余额创历史新高。

截至2015年年末，全国P2P网贷的贷款余额为5582.20亿元，环比（较上月底的5109.09亿元）增长9.26%，同比（较2014年年底的1386.72亿元）增长302.55%。2015年全国P2P网贷贷款余额创历史新高。见图8：

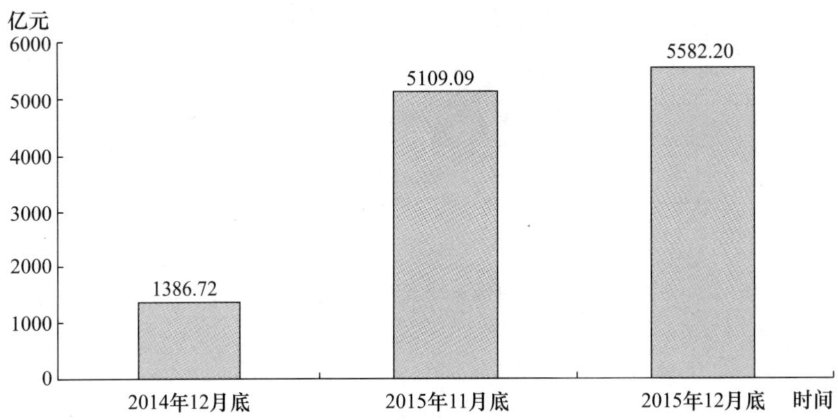

图8　中国P2P网贷贷款余额

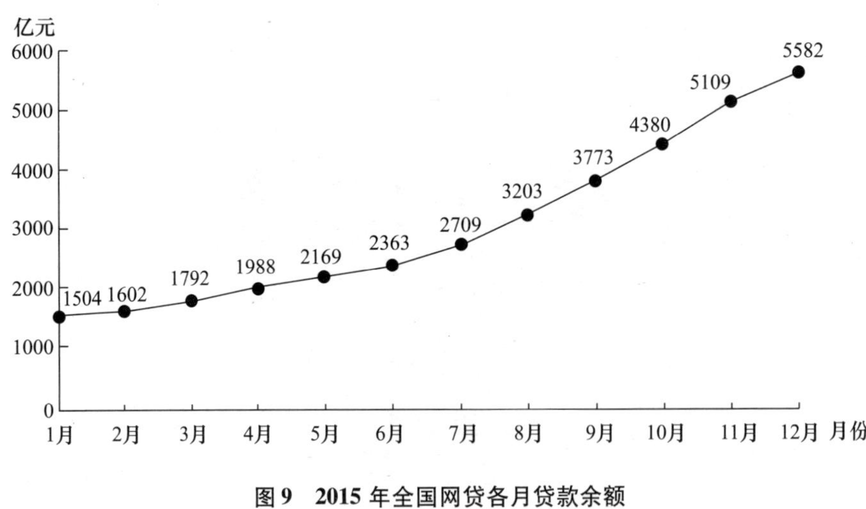

图9　2015年全国网贷各月贷款余额

贷款余额区域分布如表2所示：

表2　2015年年底全国P2P网贷贷款余额区域分布　　单位：亿元

地区	贷款余额	占比（%）	排名	地区	贷款余额	占比（%）	排名
北京	2113.09	37.85	1	云南	13.31	0.24	16
上海	1275.06	22.84	2	江西	12.13	0.22	17
广东(含深圳)	1008.04	18.06	3	湖南	12.10	0.22	18
深圳	846.41	15.16	3	辽宁	10.36	0.19	19
浙江	524.34	9.39	4	天津	8.76	0.16	20
江苏	185.65	3.33	5	河南	8.65	0.16	21
重庆	78.96	1.41	6	广西	8.04	0.14	22
山东	72.24	1.29	7	新疆	5.66	0.10	23
湖北	61.19	1.10	8	甘肃	5.12	0.09	24
安徽	52.02	0.93	9	吉林	3.60	0.06	25
四川	24.52	0.44	10	黑龙江	2.37	0.04	26
贵州	22.12	0.40	11	宁夏	1.57	0.03	27
河北	20.42	0.37	12	内蒙古	0.99	0.02	28
山西	19.36	0.35	13	青海	0.96	0.02	29
福建	17.65	0.32	14	海南	0.17	0.00	30
陕西	13.71	0.25	15	西藏	0.03	0.00	31
全国	5582.20	100	—	全国	5582.20	100	—

资料来源：第一网贷。

3. 收益率水平

（1）2015年全国P2P网贷利率。

2015年全国P2P网贷利率为12.05%，各月的利率如图10所示：

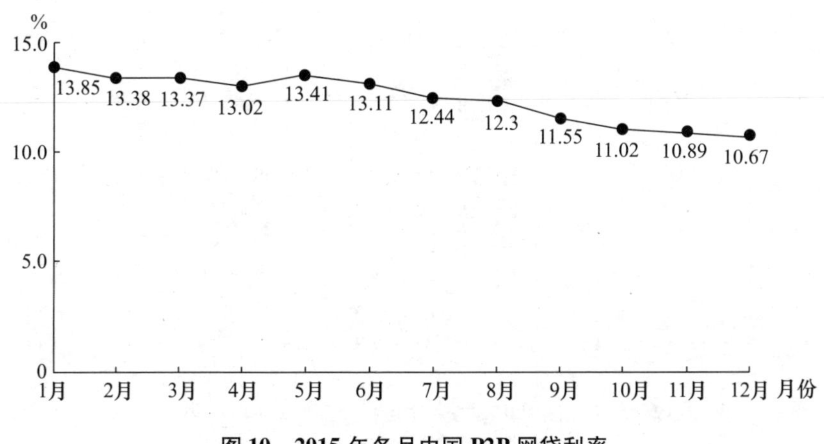

图10　2015年各月中国P2P网贷利率

2015 年全国 P2P 网贷利率为 12.05%，同比（较 2014 年的 17.52%）降低 5.47 个百分点；较基期的 23.43% 降低 11.38 个百分点（见图 11）。

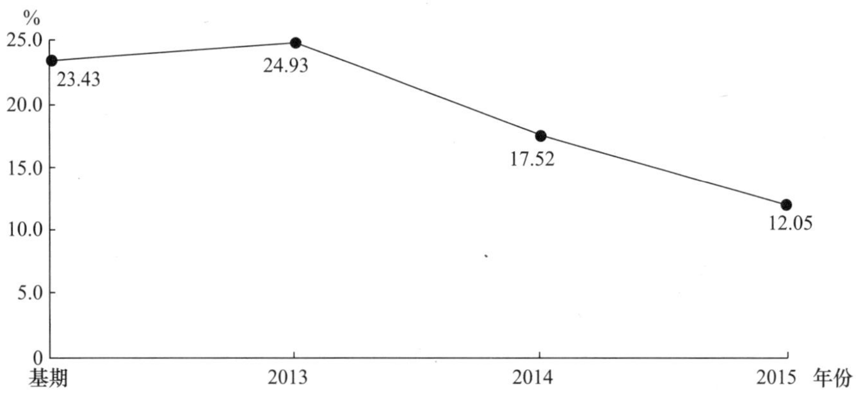

图 11 中国 P2P 网贷平均综合年利率

（2）标类、时间、区域利率。

从标类上看，2015 年全国 P2P 网贷平均综合年利率普通标为 12.16%、净值标为 10.65%；法定工作日为 11.96%，节假日、双休日为 12.52%。

从区域上看，2015 年全国 P2P 网贷平均综合年利率最低的前三名分别是甘肃省（9.64%）、上海市（9.83%）、重庆市（9.94%）。

具体情况见图 12。

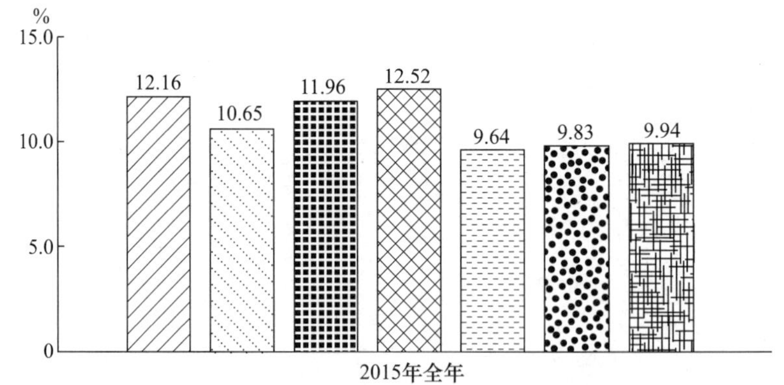

图 12 2015 年全国 P2P 网贷平均综合年利率（按标类、区域）

（3）期限利率分布。

2015 年全国 P2P 网贷期限 1 个月内的平均综合年利率为 11.72%；1～3 个月的为 12.49%；3～6 个月的为 12.1%；6～12 个月的为 12.21%；1 年以上的为 10.53%。见图 13：

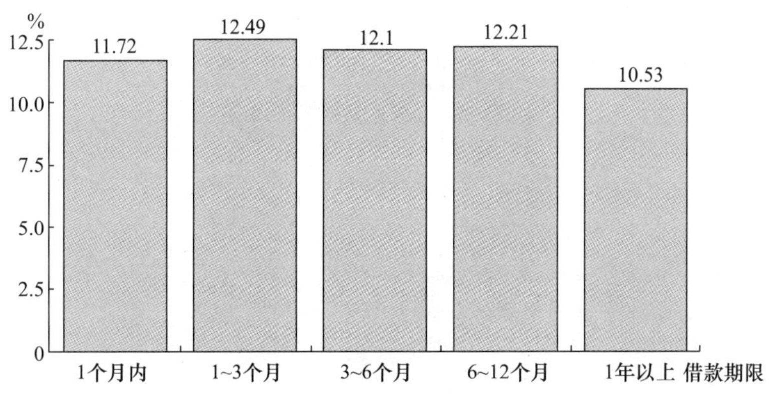

图 13　2015 年中国 P2P 网贷平均综合年利率（按期限）

（4）平台利率分布。

2015 年被纳入中国 P2P 网贷指数样本平台中 10.21% 的平台平均综合年利率在 10% 以下；57.43% 的平台平均综合年利率在 10%～18%；14.67% 的平台平均综合年利率在 18%～24%；17.69% 的平台平均综合年利率在 24% 以上。见图 14：

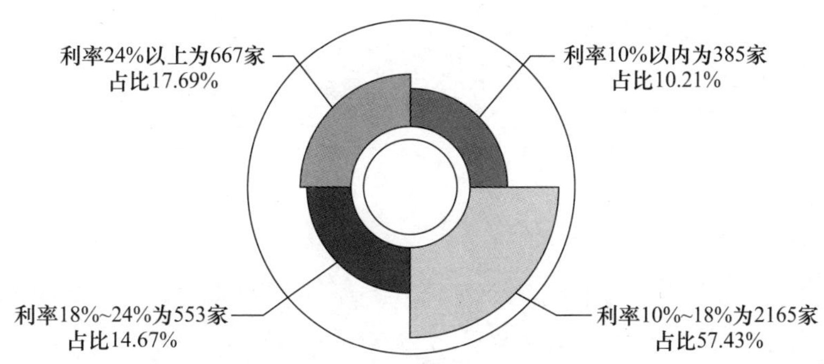

图 14　2015 年中国 P2P 网贷平均综合年利率（按平台）

（5）成交额利率分布。

2015 年全国 P2P 网贷总成交额的 36.06% 年利率在 10% 以内；57.52% 年利率在 10% ~18%；3.81% 年利率在 18% ~24%；2.61% 年利率在 24% 以上。见图 15：

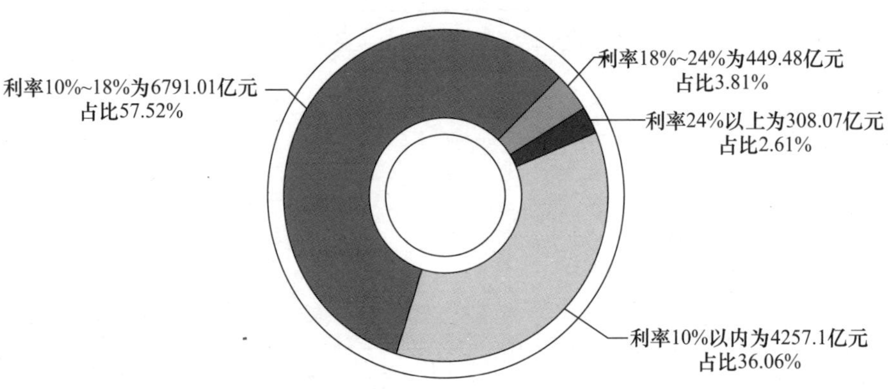

图 15　2015 年中国 P2P 网贷平均综合年利率（按成交额）

4. 期限

（1）2015 年全国 P2P 网贷期限。

2015 年全国 P2P 网贷平均期限为 6.22 个月，各月情况如图 16 所示：

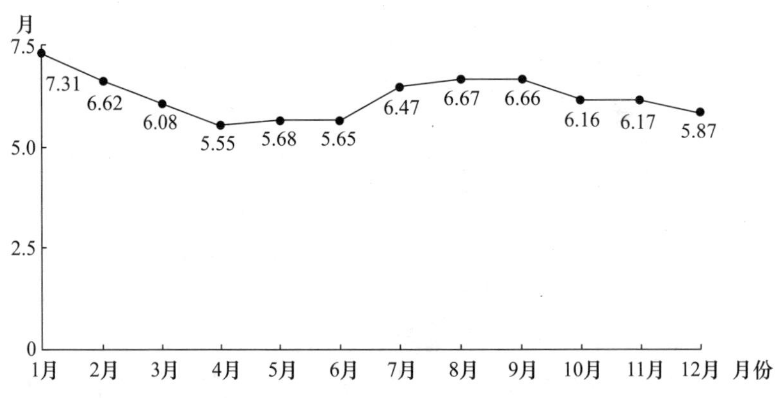

图 16　2015 年各月中国 P2P 网贷平均借贷期限

2015 年全国 P2P 网贷平均期限为 6.22 个月，同比（较 2014 年平均期限 5.92 个月）延长 0.3 个月，上升 5.07%；较中国 P2P 网贷指数基期 3.52 个月延长 2.7 个月，上升 76.70%。见图 17：

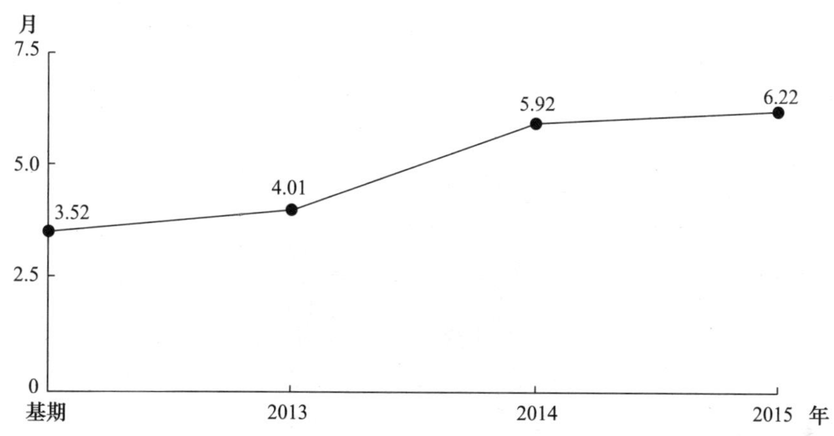

图 17　中国 P2P 网贷平均借贷期限

（2）标类、时间、区域的期限分布。

2015 年全国 P2P 网贷期限：普通标 6.66 个月，净值标 0.93 个月；法定工作日 6.5 个月，法定节假日、双休日 4.77 个月。

2015 年全国 P2P 网贷平均期限最长的是上海市 11.08 个月，其次是青海省 9.53 个月、甘肃省 8.96 个月。见图 18：

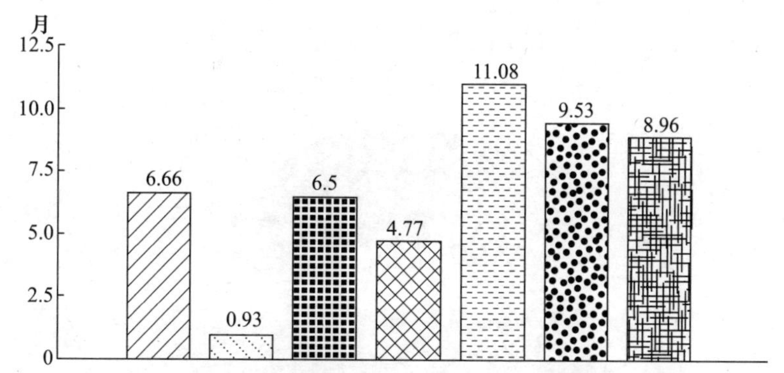

图 18　2015 年中国 P2P 网贷平均借贷期限

（3）成交额期限分布。

2015 年全国 P2P 网贷 41.19% 的成交额，平均借贷期限在 1 个月以内；

19.94%的成交额，平均借贷期限在1～3个月；13.29%的成交额，平均借贷期限在3～6个月；12.18%的成交额，平均借贷期限在6～12个月的；13.40%的成交额，平均借贷期限在1年以上。见图19：

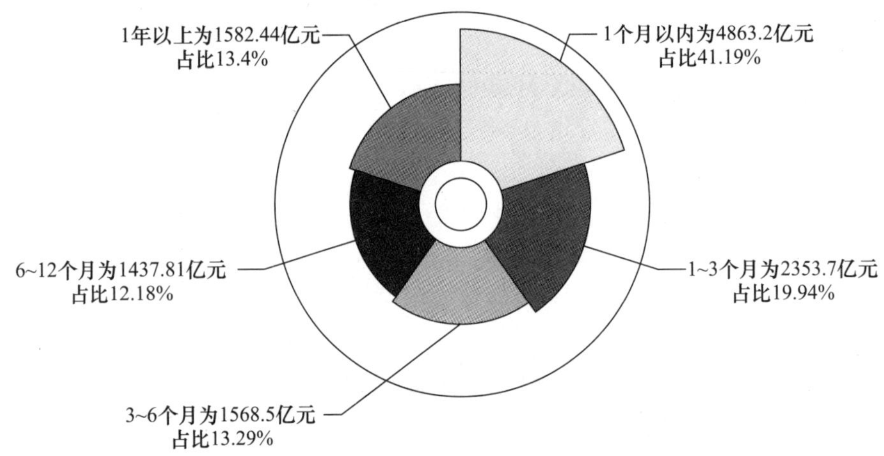

图19　2015年中国P2P网贷平均借贷期限（按成交额）

（4）平台期限分布。

2015年被纳入中国P2P网贷指数的样本平台的网贷平均期限在1个月以内的有513家，占当年成交额中国P2P网贷指数总平台的13.61%；1～3个月的有1911家，占50.69%；3～6个月的有932家，占24.72%；6～12个月的有344家，占9.12%；1年以上的有70家，占1.86%。见图20：

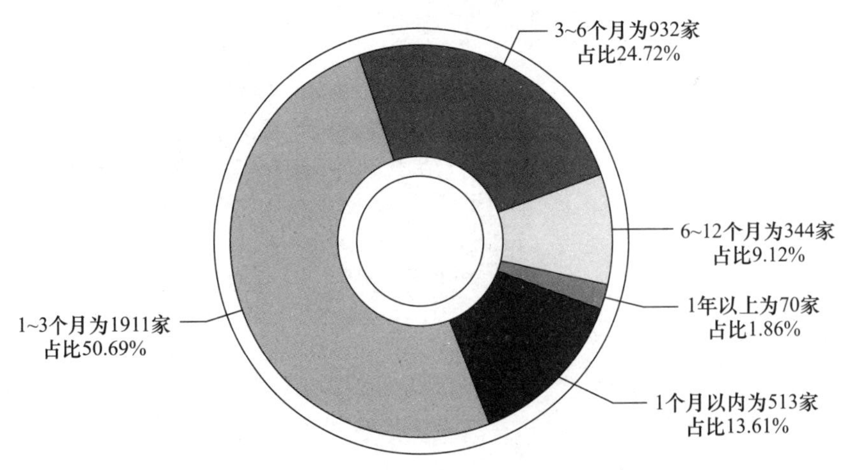

图20　2015年中国P2P网贷平均借贷期限（按平台）

5. 问题平台

2015 年 12 月，新发生停止经营、提现困难、失联跑路等情况的问题 P2P 网贷平台 202 家，环比（较上月的 133 家）上升 51.88%，同比（较 2014 年 12 月的 98 家）增长 106.12%。P2P 网贷行业，2013 年以来已经发生各种问题平台 1518 家，其中 2015 年前 12 个月 1156 家，占 76.15%。截至 2015 年 12 月底，问题平台率 30.68%，环比（较上月底的 27.52%）增加 3.16 个百分点，同比（较 2014 年 12 月底的 12.17%）增加 18.51 个百分点。尽管问题平台大都是短命的小平台，但还是给投资者造成了一定的损失。见图 21：

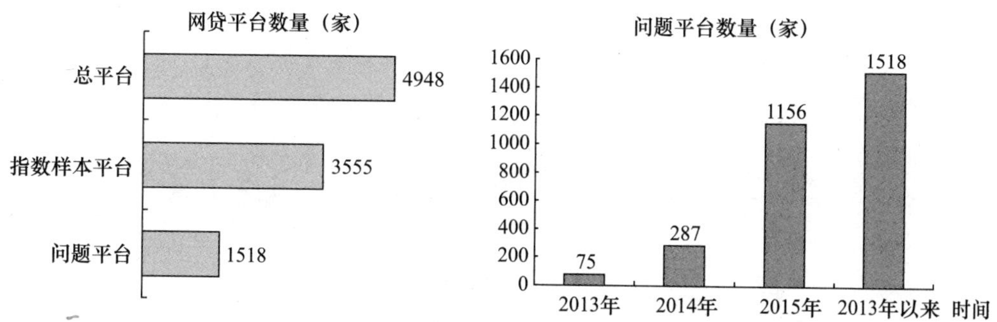

图 21　截至 2015 年 12 月发生网贷问题平台情况

三、2016 年 1～8 月 P2P 网贷行业最新数据

（一）成交额情况

1. 1～8 月全国 P2P 网贷成交额 13814.81 亿元

2016 年 1～8 月全国 P2P 网贷成交额 13814.81 亿元，各月的成交额如图 22 所示。

2. P2P 网贷历史累计成交额 30126.96 亿元

截至 2016 年 8 月末，历年全国 P2P 网贷成交额累计 30126.96 亿元，各年成交额如图 23 所示。

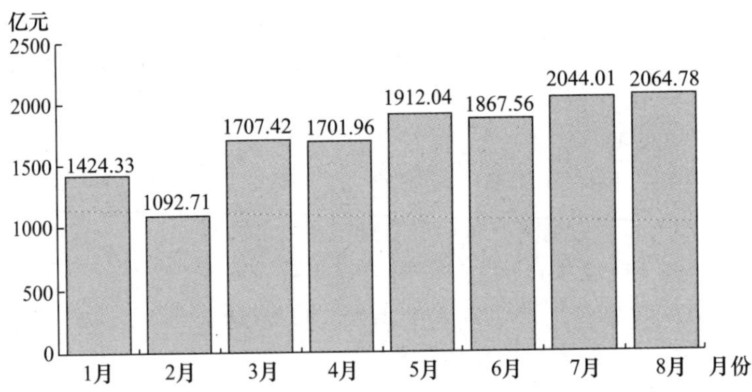

图 22　2016 年 1～8 月中国 P2P 网贷成交额

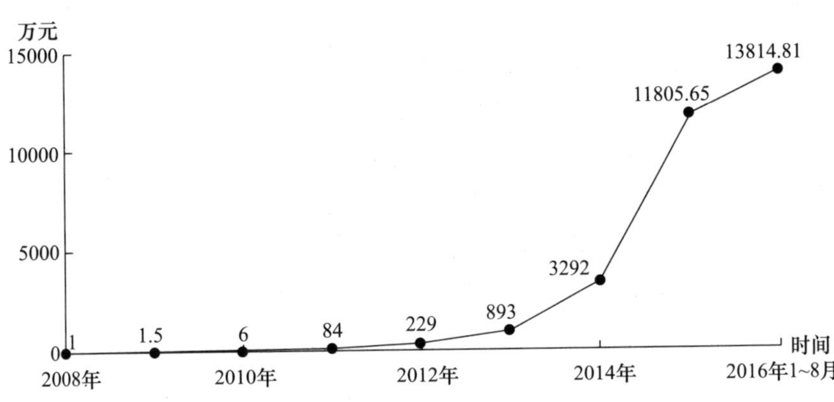

图 23　截至 2016 年 8 月底历年网贷成交额趋势

2016 年 1～8 月全国 P2P 网贷成交额，同比（较 2015 年 1～8 月 6151.80 亿元）增加 7663.01 亿元，增长 124.57%；日均成交额 56.62 亿元，较 2014 年同期 25.32 亿元，增加 31.3 亿元，增长 123.64%。

3. 法定工作日、节假日和双休日

2016 年 1～8 月，全国 P2P 网贷法定工作日成交额 11637.50 亿元，占总成交额的 84.24%，日均成交额 69.27 亿元；法定节假日、双休日成交额 2177.31 亿元，占总成交额的 15.76%，日均成交额 28.65 亿元。见图 24、图 25。

4. 普通标、净值标、秒标

2016 年 1～8 月，全国 P2P 网贷的普通标、净值标、秒标分别为 13185.65 亿元、607.48 亿元、21.69 亿元，分别占总成交额的 95.45%、4.40%、0.16%（见图 26）。

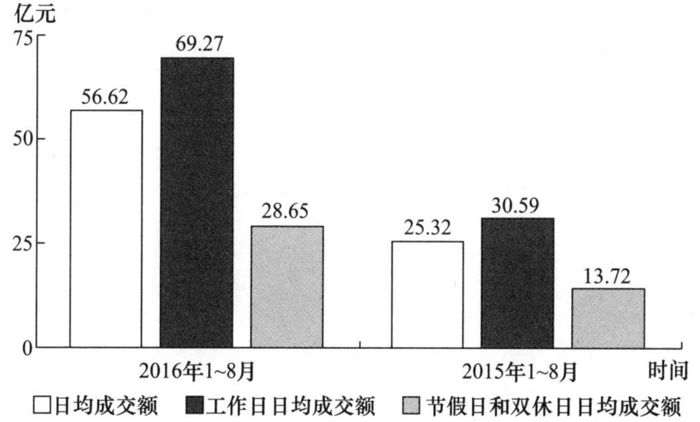

图 24　2016 年 1 ~ 8 月和 2015 年 1 ~ 8 月中国 P2P 网贷日均成交额对比

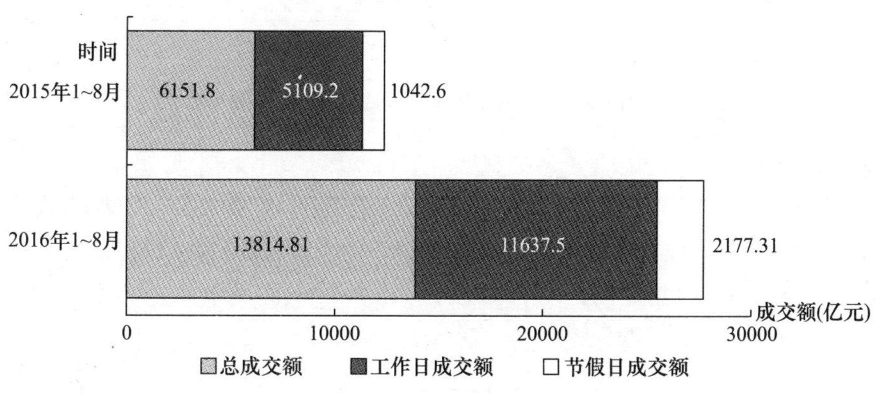

图 25　中国 P2P 网贷成交额（按时间）

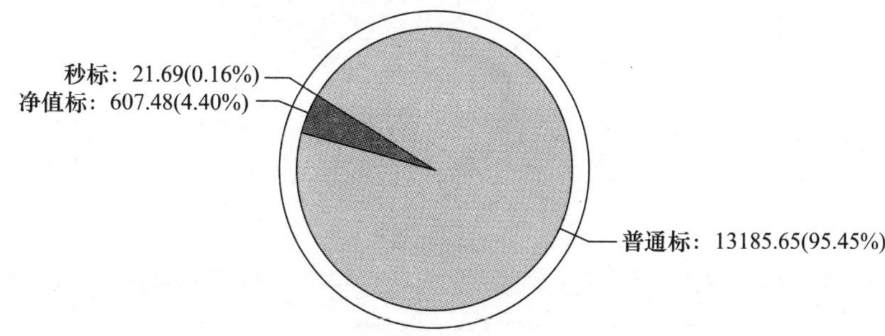

图 26　2016 年 1 ~ 8 月中国 P2P 网贷成交额（按标种）

5. 平台成交额

2016 年 1 ~ 8 月，被纳入中国 P2P 网贷指数的样本平台的网贷成交额在 1000 万元以内的有 980 家，占有成交额的中国 P2P 网贷指数样本总平台的 31.92%；1000 万 ~ 1 亿元的有 1243 家，占 40.49%；1 亿 ~ 5 亿元的有 554 家，占 18.05%；5 亿 ~ 10 亿元的有 96 家，占 3.13%；10 亿 ~ 16 亿元的有 63 家，占 2.05%；16 亿元以上的有 134 家，占 4.36%。见图 27：

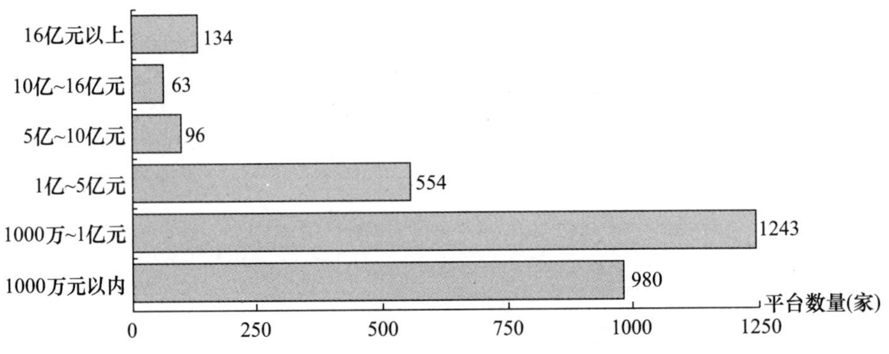

图 27　2016 年 1 ~ 8 月全国 P2P 网贷成交额（按平台）

6. 成交额利率状况

2016 年 1 ~ 8 月，全国 P2P 网贷平均综合年利率在 10% 以内的成交额 9133.56 亿元，占总成交额的 66.11%；10% ~ 18% 的成交额 1372.62 亿元，占 31.65%；18%~ 24% 的成交额 217.44 亿元，占 1.57%；24% 以上的成交额 91.19 亿元，占 0.66%。见图 28：

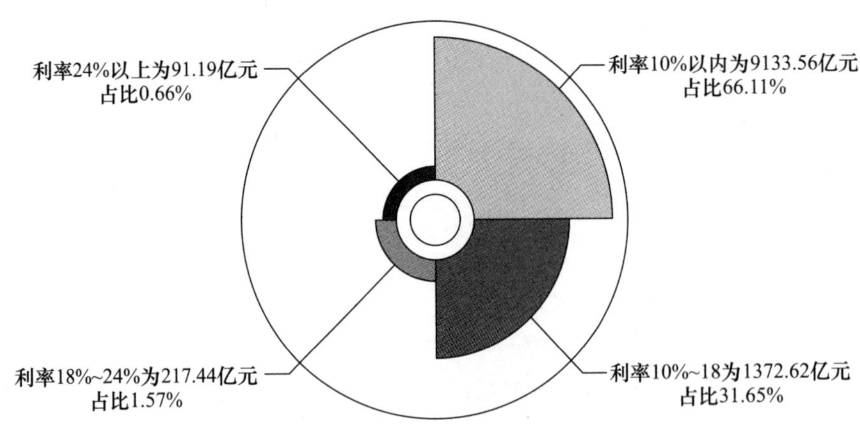

图 28　2016 年 1 ~ 8 月中国 P2P 网贷成交额（按利率）

7. 成交额期限状况

2016 年 1 ~8 月，全国 P2P 网贷平均期限在 1 个月以内的成交额 4749. 89 亿元，占总成交额的 34. 38%；1 ~3 个月的成交额 3137. 22 亿元，占 22. 71%；3 ~6 个月的成交额 2093. 38 亿元，占 15. 15%；6 ~12 个月的成交额 2054. 35 亿元，占 14. 87%；1 年以上的成交额 1779. 97 亿元，占 12. 88%。见图 29：

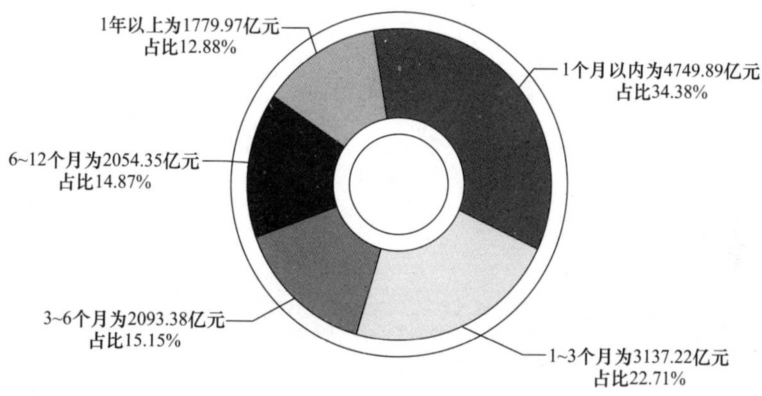

图 29　2016 年 1 ~8 月中国 P2P 网贷成交额（按期限）

8. 区域情况

2016 年 1 ~8 月，全国 P2P 网贷平台总成交额前三名分别是上海市 3863. 68 亿元、北京市 3398. 51 亿元、广东省 3084. 37 亿元。三省市 P2P 网贷平台成交额合计超过 10346. 56 亿元，超过了全国总数的 74%。见图 30：

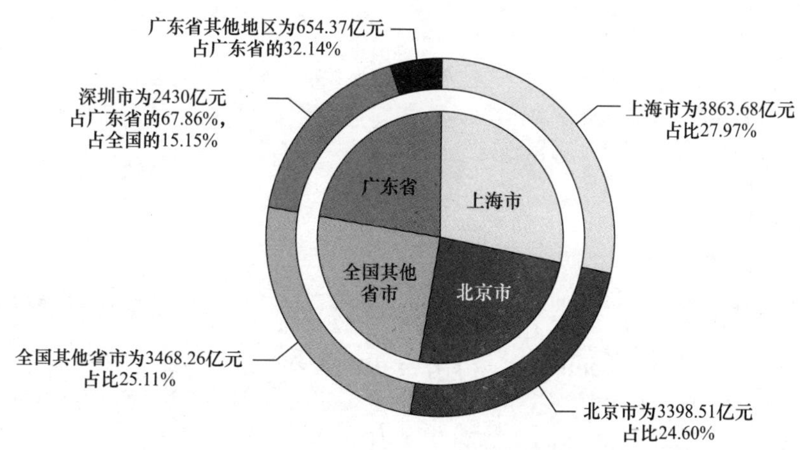

图 30　2016 年 8 月中国 P2P 网贷成交额（按地区）

（二）利率情况

1. 2016 年 1～8 月全国 P2P 网贷利率 9.29%

2016 年 1～8 月全国 P2P 网贷利率 9.29%，各月的利率如图 31 所示：

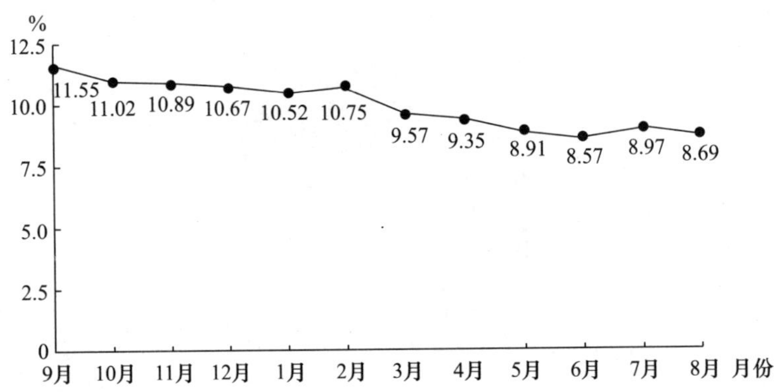

图 31　2016 年 1～8 月全国 P2P 网贷各月年利率

2016 年 1～8 月，全国 P2P 网贷利率 9.29%，同比（较 2015 年 1～8 月的 13.00%）降低 3.71 个百分点；较基期的 23.43% 降低 14.14 个百分点。见图 32：

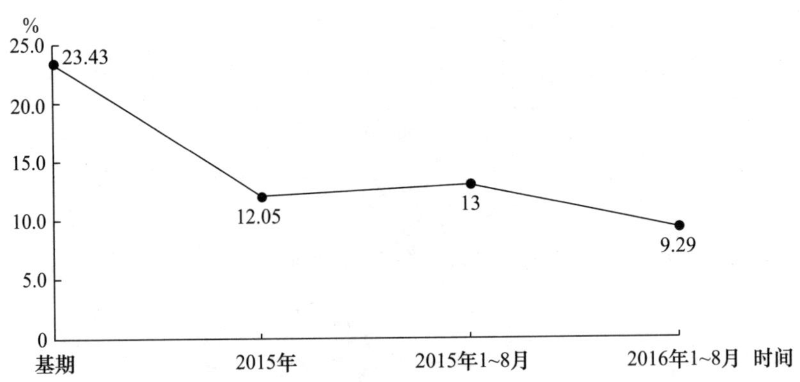

图 32　2016 年 1～8 月中国 P2P 网贷平均综合年利率

2. 标类、时间、区域利率

2016 年 1～8 月，全国 P2P 网贷平均综合年利率：普通标 9.28%、净值标 9.34%；工作日 9.22%，节假日、双休日 9.66%。

2016年1~8月，全国P2P网贷平均综合年利率最低的前三名，分别是上海市7.38%、甘肃省8.36%、青海省8.72%。见图33：

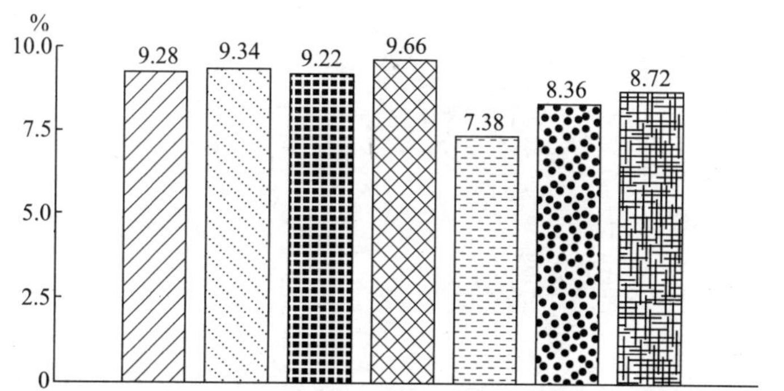

图33 2016年1~8月中国P2P网贷平均综合年利率

3. 期限利率

2016年1~8月，P2P网贷期限1个月内，全国平均综合年利率为9.68%；1~3个月的为8.94%；3~6个月的为9.58%；6个月到1年的为9.75%；1年以上的为9.47%。见图34：

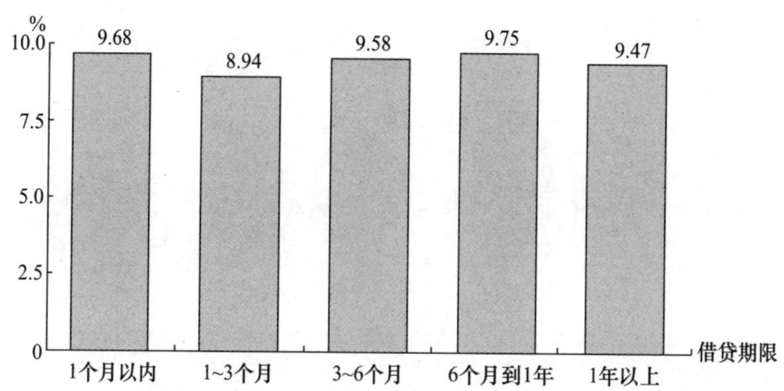

图34 2016年1~8月中国P2P网贷平均综合年利率（按期限）

4. 平台利率

2016年1~8月，被纳入中国P2P网贷指数样本平台中，26.91%的平台，平均综合年利率在10%以下；59.48%的平台，平均综合年利率在10%~18%；

7.30%的平台，平均综合年利率在18%～24%；6.32%的平台，平均综合年利率在24%以上。见图35：

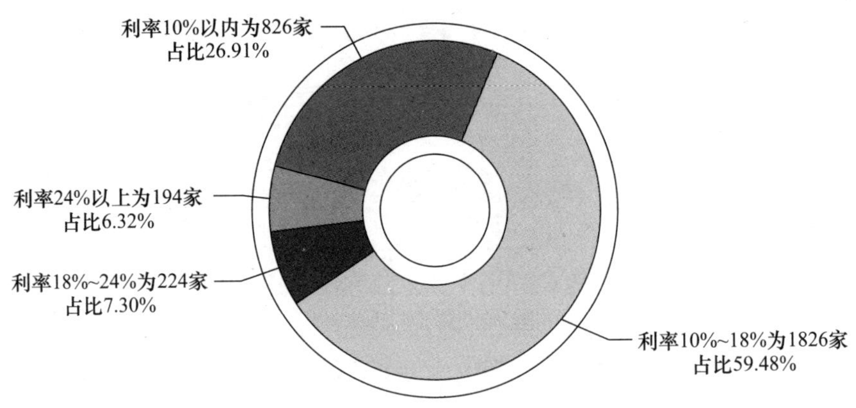

图35　2016年1～8月P2P网贷利率（按平台）

5. 成交额利率

2016年1～8月，全国P2P网贷总成交额的66.11%，年利率在10%以内，媲美银行；总成交额的31.65%，年利率在10%～18%；总成交额的1.57%，年利率在18%～24%；总成交额的0.66%，年利率在24%以上。见图36：

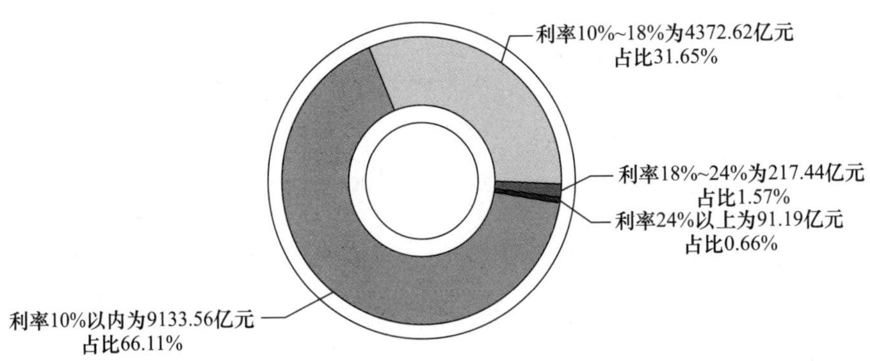

图36　2016年1～8月中国P2P网贷平均综合年利率（按成交额）

（三）期限情况

1. 2016年1～8月全国P2P网贷期限6.17个月

2016年1～8月全国P2P网贷平均期限为6.17个月，各月如图37所示。

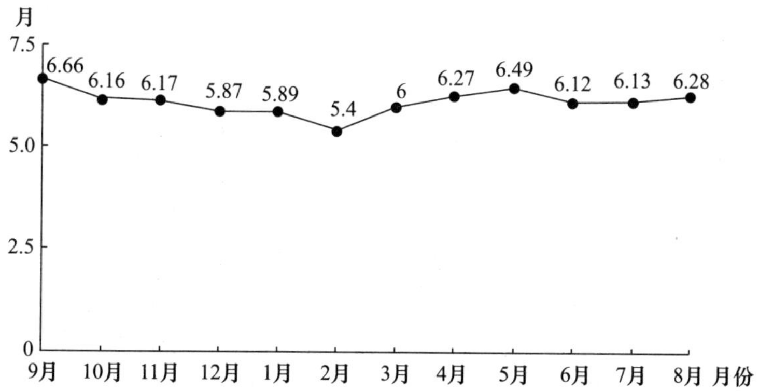

图 37　2016 年 8 月中国 P2P 网贷平均借贷期限

2016 年 1 ~ 8 月全国 P2P 网贷平均期限 6. 17 个月，同比（较 2015 年 1 ~ 8 月平均期限 6. 24 个月）缩短 0. 07 个月，下降 1. 01%；较中国 P2P 网贷指数基期 3. 52 个月延长 2. 65 个月，上升 75. 28%。见图 38：

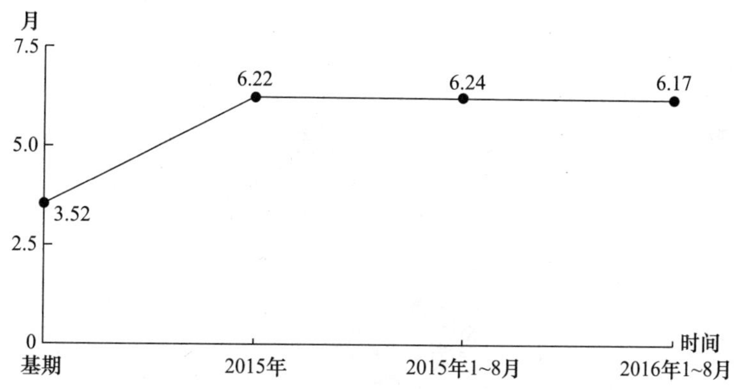

图 38　2016 年 1 ~ 8 月中国 P2P 网贷平均借贷期限

2. 标类、时间、区域

2016 年 1 ~ 8 月，全国 P2P 网贷期限：普通标 6. 43 个月，净值标 0. 88 个月；工作日 6. 46 个月，法定节假日、双休日 4. 64 个月。

2016 年 1 ~ 8 月，全国 P2P 网贷平均期限最长的是上海市 8. 95 个月，其次是青海省 8. 53 个月、福建省 7. 51 个月。见图 39：

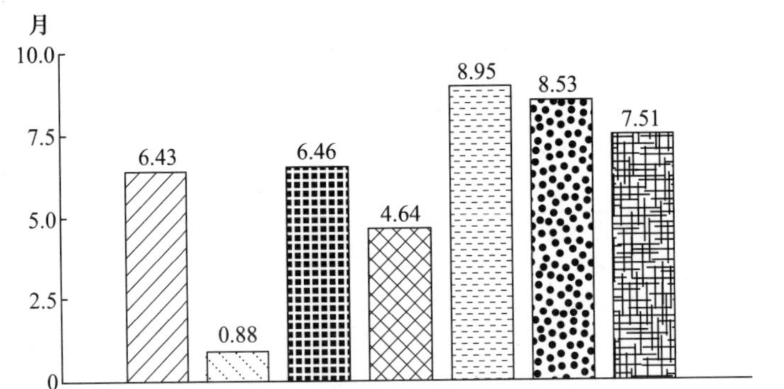

图 39　2016 年 1 ~8 月中国 P2P 网贷平均借贷期限

3. 成交额期限

2016 年 1 ~8 月，全国 P2P 网贷 34. 38% 的成交额平均借贷期限在 1 个月以内；22. 71% 的成交额在 1 ~3 个月；15. 15% 的成交额在 3 ~6 个月；14. 87% 的成交额在 6 ~12 个月；12. 88% 的成交额在 1 年以上。见图 40：

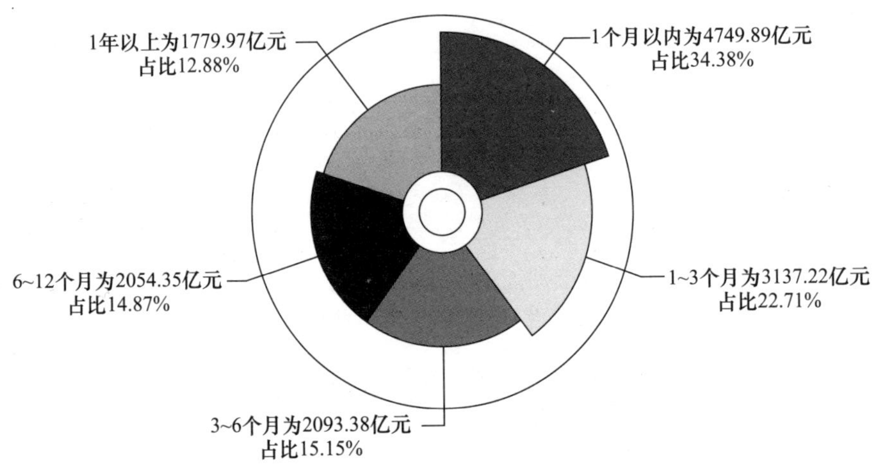

图 40　2016 年 1 ~8 月中国 P2P 网贷平均借贷期限（按成交额）

4. 平台期限

2016 年 1 ~8 月，被纳入中国 P2P 网贷指数的样本平台的网贷平均期限在 1 个月以内的有 399 家，占当月有成交额的中国 P2P 网贷指数总平台的 13. 00%；1 ~3个月的有 1285 家，占 41. 86%；3 ~6 个月的有 931 家，占 30. 33%；6 ~12

个月的有 385 家，占 12.54%；1 年以上的有 70 家，占 2.28%。见图 41：

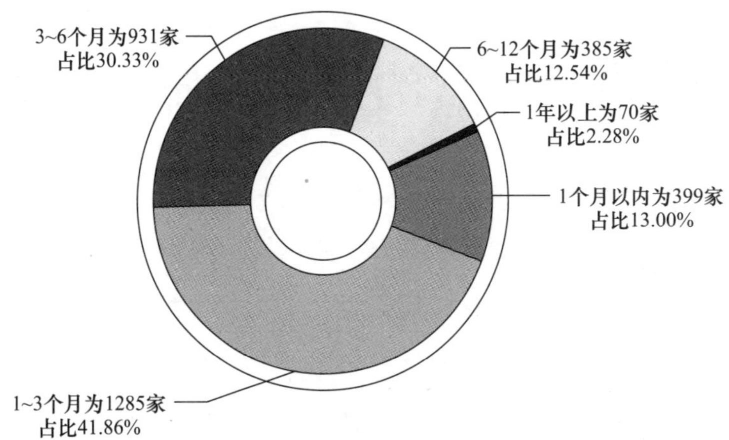

图 41　2016 年 1 ~ 8 月中国 P2P 网贷平均借贷期限（按平台）

网络借贷平台的评级与排名实践

薛勇臻　徐建军　杨九公*

一、评级

评级一般是指信用评级，又称资信评级，是由专业机构或部门按照一定的方法和程序在对企业进行全面了解、考察调研和分析的基础上，做出有关信用行为的可靠性、安全性的评价。信用评级的目的是揭示受评经济主体和金融工具的违约风险的大小，即经济主体按照合同约定如期履行债务和其他义务的能力和意愿。按照评估对象来分，主要包括企业信用评级、证券信用评级、国家主权信用评级和其他信用评级等。

信用评级一般由某些专门的信用评估机构进行。目前国际公认的专业信用评级机构有穆迪、标准普尔和惠誉国际三家，基本垄断了国际评级行业。国内评级行业实行牌照管理，成立评级机构需要国家批准，目前大公国际、中诚信国际和联合信用三家的影响力最大。

开展信用评级有利于市场的公平、公正和诚信。一是有助于企业自律管理，有助于防范商业风险；二是可以减少信息不对称，为投资者提供公正、客观的信息，从而起到保护投资者利益的作用；三是有利于企业低成本筹集资金，享受高信用级别带来的权益；四是信用评级可以作为辅助监管的工具和资本市场管理部门的审查决策依据，有利于保持资本市场的稳定。总之，信用评级已经成为金融市场不可或缺的环节。当然由于信用评级机构自身经历和视野有限，评级难免有失偏颇，甚至错误。

* 薛勇臻，中证金牛金融研究中心副主任；徐建军，中证金牛金融研究中心主任；杨九公，中国社会科学院研究生院硕士研究生。

二、网贷评级的现状

近几年网贷行业迅猛发展，市场规模壮大，同时也暴露出很多问题，其中网贷行业已经显现的各种风险受到社会舆论的强烈关注。一方面监管部门对网贷平台出现的风险导致投资者损失的问题十分重视，另一方面网贷行业也希望有一套具有公信力的评价机制来促进行业的健康发展。因此，社会对网贷评级寄予厚望，希望通过对网贷平台开展评级以净化网贷行业。

目前，针对网贷行业开展评级的机构很多，既有国际信用评级机构，也有国内知名评级机构，还有没有牌照但对行业具有深入研究的网贷第三方平台和学术研究机构。目前，各机构参与网贷行业评级的现状如下：

1. 惠誉评级

2014 年 8 月，作为国际三大评级机构之一的惠誉评级公司加入 P2P 网贷评级的行列，成为 P2P 借贷行业评级的第一家主流评级公司。考虑 P2P 网络借贷公司有限的经营历史，惠誉目前对行业内的 P2P 网络借贷公司评级为投机级。

2. 大公国际评级

2015 年 1 月，大公国际旗下的大公信用数据有限公司，发布了网贷黑名单和预警名单，标志着大公国际进入网贷平台评级的行列。不过，由于国内众多知名和大平台被列入预警名单和黑名单，其评级标准随即引起争议。

3. 网贷第三方机构和学术研究机构

伴随着网贷行业的蓬勃发展，国内的网贷第三方平台和学术机构开展的网贷评级也是如火如荼。截至目前，公开指标体系并正式发布评级结果的机构至少在 5 家以上。从反响来看，第三方平台和学术机构的评级结果，似乎更受到平台和投资人的欢迎，影响力逐渐上升。究其原因，可能是第三方平台和学术机构跳出了传统评级机构的指标体系框架，根据网贷行业发展的实际情况来设置指标，因此评级结果更容易让大众特别是网贷出借人接受。不过，第三方评级没有牌照，并且存在评价体系不严谨、公信力不足的问题，有时也产生争议甚至引发诉讼。

不可否认，尽管网贷评级引起的争议较大，但积极开展网贷平台评级研究和实践具有重要意义。2015 年出台的《关于促进互联网金融健康发展的指导意见》就明确支持具备资质的信用中介组织开展互联网企业信用评级，增强市场信息透明度。

第一，网贷评级可以起到保护出借人的作用。国内网贷平台数目众多，业务模式和借款类别五花八门，普通投资者没有精力也没有能力去研究各家平台和各种借款标的。专业评级机构的评级结果，能够帮助出借人更好地了解平台，根据自己的风险承受能力来选择平台和标的。

第二，网贷评级对网贷行业起到监督和自律作用。评级就是对平台的监督，专业的评级既能为好平台增信，也能对不良平台进行曝光，净化了网贷行业，督促平台自律，从而促进行业的健康发展。

第三，网贷评级可能成为监管部门的辅助监管工具。《关于促进互联网金融健康发展的指导意见》明确银监会作为网贷行业的监管机构，面对数千家平台，银监会的监管资源有限，其监管效果可想而知。而通过专业机构对网贷平台进行评级，大大节省了监管资源，也减轻了监管部门的压力。监管部门完全可以参考评级结果，及时采取措施，防范风险。

对网贷行业开展评级意义重大，但是传统的信用评级方法可能并不适用。首先，网贷行业仍处于发展阶段，盈利模式仍未成形，未来还有不确定性，目前的信用评级的指标体系难以充分揭示行业的风险。其次，传统的信用评级侧重于平台的偿债能力的评价，但网贷平台是信息中介，不是借款人，平台偿债能力弱并不意味着平台上标的风险高。最后，网贷行业具有互联网属性，传统评级指标无法对互联网属性做出合理描述。

因此，对于网贷行业来说，使用传统的评级体系难以做出让社会各界信服的评级结果，强行评级可能误导投资者，也不利于行业的稳健发展。对网贷行业做出具有公信力的信用评级，还需要专业评级机构改进和创新评级机制。

三、综合实力评价

传统信用评级体系不适宜网贷行业，但并不意味着第三方机构不能对网贷平台进行评级和评价。实际上，目前网贷第三方机构和学术机构所开展的评级大多并不是真正意义上的信用评级，不管评级结果是发展指数还是类似信用评级的等级，本质上都是对网贷平台的综合实力进行的评价。这里的网贷综合实力评价是指网贷平台相对于其他平台表现出来的生存能力和持续发展能力，可以通过一系列反映平台实力和安全性的指标来综合评价。

1. 网贷综合实力评价的意义

在网贷平台缺失信用评级的情况下，综合实力评价对各方参与者都有重要意义。

对于平台来说，综合实力评价排名所用指标基本与监管和行业要求相一致，因此有利于平台了解自身的优势和劣势，从而不断改进劣势，提高平台的运营水平。

对于出借人来说，综合实力排名可以帮助其对平台进行分析和比较，更深入了解平台的特点，对投资决策起到辅助作用。

对于借款人来说，综合实力排名有助于其选择运作规范、效率高和服务能力强的平台来满足其借款要求。

总的来说，对网贷平台开展综合实力评价有利于行业的优胜劣汰，避免劣币驱逐良币。不过，综合实力评价毕竟不是平台信用评级，更不等同于平台标的的风险评级。因此，综合实力评价结果是相对而言的，出借人可以参考但不能完全依赖评价结果进行决策。

2. 综合实力评价的公信力

从发布的综合实力评价的基本方法来看，各第三方机构并无太大的区别，大多是采用权重和分层评分的方式，从平台运行时间、资金实力、成交量、人气、品牌、技术安全、信息披露等多个维度进行打分，最后进行综合排名。评价指标、指标统计方式、权重设置的合理性和所用的基础数据的准确性，是决定评价体系的价值和公信力的重要因素。

具有公信力的综合实力评价需要满足以下条件：

第一，评价体系必须科学、合理。评价指标体系要符合网贷行业的发展规律，指标设置要科学、合理，既要全面，又要突出重点。评价指标不能只反映平台的运营能力，平台的其他方面如风险控制能力、透明度等也是重点。

第二，数据必须准确可靠。第三方评价的数据来源多样，有的与平台建立数据接口，有的是平台网页上抓取数据，有的是通过平台发布的运营报告，也有的是征集数据。接口貌似准确，但实际操作上，第三方抓取到的数据与平台的实际数差别较大。网页抓取数据也越来越难，一是平台有意防止抓取数据，发布的项目留存时间越来越短；二是集合投标类产品，无法分辨单个标的的真实性，比如某平台发布的集合投标中的标的实际已经过期两周才撤下。运营报告更是五花八门，表面上看披露的数据颇多，但有价值的没几个。征集数据也存在较大问题，由于不是平台公开披露，其对数据的准确性和真实性往往不负什么责任，结果可想而知。

第三，是否客观公正不受商业利益影响。评价过程必须排除利益的影响，否则综合实力评价就失去了公信力。第三方平台往往和部分网贷平台有密切的商业合作，应确保评价不受商业合作的影响，首先评级机构要在评级前公开合作情况，其次还要在事后接受公众的监督。

第四，评级机构要有竞争，也要有担当。第三方评级机构间要有良性竞争，本身也可以优胜劣汰。如果评级排名较高的平台最终风险爆发，评级机构要有担当，应深入分析风险的原因，改善评价体系，而不是一删了之。

四、综合实力评价排名的指标

进行网贷平台评级的第一步是选取指标。如前所述，指标的科学、合理是评级公信力的重要因素。本书选取评级指标主要有四个方面：

一是平台的背景实力，平台的背景实力一定程度上表征了平台的信用风险，实力雄厚的平台跑路的风险较低、造假的风险较低。背景实力包括平台的资本实力、股东的背景和实力、团队实力等，此外，当前阶段平台能够实现资金银行存管和加入国家级协会的也是平台实力的反映，至少是银行或监管部门对平台实力的认可。

二是运营和服务能力。网贷平台作为信息中介，服务出借人和借款人的能力十分重要，这种能力直接体现在成交量、市场占有率、投资人数、借款人数、资金成本等指标上，还间接表现在平台网页的点击量和手机客户端的使用量上。

三是对标的风险控制能力。作为信息中介虽然平台没有承担借款人违约风险的义务，但平台对借款人负有审查责任，平台要尽最大努力保障出借人的利益，以保证平台能够持续经营。平台的风险控制主要通过借款集中度、借款类型、保障力度、违约率等指标考察。

四是透明度。网贷平台不透明、信息披露差一直被诟病。不透明导致平台与出借人信息不对称，暗藏欺诈风险。作为信息中介，在监管部门还未强制平台进行信息披露的情况下，高透明度是网贷平台自信和实力的反映。透明度主要通过平台基本信息、借款人信息、运营数据的披露程度和质量来考察。

评级指标的具体设置如表1所示。

指标的具体说明如下：

注册资本：平台运营公司的注册资本及实缴资本情况。

上线时长：指网贷平台开始上线运行的时间，中断1个月以上，则重新计时。

股东背景和实力：股东背景分为银行、国资、上市公司、风投、民营企业、个人等背景。不仅考察股东背景的类型，还考察股东的资本实力、信用评级、所占的股权份额。另外，平台的关联公司情况也在考察范围。

表 1　评级指标的具体设置

评价角度与权重	指标设置
平台背景实力（20%）	注册资本
	上线时长
	股东背景和实力
	管理团队
	资金存管
	入会情况
运营能力（35%）	成交量
	市场份额（待收余额）
	投资人数
	投资期限
	借款人数
	借款期限
	资金成本
	其他指标（网站点击量、APP 下载量）
风险控制（30%）	逾期率
	坏账率
	借款集中度
	借款保障力度
透明度（15%）	平台信息披露
	借款信息披露
	运营数据披露

管理团队：考察高管团队的相关从业经验，以及核心团队的稳定性。

资金存管：监管部门要求网贷平台的资金必须由银行存管，已经进行银行存管的平台将获得加分。

入会情况：中国互联网金融协会的理事单位和会员单位将获得加分。

成交量：成交量分为投资端成交量和借款端成交量两种。投资端成交量是指投资者在一定时期内投资平台项目的累计成交资金量。借款端成交量是指平台新增借款的累计成交量。在没有拆期限或债权转让的情况下，两者是相同的。

市场份额：市场份额是指网贷平台在行业内的市场份额，以待收余额来衡量。待收余额是指截至某一时点平台上撮合成交的借款中还未偿还的本金的总和。

投资人数：又称出借人数，平台活跃的投资者人数，发生实际交易，非平台注册人数。

投资期限：投资端成交资金的平均期限，无固定期限的产品则以锁定期为平均期限。投资期限非独立考察指标，用于计算时间加权成交量。

借款人数：借款端的新增借款人（或借款企业）总数。借款人数不同于借款项目数，因为单一借款人可能有多笔借款。

借款期限：平台新增借款的平均期限。在平台没有拆标或债权转让的情况下，借款期限与投资期限一般相同。

资金成本：平台发布借款项目及集合标项目的平均预期收益率，即投资端的平均预期收益率。资金成本反映的是平台的募资能力和对投资人、借款人的吸引力。

其他指标（网站点击量、APP 下载量）：网站的点击量和 APP 的使用量可以在一定程度上反映网贷平台的活跃度，因此可以作为参考指标。

逾期率：平台借款人归还借款发生逾期的比例，以发生逾期的待还本金与累计借款总额之比来计算。

坏账率：平台借款人逾期 90 天及以上的待还本金总额与 90 天前产生的累计借款总额之比。

借款集中度：前十大待收借款本金之和与待收余额之比。

借款保障力度：考察平台为投资者提供的保障措施，包括第三方担保、风险备用金、抵押物等。具体要考察第三方担保的担保能力、风险备用金占待收余额的比例、抵押物的价值和变现能力等。

平台信息披露：平台及运营公司的基本信息披露，包括营业执照、股东名称及股权比例、管理团队的从业经历及专业背景、资金存管方式等。平台信息还包括平台重大事项的，平台应及时披露。

借款信息披露：包括借款人基本信息、借款期限、规模、借款人历史借款情况、借款用途、保障措施等。集合标中所含借款标的同样需要披露以上情况，并且全部披露。

运营数据披露：包括新增借款人数、借款总金额、前十大借款金额、待收余额、投资人数、投资总金额、前十大投资人总金额、逾期率、坏账率。

五、综合实力排名的样本平台

本部分选取了国内具有代表性的 39 家平台作为研究样本，样本平台披露的数据和信息相对完整，在行业具有一定的知名度和影响力，因此对其进行综合实力排名具有重要意义。

39 家平台的基本信息如表 2 所示。

表 2　39 家平台的基本信息

平台名称	注册资本（万元）	平台上线时长	运营公司	所在地	借款类型
拍拍贷	10000	2007 年 6 月	上海拍拍贷金融信息服务有限公司	上海市	信用标、第三方担保标、保理应收转让、融资租赁
红岭创投	6000	2009 年 3 月	红岭创投电子商务股份有限公司	广东省深圳市	抵押标、信用标
诺诺镑客	10800	2009 年 6 月	上海诺诺镑客金融信息服务有限公司	上海市	信用标、房产抵押标
人人贷	10000	2010 年 10 月	人人贷商务顾问（北京）有限公司	北京市	信用标、第三方担保标
翼龙贷	10000	2011 年 4 月	北京同城翼龙网络科技有限公司	北京市	信用标
你我贷	10000	2011 年 6 月	上海你我贷互联网金融信息服务有限公司	上海市	信用贷、房产抵押标
微贷网	12195	2011 年 8 月	微贷（杭州）金融信息服务有限公司	浙江省杭州市	车辆抵押标
人人聚财	5000	2011 年 11 月	深圳市人人聚财金融信息服务有限公司	广东省深圳市	车辆抵押标、信用标
安心贷	1000	2011 年 11 月	君安信（北京）科技有限公司	北京市	房产抵押标
陆金所	83667	2012 年 3 月	上海陆家嘴国际金融资产交易市场股份有限公司	上海市	第三方担保标
宜人贷	3000	2012 年 3 月	恒诚科技发展（北京）有限公司	北京市	信用标
投哪网	5000	2012 年 5 月	深圳投哪金融服务有限公司	广东省深圳市	车辆抵押标、房产抵押标、信用标
合拍在线	10000	2012 年 6 月	深圳市合拍在线互联网金融服务有限公司	广东省深圳市	第三方担保标、信用标、保理标

续表

平台名称	注册资本（万元）	平台上线时长	运营公司	所在地	借款类型
ppmoney	15000	2012 年 12 月	万惠投资管理有限公司	广东省广州市	信用标、车辆抵押标、房产抵押标、票据标
开鑫贷	14024	2013 年 1 月	开鑫贷融资服务江苏有限公司	江苏省南京市	第三方担保标、票据标
团贷网	10000	2012 年 7 月	东莞团贷网互联网科技服务有限公司	广东省东莞市	信用标、抵押标、第三方担保标
有利网	5000	2013 年 2 月	北京弘合柏基金融信息服务有限责任公司	北京市	第三方担保标
小牛在线	10300	2013 年 6 月	深圳市小牛在线互联网信息咨询有限公司	广东省深圳市	信用标、房产抵押标
积木盒子	20000	2013 年 8 月	北京乐融多源信息技术有限公司	北京市	信用标、第三方担保标
和信贷	10001	2013 年 8 月	和信电子商务有限公司	北京市	房产抵押标、信用标
玖富	20000	2013 年 10 月	北京玖富普惠信息技术有限公司	北京市	信用标、第三方担保标
鑫合汇	5313	2013 年 12 月	杭州鑫合汇互联网金融服务有限公司	浙江省杭州市	第三方担保标
银客网	10000	2013 年 12 月	银客金融信息服务（北京）有限公司	北京市	第三方担保标
理财范	12566	2014 年 3 月	北京网融天下金融信息服务有限公司	北京市	第三方担保标
爱钱进	20000	2014 年 5 月	爱钱进（北京）信息科技有限公司	北京市	信用标
搜易贷	30000	2014 年 9 月	搜易贷（北京）金融信息服务有限公司	北京市	第三方担保标、房产抵押标
金开贷	8000	2014 年 5 月	陕西金开贷金融服务有限公司	陕西省西安市	第三方担保标

续表

平台名称	注册资本（万元）	平台上线时长	运营公司	所在地	借款类型
信而富	2790（美元）	2014 年 5 月	上海信而富企业管理有限公司	上海市	信用标
金宝保	3000	2014 年 6 月	重庆金宝保信息技术服务有限公司	重庆市	第三方担保标
众信金融	1000	2014 年 6 月	北京众信金融信息服务有限公司	北京市	第三方担保标
德众金融	1000	2014 年 6 月	安徽德众金融信息服务有限公司	安徽省合肥市	第三方担保标
易贷网	10000	2014 年 1 月	上海易贷网金融信息服务有限公司	四川省成都市	房产抵押标、车辆抵押标、信用标
银湖网	20000	2014 年 7 月	银湖网络科技有限公司	北京市	第三方担保标、房产抵押标
生菜金融	7850	2014 年 9 月	上海融道网金融信息服务有限公司	上海市	第三方担保标、信用标
链家理财	1591	2014 年 11 月	北京链家房地产经纪有限公司	北京市	赎楼标
点融网	20000	2014 年 11 月	上海点荣金融信息服务有限责任公司	上海市	信用标、第三方担保标、融资租赁标等
麻袋理财	1525	2014 年 12 月	上海凯岸信息科技有限公司	上海市	信用贷、保理标、车辆抵押标
民贷天下	10000	2014 年 12 月	民加科风信息技术有限公司	广东省广州市	第三方担保标、票据标、融资租赁标
e 路同心	20000	2015 年 4 月	深圳市同心科创金融服务有限公司	广东省深圳市	第三方担保标、信用标

1. 入选平台的特点

网贷行业的发展势不可当，即使在监管空前加强的情况下，网贷成交量仍在大幅上涨。在行业规模继续扩张的同时，网贷平台的业务模式和产品也在发生巨大的变化。

第一，资产端由单一类型向多元化发展，形成五花八门的业务模式。借贷项目不再局限于个人借贷和企业融资，各种类型的资产纷纷出现，各种收益权或受益权转让型产品，如票据、应收账款、供应链金融纷纷成为网贷平台的产品，各种机构，包括保理公司、融资租赁公司、保险公司、金融资产交易所也纷纷参与到网贷交易中去。很多融资项目已经不是原来的纯粹网贷了。

第二，信息中介向资管平台转化。网贷平台不甘于做信息中介，更多是成为资产管理人，实际上是在代替投资人进行投资及转让。比如需要强制债权转让的理财计划类产品，出借人放贷变成了理财投资，投资人不再关注借款人是谁、是什么借款类型，从而对借款风险不再关注，对本是信息中介的平台更加依赖。

第三，网贷平台向综合性理财平台转变。在撮合借贷交易的同时，有不少平台已经引入了基金、保险等理财产品进行销售，以满足平台投资者的需要。定期理财产品不是网贷，因此在统计平台数据时要区分开来。

总之，很多网贷平台不再是单纯的网络借贷信息中介，而是变成了互联网理财平台。不过，本次入选的 39 家平台，我们仅对其平台上的网贷部分开展研究和评价。

入选排名研究的 39 家平台有以下特点：

（1）均为业内相对知名的平台，受到业内外的广泛关注，并且大部分都出现在各类评级和排名中。

（2）入选平台都有一定的规模。截至 2015 年年末，借贷余额最低的为 7. 13 亿元，最高的为 277 亿元，余额超过百亿元的平台有 6 家。

（3）从股东背景来看，既有国资背景平台和银行背景平台，也有上市公司系平台，民营系平台大多获得风投的融资，因此都具有一定的资本实力。

（4）成立年限均在 1 年以上，其中 2014 年以前成立的平台达到 24 家。

（5）半数以上平台为中国互联网金融协会会员单位，其中 5 家为理事单位，有 18 家为首批会员单位。

2. 平台标的分类

随着网贷行业的快速增长，我国网贷平台早已不是单纯的 P2P 个人借贷，我们可以从资产类型、资产来源、标的的撮合形式、标的金融大小来进行分类。

（1）从网贷平台资产端的资产类型来看，主要分为信用标、第三方机构担保标、抵押标、保理标、融资租赁标等。目前，只有单一类型标的的平台较少，一般为多种标的共存。

信用标是指不需要抵押和担保物，完全靠个人信用建立借贷关系。信用贷一般为小额，期限长，违约率较高，因此，平台及合作机构的风控能力非常重要。以信用标为主的平台主要有陆金所、拍拍贷、人人贷、宜人贷、翼龙贷、爱钱进等。

第三方机构担保标，是指由第三方机构如融资性担保公司、小贷公司或其他机构为借款人提供担保，同时要求借款人以质押、抵押等形式提供反担保的标的。2015 年以来，保险公司进入网贷行业，以履约保证险为借款标的提供保障，也属于担保类。第三方机构担保的特点是风险会集中在担保机构上，平台对借款人控制力弱，一笔借款逾期后如果担保公司拒绝代偿，那么担保公司担保的所有借款都将面临风险。

抵押标，是指由平台以借款人的车辆、房产、票据等为抵押或质押物作为还款保障的标的。根据抵押物的不同，抵押标一般分为车辆抵押标、房屋抵押标、票据抵押标和其他抵押标。房屋抵押类资产很多平台都有涉及，主要有安心贷、易贷网、搜易贷等，车辆抵押类平台有微贷网、投哪网和易贷网等。票据抵押标包括银行承兑汇票和商业承兑汇票两类，开展有票据标业务的平台主要有开鑫贷等。

保理标和融资租赁标，保理标是指保理公司通过网贷平台向投资者转让其持有的应收账款的债权并承诺到期回购的一种标的。融资租赁标是指融资租赁通过平台向投资者转让租金收益权，并承诺到期回购的一种标的。发行保理标和融资租赁标的平台有点融网等。

值得注意的是，除以上标的类型外，近来 P2P 平台出现的资产还有保单抵押、典当、小贷债权包等标的，这里不再赘述。

（2）按资产来源来分，可分为自产标的和合作机构标的。

自产标的，是指网贷平台公司及关联公司建立团队开发借款端资产，供平台发布和撮合成交的标的。一般来看，目前大多数公司将平台运营和借款端获取分别独立运营，自产标的的来源有分公司和关联公司两种途径。

合作机构标的，是指网贷平台的借款标的来自与平台无关联的外部机构，合作机构包括担保公司、小贷公司、专门从事网贷资产开发的公司或机构，这些机构均提供相应的担保或增信措施。

（3）按标的的撮合形式可分为散标和集合标。

散标，是指单一借款人构成一个项目。散标是 P2P 平台的标的最初模式，大额借款标的的平台多为散标发行。散标的透明度高，投资人在投标前可以充分了解借款人的信息。目前仅陆金所仍在坚持只发行散标，多数平台则是散标和集合标共存。

集合标，是指平台将多个借款标的打包集中发行，投资者往往不能在投资前充分了解借款人的信息，最终能与哪一借款人成交，完全由平台来分配。对于小微借贷平台来说，集合标提高了投标效率，节约了成本。集合标还起到变相拆分标的期限的作用，平台通过约定的到期强制转债权，将长期标变成短期标。集合标有资金池嫌疑，比如有些平台设置集合标的锁定期，但不限制持有期，平台为投资者二次匹配债权并未得到投资者的确认。同时集合标收益率一般低于散标，显然平台拿走了部分收益。

（4）按标的金额的大小，将标的分为小微借款标、中等额度借款标和大额借款标。

小微借款标，一般单笔借款在50万元以下，对投资者来说小而分散，小额标的有利于分散风险。小微借贷市场潜力大，违约概率高，关键是看平台风控能力。信用标和车辆抵押标一般为小微借贷标。

中等额度借款标。借贷规模在50万~500万元，多为机构担保类或房产抵押类借款，因此对担保公司的审核非常重要和关键。抵押物的足值和真实也很关键，抵押物不能控制在平台手上是重要的缺陷。

大额借款标。一般为大型企业借款，标的在500万元以上。大额借款标的表现为借款集中度高、募集时间长等特点，同时大额借款经常需要拆分额度来发行。

3. 平台数据来源

本次评价所用数据时限为2015年和2016年上半年，课题组利用多种方式搜集平台数据，尽量做到数据的全面、及时和准确。入选的39家平台的数据获得主要有以下途径：

一是网站发布的业绩报告或运营报告，包括实时数据、月度报告、季度报告、年报等。这些数据虽然不是很完整，但代表了官方的公开数据。

二是通过调研征集。我们对大多数平台进行实地调研，获取了部分重要数据，建立数据定期征集和报送机制，获得了平台的部分未公开披露的数据。

三是通过技术手段，通过整理部分平台发布的借款产品信息提炼出部分有价值的数据。

在数据处理过程中，我们将多种途径得来的数据进行交叉验证，以保证数据的准确性。

4. 网贷综合实力排名的实践

（1）排名情况。

通过计算各指标的排名得分，然后综合得出背景实力、运营能力、风险控制、透明度四大维度的排名，最后根据各维度的权重综合计算出39家平台的综合排名。从最终结果来看，排在前十位的平台分别是：陆金所、宜人贷、人人贷、玖富、翼龙贷、开鑫贷、搜易贷、麻袋理财、有利网、微贷网（见表3）。

表 3　39 家平台综合实力排名情况

平台名称	综合实力排名	排名得分	平台名称	综合实力排名	排名得分
陆金所	1	85. 47	诺诺镑客	21	61. 03
宜人贷	2	80. 60	众信金融	22	60. 41
人人贷	3	78. 75	合拍在线	23	60. 37
玖富	4	74. 07	易贷网	24	60. 35
翼龙贷	5	74. 01	鑫合汇	25	60. 28
开鑫贷	6	71. 83	人人聚财	26	60. 04
搜易贷	7	71. 32	银客网	27	59. 33
麻袋理财	8	70. 95	ppmoney	28	58. 61
有利网	9	70. 72	银湖网	29	58. 18
微贷网	10	70. 59	金宝保	30	57. 59
拍拍贷	11	70. 35	德众金融	31	57. 26
爱钱进	12	70. 16	民贷天下	32	56. 36
点融网	13	69. 85	理财范	33	56. 25
信而富	14	66. 74	金开贷	34	55. 87
积木盒子	15	66. 51	生菜金融	35	55. 67
投哪网	16	66. 19	链家理财	36	54. 81
你我贷	17	65. 65	和信贷	37	54. 40
红岭创投	18	65. 16	安心贷	38	52. 38
小牛在线	19	64. 77	e 路同心	39	48. 79
团贷网	20	63. 31			

从各维度来看，背景实力排名前十的平台为：陆金所、开鑫贷、宜人贷、人人贷、德众金融、积木盒子、搜易贷、玖富、拍拍贷、点融网（见表 4）。

表 4　39 家平台背景实力综合排名情况

平台名称	背景实力综合排名	平台名称	背景实力综合排名
陆金所	1	搜易贷	7
开鑫贷	2	玖富	8
宜人贷	3	拍拍贷	9
人人贷	4	点融网	10
德众金融	5	投哪网	11
积木盒子	6	金开贷	12

续表

平台名称	背景实力综合排名	平台名称	背景实力综合排名
民贷天下	13	红岭创投	27
银客网	14	ppmoney	28
金宝保	15	小牛在线	29
麻袋理财	16	理财范	30
微贷网	17	和信贷	31
银湖网	18	易贷网	32
翼龙贷	19	你我贷	33
信而富	20	e 路同心	34
合拍在线	21	生菜金融	35
团贷网	22	鑫合汇	36
有利网	23	人人聚财	37
众信金融	24	链家理财	38
诺诺镑客	25	安心贷	39
爱钱进	26		

运营能力排名前十位的平台有：陆金所、宜人贷、红岭创投、有利网、玖富、你我贷、翼龙贷、点融网、人人贷、小牛在线（见表5）。

表5 40家平台运营能力综合排名情况

平台名称	运营能力综合排名	平台名称	运营能力综合排名
陆金所	1	ppmoney	13
宜人贷	2	拍拍贷	14
红岭创投	3	微贷网	15
有利网	4	搜易贷	16
玖富	5	积木盒子	17
你我贷	6	诺诺镑客	18
翼龙贷	7	团贷网	19
点融网	8	投哪网	20
人人贷	9	麻袋理财	21
小牛在线	10	理财范	22
爱钱进	11	人人聚财	23
开鑫贷	12	鑫合汇	24

续表

平台名称	运营能力综合排名	平台名称	运营能力综合排名
信而富	25	合拍在线	33
金宝保	26	民贷天下	34
众信金融	27	安心贷	35
链家理财	28	和信贷	36
银客网	29	生菜金融	37
易贷网	30	e 路同心	38
银湖网	31	金开贷	39
德众金融	32		

风险控制综合排名前十位的平台是：陆金所、人人贷、麻袋理财、翼龙贷、宜人贷、拍拍贷、微贷网、玖富、信而富、有利网（见表6）。

表6　39家平台风险控制综合排名情况

平台名称	风险控制综合排名	平台名称	风险控制综合排名
陆金所	1	开鑫贷	21
人人贷	2	生菜金融	22
麻袋理财	3	诺诺镑客	23
翼龙贷	4	积木盒子	24
宜人贷	5	银客网	25
拍拍贷	6	鑫合汇	26
微贷网	7	合拍在线	27
玖富	8	银湖网	28
信而富	9	民贷天下	29
有利网	10	ppmoney	30
爱钱进	11	安心贷	31
你我贷	12	理财范	32
搜易贷	13	红岭创投	33
投哪网	14	众信金融	34
和信贷	15	金开贷	35
人人聚财	16	链家理财	36
点融网	17	德众金融	37
易贷网	18	e 路同心	38
小牛在线	19	金宝保	39
团贷网	20		

透明度综合排名前十位的平台是：众信金融、合拍在线、搜易贷、易贷网、爱钱时、麻袋理财、人人贷、宜人贷、陆金所、鑫合汇（见表7）。

表7　39家平台透明度综合排名情况

平台名称	透明度综合排名	平台名称	透明度综合排名
众信金融	1	翼龙贷	21
合拍在线	2	开鑫贷	22
搜易贷	3	银客网	23
易贷网	4	民贷天下	24
爱钱进	5	玖富	25
麻袋理财	6	拍拍贷	26
人人贷	7	信而富	27
宜人贷	8	投哪网	28
陆金所	9	安心贷	29
鑫合汇	10	团贷网	30
金开贷	11	人人聚财	31
点融网	12	小牛在线	32
微贷网	13	有利网	33
生菜金融	14	理财范	34
积木盒子	15	诺诺镑客	35
银湖网	16	e路同心	36
红岭创投	17	和信贷	37
链家理财	18	你我贷	38
德众金融	19	ppmoney	39
金宝保	20		

（2）综合实力排名结果分析。

从以上排名结果，可以看出有以下几个特点：

一是小微借贷类平台实力表现突出。39家平台中的小微借贷平台共有24家，综合实力排名前十的几乎全部是小微借贷平台，这也反映了小微借贷才是网贷行业的主流，不仅符合监管政策，并且还体现了普惠金融的宗旨。

二是信用贷平台发展基础好，领先抵押担保类平台，随着征信机制的完善，未来必将成为行业的主要模式。综合实力前五名中有四家为信用贷平台。

三是大平台透明度排名不够高。综合实力排名前五的平台，其透明度排名与实力并不相匹配。这也反映了目前大平台在信息披露方面并没有起到应有的示范作用。

六、平台综合实力点评

第一名：陆金所

陆金所，全称为上海陆家嘴国际金融资产交易市场股份有限公司，是全球最大的互联网财富管理平台，2011 年 9 月在上海注册成立，注册资本 8.37 亿元。2016 年 1 月，陆金所正式对外宣布完成 12.16 亿美元的融资，公司估值达到 185 亿美元。

陆金所在综合实力排名中总分第一，主要得益于其平台雄厚的背景实力、突出的运营能力，以及在风险控制方面的突出表现。网贷业务在陆金所产品中仅占较小的份额，但其绝对量在网贷行业占比较大。截至 2015 年年底，陆金所网贷产品的累计成交量为 561.88 亿元，待收余额为 277.47 亿元，为超过 30 万的借款人提供了融资服务。

网贷产品均为小微借贷，具有较好的分散度。借款产品为陆金所旗下平安普惠提供的信用标，不过陆金所为借款提供了融资性担保公司担保或保险公司保险等保障方式。不管是平安担保还是平安保险，其保障实力均相对雄厚。陆金所网贷产品期限较长，多数产品为 36 个月，收益率为 8.4%。与其他平台产品相比，陆金所产品收益率偏低。

由于受限于集团管控，除产品信息外，陆金所向公众直接发布的数据并不多。不过，陆金所向课题组披露了大量的运营数据。

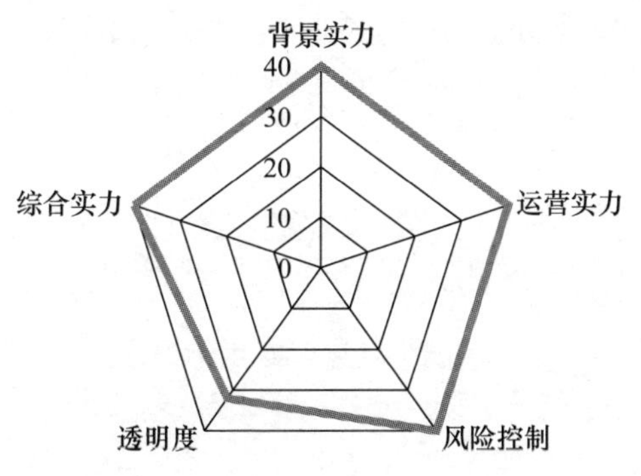

图 1　陆金所综合实力因素雷达

第二名：宜人贷

宜人贷作为中国互联网金融海外上市首家平台，在综合实力评价中也表现优异，总排名第二，仅次于陆金所。

宜人贷为宜信旗下公司，2012 年上线，2015 年 12 月在美国纽交所上市。宜人贷的运营公司为恒诚科技发展（北京）有限公司，由母公司宜信控制 85.5% 的股份。从最新的财报来看，唐宁拥有宜人贷43.2% 的股权，多位宜信和宜人贷高管、IDG 资本、凯鹏华盈基金和摩根士丹利也间接持有宜人贷股权。宜人贷已经实现银行资金存管，存管行为广发银行。

宜人贷的运营方面表现突出，根据宜人贷发布的财报数据，2015 年全年的投资端成交量为 119 亿元，借款端成交量为 95 亿元，年末待收余额为 88.58 亿元。2016 年上半年，宜人贷成交量增长较快，半年末的待收余额增至 138 亿元，较上年末增长超六成。

宜人贷撮合的借款均为小额信用贷，借款集中度较低，分散了投资风险。平台以风险备用金为投资者提供保障，截至 2016 年 6 月底，风险备用金规模达 8.1 亿元。

作为上市公司，宜人贷定期发布季报、半年报、年报等，为公众披露了大量数据，因此在运营数据披露方面表现突出。不过，宜人贷披露的业绩报告均为英文版，不方便普通投资者查看。另外，宜人贷在集合投标的产品中未对借款人信息进行披露。

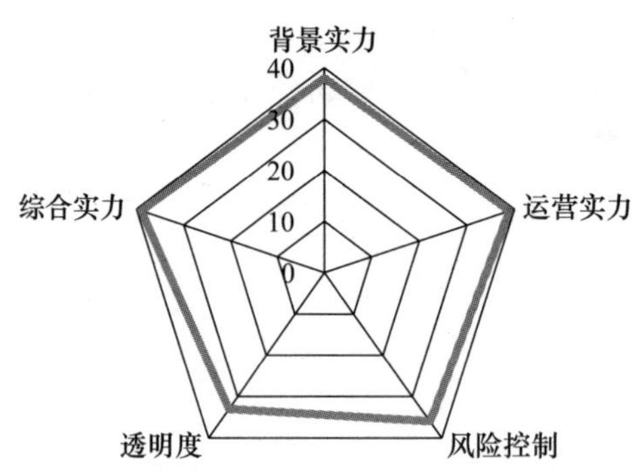

图 2　宜人贷综合实力因素雷达

第三名：人人贷

人人贷成立于2010 年，由人人商务顾问（北京）有限公司运营，注册资本

1 亿元，是人人友信集团旗下公司，集团曾于 2013 年获得 1.3 亿美元融资。2016 年 2 月，人人贷宣布与中国民生银行合作的资金存管正式上线。

人人贷运营能力表现突出，2015 年全年的借款成交量为 75.18 亿元，服务了 11.5 万的借款人，超七成借款期限在 25 个月以上。截至 12 月 31 日，人人贷的待收余额为 77.42 亿元，上半年增至 94.80 亿元。

人人贷的网贷产品的借款标的有实地认证标、机构担保标和信用认证标三类，其中以实地认证标为主。借款标的金额较小，便于分散风险。据其年报显示，2015 年年末人人贷的 90 + 逾期率为 0.33%，处于业内的较低水平。人人贷以风险备用金为投资者提供保障，备用金年末余额达到 2.01 亿元，与待收本金之比为 2.71%，远高于其逾期率。

人人贷对公司和平台信息披露不多，尤其是其证照信息及股权结构披露较少。其 U 计划类产品中的借款人信息未预先披露也影响了其透明度得分。不过，人人贷定期发布季报、半年报和年报，发布信息较为全面，业绩报告质量较高。

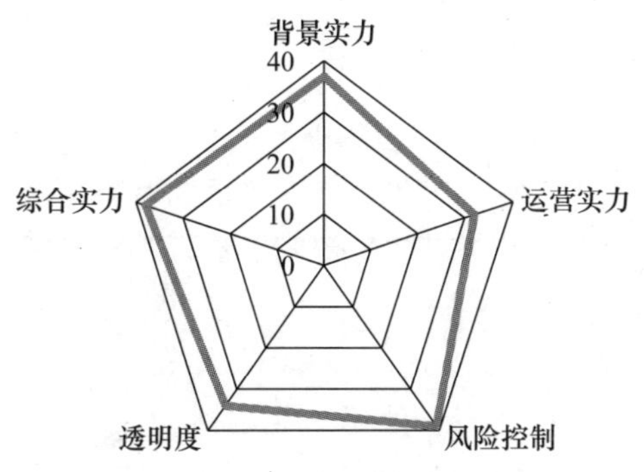

图 3　人人贷综合实力因素雷达

第四名：玖富

玖富于 2013 年 10 月正式上线，由北京玖富时代投资顾问有限公司运营，后改名为玖富互金控股集团有限责任公司，注册资金为 2 亿元。2015 年 4 月，玖富及旗下子公司获得 IDG、SIG 等 1.1 亿美元融资。

玖富运营能力较强，2015 年投资端的成交量近 90 亿元，2016 年上半年的待收余额达到 125 亿元，平台成交规模排名位居前列。

目前借款标的以自产信用标为主，单笔额度较小，有利于投资者分散风险。借款发生逾期后，以风险备用金先行垫付。截至 2016 年 8 月，风险备用金约 2.75 亿元。此外，合作机构推荐的标的，则有相应机构进行担保。

玖富对平台信息公布较少，其集合投标类产品对借款人披露不够全面，也不发布运营报告。因此，玖富的整体透明度偏低。

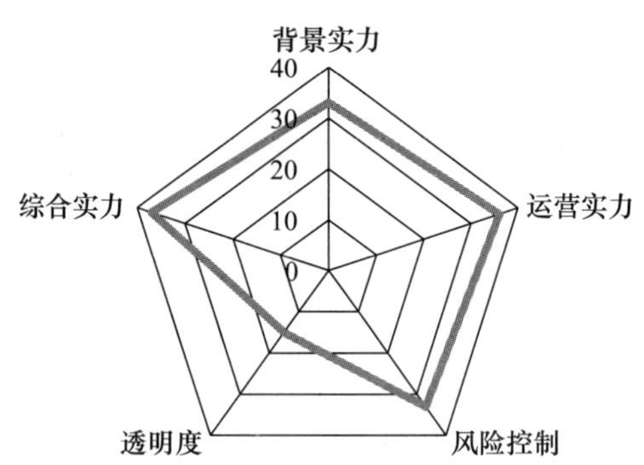

图 4　玖富综合实力因素雷达

第五名：翼龙贷

翼龙贷于 2010 年上线，是国内为数不多的旨在为广大“三农”、小微企业主提供 P2P 借贷服务的网贷平台。运营公司为北京同城翼龙网络科技有限公司，注册资本金 1 亿元，2015 年 3 月获得联想控股投资，其背景实力和平台信用大大增强。

翼龙贷的运营能力较强，排名第七。2015 年翼龙贷的全年投资端的成交量为 150 亿元，平均期限 4. 38 个月，年末余额达到 97 亿元。2016 年，翼龙贷的成交量继续扩大，上半年末的待收余额达到 121. 5 亿元，余额规模排名第五。

翼龙贷的借款标的主要为小额信用贷，借款人为农民和小微企业主，由线下加盟商推荐。借款违约率受加盟商的信用和风控能力的影响较大。翼龙贷在网站上并没有公开其对投资者的保障措施，也未公示其风险备用金情况。

自 2016 年 2 月起，翼龙贷开始发布月报，但月报质量不高，核心数据缺失较多。翼龙贷的主要产品形式为集合投标，在投资前可以查看所含全部债权的基本情况。此外，平台基本信息披露也较少。整体来看，翼龙贷透明度得分处中等水平。

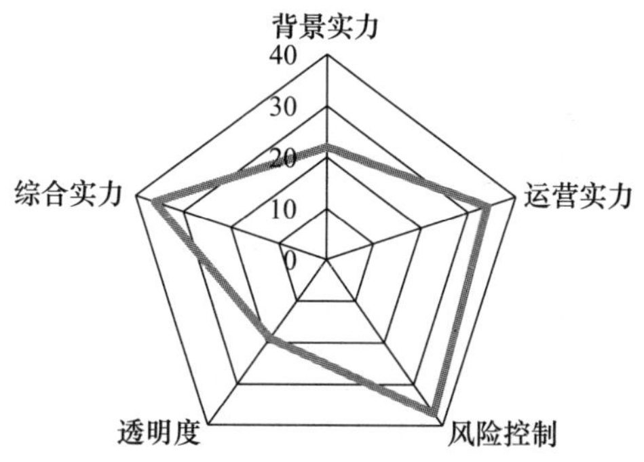

图5　翼龙贷综合实力因素雷达

第六名：开鑫贷

开鑫贷于2013年1月正式上线，由开鑫贷融资服务江苏有限公司运营，注册资本金14024万元。开鑫贷是由国家开发银行全资子公司国开金融和江苏省内大型国有企业（江苏省国际信托有限责任公司、江苏省信用再担保有限公司等）共同发起设立的国有银行系互联网金融服务平台，股东背景相当强大。

开鑫贷的主要产品有苏鑫贷、开鑫保、银鑫汇、商票贷、保鑫汇、惠农贷、鑫财富等。2015年成交规模增长较快，全年成交量达90亿元；2016年上半年成交额为50亿元，待收余额达到76亿元。

开鑫贷的标的以担保标为主，标的金额偏高，因此借款集中度较高。保障措施主要是合作机构的担保，平台没有风险备用金。

开鑫贷发布月报、半年报和年报，但披露的数据偏少。项目的借款人信息披露较为模糊，但对增信机构披露详细。因此，开鑫贷的透明度排名中等偏下。

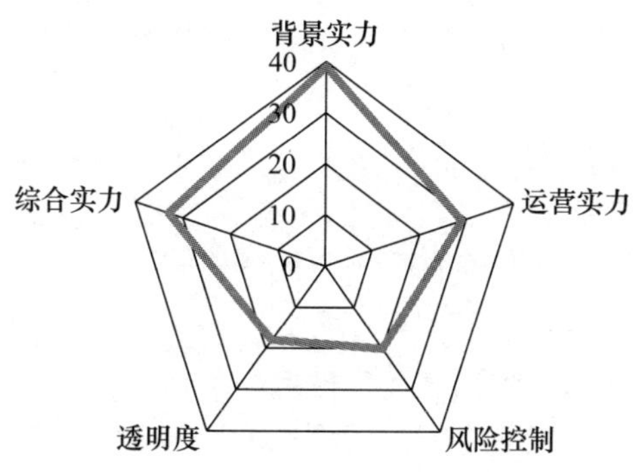

图6　开鑫贷综合实力因素雷达

第七名：搜易贷

搜易贷于 2014 年 9 月正式上线，由搜易贷（北京）金融信息服务有限公司运营，平台注册资本金 3 亿元。搜易贷是搜狐集团旗下的互联网金融平台。

搜易贷成长迅速，2015 年成交量达 62 亿元，2016 年上半年末的待收余额为 35 亿元。借款类型主要有资产抵质押融资、融资租赁、保理、供应链融资、过桥融资等，投标形式既有散标直投，也有集合类标的。

搜易贷借款标的金额较大，不利于分散风险。平台建立了风险保证金制度，由于借款标的依赖外部合作机构的推荐，因此借款风险还受到合作机构的影响。

该平台按季度发布运营报告、运营年报，报告披露了借款类型、金额分布、期限分布、逾期数据及风险保障金等。整体来看，平台透明度得分较高。

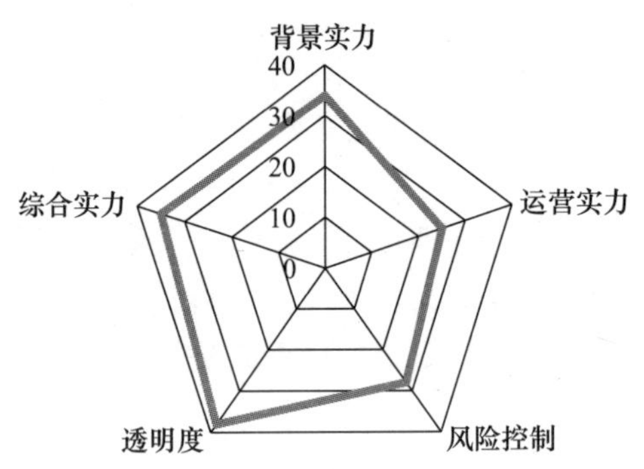

图 7　搜易贷综合实力因素雷达

第八名：麻袋理财

麻袋理财于 2014 年 12 月正式上线，由上海凯岸信息科技有限公司运营，平台注册资本金 1525 万元。麻袋理财由中信产业投资基金管理有限公司投资控股。

麻袋理财的主要产品为个人信用贷款、车辆抵押贷款和企业贷款。其中个人信用贷款和车辆抵押贷款信息由中腾信金融信息服务（上海）有限公司提供，该公司是中信产业投资基金管理有限公司投资成立的专注于消费信贷服务的创新型、专业化、互联网化金融信息服务平台，注册资本金 1. 83 亿元。企业贷款采用的是与保理公司合作的应收账款转让模式。

2015 年麻袋理财的新增借款成交量为 24. 83 亿元，平均期限 26. 4 月，年末余额为 21. 44 亿元，其规模处于中等偏下水平。麻袋理财以小微借贷为主，个人信用贷金额在 5 万元左右，可以较好地分散风险。在安全保障方面，一旦出现逾

期，合作机构根据约定向投资人垫付，并授让逾期债权。同时，平台还设立了风险备用金来保障投资人的利益。截至 2016 年上半年末，平台备用金规模约 5000 万元。

信息披露方面，麻袋理财网站既有实时数据，又发布季报、半年报和年报。对平台的基本信息披露也较为充分。散标产品披露较好，但集合投标（优定存）项目未披露所含债权的具体列表。整体来看，麻袋理财披露比较全面，透明度较高。

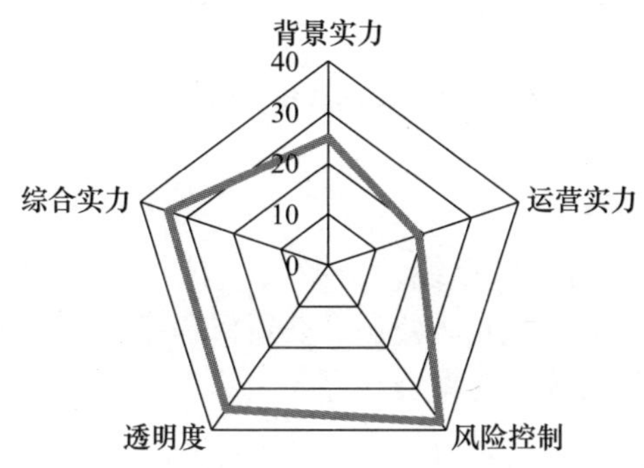

图 8　麻袋理财综合实力因素雷达

第九名：有利网

有利网于 2013 年 2 月正式上线，由北京弘合柏基金融信息服务有限责任公司运营，公司注册资本金为 5000 万元。平台获得软银中国资本、晨兴资本、高瓴资本融资。

有利网一直是成交量增速较快的平台之一，2015 年投资端成交量约 137 亿元，年末余额约 71 亿元。2016 年上半年投资端成交约 85 亿元，待收余额增至 84 亿元。

有利网产品形式有三种：一是集合投标，即定存宝；二是散标，即月息通；三是活期类产品，即无忧宝。借款标的金额较小，便于投资分散，目前人均借款规模仅有万元。目前，有利网的借款标的主要来源于合作机构，合作机构对还款负有连带责任，因此风险主要集中在合作机构。此外有利网还设有风险备用金，但没有公布资金规模。

有利网整体透明度较低。网站仅按年度发布运营报告。统计数据页面，仅统计了投资端的成交量，没有借款端数据。集合标对债权披露较差，投资者不能提前了解债权构成及详细信息。

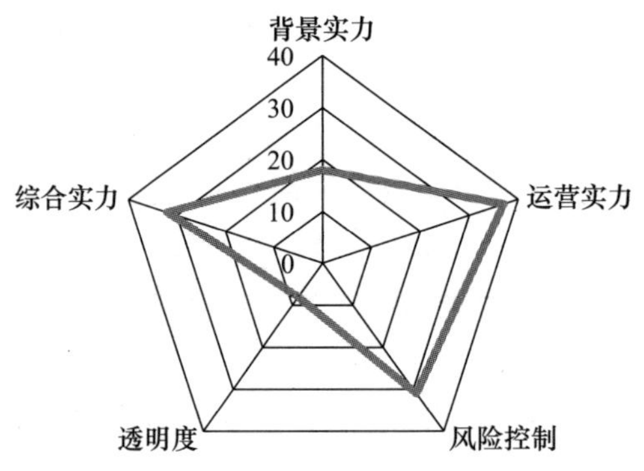

图9　有利网综合实力因素雷达

第十名：微贷网

微贷网于2011年8月正式上线，由微贷（杭州）金融信息服务有限公司运营，平台注册资本金为1.2亿元。公司已获得汉鼎宇佑集团、盛大亿元、浙商创投、汉鼎股份、嘉御基金等三轮融资。

微贷网是专业从事汽车抵押借贷的平台，其规模已经远超其他同类平台。2015年，微贷网投资端成交规模为163亿元，待还余额为34.3亿元。2016年上半年，成交量继续快速增长，投资端成交165.16亿元，超过2015年全年，待收余额增至53.84亿元。

标的均为汽车抵押标，借款人主要为小微企业和个人，平均借款额度为6.42万元，10万元以下借款占比80%以上，风险较为分散。最大10笔借款余额仅占总余额的0.6%。截至6月底，风险准备金规模为6145万元。

微贷网透明度较好，平台在网站首页有数据披露板块，同时也对外公布运营报告。微贷网也发行集合标（优选计划），但没有提前披露借款人列表及债权详情，因此对透明度有所影响。

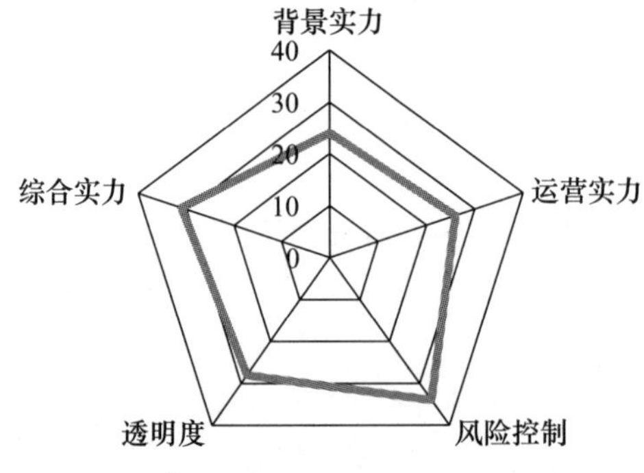

图10　微贷网综合实力因素雷达

第十一名：拍拍贷

拍拍贷于2007年6月正式上线，由上海拍拍贷金融信息服务有限公司运营，平台注册资本金1亿元，是中国第一家网络信息借贷平台。拍拍贷已进行过三轮融资，投资方包括红杉资本光速安振、诺亚财富、君联资本和海纳亚洲等。

2015年拍拍贷的成交量为56.25亿元，年末待收余额31.51亿元，在老牌平台中表现一般。2016年上半年，拍拍贷增长迅猛，成交量超过70亿元，余额增至65亿元。

拍拍贷标的有信用标、第三方担保标等。网站发布的数据显示，1万元以下贷款占比95.46%，平均借款额度低于5000元。因此，除部分大标之外，总体以小额标的为主，有助于投资者分散风险。

拍拍贷平台信息披露较完整；按季度发布运营报告，但报告质量一般；集合标（彩虹计划）未公布债权列表及债权详情。整体来看，拍拍贷透明度一般。

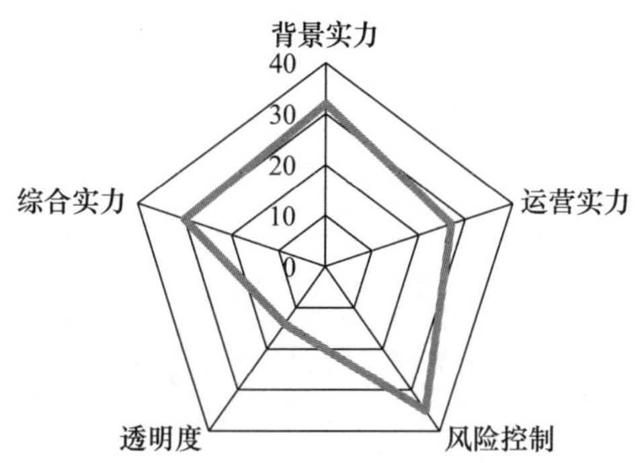

图11　拍拍贷综合实力因素雷达

第十二名：爱钱进

爱钱进的运营主体为爱钱进（北京）信息科技有限公司，是普惠金融信息服务（上海）有限公司旗下互联网金融科技公司。

爱钱进平台于2014年5月6日正式上线运营，2014年12月22日，母公司普惠金融信息服务（上海）有限公司完成A轮5000万美元融资，投资方为高榕资本，2016年4月，正式接入中国支付清算协会互联网金融风险信息共享系统。

2015年以来，成交量增长较快。2016年上半年的新增借款为38.21亿元，投资端的成交量高达85.65亿元，上半年末的余额达到75亿元。

爱钱进借款标的为小微信用贷，借款金额平均为55000余元，借款集中度较低。借款标的来自母公司的线下团队，风控责任明确。爱钱进设有风险准备金，截至2016年6月，规模达到1.68亿元，而同期的逾期金额为0.35亿元。

平台信息披露较好，每日数据披露风险准备金、逾期金额、借款标的情况等，但没有披露待收余额。集合标提前披露了债权详情，对借款人信息披露比较全面。整体来看，爱钱进的透明度较高。

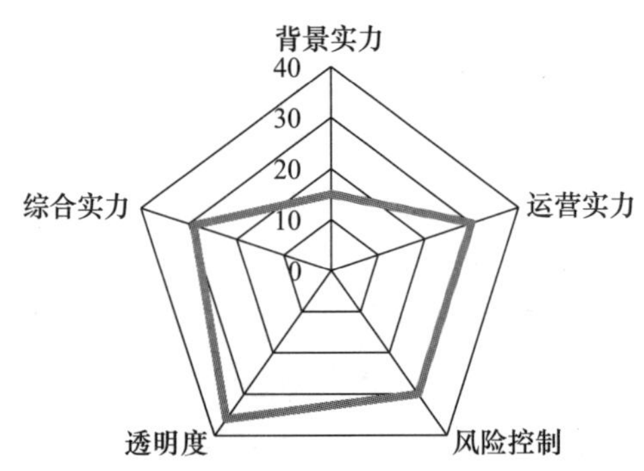

图12　爱钱进综合实力因素雷达

第十三名：点融网

点融网于2013年3月正式上线，由上海点荣金融信息服务有限责任公司运营，公司注册资本金2亿元。点融网已完成的几轮融资分别来自北极光创投、老虎环球基金、渣打直接投资有限公司、渤海金控、中国互联网金融科技基金（由中民国际资本有限公司与广发投资联合发起成立的基金）及巨溢资本等。

点融网成交量增长较快，2015年成交量约为72亿元，年末借贷余额达到46亿元。2016年成交量继续快速增长，截至2016年7月，点融网的待收余额增至79.89亿元。

点融网的产品形式是集合标，有锁定期但无固定期限。集合标中所含标的类型较杂，有信用标、担保标、房产抵押标、融租标、保理标、股票抵押标等，标的金额较大。点融网发布的数据显示，截至2016年8月1日，其最大10户借款余额占0.92%，90天以上逾期率达到2.28%。

信息披露方面，点融网发布了实时数据，但没有运营报告。集合标仅展示了包含的部分债权，但无法查看标的详情，并且标的更新不够及时。整体来看，点融网透明度属于中等偏上的水平。

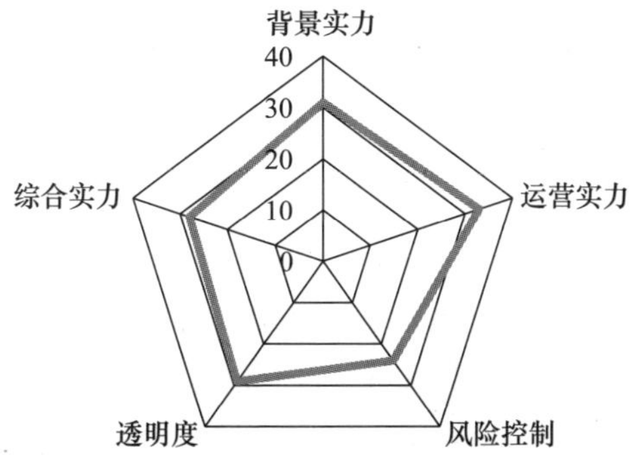

图 13 点融网综合实力因素雷达

第十四名：信而富

信而富平台于 2010 年 5 月上线，由上海信而富企业管理有限公司运营，公司注册资金 2790 万美元。2015 年 7 月获 BroadlineCapital 领投的 C 轮融资。

作为老牌平台，信而富的成交量并不突出。2015 年成交量为 48 亿元，年末余额为 25 亿元。借款人基本信用贷款，以小额为主。借款人来自线上和线下，其现金贷产品来自线上，合作机构有腾讯和百度等。对投资人的保障措施是其质保计划，由信而富关联公司上海首航商务管理有限公司负责管理。

平台没有公布运营年报等业绩报告，已经建立信息披露页面，但披露信息较少。产品形式全部为集合投标，没有预先披露所含债权及详情，产品有锁定期但没有固定期限。整体来看，平台的整体透明度一般。

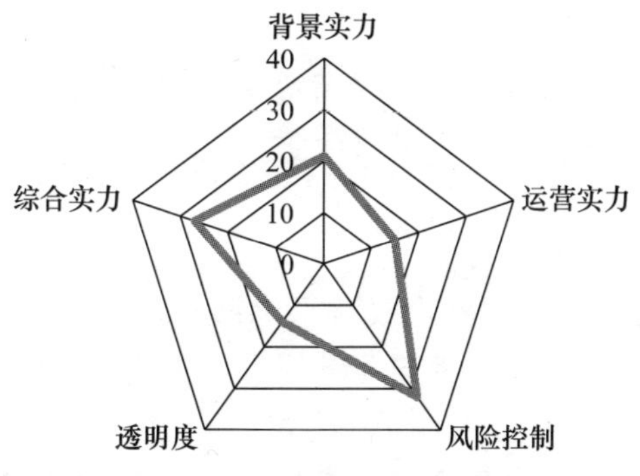

图 14 信而富综合实力因素雷达

第十五名：积木盒子

积木盒子于2013年8月正式上线，由北京乐融多源信息技术有限公司运营，平台注册资本金2亿元。获得银泰资本、小米公司、英国天达集团等三轮融资。平台已实现交易资金银行存管。

积木盒子2015年的借款端成交量为88.51亿元，平均期限6个月。今年上半年成交量接近51亿元。网站未发布其待收余额的数据。

积木盒子原以第三方担保机构的标的为主，并且金额较大。今年以来，转向消费借款，标的金额大幅下降。目前的保障方式为风险准备金，即穹顶计划，截至6月30日，穹顶计划储备金为1.36亿元。平台发布的逾期比例为1.33%，但未公布其计算标准。

该平台有平台数据页面披露信息较为全面，按年发布运营报告，但没有固定展示的位置。集合标列明了所有的借款人信息。整体来看，积木盒子透明度较高。

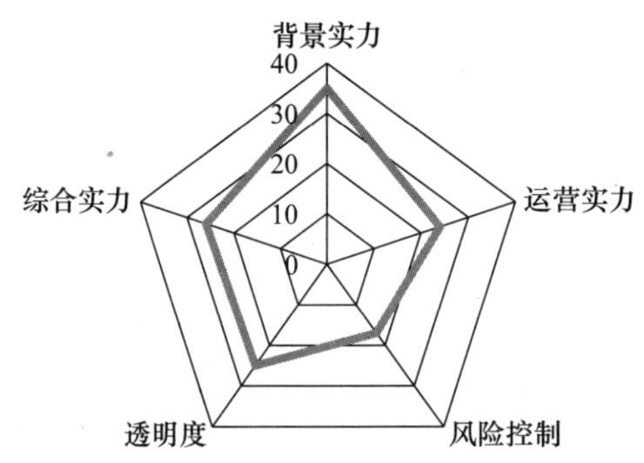

图15　积木盒子综合实力因素雷达

第十六名：投哪网

投哪网于2012年上线，由深圳投哪金融服务有限公司运营，公司现注册资金5000万元。其母公司为深圳旺金金融信息服务有限公司，注册资本6517.87万元，已完成广发信德、大金重工两轮融资。

投哪网主营车辆抵押贷和不动产抵押贷，还涉及消费类信用贷。投资产品全部为集合标，没有散标。2015年投资端成交金额为108.9亿元，待收本金28.35亿元。2016年上半年成交额为69亿元，待收余额增至37.5亿元。

投哪网以小额借款为主，平均借款金额在10万元以下。截至2015年年末，

投哪网的不良贷款有2902万元，占待收本金的比例为1.02%。设有风险准备金为投资者提供保障，年末准备金规模为3520.15万元。

平台按月度、季度、年度的时间频率定期发布运营报告，报告披露了成交额、待收余额、不良贷款等数据，但没有借款的结构数据。集合标未披露所含债权及详细信息。

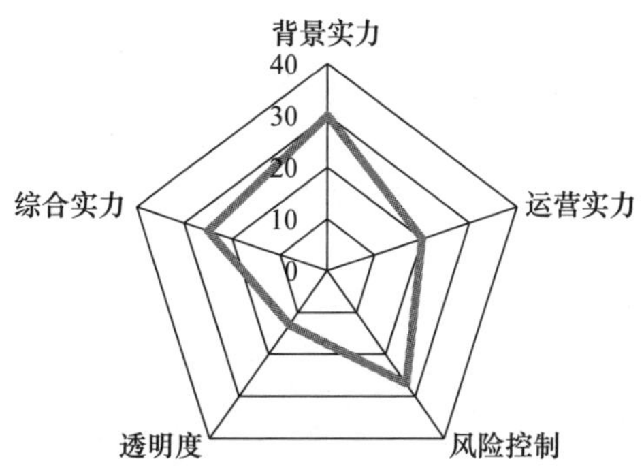

图16　投哪网综合实力因素雷达

第十七名：你我贷

你我贷于2011年6月正式上线，由上海你我贷互联网金融信息服务有限公司运营，平台注册资本金为1亿元。你我贷的母公司为上海嘉银金融科技股份有限公司，注册资本5000万元。

2015年，你我贷的借款合同金额为88.6亿元，借款笔数8.6万笔，平均借款金额为10.28万元。平台的产品主要有实地信用标、网络信用标、房产抵押标和培训成长标，其借款产品有嘉保贷、嘉房贷、嘉车贷、嘉英贷、房易贷，其中嘉保贷占比接近50%。借款期限较长，接近90%的借款在36个月以上。

标的以小额借款为主，2015年年报显示，30万元以下借款占80%。但2016年以来，单笔借款金额和集中度有所增高，2016年上半年末，30万元以下借款的占比降至71%。截至2016年7月，你我贷的风险准备金专项账户余额为7619.88万元。

该平台按季度、半年、年度发布的运营报告，报告质量一般，未发布借款余额数据。平台有信息披露页面，其中关键数据较少。集合投标类项目披露了债权列表，但不能打开查看。

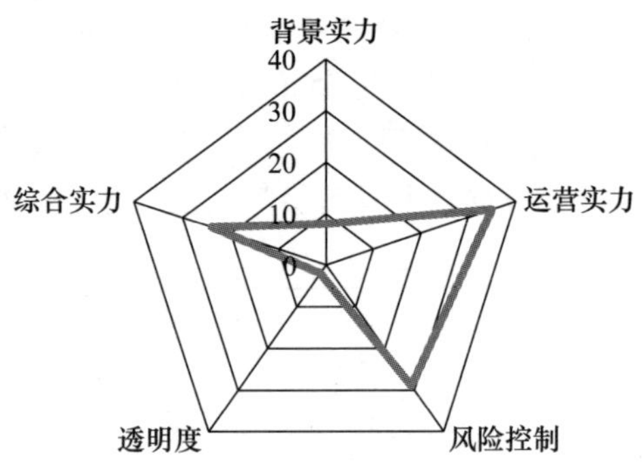

图 17　你我贷综合实力因素雷达

第十八名：红岭创投

红岭创投于 2009 年 3 月正式上线，由红岭创投电子商务股份有限公司运营，平台注册资本金 6000 万元。

截至 2015 年年底，红岭创投投资端成交量高达 905 亿元，其中净值标 785 亿元，占比高达 87%，也就是说红岭当年实际新增借款仅为 111 亿元。红岭没有公布其待收余额数据，据第三方估计约为 150 亿元。尽管成交量虚高，但红岭的运营能力的确较高，红岭的投资者众多。

红岭创投的借款标的以大额的企业借款为主，通常在上亿元，不利于投资者进行分散投资。红岭设有风险准备金，但未公布具体规模。据其 2015 年报显示，平台已经垫付 5 亿元坏账。

该平台按年度发布的运营报告，披露数据较为全面。平台首页上也有统计数据汇总板块，但发布的关键数据较少。

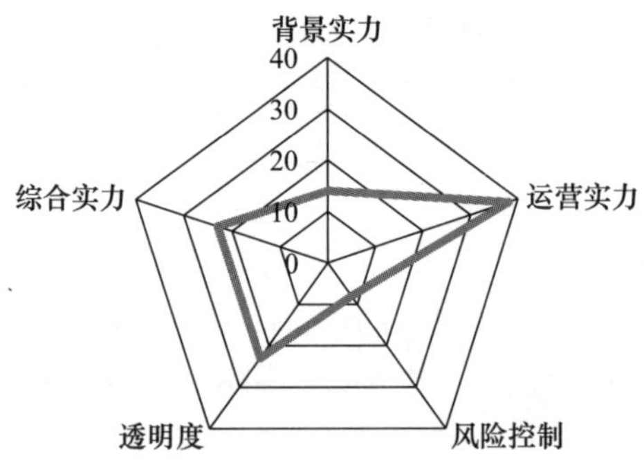

图 18　红岭创投综合实力因素雷达

第十九名：小牛在线

小牛在线于2013年6月正式上线，是小牛金服旗下平台，由深圳市小牛在线互联网信息咨询有限公司运营，注册资本金1.03亿元。小牛金服注册资本1.23亿元，为小牛资本的子公司，小牛金服旗下的另一子公司为小牛普惠。

小牛在线近两年成长较快，成交量迅猛增长。根据其公开发布的数据显示，2015年平台成交金额达到123亿元，2016年上半年成交量达到200多亿元。由于未披露待收余额及投资标的结构，因此其成交量中的债权转让占比无法确定。

产品有集合标和散标两种形式，集合标没有披露债权情况。借款项目主要来自小牛普惠，一般为信用贷、车辆抵押贷或房产抵押贷。另外还有保理、融租类标的，一般金额较大。小牛在线设有风险准备金，但未披露具体金额。

小牛在线无专门的信息披露页面，发布有月报及年报，但不在网站上留存，投资者不便查找。散标项目对借款人有一定的披露，但集合标项目则严重不透明。因此，小牛在线的透明度排名较低。

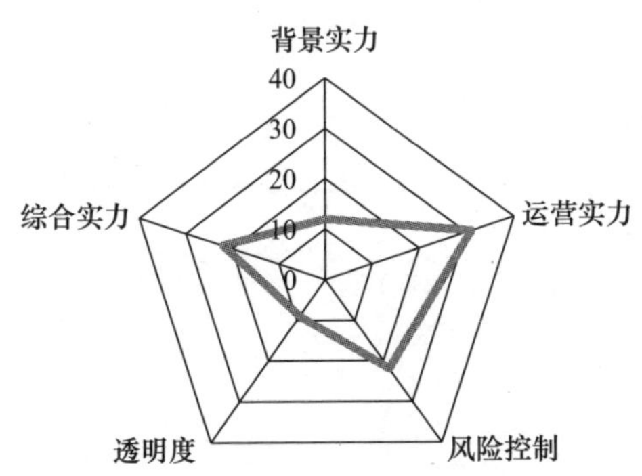

图19　小牛在线综合实力因素雷达

第二十名：团贷网

团贷网于2012年7月正式上线，由东莞团贷网互联网科技服务有限公司运营，平台注册资本金1亿元。团贷网获得国内著名投资机构九鼎投资、巨人投资、久奕投资等融资。

团贷网2015年成交额为79亿元，其中净值标占18亿元。今年上半年成交109亿元，其中净值标占44亿元。根据其年报显示，团贷网的标的类型有房产抵押贷、车辆抵押贷、信用贷、第三方担保贷等，单笔借款金额平均为49万元。公开披露的2015年逾期率为2.38%，但计算方式不详。截至上半年末，风险准备金规模为7673万元。

该平台按月度、季度、年度发布运营报告，报告质量一般，未披露待收余额等关键数据。散标项目披露较完整，但集合类标的未披露所含债权情况。总的来看，平台透明度排名较低。

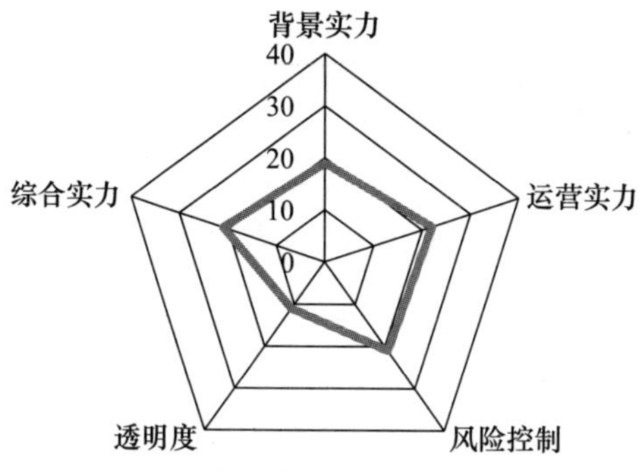

图 20　团贷网综合实力因素雷达

中国网络借贷行业大事件评述

吴　飞　王　刚*

一、银监会成立普惠金融部

（一）事件回顾

2015 年 1 月中国银监会进行机构调整，新设立银行业普惠金融工作部，牵头推进银行业普惠金融工作。普惠金融工作部涉及面众多，包括原银监会二部的小企业办、合作部的农村金融服务监管处、融资性担保部及新成立的小贷公司协会、网络贷款监管等。普惠金融工作部的主要职责是从顶层设计上制定中国普惠金融发展的战略或者规划，计划未来 5 年或 10 年中国普惠金融的发展目标，达到这些目标的措施及主要政策保证；综合推动整个金融机构更好地为薄弱领域或者弱势领域、弱势地区、弱势群体提供金融服务；加强对新的金融业态、新的机构的管理和指导。[①]网络借贷正是普惠金融工作部管理指导的金融业态之一，承担这一职责的是普惠金融部内设的网贷协调处，工作人员来自之前的融资担保部。

（二）事件评析

1. 正式明确监管归属

伴随着网络借贷市场的蓬勃发展，其所蕴含的各种风险也日益显性化，从 2011 年 8 月银监会办公厅发布《关于人人贷有关风险提示的通知》开始，网络

* 吴飞，上海财经大学法学院博士研究生；王刚，国务院发展研究中心金融研究所副研究员。

① 银监会：《正在规划中国普惠金融顶层设计》，http：//finance. sina. com. cn/money/bank/bank_ yhfg/20151008/085123416381. shtml。

借贷逐步进入监管机构的视野，但针对网络借贷的监管归属迟迟未能有明晰的确定，监管归属的不明确也成为影响网络借贷市场发展的消极因素之一。普惠金融部的成立从官方层面首次确立了网络借贷的监管归属，从监管机构角度解决了网络借贷长期以来没有专门监管机构监管的局面，为后续具体监管规则的研究制定乃至促进网络借贷市场的健康发展提供了相应的保障。

2. 正式得到官方认可

网络借贷的管理与指导成为普惠金融部职责之一，这首先意味着网络借贷作为一种新的金融业态得到了监管机构的承认，消除了网络借贷未获得官方认可的模糊性和不确定性，更为重要的是，监管机构将网络借贷纳入普惠金融的框架体系中，对网络借贷进行了重新定位。网络借贷的普惠金融属性主要体现在网络借贷利用互联网特有的技术优势实现了对难以获得传统金融机构特别是商业银行金融服务人群的覆盖，向他们提供了高效便捷的金融服务。监管机构对网络借贷的这一定性，再一次印证了网络借贷是对传统金融的有益补充，是服务于难以从传统金融机构获得金融服务的人群和机构，其并不足以对传统金融机构产生冲击乃至颠覆，在监管机构看来，网络借贷是互联网条件下实现普惠金融的新抓手。

二、中国人民银行等联合开展处置非法集资部际联席会议防范打击非法集资活动

（一）事件回顾

2015 年 4 月 28 日，中国人民银行、证监会、保监会联合召开处置非法集资部际联席会议防范打击非法集资活动。央行在会上提出，央行正在牵头起草《非存款类放贷组织条例》（以下简称《条例》），对不吸收存款的放贷业务实施牌照管理，明确非存款类放贷组织的法律定位和市场准入资格，规定业务规则和监管框架，明确地方政府的监督管理和风险处置职责。《条例》将实现对当前大部分民间借贷活动的覆盖，对于不持有牌照经营放贷业务的组织和个人，将按照《条例》和相关法律追究法律责任；对于依法取得牌照的非存款类放贷组织加强监管，对非法吸收存款、掠夺性放贷、以非法手段催收债务等违法行为加大处罚力度，形成有效震慑；建立完善非法集资案件举报制度，加强对举报人的正向激励和保护。

央行认为在网络借贷领域，主要有三种情形可能导致非法集资：一是一些网

络借贷平台通过将借款需求设计成理财产品出售给放贷人，或者先归集资金，再寻找借款对象等方式，使放贷人资金进入平台的中间账户，并由平台实际控制和支配；二是网络借贷平台没有尽到借款人身份真实性核查义务，未能及时发现甚至默许借款人在平台上以多个虚假借款人名义大量发布虚假借款信息；三是网络借贷平台发布虚假的高利贷借款标的，甚至发假标自融，并采用借新贷还旧贷的庞氏骗局模式，短期内募集大量资金满足自身资金需求，有的经营者甚至卷款潜逃。央行在会上明确要求网络借贷平台不得非法集资，同时建立客户资金第三方存管制度，保障客户资金安全。①

（二）事件评析

1.《非存款类放贷组织条例（征求意见稿）》

《条例》第三条第二款规定本条例所称放贷是指向借款人借出本金并按约定收回本金及其收益的行为，包括以各种其他名义支付款项但实质是放贷的行为，按照这一条款的规定，网络借贷出借人出借资金并获得收益的行为完全符合该条例中对放贷的界定，如果出借人为机构则很可能被纳入该条例的监管范围。

《条例》第三条第三款对经营放贷业务进行了界定，本条例所称经营放贷业务，是指放贷主体以发放贷款为主并从中获取收益的行为，包括虽未宣称但实际从事放贷业务。第四条进一步规定了经营放贷业务的例外规定：①雇主给雇员提供的帮扶性质的贷款；②日常业务或主要业务不涉及发放贷款的组织或个人偶尔发放的贷款；③集团控股公司成员之间发放的贷款；④基于人情往来不以盈利为目的发放的贷款；⑤保险公司提供的保单质押贷款；⑥融资租赁业务和其他不以经营为目的的贷款情形。而目前部分平台在实际经营中采取的通过个人名义发生借贷交易进而在网络借贷平台转让债权的模式将与“日常业务或主要业务不涉及发放贷款的组织或个人偶尔发放的贷款”这一例外规定相悖，从而会被认定为经营房贷业务，进而纳入非存款类放贷组织的监管范围，需要取得经营放贷业务行政许可等监管要求。

《条例》第八条规定非存款类放贷组织跨省、自治区、直辖市开展业务的，由注册地监督管理部门和业务发生地监督管理部门根据属地原则履行监督管理职责，并建立信息共享和监管协作机制。这两条关于经营地域和属地管辖的规定为网络借贷平台的日常运营带来了极大挑战。网络借贷平台的注册地较为明确，而业务发生地的界定则存在一定的困难，互联网条件下业务发生地的确定可能会存在借款人所在地、出借人所在地、网络借贷平台注册地、网络借贷平台服务器所

---

① 《一行两会重拳出击打击非法集资活动》，http：//finance. caixin. com/2015 - 04 - 28/100804395. html。

在地等多种情况，但如何对业务发生地进行界定《条例》并没有进行明确。未来《条例》实施后，各地政府为吸收资金鼓励地方经济发展，很可能会放松许可要求以吸引更多的网络借贷平台在当地注册及开展业务，这样一来，各地监督管理部门的履行监督管理职责的程度不一，极有可能给网络借贷平台带来监管套利的空间，网络借贷平台往往会集聚于监督管理较为宽松的地区。

《条例》第十五条规定放贷组织取得经营放贷业务许可证后可在省、自治区、直辖市内经营。跨区域经营放贷业务的，应当经拟开展业务的省、自治区、直辖市人民政府监督管理部门批准并受业务发生地监管部门监管。该条款中“跨区域经营放贷业务”以及第八条的“跨省、自治区、直辖市开展业务”具体如何认定条例也没有进一步规定，网络借贷平台上的借贷双方通过互联网进行借贷交易，出借人和借款人可能来自全国任一省、自治区和直辖市，部分平台还接受港澳台地区的用户注册使用，那么在这一情况下，网络借贷平台很可能需要在全国每个省级人民政府监督管理部门批准取得经营放贷业务许可，并且可能会受到全国每个省、自治区和直辖市监管部门监管，这不仅会产生上文所述的“竞次”问题，也会大大加重网络借贷平台的运营成本。

《条例》第二十四条规定非存款类放贷组织的贷款资产可以转让，这一规定明确了网络借贷平台进行贷款资产转让的合法性，有利于增强网络借贷平台的流动性。

2. 资金存管

央行在会上明确要求网络借贷平台不得非法集资，同时建立客户资金第三方存管制度来保障客户资金安全。那么为什么要建立客户资金的第三方存管制度呢？其核心原因即在于缺乏第三方存管制度时，出借人和借款人所拥有的资金很可能将统一归集到网络借贷平台在商业银行或第三方支付公司开设的对公账户，出借人和借款人能直接接触到的资金信息往往是其在网络借贷平台上注册的账户内的资金信息，这一资金信息的最终结算将会通过网络借贷平台的对公账户进行，而网络借贷平台对这一对公账户拥有极大的主导权，因而也有能力和可能挪用客户资金、现实中众多平台卷款“跑路”、投资者血本无归的事实也对此进行了验证。央行要求建立的客户资金第三方存管制度，其核心在于在客户资金与网络借贷平台资金之间建立防火墙，防止发生网络借贷平台挪用客户资金的情况。在第三方存管的制度下，独立于网络借贷平台的第三方将会对出借人、借款人和平台开设独立的资金存管账户，出借人和借款人的资金结算全部通过第三方提供的资金存管账户进行，不再通过出借双方在网络借贷平台注册的账户进行结算，网络借贷平台不再直接接触客户资金、对平台资金和客户资金进行相应隔离，在一定程度上能够有效防止网络借贷平台随意挪用客户资金，损害客户利益的情况出现。

三、中国人民银行等十部委发布《关于促进互联网金融健康发展的指导意见》

（一）内容回顾

为鼓励金融创新，促进互联网金融健康发展，明确监管责任，规范市场秩序，经党中央、国务院同意，中国人民银行、工业和信息化部、公安部、财政部、国家工商总局、国务院法制办、中国银行业监督管理委员会、中国证券监督管理委员会、中国保险监督管理委员会、国家互联网信息办公室日前联合印发了《关于促进互联网金融健康发展的指导意见》（银发〔2015〕221 号，以下简称《指导意见》）。《指导意见》按照“鼓励创新、防范风险、趋利避害、健康发展”的总体要求，提出了一系列鼓励创新、支持互联网金融稳步发展的政策措施，积极鼓励互联网金融平台、产品和服务创新，鼓励从业机构相互合作，拓宽从业机构融资渠道，坚持简政放权和落实、完善财税政策，推动信用基础设施建设和配套服务体系建设。《指导意见》按照“依法监管、适度监管、分类监管、协同监管、创新监管”的原则，确立了互联网支付、网络借贷、股权众筹融资、互联网基金销售、互联网保险、互联网信托和互联网消费金融等互联网金融主要业态的监管职责分工，落实了监管责任，明确了业务边界。《指导意见》坚持以市场为导向发展互联网金融，遵循服务好实体经济、服从宏观调控和维护金融稳定的总体目标，切实保障消费者合法权益，维护公平竞争的市场秩序，在互联网行业管理，客户资金第三方存管制度，信息披露、风险提示和合格投资者制度，消费者权益保护，网络与信息安全，反洗钱和防范金融犯罪，加强互联网金融行业自律以及监管协调与数据统计监测等方面提出了具体要求。[①] 该《指导意见》的出台正式宣告包括网络借贷在内的互联网金融结束野蛮生长，正式进入监管时代。

（二）主要影响

1. 信息中介

《指导意见》将网络借贷明确界定为民间借贷，受《合同法》、《民法通则》等法律法规以及最高人民法院相关司法解释规范。这一定性实质上是认为网络借

① 十部委发布《关于促进互联网金融健康发展的指导意见》，http：//www. cac. gov. cn/2015 - 07/18/c_ 1115966431. htm。

贷属于民间借贷的网络化，对网络借贷的规范可以直接适用民间借贷的现有规定，但是没有对网络借贷与民间借贷的差异进行充分考量。另外，目前在网络借贷平台上存在如收益权转让等非直接借贷类产品并不符合《指导意见》中“个体网络借贷”的定义，对这类产品的规范在《指导意见》的语境下则存在空白。《指导意见》对于网络借贷平台的定性则是信息中介，主要为借贷双方的直接借贷提供信息服务。这意味着网络借贷平台不能充当信用中介，只能从事出借双方借贷交易的撮合，不能参与借贷双方的资金流转，更不能以自身信用吸收或者变相吸收存款，然后再发放贷款。信息中介的界定大大限缩了网络借贷平台发展的空间，网络借贷平台必须根据《指导意见》的要求，放弃信用中介的业务活动，回归到信息中介的本质上来。但是不能忽视的一点是网络借贷平台所提供的是金融信息，这些信息带有金融属性，不同于一般信息中介所提供的信息，所以网络借贷平台更精确的界定应该是金融信息中介，这也与互联网金融本质属于金融的界定相一致，也为银监会对网络借贷平台进行监管提供了正当性，否则仅仅是一般的信息中介只需要工信部和工商管理部门监管即可，而无须纳入金融监管部门的监管范围。

2. 监管主体

《指导意见》明确了网络借贷由银监会负责监管，这是官方文件首次明确界定网络借贷的具体监管机构，也与2015年年初银监会机构改革成立普惠金融部不谋而合。虽然《指导意见》明确了银监会负责网络借贷的监管工作，但是如何细化和落实对网络借贷的监管并不明朗，特别是地方政府以及地方行业协会在网络借贷监管中的作用和地位仍不明晰，在银监会作为网络借贷监管主体的前提下，仍存在“银监会+省级政府金融办”、“银监会+省级行业协会”以及“银监会+全国性行业协会”等多种监管主体的不同组合，在这一情景下还存在着银监会是否有权授权或委托其他主体参与配合监管网络借贷的问题。总而言之，细化《指导意见》中监管主体的规定对后续具体监管细则的制定和落实具有深远影响。

3. 资金存管

与2015年4月人民银行强调对网络借贷客户资金实行第三方存管制度所不同，《指导意见》对网络借贷资金存管制度进行了进一步细化，明确要求网络借贷平台“应当选择符合条件的银行业金融机构作为资金存管机构”，“客户资金存管账户应接受独立审计并向客户公开审计结果”，这一规定否决了网络借贷平台在第三方支付公司进行资金存管这一模式，银行业金融机构相对于第三方支付公司能够更有效地对客户资金的运用进行监督，确保客户资金与平台资金的分账管理与风险隔离，更好地规范网络借贷资金处理流程。但是银行业金融机构相对于第三方支付公司对于网络借贷平台拥有更高的要求，包括对网络借贷平台资质的筛选以及网络借贷平台与银行业金融机构进行对接的软硬件标准，乃至对客户资金存管账户的审计要求，《指导意见》的这些规定都会大大增加网络借贷平台的运营成本，最终这些成本将由借贷双方进行分摊，无形中增加了出借人和借款人的交易成本，也对网络借贷平台的运营提出了更高的挑战。资金存管的规定需要进一步细化的问题是符合条件的银行业金融机构由哪一主体进行界定，所需要符合条件的具体内容也应该进一步予以明确。

4. 增信服务

《指导意见》规定个体网络借贷机构不得提供增信服务，但对于何为“增信服务”则没有明确，现有法律法规也没有专门针对“增信服务”进行界定。此处引发的主要问题是个体网络借贷提供的风险备付金等形式的服务是否属于“增信服务”的范畴及网络借贷平台对借款人进行风险评级并向出借人进行披露的行为是否属于“增信服务”的范畴，乃至由借款人以及第三方提供的增信措施如抵押及保险公司提供担保等是否属于此处的“增信服务”的范畴。这些问题在将来制定细化规则时应当予以明确。按照监管机构此前对网络借贷“业务红线”等内容的表述，此处规定的网络借贷机构不得提供增信服务似乎可以理解为网络借贷平台不得对借贷本金及收益进行担保或兜底，因为网络借贷平台的担保或兜底行为将本应由出借人承担的信用风险完全改由平台进行承担，出借人所获得的收益与所承担的风险并不匹配，长此以往将大大刺激出借人的投机心理，不利于网络借贷市场的健康发展。但是《指导意见》直接使用“增信服务”一词反而使监管机构意欲禁止的行为模糊化，并不利于有效规范网络借贷平台的经营行为。

四、最高人民法院颁布《最高人民法院关于审理民间借贷案件适用法律若干问题的规定》

（一）内容回顾

自1991年最高人民法院颁布《最高人民法院关于人民法院审理借贷案件的若干意见》以来，民间借贷在最近20多年的时间里迅猛发展，民间借贷纠纷也大幅上升。2013年1月，最高人民法院公布民间借贷司法解释征求意见稿，两年来经审判委员会五次专题讨论，终于通过了《最高人民法院关于审理民间借贷案件适用法律若干问题的规定》（以下简称《规定》)。该司法解释对民间借贷市场影响巨大，对固守多年的裁判规则更是极大突破。[①] 该《规定》明确了司法部门对于民间借贷的态度，并对民间借贷的界定、民间借贷案件的受理与管辖、民间借贷合同的效力、民间借贷案件中的举证责任分配、民间借贷案件中的刑民交叉问题、民间借贷虚假诉讼、民间借贷的利息问题及担保问题等进行了积极回应。

（二）主要影响

由于《指导意见》将网络借贷纳入民间借贷的范畴，最高人民法院出台的《规定》同样也适用于网络借贷领域，对网络借贷市场的发展产生了相应的影响。

1. 民间借贷的界定

《规定》将民间借贷界定为自然人、法人、其他组织之间及其相互之间进行资金融通的行为，从这一界定中可以推导出网络借贷参与主体包括自然人、法人和其他组织，这也是首次通过规范性文件对网络借贷的参与主体进行明确，扭转了网络借贷存在于个人之间的传统认识，一定程度上拓宽了网络借贷的发展空间。

2. 民间借贷的利息

《规定》对于民间借贷利息的规定对网络借贷同样具有约束作用，《规定》第二十六条和第三十一条规定了民间借贷利息的相应限制，年利率低于24%的法律予以保护，年利率超过36%的无效，借款人有权请求返还，年利率在24%～36%之间的，借款人自愿支付且没有损害国家、集体和第三人利益，该约定受到法院的保护。网络借贷平台在日常运营特别是产品设计过程中必须要严格遵守年利率36%的红线，避免因年利率过高无法受到法律保护而影响出借人和借款人借贷交易收益的合法性。然而在现实中，网络借贷的融资成本往往高于传统融资渠道，在不触犯年利率红线的前提下，目前网络借贷平台采取的规避方法是不直接计息而是将交易成本拆分为咨询服务费、账户管理费、交易佣金等其他形式，借贷合同的名义利率远远低于司法机关规定的年利率上限。这一规避方法也从侧面印证了即使在高成本的条件下网络借贷的参与主体仍有旺盛的融资需求，《规定》对于利率的限制在网络借贷领域的合理性和有效性值得进一步思考。

3. 网络借贷平台的担保责任

《规定》还对网络借贷平台的担保责任予以明确。与十部委发布的《关于促进互联网金融健康发展的指导意见》相一致，《规定》第二十二条第一款认为借贷双方通过网络贷款平台形成借贷关系，网络贷款平台的提供者仅提供媒介服

---

① 《全方位解读民间借贷司法解释》，http：//www.chinalawinfo.com/Feature/FeatureDisplay1.aspx?featureId=516。

务，当事人请求其承担担保责任的，人民法院不予支持。这一表述明确了司法机关对于网络借贷平台担保责任的态度，即网络借贷平台仅仅为借贷双方提供信息服务，不对借款提供担保或兜底。但是基于现实中网络借贷平台仍有对借款进行担保的实际，《规定》第二十二条第二款列举了网络借贷平台承担担保责任的情形，在"网络贷款平台的提供者通过网页、广告或者其他媒介明示或者有其他证据证明其为借贷提供担保"的情况下，网络借贷平台需要对借贷承担担保责任。这一规定首先是为了保护基于网络借贷平台在网页、广告或者其他媒介明示或者暗示其为借贷提供担保而做出出借决策的出借人的利益，由于《指导意见》已经明确了网络借贷平台不得提供增信服务，《规定》也从司法机关的角度进行了重申，因此这一具体规定会对网络借贷平台逐步退出对借款承担担保责任产生约束，对网络借贷平台的广告宣传、信息披露乃至运营模式产生更为深远的规范作用。

五、中国支付清算协会互联网金融风险信息共享系统正式上线

（一）成立背景与概况

由于网络借贷平台风险防控水平参差不齐，在信用评估、贷款定价和风险管理等方面存在一些问题和制约因素。一方面，网络借贷平台普遍缺乏有效的审贷手段，线下审贷成本较高，既不利于对借款人信用水平的评价，又间接推动了融资成本上升。另一方面，网络借贷平台在发放信用贷款时，并非所有网络借贷平台都能接入央行信用信息基础数据库，网络借贷平台之间也缺少相应的信息共享渠道，借款人在多家平台一人多贷的现象比较突出。面对这种情况，网络借贷行业亟须建立行业风险信息共享机制，打通单个机构面临的"信息孤岛"局面，为行业整体风控水平提供有力的支撑。

2015 年 9 月，中国支付清算协会互联网金融风险信息共享系统正式上线，该系统是一个 7 × 24 小时连续运营的业务系统，采用星形网络结构与接入机构相连。查询申请机构填写借款人姓名和身份证产生查询请求后，向系统发送查询请求报文。由于系统本身不保存接入机构的用户数据，只是充当信息通路和连接枢纽的角色，因此系统收到查询请求后，立刻将查询请求转发到与系统相连的其他接入机构中。其他机构收到查询请求后，在本机构的数据库中查询请求报文中的

借款人借款信息，产生结果报文，并反馈到系统中。系统将收到的信息进行汇总，并将汇总结果反馈给查询申请机构。首批接入系统的 P2P 机构一共有 13 家，包括宜信、人人贷、红岭创投、翼龙贷、拍拍贷、网信、开鑫贷、合力贷、积木盒子、财路通、玖富、信而富、有利网。该系统能够将各个网络借贷平台零散分散的数据有机地整合起来，彼此间分享贷款信息，降低网络借贷机构与借款人之间的信息不对称，有利于促进网络借贷行业的整体风险控制能力的提升。目前通过系统共享的数据主要分为三类：一是不良贷款信息，指逾期超过 90 天的贷款；二是逾期贷款信息，指逾期 90 天以内的贷款；三是正常贷款信息，指未结清且尚未逾期的贷款。①

（二）积极意义

中国支付清算协会互联网金融风险信息共享系统是第一个全国性的网络借贷风险信息共享系统，该系统虽然仅能提供不同平台贷款类的信息，对于提升单个平台的风险防控能力乃至全行业的风险防控能力作用有限，但是这一有益探索对网络借贷全行业性的基础设施建设进行了有益尝试。

共享系统本身不存留数据，仅仅提供传输查询请求和查询结果的通道，大大降低了系统开发的难度和成本，提高了信息查询的效率和针对性，这为后续建立网络借贷行业中央数据库提供了有益借鉴。

但是共享系统的弊端也显而易见，由于是否参与该系统完全取决于平台的自愿程度，在参与平台过少的情况下共享系统内的信息很难反映整个行业的情况，借款人在未参与共享系统的网络借贷平台进行借贷的信息不能在共享系统中反映，这大大限制了共享系统的作用空间，另外，共享系统缺乏对网络借贷平台参与共享系统时提供的数据准确性的监督，平台在获得信息查询接口后可能出现怠于维护本平台共享信息的情况，部分平台出于对自身运营情况保密的需要未完全共享贷款信息，共享系统内信息监督的缺乏将大大影响共享系统的实际效果，对防范风险也会带来相应的消极影响。

共享系统的另一大弊端在于信息种类过于单一，单一的贷款信息很难完全对出借人和借款人双方的风险状况进行有效覆盖，未来完善共享系统或者建立全行业性的数据库时还应该将出借人在各平台的投资信息、借款人提供抵押质押的信息以及第三方增信（保险或担保）等信息纳入共享系统中，全方位的信息共享才能更有效地帮助单个网络借贷平台识别风险并对风险进行定价，进而才能够实现全行业的共赢。

---

① 《互联网金融风险信息共享系统上线运行》，http：//www. yicai. com/news/4685452. html。

六、经侦调查融金所事件

（一）事件回顾

融金所成立于2013年5月，在全国共有31家分公司。融金所官网显示，该公司目前平台累计成交金额达47.17亿元，待收金额12.71亿元，总用户数为9.5万人。2015年9月7日，深圳知名P2P平台融金所被深圳经侦部门突查，当晚传出消息称包括融金所总裁张东波、副总裁刘丰磊、总经理孟楚来以及相关部门负责人等多人，因涉嫌自融（非法集资）被深圳经侦队带走。次日，融金所发布公告称，截至8日中午12时，7日协助调查的18名员工，已有10名陆续回到岗位，另外8名正在全力配合相关部门的调查工作。据悉，这8名被刑拘的工作人员包括总裁张东波、副总裁刘丰磊、总经理孟楚来三位高管、出纳及两名客服等。[①] 9月9日晚间融金所方面表示，另外8位高管全部取保，被警方解除刑事拘留。9月10日发布公告，目前所有同事已回归岗位工作。融金所公告称，近期深圳经侦大队到访包括融金所在内的其他同行平台，开展走访和常规检查，公司安排部分同事到经侦做进一步沟通。融金所高管被警方带走一事发生后，平台投资者人心惶惶，即使平台提现正常，相当一部分投资者信心还是受到了影响，许多投资者一次性提取了全部投资。此前，同在深圳的P2P平台国湘资本的31名线上运营团队被深圳经侦大队以涉嫌非法吸收公众存款为由带走，该平台9月1日晚上发布通知称该平台从9月2日起暂停所有业务。[②]

（二）经侦执法中的问题

融金所被调查事件在行业内引起震动的原因主要是公安经侦部门在调查融金所事件时从先前平台资金链断裂出现问题后的被动应对改为在平台正常运营时主动介入侦查，这是经侦执法转变的标志性事件，在融金所事件发生后行业为数不少的平台开始自查自纠，积极对运营行为进行自我规范。

虽然此次经侦部门主动出击对于改善行业秩序具有一定的积极意义，但在执

① 《融金所被查系前员工报复举报　投资者人心惶惶》，http：//finance. sina. com. cn/money/bank/20150916/092523260978. shtml。

② 《融金所等30多家网贷平台遭突查 P2P掀整治风暴》，http：//news. xinhuanet. com/fortune/2015－09/11/c_ 128218331. htm。

法过程中还是暴露出尚需完善的地方。

1. 金融监管机构行政干预缺位

经侦部门调查网络借贷平台往往是刑事程序启动的标志，网络借贷平台的人员也是以涉嫌刑事犯罪被经侦部门带走协助调查，在刑法干预网络借贷领域之前，金融监管部门没有进行相应的行政干预，而直接进入了刑事调查程序。这一现象的出现主要在于对网络借贷进行监管的主体和内容仍未得到落实，虽然《指导意见》确定了银监会负责网络借贷的监管工作，但在具体监管细则没有出台的情况下，对于网络借贷的行政监管仍处于缺失状态，使得网络借贷领域出现的问题直接进入了刑法干预的阶段。

2. 经侦介入调查的标准依据不明

融金所事件中作为网络借贷平台的融金所运营正常，没有出现资金链断裂等现象，经侦部门主动介入调查的依据并不明晰，这给网络借贷平台的运营带来了极大的不稳定性。在经侦部门事先未对介入调查的标准予以明确的情况下，整个行业都会处于风雨飘摇、人心惶惶之中，无法确定平台是否会成为经侦部门的调查对象，在这样的情况下，平台难以根据事先预期对自身的经营行为进行有效的规范和调整，并不利于整个行业的健康稳定发展。

经侦部门介入调查的依据也值得商榷。经侦部门对网络借贷进行刑事介入的依据应当是刑法及相关的司法解释，金融监管机构相关负责人的讲话和撰文均不能成为启动刑事程序的依据，即使是十部委颁布的《指导意见》也不能成为经侦部门启动刑事调查的依据，这一点还需要进行进一步明确。

3. 经侦执法方式有待改善

在融金所事件中经侦部门进行调查的方式为对融金所相关人员进行刑事拘留，这直接对融金所业务的正常开展产生了冲击，该事件也直接对融金所客户的信心产生了巨大冲击，虽然融金所提现并未出现困难，但大批用户提现给融金所带来的流动性压力不言而喻。在这一情况下，是否需要对经侦执法的方式进行反思？如果仅仅是对网络借贷平台进行正常调查，是否需要采取刑事拘留暂停营业的极端方式？这样的执法方式将极大影响网络借贷平台的正常运营，使网络借贷平台所提供的借贷服务的可持续性难以为继，不仅影响借贷双方的借贷交易的正常进行，还会将恐慌传递至其他平台及其用户，给整个行业带来不可预计的不稳定性。

七、地方行业协会陆续成立

（一）内容回顾

2015 年 8 月 6 日，上海市互联网金融行业协会第一次会员大会暨成立大会在中国金融信息中心举行，会议表决通过由证通股份公司董事长万建华任首届会长。协会已有会员单位 150 余家，其中既有银行、证券、保险、基金等行业的持牌金融机构，也有互联网支付、P2P 个体网络借贷、网络小贷、股权众筹、互联网基金销售、金融资讯与征信服务等新型金融领域的相关企业。在成立大会上，上海市互联网金融行业协会发布了《上海互联网金融发展报告（2015）》，与上海金融信息行业协会共同发布了《上海个体网络借贷行业（P2P）平台信息披露指引》；上海市互联网金融行业协会会员单位还共同签署了《会员自律公约》。[①]在此之前的 2015 年 4 月广东互联网金融协会挂牌成立，在成立后陆续发布了《广东互联网金融协会章程》、《广东互联网金融自律公约》、《关于加强广东互联网金融企业自律工作联合倡议书》以及《关于开展协会 P2P 网贷平台自查的通知》等自律规则。随后的 2015 年 6 月和 7 月，深圳市互联网金融协会、上海市长宁区互联网金融协会、广州互联网金融发展促进会陆续宣告成立。在上海市互联网金融行业协会成立后的 2015 年 11 月，杭州市互联网金融协会和深圳市互联网金融商会也相继宣告成立。

（二）主要影响

1. 对规范网络借贷市场发展能发挥一定的补充作用

地方性行业协会在成立后陆续发布了相应的自律性规则，这些自律性规则对参与协会的网络借贷平台的经营行为具有一定的指引和规范作用。行业协会本身也成为网络借贷平台进行业务交流和信息共享的载体，部分平台的成熟经验可以通过行业协会这一渠道向成员平台进行推广，这也能提升成员平台的业务经营能力和风险防控能力。部分行业协会还具有协调成员平台纠纷、受理投诉和举报以及进行自律检查的职责，这在一定程度上也有利于协调成员单位之间的关系，监督成员单位的日常经营活动，进而推动整个区域内网络借贷行业的有序健康

① 《上海市互联网金融行业协会成立》，http：//www. chinanews. com/fortune/2015/08 – 06/7452576. shtml。

发展。

2. 存在的主要问题

行业协会水平能力参差不齐。与蓬勃发展的网络借贷市场相类似，地方性网络借贷行业协会也如雨后春笋般在各地纷纷成立，数量众多的地方性行业协会对各自成员平台进行自律管理的能力却不尽相同。从地方性行业协会的背景来看，比如部分地方性行业协会挂靠在地方互联网协会下，其是否能够对具有金融性质的网络借贷业务、对成员平台进行指导规范让人不禁生疑。部分地方性行业协会没有设立准入要求以及退出机制，如此不加选择地接纳成员平台丧失了对网络借贷市场的自律规范作用，更有可能沦为仅仅为便利成员平台开展业务而提供了信用背书。

行业协会自律约束能力有限。虽然部分地方性行业协会在成立后积极出台各类自律规则和业务操作指引，但地方性行业协会囿于其本身属于没有执法权的民间组织，如果成员平台未能遵守这类自律规则和业务指引，行业协会能够施加的处罚威慑力较低，难以对成员平台产生根本性的影响，只有在成员平台资源遵守的前提下才可能收到良好的效果。行业协会自律约束能力较弱的另一大原因在于其经费来源往往来自成员平台，在运营资金没有相对保障的情况下，行业协会对成员平台的自律规范的落实效果可能要大打折扣，这又削弱了行业协会规范网络借贷市场的能力。

各个地方性行业协会自律程度缺乏统一。部分行业协会成立后没有发布相应的自律规范和业务指引，已经发布自律规范和业务指引的行业协会对成员平台的要求不一，这也会像监管竞次一样使网络借贷平台集聚于自律要求较低的行业协会，从而难以发挥净化网络借贷市场的作用。未来在成立全国性行业协会时应当考虑针对地方性行业协会统一自律的最低要求，各个地方性行业协会在最低要求的基础上结合本区域借贷行业的市场特点制定具体的自律要求和业务指引，从而减小因行业自律程度不一致对地方性行业协会自律作用的消极影响。

八、宜人贷在纽交所上市

（一）事件回顾

2015 年 12 月，P2P 平台宜人贷在美国纽交所成功上市，成为国内第一家赴美上市的互联网金融 P2P 企业。

宜人贷宣布，该公司在纽交所共计发行750万股美国存托股票（ADS），上市价为每股10美元。假设承销商不行使超额配售权，宜人贷的上市融资规模将为7500万美元。宜人贷在招股书中表示，若以此前公布的发行价区间中间值10美元计算，此次公开发行净融资额约为6620万美元。

宜人贷此次公开发行的承销商包括摩根士丹利、瑞士信贷、华兴资本以及Needham & Company。中国互联网巨头百度公司作为基石投资者，将认购宜人贷价值1000万美元的新股。

尽管宜人贷的融资规模并不算大，但该公司的上市仍可能让中国的互联网金融公司掀起一波上市热潮。宜人贷的上市对于国内整个互联网金融P2P行业具有标志性的意义，是对整个行业的加分项，将有效改变公众对P2P行业的认知。“上市效应”所赋予的更为明确的行业前景和资本退出通道预期，也将对同行业其他创业公司形成一定的标杆效益。①

（二）主要影响

宜人贷在美国的上市拓宽了该公司的融资渠道，也从侧面印证了海外资本市场对中国网络借贷市场的肯定。宜人贷后续还要接受美国证券市场的相应监管，这将会为该公司的未来发展带来一定的压力与约束。

除宜人贷在美国上市之外，财加通过被香港联交所上市公司太平洋实业收购间接实现在香港联交所上市，ppmoney和九信金融等则通过借壳的方式在国内新三板上市，网络借贷平台纷纷通过直接或间接的方式上市，上市给网络借贷平台带来的影响主要有以下几方面：首先是立竿见影的品牌宣传效果，在网络借贷平台上市后其品牌传播速度大大加快，可以在国内乃至境外取得一定的知名度，在上市过程中披露的相关信息也会被公众所知晓，对于增强公众对网络借贷平台的信心也大有裨益；其次拓宽了融资渠道，宜人贷在海外上市能够在短时间内获得充裕的现金流，迅速提升平台资金实力，增强该平台在网络借贷市场的竞争力，能够取得大幅度赶超竞争对手的优势；再次规范网络借贷平台的经营行为，不管网络借贷平台是在国内还是境外上市，都需要进行充分的信息披露，特别是宜人贷在美国上市需要遵守美国证券与交易委员会高标准的信息披露要求以及持续性的监管，这使得网络借贷平台的运营又增加了新的监督力量，外在监督的强化对于规范网络借贷平台的经营行为具有显著意义。宜人贷在美国的上市成功对整个网络借贷行业的意义在于为网络借贷平台估值提供了示范效应和标杆作用，仅仅从宜信公司内部来说，宜人贷的上市为集团内宜农贷、宜车贷等其他公司的单独

① 《中国P2P企业第一股　宜人贷成功登陆纽交所》，http：//wallstreetcn. com/node/227644。

上市带来了可能，为行业内其他平台接受市场的定价检验提供了一定的参考，至少成为了网络借贷平台估值体系发展的重要里程碑。

九、e租宝事件

（一）事件回顾

“e租宝”是“钰诚系”下属的金易融（北京）网络科技有限公司运营的网络平台。2014年2月，钰诚集团收购了这家公司，并对其运营的网络平台进行改造。2014年7月，钰诚集团将改造后的平台命名为“e租宝”，打着“网络金融”的旗号上线运营。2015年年底，多地公安部门和金融监管部门发现“e租宝”经营存在异常，随即展开调查。公安机关发现，至2015年12月5日，“钰诚系”可支配流动资金持续紧张，资金链随时面临断裂危险；同时，钰诚集团已开始转移资金、销毁证据，数名高管有潜逃迹象。为了避免投资人蒙受更大损失，2015年12月8日，公安部指挥各地公安机关统一行动，对丁宁等“钰诚系”主要高管实施抓捕。警方初步查明，“钰诚系”的顶端是在境外注册的钰诚国际控股集团有限公司，旗下有北京、上海、蚌埠等八大运营中心，并下设融资项目、“e租宝”线上销售、“e租宝”线下销售等八大业务板块，其中大部分板块都围绕着“e租宝”的运行而设置。办案民警表示，从2014年7月“e租宝”上线至2015年12月被查封，“钰诚系”相关犯罪嫌疑人以高额利息为诱饵，虚构融资租赁项目，持续采用借新还旧、自我担保等方式大量非法吸收公众资金，累计交易发生额达700多亿元。警方初步查明，“e租宝”实际吸收资金500余亿元，涉及投资人90多万名。“e租宝”对外宣称，其经营模式是由集团下属的融资租赁公司与项目公司签订协议，然后在“e租宝”平台上以债权转让的形式发标融资；融到资金后，项目公司向租赁公司支付租金，租赁公司则向投资人支付收益和本金。然而在实际经营中，“e租宝”虚构融资项目，把钱转给承租人，并给承租人好处费，再把资金转入“e租宝”的关联公司，以达到事实挪用的目的。不仅如此，钰诚集团还直接控制了三家担保公司和一家保理公司，为“e租宝”的项目担保。为了加快扩张速度，钰诚集团还在各地设立了大量分公司和代销公司，直接面对老百姓“贴身推销”。其地推人员除了推荐“e租宝”的产品外，甚至还会“热心”地为他们提供开通网银、注册平台等服务。正是在这种强大攻势下，“e租宝”仅用一年半时间，就吸引了90多万实际投资人，客户遍布全国。①

（二）主要影响

e 租宝事件的发生及后续发酵对网络借贷市场带来了巨大冲击，从 2015 年 12 月到 2016 年 1 月，重庆、深圳、上海等地陆续暂停新的网络借贷平台注册，网络借贷平台在新三板挂牌被暂停，从 2016 年 1 月 23 日开始，按照中央有关部署，政法部门将配合有关部门开展互联网金融专项整治，推动对民间融资借贷活动的规范和监管，最大限度减少对社会稳定的影响。从这一系列举措不难看出，e 租宝事件彻底将监管部门对网络借贷市场的态度从“规范和鼓励”转变为严格整治，特别是突出了政法部门的参与，这给网络借贷行业的发展带来了不可估量的消极影响。

e 租宝的问题主要表现在关联方担保、虚构交易进行自融以及资金虚假存管等方面。钰诚集团直接控制了三家担保公司和一家保理公司，这四个关联公司均为“e 租宝”的项目进行担保。这种关联方进行担保的做法没有对投资者进行信息披露，导致投资者难以进行正确的投资决策。关联方担保不仅没有通过担保的形式分散 e 租宝的风险，反而导致了风险通过 e 租宝全部集中于钰诚集团，这给出借人带来极大的隐患。钰诚集团还花费资金向企业购买信息，风控部门将这些企业信息填入事先准备好的合同，并对企业信息进行包装之后制成虚假的项目在“e 租宝”平台上线，这些虚假项目所获得的融资通过钰诚集团的关联公司又回流至钰诚集团。钰诚集团这种虚构交易进行自融的行为涉嫌触犯监管层划定的不得非法吸收公众资金的红线。2015 年 7 月 e 租宝方面曾宣称，该平台和兴业银行签署了资金存管协议，然而兴业银行在同年 12 月表示：“我行合肥分行于 2015 年 7 月与金易融（北京）网络科技有限公司签署网借资金存管协议。因双方对接系统至今未开发，协议并未实质履行。该公司在我行合肥分行所开设的网贷平台资金存管专户，也一直处于冻结状态未启用，实际并未开展存管业务。”这说明 e 租宝平台上的客户资金自始至终都没有纳入银行存管或者第三方存管，这也解释了钰诚集团能够轻易挪用客户资金的原因。

e 租宝事件的爆发再一次凸显了监管介入网络借贷领域的必要性，该事件暴露出来的问题实质上可以归结为信息披露和资金存管两大领域，就信息披露来说，网络借贷平台与投资人之间的信息不对称极易产生道德风险，钰诚集团不能说在 e 租宝平台上没有对相关信息进行披露，而是其所披露的信息缺乏真实性，即缺乏了对其信息披露真实性的持续监督，投资者根据这些不实信息根本无法了

① 《“e 租宝”非法集资案真相调查》，http://news.xinhuanet.com/fortune/2016 - 01/31/c_1117948306.htm。

解资金的真实用途，难以有效预计投资决策的风险，更遑论对投资进行后续追踪和监督，真实有效的信息披露能够大大缓解出借人与网络借贷平台之间信息不对称的状况。对网络借贷平台信息披露的规范和监督很难完全由普通投资者或者行业协会来承担，监管机构的介入势在必行，监管机构应当对所应披露的信息进行统一规范，制定统一的信息披露格式，规定信息披露的方式和途径，最为重要的是对披露信息的真伪设立验证查询的渠道，对网络借贷平台的信息披露形成多方合力的监督体系。就资金存管来说，其目的就在于在网络借贷平台的资金和客户资金之间建立防火墙，防止网络借贷平台挪用资金威胁客户的资金安全，但是e租宝事件的爆发反映了先前出台的《指导意见》对网络借贷平台的资金存管并未形成相应约束，为杜绝类似事件的再次发生，将来在制定监管细则时必须对此加以细化和落实。新设网络借贷平台在准入要求上必须明确资金存管要求，已成立平台设置过渡期落实资金存管要求，在考虑到银行业金融机构在进行资金存管的成本较大、技术难度较高的现实情况下，在过渡期内应当允许网络借贷平台通过银行直连或第三方支付存管的方式实现资金存管。监管机构还应当规定网络借贷平台必须将资金存管信息对客户进行公示，并提供验证查询的通道，确保客户资金真正实现第三方存管。

十、银监会发布《网络借贷信息中介机构业务活动管理暂行办法（征求意见稿）》

（一）内容回顾

中国银行业监督管理委员会发布通知，就《网络借贷信息中介机构业务活动管理暂行办法（征求意见稿）》（以下简称《暂行办法》）公开征求意见，旨在规范网络借贷信息中介机构业务活动。据银监会通知，其会同工业和信息化部、公安部、国家互联网信息办公室等部门研究起草上述《暂行办法》。

该《暂行办法》界定了网络借贷内涵，明确了适用范围及网络借贷活动基本原则，重申了从业机构作为信息中介的法律地位。该办法肯定了网络借贷的正面作用，该办法称，网络借贷机构以互联网为主要渠道，为出借人和借款人提供信息搜集、信息公布、资信评估、信息交互、借贷撮合等服务，具有高效便捷、贴近客户需求、成本低等特点，在完善金融体系、弥补小微企业融资缺口、满足民间资本投资需求、促进普惠金融发展等方面可发挥积极作用。

《暂行办法》规定，从事网络借贷业务，应遵循依法、诚信、自愿、公平的原则，对出借人及相关当事人合法权益，以及合法的网络借贷业务和创新活动，予以支持和保护。

《暂行办法》规定，所有网络借贷机构均应在领取营业执照后向注册地金融监管部门备案登记，备案不设置条件，不构成对网络借贷机构经营能力、合规程度、资信状况的认可和评价。同时，地方金融监管部门对备案后的网络借贷机构进行分类管理，并充分进行信息披露。

《暂行办法》划出了负面清单，明确提出不得吸收公众存款、不得归集资金设立资金池、不得自身为出借人提供任何形式的担保等十二项禁止性行为，而且对打着网络借贷旗号从事非法集资等违法违规行为，要坚决实施市场退出，按照法律和工作机制予以打击和取缔，净化市场环境，保护投资人等合法权益。①

（二）主要影响

《暂行办法》是对之前十部委发布的《指导意见》在网络借贷领域的细化和落实，对《指导意见》的原则性规定进一步予以明确，既为网络借贷市场提供了新的发展空间，也为相应的业务边界和底线进行了规定，明确了监管主体和监管内容，对网络借贷市场的健康发展提供了制度保障。

《暂行办法》规定，"网络借贷是指个体和个体之间通过互联网平台实现的直接借贷。个体包含自然人、法人及其他组织。网络借贷信息中介机构是指依法设立，专门从事网络借贷信息中介业务活动的金融信息中介企业。"这一规定解决了《指导意见》中个体含义不明确的问题，直接将个体界定为自然人、法人和其他组织。但是根据《非法金融机构和非法金融业务活动取缔办法》第四条，未经中国人民银行批准，任何单位和个人不得擅自非法发放贷款。而按照《暂行办法》的规定企业完全可以称为网络借贷的资金出借人，将自有资金通过网络借贷平台出借给借款人，这一行为是否与《取缔办法》相冲突？这可能需要监管机构进一步予以明确。《暂行办法》对"网络借贷"、"网络借贷信息中介"两个概念进行了界定，但是没有指明两个概念之间的关系，也没有明确表述网络借贷只能经由网络借贷中介机构实现，即《暂行办法》的调整对象是网络借贷信息中介机构，笔者认为监管机构在此处为将来网络借贷信用中介机构的出现预留了空间，未来在网络信息中介机构发展成熟的基础上，监管机构可能会考虑放开对网络借贷信用中介机构的限制。

《暂行办法》第三条对基本原则进行了规定，明确要求网络借贷信息中介机

① 《中国银监会就网络借贷信息中介机构业务活动管理征求意见》，http：//cn. wsj. com/gb/20151228/biz180425. asp。

构不得提供增信服务，不得设立资金池，不得非法集资。但是与《指导意见》出现的问题一样，此处依旧没有对增信服务进行明确，这在监管实践中可能会存在一定的不确定性。此外，对于“资金池”和“非法集资”的关系，监管机构也应当一并予以明确，这对于网络借贷机构如何落实监管要求具有显著的影响。

《暂行办法》第四条规定了网络借贷的监管体制，银监会作为网络借贷第一监管部门负责制定统一的规范发展政策措施和监督管理制度，指导地方金融监管部门做好网络借贷规范引导和风险处置工作。工业和信息化部、公安部、国家互联网信息管理办公室分别负责对网络借贷信息中介机构业务活动涉及的电信业务、互联网安全和金融犯罪、金融信息服务和互联网信息内容等业务进行监管。地方金融监管部门负责本辖区网络借贷信息中介机构的规范引导、备案管理和风险防范、处置工作，指导本辖区网络借贷行业自律组织。在公安部监管内容的表述上“金融犯罪”的内涵并不明确，部分网络借贷可能涉及的犯罪如诈骗罪是否属于金融犯罪也并不明朗，因此从条款的严谨程度出发应当修改为“刑事犯罪”更为合适。在监管体制的规定上还存在着监管协调的问题，在中央层面虽然明确了银监会与工信部、公安部和国家互联网信息管理办公室各自的监管职责，但是这种共同监管的监管体制在中央层面如何进行协调仍然是没有明确，对这一问题的明确有利于加强中央监管部门之间的沟通与信息共享，减少因分工监管而可能带来的监管漏洞，未来监管部门应该对这一问题引起足够的重视。

监管体制的规定还确立了地方金融监管部门作为主要的监管主体。这一以地理区域为划分标准的地方监管可能并不适应网络借贷的发展实际，网络借贷的突出特点之一是利用了互联网的特点突破固有的地理限制从全国范围内对借贷双方进行撮合，在业务活动不受地理限制的情况下风险也会通过互联网而影响到各个业务的发生地域，这将给地方金融监管部门带来极大的挑战。同时地方金融监管部门还存在着人员编制少、监管经验不足等问题，这也影响了地方金融监管部门对网络借贷的监管效果。这些问题需要《暂行办法》对监管体制进行进一步优化。

针对网络借贷业务的市场准入问题，《暂行办法》规定了在地方金融监管部门备案登记的方式，这一方式并没有对网络借贷平台提出相应的资本限制，虽然《暂行办法》的调整对象是网络借贷信息中介机构，不提供相应的增信服务，但仅仅作为金融信息中介仍然对平台的软硬件基础和管理人员具有一定的基础性要求。设立相应的资本金要求能够对网络借贷平台的参与者进行初次筛选，也能够对平台的软硬件设施和从业人员资质提供一定的保证。准入资本金要求未来可以通过省级人民政府制定实施细则的方式予以实现。

《暂行办法》对网络借贷平台业务规则的规定较为详细，通过负面清单、资金存管、风险集中度及信息安全等方面对网络借贷平台的经营行为进行了细化要求。其中负面清单第八项规定："除法律法规和网络借贷有关监管规定允许外，与其他机构投资、代理销售、推介、经纪等业务进行任何形式的混合、捆绑、代理"，目前部分网络借贷平台已经开始转型化发展，行业未来的发展趋势之一为从单一网络借贷平台转变为综合财富管理平台，负面清单的这一规定可能会对行业转型升级带来一定的影响，实践中已经开始转型的网络借贷平台可能需要考虑如何满足这一禁止性要求。针对集中度的控制，《暂行办法》认为需要控制同一借款人在本机构的单笔借款上限和借款余额上限，这一规定对于控制网络借贷平台的风险集中度颇具效果，但是并无法解决同一借款人在多个网络借贷平台重复借款的问题，仅仅在借款人禁止行为部分对此项内容进行限制缺乏相应的操作性，从而大大限制了网络借贷平台风险集中度控制措施的效果，难以有效降低借款人违约的风险。这一问题的解决可能依赖于后续网络借贷中央数据库的建立和运营，《暂行办法》应当在未来对这一问题予以明确。

《暂行办法》在第五章对网络借贷平台的信息披露提出了具体要求，不仅对信息披露的内容做出了明确规定，还对信息披露的监督机制和责任主体进行了专门规定，这对于提升网络借贷平台的信息披露质量，提高出借人的决策能力，乃至保障行业健康有序发展都具有重要的作用。针对网络借贷平台披露的信息，现实中已经出现竞争对手收集平台所披露的信息，自行发布网络借贷平台评级从而对相关平台客户信心产生影响的事件发生，因此监管机构在规范网络借贷平台信息披露的同时，也要考虑如何防止已披露信息被恶意利用对相关网络借贷平台产生损害的情况发生。

《暂行办法》的一大突出亮点是规定银监会职责时提出"推进行业基础设施建设，建立网络借贷行业中央数据库"，网络借贷行业中央数据库属于网络借贷行业的重要基础设施，是规范网络借贷行业运行的关键环节。为了充分发挥网络借贷中央数据库的功能，监管机构后续需要加快制定网络借贷中央数据库管理办法，进一步明确建设原则、使用范围、系统功能、安全要求等，同时还要结合全行业信息披露制度和数据标准，规范网络借贷平台数据标准和接口，与网络借贷行业中央数据库实现实时对接和数据互联互通。按照十部委《指导意见》中"人民银行会同有关部门，负责建立和完善互联网金融数据统计监测体系，相关部门按照监管职责分工负责相关互联网金融数据统计和监测工作，并实现统计数据和信息共享"的相关规定，监管机构还要推进网络借贷行业中央数据库与央行相应数据库的信息与数据共享工作。

《暂行办法》第七章规定了监管机构、网络借贷平台和出借人以及借款人的责任，其中监管机构的责任仅仅规定了地方金融监管部门的法律责任，没有对中央监管部门的法律责任进行规定，根据权责对等原则，在后续完善时应当根据银监会、工信部、公安部和国家互联网信息管理办公室的具体监管内容规定相应的法律责任。在网络借贷平台法律责任内容上，对网络借贷平台施加监管措施的主体是地方金融监管部门，考虑到地方金融监管部门在专业能力和人员配备上的局限，应当增加银监会地方派出机构辅助地方金融监管部门实施监管职责施加监管措施的规定，有利于更好地发挥地方金融监管部门对网络借贷市场的监管管理职能。

十一、短融网就网贷评级起诉融 360 名誉侵权

（一）事件回顾

短融网和融 360 的纠纷起源于融 360 发布的 2015 年网贷评级报告，在 2015 年 2 月 9 日发布的第一期报告中，融 360 将短融网评定为 C 级，即“平台综合股东背景一般，部分管理团队成员在金融、IT 经验方面存在不足，部分平台在运营过程中存在一些不合规问题，风险承受能力较弱，品牌知名度低，投资需谨慎考虑。”在随后 5 月 19 日的第二期评级报告中，融 360 将短融网的级别下调至C－，即“平台综合实力弱，仅少数平台获得过风险投资，管理团队结构有较大改进空间，经验相对不足，平台规模较小，抗风险能力差。C－平台整体实力最弱，风险较高，投资需特别谨慎。”短融网认为，融 360 不具备评级业务资质，其根据所谓评级标准对自身企业信用进行评价并公开发布，违反了相关法律规定，造成了短融网商业信誉及经营收益遭受严重影响。故诉至法院，请求判令融 360 删除涉案文章、登报道歉并赔偿经济损失 50 万元。简言之，短融网认为融 360 的评级并不公正，甚至怀疑融 360 收钱做排名。①

（二）主要影响

这一事件所带来的疑问之一是进行个体网络借贷平台的评级是否需要相关资质，从短融网的视角来看，短融网所从事的个体网络借贷业务是通过提供相应信息对借贷双方进行撮合，属于个体网络借贷信息中介机构，而融 360 主要为客户进行金融产品的搜索、推荐和申请服务，所提供的服务本质上也属于金融信息服

① 《P2P 评级谁说了算？短融网诉融 360 无资质做评级》，http：//m. cebnet. com. cn/20151221/101343205. html。

务，从一定程度上来说评级方与被评级机构之间存在一定的利益冲突，从而难以保证评级结果的公正客观。征信机构通常是独立于信用交易之外的第三方，从而能够避免与评级对象产生利益冲突，保证评级结果的科学性和准确性。因此，在我国开展个体网络借贷平台评级的要求之一应当是与个体网络借贷平台不存在利益关联，能够根据所收集的信息独立进行评级。

从另一个角度来说，融 360 所提供的评级信息属于企业征信业务，融 360 收集、整理、加工和分析个体网络借贷平台的相关信息，根据这些信息出具评级报告，从而帮助客户判断和控制信用风险。在我国从事个人征信业务需要获得中国人民银行的批准，由此带来的问题是未经央行批准能否从事个体网络借贷平台的评级业务，这也是短融网质疑融 360 评级结果有效性的论据之一。

目前国内针对个体网络借贷平台进行评级的主要痛点在于数据收集的全面性与评级标准的公正性。数据获取的主要途径是平台与评级机构进行数据对接以及评级机构本身通过爬虫软件进行抓取，但是这两种途径都很难获得非常全面的数据信息，从而直接影响后续信息处理结果的有效性和客观性。评级标准主要涵盖平台的背景实力、风控水平、运营能力、信息披露、用户体验等方面，确定评级指标后对各指标进行复权，根据复权数据进行比较分析，这一过程中评级机构对评级标准的决定权较大，评级方法的主观性程度较高，如何保证评级过程的科学性和客观性也是目前面临的难题之一，这直接对评级结果的公正性带来巨大影响。

十二、商务部研究院酝酿制定《互联网金融机构信用评级认证标准》

（一）内容回顾

商务部直属机构——商务部国际贸易经济合作研究院（下称“商务部研究院”）正在酝酿制定《互联网金融机构信用评级与认证标准》（下称《标准》），该《标准》将于 2016 年正式推广，该《标准》有望成为国内首个互联网金融机构信用评级与认证的“国家级”标准。所有按照《标准》评级的互联网金融企业信息还将通过第三方合作平台——互联网金融信息查询系统进行公示，并为互联网金融消费者提供查询服务，改变投资者、互联网金融机构，以及评级机构之间信息不对称，缺乏权威评级判断标准的局面。[①]

（二）主要影响

在十部委发布的《指导意见》中并没有规定商务部对个体网络借贷以及互联网金融领域的监管职责，商务部主动参与互联网金融行业相关标准的制定，是中央部委对促进互联网金融以及个体网络借贷健康发展的有益探索。

商务部作为国内主管商业经济和贸易的政府部门，其下属的研究院信用评级与认证中心此前负责为企业机构提供信用评级和认证服务，从而为对互联网金融行业标准的制定积累一定的经验。同时商务部研究院的一项重要工作，就是在全国建立企业信用体系，并适时推出符合中国市场的企业信用评级与认证技术操作规范，互联网金融企业以及个体网络借贷平台也包括在其中，从职责上来说，商务部出台《标准》也与其自身职责相适应。此外《指导意见》明确指出，“支持具备资质的信用中介组织开展互联网企业信用评级，增强市场信息透明度”，这也给商务部制定《标准》提供了政策操作指引。

但是随之而来不可忽略的问题是商务部职责领域主要涉及经济和贸易事务，而互联网金融行业标准特别是个体网络借贷行业的金融属性较强，特别是标准制定过程中必然会涉及对个体网络借贷平台业务模式、风险管理水平等因素的考量，如何在《标准》制定过程中征询吸收金融监管机构的意见将是影响《标准》在行业实施效果的重要因素，也有利于保证《标准》的科学性与客观性。

十三、中国互联网金融协会成立

（一）内容回顾

2016 年 3 月 25 日上午，中国互联网金融协会在上海黄浦区召开成立大会，上海市市长杨雄和中国人民银行副行长潘功胜共同为协会揭牌。

在同日举行的中国互联网金融协会第一次会员代表大会上，全体参会会员代表还对协会章程、自律公约、倡议书、会员及会费管理办法等协会核心制度办法进行表决，并选举产生第一届理事会和监事。

中国人民银行原副行长、61 岁的李东荣当选为会长，中国人民银行科技司

---

① 《互联网金融机构信用评级认证标准明年正式推广》，http：//finance. sina. com. cn/money/bank/bank_ hydt/20151120/070823804991. shtml。

副司长陆书春当选为秘书长。出任副会长的还有银监会普惠金融部副主任文海兴、证监会创新部副主任刘洁、保监会发展改革部副主任何肖锋、中国金融教育发展基金会理事长初本德等。央行副行长潘功胜在互联网金融协会成立大会上致辞。他表示，互联网金融本质上仍是金融，其优势在于技术创新，要注重运用新技术提升金融服务实体经济的效率。要坚持监管规则的公平性，不应对不同市场主体的监管标准宽严不一，引发监管套利；要实施穿透式监管；要实施功能监管；要严格执行客户资金第三方存管制度；要建立反洗钱、反恐怖融资的制度及技术支持系统；要借鉴商品市场反倾销的做法，防范亏本销售、交叉补贴、不良关联交易等不正当竞争行为；要落实投资者适当性管理，加强投资者教育和消费者权益保护。①

（二）主要影响

2015 年 7 月十部委联合发布的《指导意见》中对互联网金融行业自律组织进行了规定，《指导意见》明确提出，“人民银行会同有关部门，组建中国互联网金融协会”，对行业协会的职能也进行了原则性规定：职能之一是“按业务类型，制定经营管理规则和行业标准，推动机构之间的业务交流和信息共享”；职能之二是“协会要明确自律惩戒机制，提高行业规则和标准的约束力”；职能之三是“强化守法、诚信、自律意识，树立从业机构服务经济社会发展的正面形象，营造诚信规范发展的良好氛围”。中国互联网金融协会的成立是对《指导意见》关于建立互联网金融行业自律组织这一内容的具体落实。

中国互联网金融协会所吸收的会员所属的行业不仅包括银行、证券、保险等行业的公司，还包括信托机构、资产管理公司、消费金融公司、征信服务机构、融资担保类机构、金融业基础设施机构、互联网企业、互联网金融研究机构、检测认证机构、金融综合服务机构以及其他互联网金融从业机构，其中网络借贷平台有 18 家。从互联网协会成员分布范围来看，基本实现了对包括网络借贷在内的互联网金融各类业态的覆盖，网络借贷从顶层设计的角度来看已经初步形成了国家层面自律组织的基本框架，在政府监管之外对网络借贷市场进行自律规范提供了组织保障。

中国互联网金融协会在成立之后陆续发布了协会章程、自律公约、倡议书、会员管理办法、会费管理办法以及会费标准草案等一系列自律性规范文件，对入会标准予以明确限制，通过发布自律规范对会员机构的业务行为进行约束，其中较有代表性的自律性规范是协会在 2016 年 8 月发布的《互联网金融信息披露自

① 《中国互联网金融协会在沪成立，原央行副行长李东荣当选会长》，http：//www. thepaper. cn/newsDetail_ forward_ 1448320。

律管理规范（征求意见稿）》（以下简称《管理规范》），对包括网络借贷平台在内的互联网金融从业机构在业务过程中的信息披露提供了统一的标准和内容。《管理规范》要求披露的信息分为从业机构信息、平台运营信息以及业务项目信息三类，其中从业机构信息包括基本信息、治理信息、网站或平台信息、财务会计信息、重大事项等；平台运营信息包括必须要披露的信息，如交易总额、交易总笔数、融资人总数、投资人总数、待偿金额、逾期金额、项目逾期率、金额逾期率等；业务项目信息包括金融、期限、预期收益、还款方式、融资进度、信用增进、保障措施、风险提示、资金流向等以及借款人信息。《管理规范》中信息披露的要求也分为强制性信息披露和鼓励性信息披露两个等级，强制性信息披露是从业机构必须进行披露的信息，鼓励性信息披露则是鼓励从业机构自愿进行信息披露，在共计86项披露指标中，强制性披露指标共有65项，鼓励性披露指标共有21项，这一分类进行信息披露的要求不仅扩大了信息披露的覆盖面，还增强了信息披露要求在现实中的可操作性，为未来制定自律规范乃至监管规则提供了有益的借鉴。在未来通过自律规范的制定及实施能够发挥协会的自律和引导作用，对市场主体和业务活动产生相应的约束力，这有利于提高监管机构的监管容忍度，降低监管措施的刚性程度，增加包括网络借贷在内的互联网金融各业态的发展空间。

中国互联网金融协会成立之后的另一大影响是为互联网金融企业提供信息交互的平台，在中国人民银行互联网金融数据统计监测体系尚未完全建立之前，不仅缺乏互联网金融行业性的数据交流互通平台，各业态之内也缺乏相应的数据交流互通的渠道，而数据信息在互联网金融发展过程中的作用日益突出，特别是作为个体网络借贷信息中介的网络借贷平台更是如此，单个平台与其他平台缺乏信息交互的渠道导致“信息孤岛”的形成，对单个平台及行业的发展带来了不可忽视的影响。目前虽然部分地方自律性组织已经开始探索建立各自的信息交流平台，在本区域范围内也发挥了一定的作用，但是互联网本身地域属性不强，互联网金融企业的业务范围很可能遍及全国各地，地方性自律组织构建的信息交流平台所能覆盖的范围仅仅限于区域范围之内，势必影响信息交流的广度和深度，难以有效地为互联网金融企业提供充分的信息支持。中国互联网金融协会是全国性的互联网金融自律组织，由其所搭建的信息交互平台能够涵盖全国绝大部分地域的机构，能够保证信息收集的广度，扩大数据收集的来源，不仅对各业态形成有效的信息数据支撑，也能促进互联网金融行业不同业态之间的信息交互，促进互联网金融的繁荣发展。

与世界其他国家特别是英国的行业自律不同，我国的互联网金融行业自律组织是在监管机构的主导下建立的，这也带来了相应的一些问题。首先，该协会由中国人民银行会同有关部门组建，《指导意见》对人民银行在互联网金融领域的监管职责定位是负责客户资金第三方存管制度、消费者和投资者权益保护工作、反洗钱以及数据统计和监测工作，互联网金融各业态则分别由其他监管机构负责。但是互联网金融协会是监管机构主导建立的行业性自律组织，不同监管机构对该协会乃至各业态行业自律组织的指导如何进行协调则尚不明晰。其次，中国互联网金融协会与各业态自律组织的关系以及与地方互联网金融协会的关系如何界定也需要进一步明确。最后，协会组织建立的行业性数据库如何与人民银行的统计监测体系相对接以及不同业态间数据库的共享互联机制也需要进一步予以落实。

十四、中国人民银行等部委发布《互联网金融风险专项整治工作实施方案》

（一）内容回顾

2016 年 4 月 14 日，中国人民银行牵头多个部委出台《互联网金融风险专项整治工作实施方案》（以下简称《实施方案》），在《实施方案》下出台有关第三方支付、网络借贷、股权众筹、互联网保险、互联网跨界资管、互联网金融广告及以投资理财从事金融活动等子方案。此轮互联网金融专项整治的核心内容，即在《实施方案》的要求下，由各省级政府组织辖内监管机构，对互联网金融业务活动进行界定，以进行分类处置。同时，各类业务“线上线下一起抓”，建立“负面清单”并严格管理准入。该专项整治工作持续不到一年，按照《实施方案》的部署，分摸底排查、清理整顿、评估、验收四个阶段，所有工作将于 2017 年 1 月底之前完成。此轮专项整治的整体思路为“边整治、边研究、边总结、边完善”，着力解决当前的各类互联网金融风险，同时为未来的制度建立积累经验。①

在《实施方案》出台后，各地也陆续公布了地方细化方案，展开摸底排查工作。2016 年 5 月 18 日，大连市人民政府办公厅出台《关于进一步做好防范和处置非法集资工作的实施意见》，进一步遏制非法集资高发势头，切实保护人民群众合法权益，维护良好金融生态环境，确保经济和社会稳定。2016 年 6 月 3 日，山东省人民政府印发《山东省“互联网 +”行动计划（2016 ~ 2018 年）》，

① 《互联网金融专项整治实行“负面清单”》，http：//finance. caixin. com/2016 - 04 - 20/100934545. html。

提出要加大互联网金融企业培育力度，构建一批互联网金融创新集聚区，规范发展网络借贷服务。根据中央金融监管部门统一部署，建立完善省域内网络借贷监管工作机制和规章制度，以风险防控为出发点，加强对网络借贷平台的引导、规范和监管。2016 年 6 月 8 日，上海证监局印发了《关于做好互联网金融风险专项整治工作的通知》，要求辖内证券期货经营机构就五大重点整治内容展开自查，并在 7 月 10 日前完成摸底排查，上交自查报告。通知明确列出 6 项非法活动，其中 3 项与网络借贷有关。2016 年 6 月 17 日，宁波市启动了打击非法金融活动专项行动，严查违法广告，立案查处类金融广告案件 21 件；严打非法金融活动，依法查处 315 家。严厉查处类金融案件，共立案 68 起，涉案金额 11.9 亿元。宁波市把网络借贷和股权众筹业务、通过互联网开展资产管理及跨界从事金融业务、第三方支付以及互联网金融领域广告等作为整治重点。2016 年 6 月 18 日，北京市互联网金融风险专项整治工作领导小组办公室下发《关于加强北京市网贷行业自律管理的通知》。要求北京网贷协会按照“1 + 3 + N”自律管理模式，把全部网贷企业纳入自律管理，强化行业自律管理；加快推进个体网络借贷机构落实资金存管要求；加强行业行为规范和业务标准研究，警示业内机构触碰监管红线的行为，加快建设黑白名单等诚信体系。2016 年 6 月 20 日，重庆市政府下发《重庆市金融去杠杆防风险专项方案》，全面开展互联网金融风险专项整治工作，通过摸底排查、甄别分类、清理整顿，切实防范和化解互联网金融领域存在的风险。确保网络借贷信息中介机构“十不准”负面清单管理政策落实到位。对风险事件，督促落实涉事机构主体责任，通过诉权、债权、股权转移，实现风险有效缓释和化解处理。2016 年 6 月 20 日，襄阳市印发互联网金融风险专项整治工作实施方案。由各县（市）区政府、开发区管委会制定本地的清理整顿方案，并牵头组织本行政区域的清理整顿工作，于 7 月 10 日前完成全面摸底排查工作，并形成排查报告；于 11 月 10 日前完成清理整顿工作；于 11 月 25 日前完成评估与督察工作。2016 年 6 月 22 日，甘肃省打击和处置非法集资工作领导小组决定于 6 ~ 12 月在全省组织开展非法集资风险专项整治工作，此次整治的重点领域包括第三方支付、网络借贷平台、众筹平台等互联网金融行业企业等。2016 年 6 月 24 日上午，黑龙江省互联网金融风险专项整治暨非法集资风险专项整治工作电视电话会议召开。会上，省金融办对全省互联网金融风险和非法集资风险专项整治工作进行了任务分工。2016 年 6 月 29 日，郑州市人民政府成立郑州市互联网金融风险专项整治工作领导小组，下设六大领域工作小组，包括“P2P 网络借贷风险专项整治工作小组”。河南银监局副局长李焕亭任 P2P 专项整治工作小组组长。2016 年 6 月 29 日上午，吉林省松原市召开全市互联网金融风险专项整治领导小组第一次全体会议，安排部署市互联网金融风险防控及专项排查工作，通过了《松原市互联网金融风险专项整治工作方案》，对松原市具体开展各项专项整治工作进行了系统安排。

（二）主要影响

中国人民银行牵头出台的《工作方案》是对2015年十部委《指导意见》的继续贯彻和落实，结合实践中不断爆发的行业风险，突出了对偏离正确创新方向的业态进行纠正与规范，再一次强调了各业态的风险底线和法律底线，对网络借贷市场的可持续发展提供了规范性指引。

此次《工作方案》在监管主体的权责划分上进行了有益的探索和尝试，中央层面的监管主体成立了整治工作领导小组，领导小组办公室设在人民银行，银监会、证监会、保监会、工商总局和住房城乡建设部等派员参与办公室日常工作。人民银行、银监会、证监会、保监会和工商总局根据各自部门职责、《指导意见》明确的分工和本方案要求，成立分领域工作小组，分别负责相应领域的专项整治工作，明确对各项业务合法合规性的认定标准，对分领域整治过程中发现的新问题，划分界限作为整治依据，督促各地区按照全国统一部署做好各项工作。领导小组的设立能够有效加强中央各监管主体的沟通交流，特别是就相关监管职责进行协调和统筹，既保证了监管主体职责的履行，也有效避免了监管交叉和监管漏洞。未来在细化网络借贷监管细则时，可以参照整治工作领导小组设立网络借贷监管领导小组，领导小组办公室设在银监会，由银监会履行监管主体责任。工业和信息化部、公安部、国家互联网信息管理办公室、中国人民银行和财政部等派员参与办公室日常工作，并根据各自在网络借贷领域的监管职责承担相应监管责任。

《工作方案》另一项与以往监管部署所不同的是对功能监管和综合监管的强化，互联网金融各业态的从业机构按照是否持牌可以划分为两类：其中持牌机构由发牌监管机关进行监管毋庸置疑；对不持牌机构还可以细分为不持牌但明显具备网络借贷、股权众筹、互联网保险、第三方支付等业务特征的机构以及不持牌也不明显具备互联网金融业务特征的机构，对于前者由按照各业态专项整治细分方案进行整治；后者则由省级政府统一组织采取“穿透式”监管方法，对业务性质进行界定，以落实整治责任。其中对不持牌但明显具备网络借贷、股权众筹、互联网保险、第三方支付等业务特征的机构的认定在监管方法上可进行有益的尝试，对各业态业务的认定方法分为两类，对于未跨省的互联网金融业务的认定由省级政府金融监管部门组织该省银监局、证监局、保监局等监管部门实施，若该互联网金融业务属于跨界业务，则由该省人民银行的分支机构配合认定；对于跨省的互联网金融业务的认定则由中央监管部门协调所涉及各省级政府进行认定。这一监管方法对未来网络借贷监管领域中央与地方监管机构的权责划分颇具参考意义，特别是明确了中央监管机构在地方的派出机关对省级政府金融监管机构的配合义务，有效解决了部分地方金融监管部门监管资源不足、监管能力欠缺所造成的监管短板，有利于推进构建网络借贷整体监管框架的形成。

十五、教育部和中国银监会发布《关于加强校园不良网络借贷风险防范和教育引导工作的通知》

（一）内容回顾

随着网络借贷的快速发展，一些 P2P 网络借贷平台不断向高校拓展业务，部分不良网络借贷平台采取虚假宣传的方式和降低贷款门槛、隐瞒实际资费标准等手段，诱导学生过度消费，甚至陷入“高利贷”陷阱，侵犯学生合法权益，造成不良影响。为加强对校园不良网络借贷平台的监管和整治，教育和引导学生树立正确的消费观念，教育部和中国银监会于 2016 年 4 月 13 日发布《关于加强校园不良网络借贷风险防范和教育引导工作的通知》（以下简称《通知》）。《通知》要求加大不良网络借贷监管力度，建立校园不良网络借贷日常监测机制、实时预警机制，加大学生消费观教育力度，加大金融、网络安全知识普及力度，加大学生资助信贷体系建设力度，帮助学生增强金融、网络安全防范意识。

《通知》明确要求加大不良网络借贷监管力度，建立校园不良网络借贷日常监测机制。高校宣传、财务、网络、保卫等部门和地方人民政府金融监管部门、各银监局等部门要密切关注网络借贷业务在校园内的拓展情况，高校辅导员、班主任、学生骨干队伍要密切关注学生的异常消费行为，及时发现学生在消费中存在的问题。《通知》明确要求建立校园不良网络借贷实时预警机制，及时发现校园不良网络借贷苗头性、倾向性、普遍性问题，及时分析评估校园不良网络借贷潜在的风险，及时以电话、短信、网络、橱窗、校园广播等多种形式向学生发布预警提示信息。

针对部分大学生不良的消费观和过度消费习惯，《通知》要求加大学生消费观教育力度，教育引导学生树立文明的消费观，关心关注学生消费心理，纠正学生超前消费、过度消费和从众消费等错误观念。[①]

---

① 《教育部银监会联手整治“校园贷”将建立实时预警机制》，http：//politics. people. com. cn/n1/2016/0509/c1001－28334924. html。

（二）主要影响

网络借贷在高校出现的原因主要是高校学生消费需求旺盛但收入难以满足其消费需求，且在银监会对大学生信用卡进行规范之后，信用卡难以覆盖学生的消费需求，因此学生有限收入与旺盛消费的落差以及借贷渠道的缺乏为校园网络借贷带来生机。按照学生借贷的用途可以将校园网络借贷分为两类：一类是商品类校园网络借贷，学生申请网络借贷主要用于电子产品、服饰等商品类消费，通过分期的方式偿还借款。但这一服务类型难以完全满足学生借贷消费的多样化以及非商品类消费需求，因此这一服务类型很快衍生出信用贷款和教育贷款。一类是信用贷款不再限制学生必须用借贷资金购买相应商品，而是在对学生信用信息进行审核后将资金通过银行账户或第三方支付账户直接转移至学生本人账户，由学生自主支配借款资金用途，相较于商品分期消费借款，这一信用借款类型的灵活性大大提高，对学生的吸引力也得到增强。教育贷款则着眼于学生教育培训这一更加细分市场的消费需求，相较于商品消费借款与信用贷款，教育贷款的个性化程度较高且难以进行变现，因此降低了借款人的欺诈风险，但是也增加了网络借贷平台业务进行规模扩张的难度。

《通知》主要是为应对校园网络借贷在业务营销以及债务催收两方面出现的问题，保护学生这一特殊群体而颁布的规范性文件。不少校园网络借贷运营机构为了追求成交量和成交人数，在宣传推广中鼓励学生过度消费，采取诸如扫楼批量开户、误导宣传等不合理的方式进行营销，加之不同校园网络借贷平台没有建立信息共享机制，导致理财意识和金融风险意识薄弱的大学生盲目进行校园网络借贷，甚至罔顾自身收入及家庭收入能力，在多个平台反复举债，最终导致出现债台高筑而无法偿还借款的情况，给个人学习生活和家庭稳定带来巨大冲击。在学生无法按时偿还贷款时，校园网络借贷平台或自行或委托第三方对债务进行催收，在债务催收的过程中出现了暴力催收等不合理的催收方式，给学生个人以及家庭成员乃至社会亲友带来不必要的骚扰，现实中甚至出现了学生借款人因无法承受催债压力而自杀的极端情况，给校园网络借贷行业带来了巨大的负面影响。

《通知》主要从加强校园网络借贷的监管、提高学生金融教育力度以及加大学生资助信贷体系建设三方面来解决校园网络借贷出现的相应问题，其中加强校园网络借贷的监管主要是规范和限制校园网络借贷的营销活动，借助实时预警机制及时揭示出现的问题和风险；提高学生金融教育力度则是从培育正确合理的消费观以及金融理财和金融风险意识两方面着手，引导学生合理消费、理性消费、适度消费，强化学生对网络借贷风险的理解和认识；加大学生资助信贷体系建设是通过充分调动国家、学校和金融机构的力量，满足学生的保障性需求、发展性需求和临时性需求。《通知》的出台和落实确实能够应对目前校园网络借贷市场出现的种种问题和风险，规范校园网络借贷市场的发展，教育和引导学生树立正确合理的消费观和金融风险意识。但是《通知》在规范校园网络借贷的同时，未能对校园网络借贷的长远发展提供指引和保障，并不利于通过校园网络借贷满足学生多样化的消费需求。监管机构应当鼓励指引校园网络借贷平台纵向扩展校园消费信贷的生命周期以及推动教育信贷的发展。校园网络借贷平台为学生提供借贷服务的同时，能够获得学生客户的还款历史等信息，在这些信息的基础上为学生在毕业后新增的融资需求提供专业性、一站式、综合化的金融服务，从而能够保持客户黏性、延展校园消费信贷的周期。当下家庭经济困难在校学生的学费、生活费等保障性需求能够通过政府财政和学校资金予以满足，而发展性需求和临时性需求则面临较大的资金缺口，仅仅依靠政府、学校和传统金融机构的力量难以完全覆盖这一需求，且考虑到教育消费等发展性消费不易出现过度消费引发违约不能按时偿还的风险，从满足在校学生发展性需求和临时性需求的教育考虑，未来监管机构应当出台相应制度和措施鼓励支持校园网络借贷平台开展这类业务，更好地为在校学生的成长发展提供资金支持。

十六、银监会发布《网络借贷资金存管业务指引（征求意见稿）》

（一）内容回顾

2016 年 8 月，银监会向各银行下发了《网络借贷资金存管业务指引（征求意见稿）》（以下简称《指引》），《指引》对网络借贷资金存管业务给出了明确的定义，即指银行业金融机构作为存管人接受网络借贷信息中介机构（以下简称网贷机构）的委托，按照法律法规规定和合同约定，履行网络借贷资金专用账户的开立与销户、资金保管、资金清算、账务核对、信息披露等职责的业务。该意见稿中第十一条（八）提到：存管银行不应外包或由合作机构承担，不得委托网贷机构和第三方机构代开出借人和借款人交易结算资金账户。对于已经开展了网络借贷资金存管业务的委托人和存管人，在业务过程中存在不符合指引要求的，在指引发布后进行整改，整改期不超过六个月。对于网络借贷资金存管的具体条件，意见稿明确了五大门槛：第一，在工商管理部门完成注册登记并领取营业执照；第二，在工商登记注册地地方金融监管部门完成备案登记；第三，按照通信主管部门的相关规定申请获得相应的电信业务经营许可；第四，具备完善的内部业务管理、运营操作、稽核监控和风险控制的相关制度；第五，监管部门要求的其他条件。对存管人及存管银行的要求如下：①设置专门负责网络借贷资金存管业务与运营的一级部门，部门设置能够保障存管业务运营的完整与独立；②具有自主开发、自主运营且安全高效的网络借贷存管业务技术系统；③具有完善的内部业务管理、运营操作、稽核监控和风险控制的相关制度；④具备在全国范围内开展跨行资金清算支付的能力；⑤必须申请网络借贷资金存管业务的银行业金融机构在银行业监督管理部门完成备案和符合监管部门要求的其他条件。

该意见稿还对银行对接网络借贷资金存管业务提出了具体的要求：①为委托人开立资金存管汇总账户和平台自有资金账户，为网贷机构的客户（包括出借人、借款人及其他网贷业务参与方等）在资金存管汇总账户下分别单独开立客户交易结算资金账户，确保客户网络接待资金和网贷机构自有资金分账管理，安全保管客户交易结算资金；②依据法律法规规定和合同约定，依照出借人与借款人发出的指令或有效授权的指令，办理网络接待资金清算支付。存管银行必须在官方指定的网站公开披露包括网贷机构的交易规模、逾期率、不良率、客户数量等数据的报告。该意见稿还要求，在网贷资金存管业务中，除必要的披露及监管要求外，委托人不得用“存管人”做公开营销宣传。[①]

（二）主要影响

早在2015年7月十部委公布的《指导意见》就已经明确“从业机构应当选择符合条件的银行业金融机构作为资金存管机构，对客户资金进行管理和监督，实现客户资金与从业机构自身资金分账管理”，2015年年底银监会公布的《暂行办法》也对网络借贷的资金存管进行了细化规定，此次《指引》是在《指导意见》的指导下，对网络借贷资金存管业务活动进行的详细规定，对网络借贷行业健康发展具有深远影响。

根据《指引》的规定，现存资金存管模式中的“联合存管”模式将受到限制，资金存管银行不得委托网络借贷平台和第三方机构代开出借人和借款人交易结算资金账户，第三方支付不得为网络借贷平台提供资金结算服务。《指引》明确将第三方支付机构从网络借贷资金存管业务中排除，有利于保证银行对客户资金监督责任的有效履行，规范网络借贷平台资金处理流程。不可忽视的是与之带来的成本压力，这一过程中的成本主要来源于网络借贷平台在前期与银行就资金存管业务的技术开发、接入资金存管架构的系统调整以及给用户体验性带来的影

① 《银监会出台P2P资金存管意见稿“银行+第三方联合存管”或被禁止》，http://news.hexun.com/2016-08-15/185517291.html。

响乃至后期运营过程中银行收取的保证金和服务费等内容，《指引》的落实和实施可以借此对网络借贷平台实现一轮筛选，将无法承担消化这一成本的平台剔除网络借贷市场，有利于保护网络借贷客户资金安全以及网络借贷行业的良性发展。

《指引》对网络借贷平台开展银行资金银行存管业务的委托人资格设置了五项具体要求，其中包括在工商登记注册地地方金融监管部门完成备案登记以及按照通信主管部门的相关规定申请获得相应的电信业务经营许可，备案登记的要求通过资金存管的资格限制再一次予以规定，强化网络借贷平台进行备案登记的主动性。根据国务院《互联网信息服务管理办法》第六条和第七条的规定，电信业务经营许可由省、自治区、直辖市电信管理机构或者国务院信息产业主管部门发放，网络借贷平台在申请互联网信息服务增值电信业务经营许可证时还需要满足有业务发展计划及相关技术方案和有健全的网络与信息安全保障措施，包括网站安全保障措施、信息安全保密管理制度，用户信息安全管理制度等要求。网络借贷平台如果没有在地方金融监管部门完成备案登记或未能取得互联网信息服务增值电信业务经营许可证，则无法作为委托人开展资金银行存管业务，将来将无法继续从事网络借贷业务，通过这一资质要求能够对网络借贷平台进行再一次筛选，将无法满足资质要求的平台限制在网络借贷市场之外。但此处存在的一个问题是各地对互联网信息服务增值电信业务经营许可证的申请要求宽松不一，容易给网络借贷平台的监管带来竞次的消极影响，因此银监会与工信部应当就网络借贷平台申请互联网信息服务增值电信业务经营许可证制定统一的申请标准并督促地方贯彻执行，防止因申请标准不一影响网络借贷平台的正常运营。

《指引》的第十三条、第十四条以及第二十条从商业银行的角度出发，规定了资金存管银行不负责审核信息的真实性和准确性、不提供增信服务、不承担资金管理运用风险和网络借贷投资责任和风险，这部分内容明确了银行提供资金存管业务的边界，有助于调动银行参与资金存管的积极性和主动性。与此相对的是《指引》第十九条和第二十条明确网络借贷平台不得用存管人作公开营销宣传，资金存管人也不承担担保责任，既对网络借贷平台的业务宣传提出了相应要求，也能够在一定程度上降低银行对参与网络借贷业务引发声誉风险的担忧。此外，存管银行的参与还有利于完善网络借贷平台的信息披露，《指引》第十七条规定“存管银行定期出具网贷机构资金存管报告，按照双方约定的报告制定标准和规范，对网贷机构客户交易结算资金的保管情况在官方指定网站进行公开披露，报告内容应至少包括以下信息：网贷机构的交易规模、借贷余额、存管余额、借款人及出借人数量、逾期率、不良率、客户数量、平均借款期限及借款成本等”，这些信息指标将能够直接反映网络借贷平台的运营状况和风险管理水平，有利于客户对不同平台进行对比分析，最终实现网络借贷市场的优胜劣汰的良性竞争。

十七、银监会、工信部、公安部和国家互联网信息办公室共同发布了《网络借贷信息中介机构业务活动管理暂行办法》

（一）内容回顾

2016 年 8 月 24 日，银监会会同有关部委共同发布了《网络借贷信息中介机构业务活动管理暂行办法》（以下简称《办法》)。《办法》确定了网贷行业监管总体原则：一是强调机构本质属性，加强事中事后行为监管；二是坚持底线监管思维，实行负面清单管理；三是创新行业监管方式，实行分工协同监管。同时，《办法》对网络借贷机构的监管机制也做了明确安排，实行“双负责”原则：明确银监会及其派出机构作为中央金融监管部门负责对网贷机构实施行为监管，具体包括制定统一的规范发展政策措施和监督管理制度，并负责网贷机构日常经营行为的监管；明确地方金融监管部门负责对本辖区网贷机构实施机构监管，具体包括对本辖区网贷机构进行规范引导、备案管理和风险防范及处置工作。在整个监管体制安排中，最重要的两个主体为银监会及其派出机构和地方人民政府的金融监管部门，其主要职责具体如下：银监会及其派出机构主要负责三大方面的监管：第一，负责对网络借贷机构的制度监管和政策的制定，即对整个行业的规则、制度，从顶层上要做出安排。第二，负责对“网贷”机构的行为进行监管，其中最主要的是对“网贷”机构业务活动、经营管理活动进行持续的、不间断的监管，主要方式包括产品登记、资金的第三方存管、信息披露、投资者和消费者的权益保护等。第三，负责跨区域、跨地区“网贷”机构监管行动的协调和牵头。地方人民政府的金融监管部门主要负责“网贷”机构的机构监管：第一，做好“网贷”机构的备案登记。第二，做好“网贷”机构的信息收集，及时地提出风险防范和预警。第三，做好风险机构的处置，包括机构的退出安排、机构的注销、风险事件的维稳和处置，牵头组织打击机构的非法集资活动等。另外，《办法》还明确了网贷行业业务管理涉及的多部门职责：工业和信息化部负责对网络借贷信息中介机构业务活动涉及的电信业务进行监管；公安部牵头负责对网络借贷信息中介机构的互联网服务进行安全监管，打击网络借贷涉及的金融犯罪等；国家互联网信息办公室负责对金融信息服务、互联网信息内容等业务进行监管。

《办法》第五条规定，拟开展网络借贷信息中介服务的网络借贷信息中介机构及其分支机构，应当在领取营业执照后，于10个工作日以内携带有关材料向工商登记注册地地方金融监管部门备案登记。也就是说，监管机构对网贷平台实行的是备案管理，而非传统意义上的持牌许可，更强调通过事中事后的监管来实现对网贷平台的“宽进严管”。①

此外，《办法》还明确规定了同一借款人在同一网贷机构及不同网贷机构的借款上限。

单一自然人在同一平台的借款上限是20万元，个人从平台借款总额最高不得超过100万元；单一企业从单一平台的借款上限是100万元，从所有平台借款最高不得超过500万元。

《办法》称，为避免《办法》出台对行业造成较大冲击，做出了12个月过渡期的安排，在过渡期内通过采取自查自纠、情理整顿、分类处置等措施，进一步净化市场环境，促进机构规范发展。

对于业界关注的网贷机构资金存管问题，《办法》明确了网贷的资金必须由银行业金融机构第三方进行存管。在自律管理体制上，《办法》明确了中国互联网金融协会，履行网贷行业自律组织职能，并成立“网贷”专业委员会，进一步明确了行业自律组织在网络借贷机构中的职责，不过，对各省是否根据条件单独设立地方性网络借贷行业自律组织，《办法》没有做出规定。②

（二）主要影响

与银监会在2015年12月28日发布的《网络借贷信息中介机构业务活动管理暂行办法（征求意见稿）》相比，此次正式出台的《办法》对征求意见稿的部分内容进行了细化和改进，继续强调网络借贷平台的信息中介性质，坚持负面清单的监管思路，创新设立中央地方双轨的监管体制。

《办法》第二条对网络借贷、个体、网络借贷信息中介机构等概念进行了界定，再一次重申了《指导意见》对网络借贷作为信息中介的性质定位，其中网络借贷信息中介机构的组织形式由征求意见稿中的“企业”修改为“公司”，这一规定排除了合伙、个人独资等非公司企业，对网络借贷平台的组织形式提出了新的要求。《办法》第六条规定的网络借贷平台在经营范围中实质明确网络借贷

① 《监管斩网贷“快偏乱”为平台预留12个月缓冲期》，http：//itfinance. jrj. com. cn/2016/08/25030221365668. shtml。

② 《P2P平台贷款规模明确上限：个人在同一平台借款最多20万》，http：//www. thepaper. cn/newsDetail_ forward_ 1518745。

信息中介，相较于征求意见稿要求网络借贷平台在名称中包含“网络借贷信息中介”规定来说更具有现实操作性。

《办法》第五条规定了网络借贷平台在领取营业执照后必须在工商登记注册地地方金融监管部门备案登记，这一规定延续了征求意见稿中对网络借贷信息中介机构进行备案管理的内容，所不同的是，《办法》将分支机构也纳入备案管理的范围，有效降低了网络借贷平台通过设立分支机构逃避备案管理的现象，有利于监管机构更全面地把握网络借贷平台的运营情况。备案登记与行政许可相比不设立准入要求，地方金融监管部门在网络借贷信息中介机构提交的备案登记材料齐备时也应当为其办理备案登记，但这并不意味着从事网络借贷业务的准入要求较低。根据《办法》第五条第四款的规定，网络借贷信息中介机构完成地方金融监管部门备案登记后，应当按照通信主管部门的相关规定申请相应的电信业务经营许可，通过这一条款监管部门间接创设了从事网络借贷业务的准入门槛即取得电信业务经营许可，电信业务经营许可的获得具有较高的要求，目前市场上大多数平台在获得电信业务经营许可时都存在较大困难，监管机构通过这一规定对市场上的网络借贷平台进行新的筛选，保证了在《办法》实施后从事网络借贷业务的平台符合相应的资质要求。

《办法》对网络借贷平台的管理采取了与征求意见稿相一致的“负面清单”路径，划定了网络借贷平台禁止从事的业务行为，但在具体内容上有相应调整。考虑到现实中关联关系的判断较为困难，且在充分信息披露的情况下向具有关联关系的借款人融资并无绝对禁止的必要，因此《办法》在负面清单中删除了“具有关联关系的借款人”这一内容，主要集中于禁止网络借贷平台进行自融。《办法》中负面清单的第三款则增加了禁止变相向出借人提供担保或者承诺保本保息的内容，这是为了应对在现实中网络借贷平台不以明示方式对出借人提供担保或承诺保本保息，而是通过暗示或在出借人违约时进行兜底偿付从而变相对出借人进行担保或保本保息的不规范行为。《办法》中负面清单第四款对网络借贷平台的营销渠道进行了限制，只能在互联网、固定电话、移动电话等电子渠道进行营销，彻底杜绝通过线下渠道宣传推广网络借贷项目的行为，强调网络借贷的互联网属性，保证网络借贷平台回归网络信息中介的机构性质。《办法》中负面清单第七款增加规定了网络借贷平台不得自行发售理财等金融产品募集资金，这一规定防止网络借贷平台设立资金池涉嫌非法集资，有利于保证网络借贷平台符合信息中介的监管定位。《办法》中负面清单第八款对债权转让的禁止性条款为新增规定，禁止网络借贷平台开展类资产证券化业务或实现以打包资产、证券化资产、信托资产、基金份额等形式的债权转让行为，这对于规范网络借贷平台运营，保证出借双方的一一对应，减少网络借贷平台的流动性压力和涉及刑事犯罪的可能性都具有重要意义。

为进一步突出网络借贷的小额借贷属性，限制借款人风险的过度集中，《办法》的一大亮点是对借款人的借款上限进行了规定，这一规定包括单一借款人在同一网络借款平台的借款上限以及在不同网络借款平台的借款上限，根据《办法》规定，同一自然人在同一网络借贷信息中介机构平台的借款余额上限不超过20万元；同一法人或其他组织在同一网络借贷信息中介机构平台的借款余额上限不超过100万元；同一自然人在不同网络借贷信息中介机构平台借款总余额不超过100万元；同一法人或其他组织在不同网络借贷信息中介机构平台借款总余额不超过500万元。这一规定的落实将会对通过网络借贷平台进行融资的主体产生一定的需求抑制，但是从网络借贷属于小额借贷以及与普惠金融的密切关系来看，这一规定的有效实施将会有利于限制网络借贷行业的风险集中度，更好地满足中小微企业和个人投融资需求，进一步拓展普惠金融的广度和深度，使网络借贷成为服务实体经济的多层次金融服务体系的重要组成部分。

在信息披露的规定上，《办法》对征求意见稿中详细列举的信息披露项目进行了删减，突出对信息披露的原则性规定，强调了对网络借贷平台信息披露的第三方监督机制，明确网络借贷平台信息披露的责任主体。《办法》关于信息披露的简化规定有利于增加《办法》的操作性，便于网络借贷平台在《办法》实施后平稳转型和过渡，但可以预见的是类似于《网络借贷资金存管业务指引（征求意见稿）》，监管部门在未来将会根据《办法》确立的信息披露的原则性规定，制定发布关于网络借贷平台信息披露的业务指引，进一步细化对网络借贷平台的信息披露要求。

《办法》的另一大突出亮点是确立了三位一体的监管体制，银监会及其派出机构负责制定网络借贷信息中介机构业务活动监督管理制度，并实施行为监管；各省级人民政府负责本辖区网络借贷信息中介机构的机构监管；中国互联网金融协会从事网络借贷行业自律管理。《办法》首次明确了银监会派出机构在网络借贷监管领域的职责，在银监会的监管职责中增加了“行为监管”的规定，同时确立了地方金融监管部门对网络借贷平台进行机构监管的职责，并明确了银监会及其派出机构应当指导和配合地方人民政府做好网络借贷信息中介机构的机构监管和风险处置工作，这对于增强地方金融监管部门对网络借贷监管的专业性和针对性提供了制度保障，避免网络借贷监管过程中出现监管漏洞的情况。《办法》进一步细化了中国互联网金融协会在网络借贷领域的行业自律管理职能，突出了行业自律性组织在制定自律规则，引导会员单位规范发展，协调会员关系，参与纠纷处理等方面的具体职能，为中国互联网金融协会在网络借贷领域发挥自律规范作用提供了法律依据和保障。

虽然《办法》在征求意见稿的基础上进行了优化和调整，增强了现实操作性和针对性，但仍然存在部分问题需要进一步予以细化明确。在监管体制方面，《办法》仍然没有对不同监管机构的监管协调机制进行规定，特别是中央层面的银监会、工业和信息化部、公安部、国家互联网信息办公室以及人民银行之间的监管协调机制进行规定，对银监会特别是银监会派出机构如何指导和配合地方人民政府做好网络借贷信息中介机构的机构监管和风险处置工作应当进一步予以细化。在法律责任上仍偏重于对地方金融监管部门法律责任的规定，对同样担负网络借贷监管职责的中央监管部门仍没有规定相应的法律责任。结合国际通行做法，《办法》对借款人进行相应限制的同时，出于保护出借人利益规范网络借贷平台稳健运营的目的，应当对出借人的资格限制的原则性规定进一步细化和量化，乃至增加对出借人出借上限的相应规定。《办法》还对网络借贷行业发展具有基础性支撑作用的网络借贷行业中央数据库等行业基础设施缺乏规定，《办法》删减了征求意见稿中关于网络借贷行业中央数据库的相关规定，但是考虑到该数据库所属的网络借贷行业基础设施对于网络借贷市场健康发展以及进行有效监管的深远意义，监管机构在条件成熟的时候应当出台网络借贷行业中央数据库管理办法，统一网络借贷平台的信息披露和重大事件报送机制，明确中央监管部门和地方监管部门在建设网络借贷行业中央数据库的职责，细化与人民银行等数据统计部门的信息共享与对接，拓展网络借贷行业信息交流的深度和广度，真正落实中央数据库对行业发展的信息支撑作用，逐步实现网络借贷行业的健康稳定发展。

P2P 网贷大数据和风险监测预警体系研究

深圳钱诚互联网金融研究院（第一网贷）课题组

随着 P2P 网贷的火爆，借金融创新之名行非法集资之实的企业也多了起来。在 2016 年的“5·15 第七届打击和防范经济犯罪宣传日活动”上，公安部披露，公安部门已在全国范围内排查出 600 多家问题平台，立案 500 多起，P2P 网贷已成为案件多发的高危领域。

2016 年 4 月 14 日，国务院组织 14 个部委召开电视会议，将在全国范围内启动有关互联网金融领域的专项整治，为期一年。当日，国务院批复并印发与整治工作配套的相关文件。文件强调：“着眼长远，以专项整治为契机，及时总结提炼经验，形成制度规则，建立健全互联网金融监管长效机制。”文件要求：“利用互联网思维做好互联网金融监管工作。研究建立互联网金融监管技术支持系统，通过网上巡查、网站对接、数据分析等技术手段，摸底互联网金融总体情况，采集和报送相关舆情信息，及时向相关单位预警可能出现的群体性事件，及时发现互联网金融异常事件和可疑网站，提供互联网金融平台安全防护服务。”

事实上，我国一直非常重视政府统计工作，特别是在经济金融领域的数据统计工作，包括设立相应的机构，配备必要的人员，并在经费上予以特殊保障和支持，出台相应的行政程序和法律法规予以配合。不过，包括 P2P 网贷的民间金融，长期以来还未纳入政府统计领域。

近两年来，中国互联网金融协会、深圳、厦门、河北、北京等单位和地方，已充分认识到非法集资、互联网金融风险事前管理的重要性和紧迫性，强化风险预警系统研发，有的并予以实施。本章结合我国 P2P 网贷风险现状及主要预防系统，对建立一个全面的 P2P 网贷大数据和风险监测预警体系进行研究。

一、中国 P2P 网贷指数

本文所指的中国 P2P 网贷指数，是由“深圳钱诚”（第一网贷）为主要成员的深圳市电子商务协会中国 P2P 网贷指数课题组，经过近一年的调研、采集、统计、分析、测试，终于研发、编制成功，并于 2013 年 4 月 26 日在第一网贷、深圳市电子商务协会官方网站、深圳市小额贷款协会官方网站同时发布（试行），从此每日（包括双休日和节假日）发布前一天的指数，并进行对比分析。

（一）中国 P2P 网贷指数概述

（1）中国 P2P 网贷指数，是对全国各借贷主体、各借贷产品、各借贷期限的 P2P 网贷进行综合统计的结果，是反映全国 P2P 网贷交易的活跃度，全国 P2P 网贷的借贷利率、期限、人气、交易额、风险、诚信、评级、自律等变动情况及趋势的一套经济指标体系，包括 P2P 网贷综合指数和各 P2P 网贷板块指数。中国 P2P 网贷指数，还分别按法定工作日、双休日和节假日统计了指数，前者简称为法定工指，后者简称为法定假指。

（2）必须具有完整的电子信息服务、电子交易、电子支付等典型电子商务特质的民间借贷，即 P2P 网贷，才能进入 P2P 网贷指数统计。

目前中国 P2P 网贷指数统计了 4155 家平台，基本囊括了全国所有的 P2P 网贷平台。①

（3）基日、基期与基点。中国 P2P 网贷指数，以 2013 年 4 月 26 日为基日，4 月 27 日开始发布（试行），这天发布了 4 月 26 日的指数，以后每天（包括双休日和节假日）试发布前一天的中国 P2P 网贷指数，并进行对比分析。

中国 P2P 网贷指数，以 2013 年 3 月 28 日（国务院决定设立温州市金融综合改革试验区一周年）至 5 月 31 日的加权平均数为基期（包括各综指、各工指、各假指），基期指数均为 100。

（4）各指数又分为网贷工指、网贷假指和网贷综指。网贷工指是指法定工作日的网贷指数，网贷假指是指双休日和节假日的网贷指数，网贷综指则是指包括节假日和休息日的自然时间的网贷指数。

① 经第一网贷详细调查，剔除特别不活跃平台、特别不规范平台、经专家认定不能进入指数的平台等，4155 家 P2P 网贷平台进入指数统计，这已经基本反映了目前全国 P2P 网贷的全貌。随着 P2P 网贷业的发展，将继续适时调整，原则上两个月调整一次。

（二）中国 P2P 网贷指数的体系架构

中国 P2P 网贷指数是我国目前唯一一个专业化 P2P 网贷指数，它的编制在我国 P2P 网贷发展过程中具有里程碑式的重要意义，它全面地反映了全国 P2P 网贷全貌和综合变动情况。

中国 P2P 网贷指数由综合指数和板块指数组成：

1. 综合指数

综合指数，按内容分，可分为八大类，即中国 P2P 网贷利率指数、中国 P2P 网贷期限指数、中国 P2P 网贷人气指数、中国 P2P 网贷发展指数、中国 P2P 网贷诚信指数、中国 P2P 网贷风险指数、中国 P2P 网贷评级指数、中国 P2P 网贷自律指数。

按方式分，可分为两大类，即静态指数和动态指数。

（1）静态指数。静态指数包括两种情况：定期（含每周、每月、每季、每半年、每年）编制、发布前一日（周、月、季、半年、年）中国 P2P 网贷指数的中国 P2P 网贷利率、期限、人气、发展四大客观指数；不定期编制、发布 P2P 网贷诚信指数、P2P 网贷风险指数、中国 P2P 网贷评级指数、中国 P2P 网贷自律指数四大主观指数。

（2）动态指数。每日（周、月、半年、年）把前一日（周、月、半年、年）的数据与基期和上一期进行对比、分析，定期调整、编制、发布的动态指数，为动态的各综指。

若那天为法定工作日，则还将编制、发布前一日的动态各工指；若那天为双休日、节假日，则还将编制、发布前一日的动态各假指。

2. 板块指数

板块指数包括地方指数与平台指数：

（1）地方指数，指 P2P 网贷按地区（以省市自治区为单位，深圳单列）进行划分，编制各地区指数。

（2）平台指数以各 P2P 网贷平台为单位编制的指数。

板块指数也分为静态指数和动态指数。

3. 中国 P2P 网贷指数的计算方法

静态指数按照派氏加权指数和分层合成统计汇总方法进行计算；而动态指数为派氏加权指数，自基日后，加权逐日连锁计算。

（三）中国 P2P 网贷指数数据采集方法

涉及中国 P2P 网贷指数的所有数据，不是由各平台官方提供，而是来源于

“第一网贷”的直接采集。采集的唯一渠道是通过各 P2P 网贷平台发标、投标成功后的实际在线交易数据。

（四）中国 P2P 网贷指数工作流程

以科学、严谨、求真、务实的工作作风，严格遵循“指数研发与论证、数据采集与处理、数据审核与确认、数据分析与挖掘、指数编制与发布、指数运营与管理”六大系统，确保完成全面、及时、客观和准确的中国 P2P 网贷指数。

（五）切实提高中国 P2P 网贷指数的质量

中国 P2P 网贷指数，经过近一年的前期准备、专家论证、数据采集、计算分析以及验证调整和近半年的试运行，已基本建立起一套规范、科学的指数监测体系。其编制过程是一个不断论证、不断修正的过程。从前期的方案编制到最后的结果计算分析各个环节，均碰到过一些困难，如编制方案的可行性、样本选择的科学性、样本数据采集的准确性、指数计算模型的正确性、指数结果的代表性等。

指数质量是指数工作的生命线。中国 P2P 网贷指数有三大功能：信息功能、咨询功能、监督功能。这三大功能是建立在中国 P2P 指数高质量的基础上。指数质量不高，数据采集的不准确，甚至是错的，三大功能就不可能发挥得好。因此，应从以下几方面提高中国 P2P 网贷指数的质量。

（1）公开透明运作。将采集工作置于更加透明的社会监督之下，增加社会对中国 P2P 指数的认识和了解。

（2）坚持 100% 的网上实际交易数据，因为这些数据，具有可靠性高、真实性强、数据采集易于自动化处理等优点。

（3）建立数据多级复核机制，有效保证数据的统一性和唯一性；严格执行审核流程，防止出现由于交易信息的漏统、错统、延统等形成的数据不准确的操作风险。对于采集来的数据，先由指数处理系统对其进行自动审核。然后由对应的数据采集员对通过系统审核的数据进行横向、纵向对比审核。横向审核即将事先已归类为同一类的不同采集的数据进行对比，查找是否存在明显异常数据；纵向审核即将同一平台的数据与其自身各期数据进行对比，查找是否存在明显异常。最后由采集组负责人对数据采集员审核后的数据进行深度关联审核，查找数据采集因主、客观因素引起的问题数据。所有审核过程中出现的疑问都将及时向数据采集员进行求证确认，实现数据采集流程各环节的“零”错误率，有效规避操作风险。

（4）进行深度挖掘。为了能够对当前 P2P 网贷运行的整体状况做出比较科学的判断和对未来P2P网贷运行做出精确度尽可能高的预测，坚持对P2P网贷指数每日研究、筛选、细分，充分挖掘统计数据资料的潜力和价值。同时，注重对统计数据的综合利用，充分利用积累的统计资源，围绕P2P网贷运行中的热点、难点，进行综合、提炼、升华，挖掘深度信息，揭示P2P网贷发展的倾向性，多角度、多层面对行业进行判断和预测，形成快速、灵活、集中、具有特色的新模式。

二、P2P网贷风险监测预警系统比较研究

（一）第一网贷《中国P2P网贷风险预警监测系统》

截至2016年1月末，列入第一网贷《中国P2P网贷风险预警监测系统》的风险池预警平台为2967家，占全国P2P网贷平台5100家的58.18%，其中发生停止经营、提现困难、失联跑路等情况的问题平台（特别风险预警平台）有1672家，占总家数的32.78%。

第一网贷《中国P2P网贷风险预警监测系统》有下列特色：

一是已建立P2P网贷大数据库。包括P2P网贷信息数据库、P2P网贷预警警戒界线数据指标库、P2P网贷数据处理模型数据库。其中P2P网贷信息数据库，已有充分的线上全国P2P网贷交易大数据，线上全国P2P网贷非交易、舆情大数据，但目前还无法取得线下全国P2P网贷财务、业务大数据。P2P网贷风险预警系统的预警依据，主要是P2P网贷大数据资源。及时、准确的P2P网贷大数据是系统运行的基础，是科学监管的前提条件。

二是已建立P2P网贷预警指标体系。包括系统化、条理化、可运用化，确立各指标正常值和预警戒线，科学地反映P2P网贷风险变化特征。通过确定全国P2P网贷大数据库中各指标正常值的范围和指标体系的权重，计算出警戒线系数，再将预警警戒线系数输入全国P2P网贷大数据库的预警警戒线数据指标库中保存。

P2P网贷预警指标内容包括主要来源于宏观经济方面的行业风险、区域风险的系统性信贷风险，以及主要表现在P2P网贷平台的经营风险、财务风险等方面的非系统性风险。

三是已建立P2P网贷风险判断系统。包括自动将各P2P网贷平台信息调入，对照全国P2P网贷大数据库中的预警警戒线数据指标库和数据模型数据库所确定

的正常值（预警警戒线）计算风险指数，决定是否发出警报，以及发出何种程度的预警警报。

事实上，第一网贷的互联网金融大数据系统，在深圳市金融办等政府部门管理互联网金融行业中发挥了特别的作用，得到了好评。包括摸底深圳首付贷、众筹炒房，揭露网赢天下、聚宝通、北深贷等非法集资网贷平台，为深圳市互联网金融专项整治摸底排查工作提供大数据支持等。深圳市在运用大数据监管上尝到了甜头，现着手建立地方金融风险监测预警系统，充分发挥大数据作用，实现低成本高效能监管。

但是，第一网贷的《中国 P2P 网贷风险预警监测系统》，还存在如下缺陷：

一是 P2P 网贷平台的统计范围还有待扩大。社会上的 P2P 网贷统计机构很多，但统计范围都有所欠缺。第一网贷虽然每天统计几乎全部的 5000 家 P2P 网贷平台，但仍有放弃，如由于数据的可得性等原因，放弃了招财宝的中小微企业的借贷统计。

二是债务人信息十分匮乏。目前，P2P 网贷平台均未提供债务人全面的信息，虚假信息、垄断信息、信息不对称等问题严重。可以说，通过 P2P 网贷可以最大限度地解决资金供求信息不对称的问题，提高融资效率，但同时却加剧了债务人信用风险，即债务偿还能力信息不对称，增加了融资风险，并严重影响到 P2P 网贷风险预警的质量。

三是 P2P 网贷平台财务信息十分匮乏，也严重影响到 P2P 网贷风险预警的质量。

四是 P2P 网贷平台的预警指标标准有待完善。全国 P2P 网贷平台预警指标的正常值、指标权重、预警界限等，有待建立和完善。

（二）中国互联网金融协会的《国家互联网金融服务平台（系统）》

2016 年 5 月，36 家会员代表单位向中国互联网金融协会陆续报送了 2015 年年报表、2016 年一季度季报表和 2016 年 4 月报表。从 6 月开始，将按照《互联网金融统计制度》的报送时间要求，报送各频度的统计表。这标志着国家互联网金融服务平台（系统）已悄然启动。该系统功能强大，除传统统计外，还具备全国互联网金融风险监测预警、互联网金融信用信息共享等功能。

以下对国家互联网金融服务平台（系统）进行具体阐述。

1. 报送内容

《互联网金融统计制度》包括公司基本信息、财务信息、业务信息三类共六张统计表，分别按照年度、季度和月度进行数据统计。

2. 功能强大

首先，本次报送之前，中国互联网金融协会受人民银行委托开展了互联网金融统计监测工作，并启动了互联网金融信用信息共享系统建设。国家互联网金融服务平台（系统），经过前期准备、专家论证、数据采集、计算分析、验证调整以及试运行，已基本建立了一套规范的、科学的全国互联网金融统计监测体系。

其次，互联网金融统计数据采集指标主要分为两个层次：一是互联网金融业务总量数据，包括机构的基本信息、资产负债信息和损益信息、各类业务总量信息和产品风险信息等；二是部分业态逐笔明细数据，如 P2P 网贷平台投资人和融资人信息、贷款项目信息、股权众筹融资项目信息等。对于部分互联网企业的客户备付金和风险准备金等信息，也将予以统计。

再次，制定了互联网金融统计标准和统计制度，建立功能强大的互联网金融统计监测分析系统，同时建立风险识别模型，深入挖掘和分析行业大数据，及时发现风险点、风险传播途径和传播过程。统计监测的范围较为广泛，而统计监测的重点是风险较大的网络借贷。

最后，不仅统计资金出借方情况，还统计资金借款方情况；不仅监测交易总量，还监测交易明细，同时还监测平台公司的信息披露情况。网络借贷的重点统计内容是平台借贷的利率情况、期限情况、逾期和违约情况、贷款集中度情况、客户资金第三方存管情况等与风险关联度较高的指标。我们将与中国互联网金融协会共同推动和开展这项工作。

3. *充分吸取民间互联网金融大数据统计的经验教训*

在极短的时间内，中国互联网金融就以星火燎原之势进入人们的生活，确立了其在经济社会中的独特地位。同时，互联网金融客观上已成为国家信用体系的重要组成部分，还有与其交集的数不清的债权债务主体，一旦发生互联网金融危机，相关债务链也难幸免。事实上，多年来，一些别有用心的人打着互联网金融的幌子，赚着非法集资的票子，出现了“倒闭潮”、“跑路灾”，致使目前很多人对于互联网金融畏之如虎，因此，国家互联网金融服务平台（系统）充分吸取民间互联网金融大数据统计的经验教训，制定了严格的债务人和平台财务信息的报送制度，以及强调外部审计。在债务人信息和互联网金融平台的财务信息十分匮乏的情况下，政府层面上的互联网金融统计监测，相对民间的大数据统计更有优势，更有必要。

国家互联网金融统计制度及互联网金融信用信息共享标准建立后，若定期发布诸如黑名单、白名单或预警名单，让优质企业脱颖而出，让劣质企业提心吊胆，这将会更好地为公众创造价值、为行业创造价值。

（三）河北省《涉嫌非法集资监测预警信息系统》

河北省《涉嫌非法集资监测预警信息系统》，突破以往通过社会举报信息、

网络舆情信息收集研判的模式，实现了监测预警体系的更新换代，具有专业性、超前性、精准性、可视性、保密性的特点，无异于长了“千里眼”“顺风耳”。

1. 监测预警不再只依靠社会举报，而是长了“千里眼”“顺风耳”

河北省金融办以专业引领，自我加压，主动作为，通过进行宏观、全面、有预见性的分析研究，提出利用大数据等信息化技术，研发监测预警系统的创新思路，力求通过关口前移，源头布控，对非法集资早发现、早识别、早预警、早核实、早打击，争取实现非法集资“不发生、无大案”目标。早在 2012 年 3 月，河北省金融办就着手谋划金融风险防范工作，成立课题研究攻关小组，专门就涉嫌非法集资行为监测预警系统进行研究开发，以有效、智能、实用，低成本、高质量、标准化为原则，结合实际深入研究国家金融政策，积极协调、调度各方力量和资源，克服畏难等待思想阻力，打通政策落实障碍，连续攻克技术难关，先后 30 多次改进设计和完善升级，监测预警系统于 2013 年试运行，2016 年 1 月正式启用。该系统能够第一时间锁定涉嫌非法集资的账户信息、资金动向、异常行为，及时发现疑似非法集资线索。有利于降低监管成本，提升监管效率，打破信息壁垒和管理分割，形成立体化、网格化、信息化采集、管理机制；有利于从源头上打击包装隐蔽、名目繁多、手段翻新的非法集资行为，在苗头时期、涉众范围较小时解决问题，防范区域性、系统性金融风险，维护正常的金融秩序，维护社会稳定和广大投资者合法权益。

监测预警系统突破以往通过社会举报信息、网络舆情信息收集研判的模式，实现了监测预警体系的更新换代，具有专业性、超前性、精准性、可视性、保密性等特点，无异于长了“千里眼”“顺风耳”。一是专业性。系统利用专业银行提供的专业数据信息，运用多个有针对性的专业风险预测模式，对多个数据源的数据进行分步式计算，把数据集合统一转换成可供分析的结构化数据，计算出不同的“涉非”风险指数，组织专业力量研判。二是超前性。系统采取多格式数据自动接入，对银行第一时间报送的数据自动分析挖掘，第一时间报警“涉非”线索，为公安机关第一时间锁定证据、打击违法犯罪，提供有效的证据支撑，做到“打早打小、露头就打”。三是精准性。系统通过大数据技术可从海量数据中快速锁定目标，符合非法集资特征的资金交易行为无一遗漏。能够有效解决非法集资手段翻新、监管成本大的问题。四是可视性。系统通过一台电脑和显示器即可完成操作，嫌疑人、关联人可视化展示，资金流向层层拓展、直观展示，一目了然，便于核查侦办。同时根据业务场景灵活配置算法、模型，深度分析挖掘数据内部隐藏关系、规律，满足监管、监测需要。五是保密性。系统各个环节均实现专人、专事管理，建立严格的保密制度，在采用硬件安全保障，提高系统安全性前提下，所用数据均由银行通过保密 U 盘送达，由专门的内存式计算机完成数据处理，切实保护公民、法人信息安全。

2. 把握规律，规范运行

河北省金融办在以往对非法集资的调研中发现，非法集资有其规律和共性，多是由银行转账、汇款实现，都会留下“痕迹”。涉嫌非法集资银行账户主要特征为：一定时期内，一定数量的群众分散向该账户存入等额或成倍资金，短期内募集大量资金后，集中转出或定期向汇款人返还一定（固定比例）数额的收益。通过对具有非法集资特征的银行账户严密监测，采集可疑资金交易数据加以科学分析，锁定有疑点的多对一或一对多资金大额或频繁交易目标，就能够比较准确地发现和锁定涉嫌非法集资的主体和参与者。

基于此，河北省的这套监测预警系统运用大数据技术，集智能识别、自动过滤、自动报警、锁定线索、提供证据等功能于一体，对各银行间可疑资金交易进行智能化分析、比对、遴选，对非法集资活动进行监测、预警、侦查。整体运作流程概括为四个步骤：一是初步筛选。由各银行机构对本单位发现的可疑资金交易进行初次筛选，将大额交易、频繁交易情况导入系统数据库。二是线上甄别。由系统评估模型和数据分析技术，对银行提供的大数据进行二次清洗过滤、集成梳理、分析挖掘、数据显化，初步锁定疑似非法集资线索。三是集中研判。由省金融办牵头组织相关专家团队，对甄别出的“涉非”线索进行综合比对，人机交互、深度分析挖掘数据内部隐藏关系、规律，锁定涉嫌账户及相关证据。四是线下核实。由地方政府整合公安、银监、银行、工商、宣传等部门力量，对嫌疑线索依法实地核查，及时立案查处、快侦快办，予以坚决打击。省金融办组织力量定期对核查处置情况进行专项督导。

（四）厦门市《金融风险防控预警平台》

为促进互联网金融行业规范有序发展，健全金融风险防控预警机制，充分利用互联网、大数据等技术手段加强对金融风险的监测预警、风险提示，做到早发现、早介入、早处置。厦门市公安局、厦门市金融办等部门自主研发具有“天罗地网 + 特色”的金融风险防控预警平台。平台前期以近期金融风险高发的 P2P 网络借贷平台等互联网金融为主要防控对象，后期将逐步完善功能和机制，建立更加全面的金融风险防控体系。

“天罗”是指平台将目前高发、易发非法集资的互联网金融企业作为重点监测对象，采用网上舆情监测抓取关键词，并尝试融入场外配资、私募基金监管新功能，建立立体化、社会化、信息化的监测预警体系。“地网”是指预警平台将开发金融风险随手拍 APP，通过社区综合管理网格化信息员及市民群众收集信息，充分发挥网格化管理和基层群众自治的经验和优势，群防群治，贴近一线开展预警防范工作。“特色”在于探索“存证云”监管模式，将P2P网贷平台的所有交易合同和标的信息进行实时电子化存证，匹配资金存管银行的相关数据，在资产端和资金端两个层面开展实时监测，形成全过程、全覆盖、全方位的综合监测预警体系。

（五）北京市《打击非法集资监测预警平台》

如何尽可能地早些发现非法集资风险，并向监管部门做出预警，提前介入并尽可能地保障投资者的权益，尤其是将一些打着互联网金融旗号的伪P2P网贷机构、伪私募机构识别出来，做到提前监测和预警显得至关重要，而在这方面，北京市打击非法集资监测预警平台应运而生。

过去非法集资更多是通过线下开展讲座、发传单、发展会员的方式进行，但随着互联网技术发展，非法集资的宣传和组织也开始往线上迁移。正是由于非法集资在互联网上留下了越来越多的痕迹和数据，从2013年起，北京市金融局就尝试通过大数据监测的方式将打击非法集资的工作端口前移。经过两年多的研究，2015年5月“打击非法集资监测预警平台”正式上线。

打击非法集资监测预警平台的工作原理为先从财经网站、P2P网站、贴吧、工商税务网站、社交媒体、法院、12345等数据源大规模地采集原始数据，并根据行业、区域、产品对数据自动分类，标引并存储在金融风险分析大数据平台中。然后对多个数据源的数据，在内存式计算平台上进行分步式计算，经过数据清洗、数据集成、数据变换、数据规约等一系列预处理过程，把数据集合统一转换成可供分析的结构化数据。最后，通过分析算法，依照此前建立的多个风险预测模式，计算出不同的风险指数，再通过整合，可最终得出非法集资风险指数。

在对上述数据处理后，会通过五个指数，即合规性指数、特征词命中指数、传播力指数、收益率偏离指数以及投诉率指数，来反映非法集资的非法性、社会性、公开性、利诱性。通过对这些指数进行加权平均，就可以得出一个非法集资风险指数，也称“冒烟指数”。如果指数在60~80，则意味着其非法集资的风险非常高，需要公安部门介入；如果指数在40~60，则需要监管部门密切关注。

专题研究Ⅰ：行业制度和发展研究

浅析个体网络借贷的“个体”问题

吴　飞*

个体网络贷款起源于英国，进入我国市场后得到了爆发式的发展，截至2015年12月底，我国个体网络借贷平台约有3858家，仅2015年12月全行业成交金额就达1337.48亿元，该月全行业投资人数达298.02万，人均投资金额为44878.94元，借款人数为78.49万，人均借款金额为170391.01元。①这一方面证明了我国确实存在适宜这一融资方式的生存土壤，另一方面伴随着个体参与数量以及交易金额的增长，这一行业所蕴含的风险也越来越大。2014年7月18日，中央有关部委针对互联网金融专门发布了《中国人民银行、工业和信息化部、公安部、财政部、工商总局、法制办、银监会、证监会、保监会、国家互联网信息办公室关于促进互联网金融健康发展的指导意见》（以下简称《指导意见》），这不仅是第一份承认互联网金融的官方文件，也是后续制定监管细则的基本依据。该指导意见明确了互联网金融的定义，强调了互联网金融的金融属性，从监管角度将互联网金融分为互联网支付、网络借贷、股权众筹融资、互联网基金销售、互联网保险、互联网信托和互联网消费金融七个具体的业态形式，并对各个业态的具体监管机构进行了明确，对相关的管理制度进行了细化，其中针对网络借贷这一业态，指导意见将其划分为个体网络借贷与小额网络借贷两种形式。2014年12月银监会会同工业和信息化部、公安部、国家互联网信息办公室等部门研究起草了《网络借贷信息中介机构业务活动管理暂行办法（征求意见稿）》（以下简称《暂行办法》），并向社会公开征求意见，该《暂行办法》是对《指导意见》的总体要求和监管原则进行的具体细化和落实。本文拟针对个体网络借贷的个体问题进行简单的讨论。

---

* 吴飞，上海财经大学法学院博士研究生。

① 资料来源：网贷之家，http://shuju.wangdaizhijia.com/industry-list.html。

一、个体的由来

个体网络借贷即P2P网络借贷，其中P2P一词来源于计算机行业的数据传输形式——点对点网络。这一技术与我国存在已久的民间借贷相结合时，赋予了民间借贷新的活力，大大拓展了出借人和借款人的来源范围，突破了民间借贷的地理区域限制，民间借贷的借贷双方演变成为个体网络借贷在互联网语境下的抽象节点。

（一）点对点网络

点对点借贷（Peer - to - peer Lending）脱胎于对等网络，“Peer”在英语里有“对等者”和“伙伴”的意义。因此，从字面上，P2P可以理解为对等互联网。国内的媒体一般将P2P翻译成“点对点”或者“端对端”，学术界则统一称为对等网络。对等网络（Peer - to - Peer）是一种网络技术，与以往依赖中心服务器相反，该网络技术依赖网络中参与者的计算能力和带宽，而不是把依赖都聚集在较少的几台服务器上。[①] P2P（Peer - to - Peer）可以定义为：网络的参与者共享他们所拥有的一部分硬件资源（处理能力、存储能力、网络连接能力、打印机等），这些共享资源通过网络提供服务和内容，能被其他对等节点（Peer）直接访问而无须经过中间实体。如图1所示，在此网络中的参与者既是资源（服务和内容）提供者（Server），又是资源获取者（Client）。从计算模式上来说，P2P打破了传统的Client/Server（C/S）模式，在网络中的每个节点的地位都是对等的。每个节点既充当服务器，为其他节点提供服务，同时也享用其他节点提供的服务。[②] 正是基于同样的原理，对等网络的这一特性后来也被用以描述个体网络借贷乃至互联网金融的优势。互联网金融的出现，将互联网基因注入传统金融领域，以“去中心化”打破了传统领域和行业的垄断，带动了金融行业业态与价值链的创新，给金融服务使用者带来全新的消费体验。[③]

---

① 段兴利、叶进编：《网络社会学词典》，甘肃人民出版社，2010年第1版，第257页。

② 罗杰文：《Peer - to - Peer 综述》，中科院计算技术研究所，http：//www. intsci. ac. cn/users/luojw/P2P/ch01. html，访问日期2016年9月21日。

③ 赵亮、张睿：《互联网与金融产业链重塑》，《中国金融》，2015年第4期，第27页。

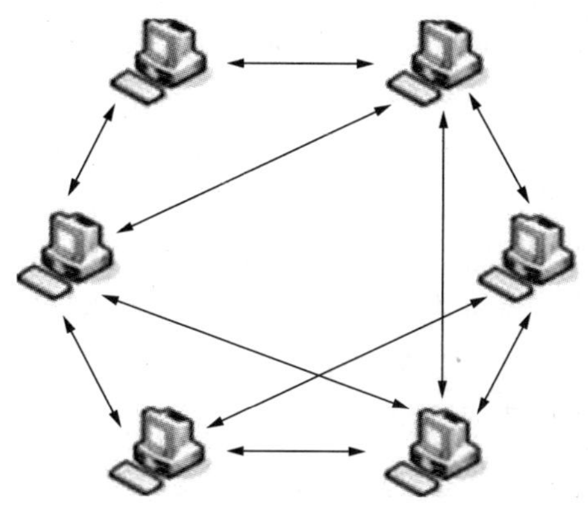

图1　对等网络的传输原理

（二）民间借贷

民间借贷在我国具有悠久的历史，个体网络借贷的最初形式与民间借贷极为相似，所不同的仅仅是个体网络借贷对互联网技术的运用。据相关学者研究，个体网络借贷实际源于传统的民间借贷。[①] 将个体网络借贷与民间借贷进行比较，我们不难看出，这两种借贷模式均不属于正规金融的范畴，同样缺少相应法律法规的规范，从借贷双方的法律关系来看，最初个体网络借贷的借贷双方之间的借贷合同关系与民间借贷中借贷双方的借贷合同关系并无二致。从借贷金额来看，与传统正规金融相比，这两种模式的交易金额均较小。从服务对象来看，民间借贷和个体网络借贷主要都是面向中小企业和个人。从借贷利率来看，个体网络借贷和民间借贷的利率都是由市场化的方式决定的，两者所确定的利率都或多或少地反映了借款的风险程度。[②] 总的来说，个体网络借贷是民间借贷在进入互联网时代后顺应社会实际发展变化做出的应对和改变。

2014 年 7 月颁布的《指导意见》对个体网络借贷和民间借贷的关系有明确表述，"在个体网络借贷平台上发生的直接借贷行为属于民间借贷范畴"，这一表述实质上表明了个体网络借贷就是民间借贷的网络化。《指导意见》虽然强调了个体网络借贷与民间借贷的同质性，但是二者之间的区别仍不能轻易忽视。

---

① Eric C. Chaffee, Geoffrey C. Rapp, "Regulating Online Peer – to – Peer Lending in the Aftermath of Dodd – Frank: In Search of an Evolving Regulatory Regime for an Evolving Industry", *The Washington and Lee Law Review*, 2012 (495).

② 谢平、邹传伟、刘海二：《互联网金融手册》，中国人民大学出版社 2014 年版，第 181 页。

民间借贷主要基于血缘联系、家庭联系或小型社会团体的联系而发生借贷行为,[①] 借款人在还款时会受到该种关系的制约，因而会对借款人的还款行为具有一定的督促作用。而个体网络借贷主要发生在陌生人之间，互联网特有的虚拟性使借贷双方很难如民间借贷一样存在现实生活中的联系，即将互联网的虚拟性放大了借贷双方之间的认识距离，大多数时候借贷双方根本互不相识。从借贷双方之间的联系对借款归还的制约性角度来说，个体网络借贷明显弱于传统的民间借贷。传统民间借贷与个体网络借贷的另一重要区别在于借贷双方是否会有面对面交流的机会。在传统民间借贷过程中，一般贷款人出于对自己资金安全的考虑，往往会与借款人进行面对面的接触，而个体网络借贷恰恰相反，借贷双方一般不会进行面对面的接触和交流，借款人对贷款人可能几乎完全不了解，在这种情况下借款人使用贷款时会比传统民间借贷存在更大的道德风险。[②] 最后一个重要的区别就是传统民间借贷与个体网络借贷的流程不同，传统民间借贷从寻找贷款人到钱款交付这一流程需要借款人与贷款人以及中介方不断地交流接触，时间跨度比个体网络贷款要长得多，交易达成的困难程度也较个体网络贷款高，而个体网络借贷的借款人在申请借款时仅仅需要动动手指点击鼠标乃至足不出户即可完成，其磋商流程和时间跨度较传统民间借贷较为简便，但是这既是优点也是劣势，因为在这种情况下，借款人受到的心理约束大大降低，极有可能盲目提交借款申请，过高估计自己还款能力或者与现实情况脱离而盲目借贷。

通过上述的分析不难看出，个体网络借贷从对等网络应用到民间借贷上时，其所蕴含的各个节点就对应于民间借贷的各个借款人和出借人，这些借款人和贷款人通过互联网的连接，成为了个体网络贷款的节点，也就是个体网络贷款的个体。

二、个体的含义问题

最早提出“个体网络借贷”这一提法的国务院规范性文件是2015年6月29日发布的《国务院关于信息化建设及推动信息化和工业化深度融合发展工作情况

---

① Eric C. Chaffee, Geoffrey C. Rapp, “Regulating Online Peer - to - Peer Lending in the Aftermath of Dodd - Frank: In Search of an Evolving Regulatory Regime for an Evolving Industry”, *The Washington and Lee Law Review*, 2012 (500).

② Eric C. Chaffee, Geoffrey C. Rapp, “Regulating Online Peer - to - Peer Lending in the Aftermath of Dodd - Frank: In Search of an Evolving Regulatory Regime for an Evolving Industry”, *The Washington and Lee Law Review*, 2012 (501).

的报告》，[1] 随后出台的《指导意见》正式对个体网络借贷进行了明确的定义，该定义内容为个体和个体之间通过互联网平台实现的直接借贷。后来颁布的《暂行办法》关于网络借贷的定义与《指导意见》相同。反观此前监管机构对从事这一业态的机构提法为人人贷信贷中介服务公司，[2] 随着监管机构对该业态认识的变化，针对这一业态的提法修改为个体网络借贷，并首次对其定义进行了监管界定。下文就定义内容中的“个体”一词的含义问题进行简单讨论。

（一）“个体”的含义

个体网络借贷最早发端于2004年英国的Zopa公司，这种业态的英文名为Peer－to－Peer Lending，直译为点对点借贷，这里的点（Peer）就是个体一词的来源。《指导意见》关于个体网络借贷的定义中，“个体”是其中模糊性比较大的用词，该词的模糊性在于是否将机构纳入个体的范围似乎并不明确。《指导意见》没有直接用“个人”而使用“个体”一词显然是为机构参与个体网络借贷预留空间，后续颁布的《暂行办法》则进一步对“个体”进行了解释，即个体包括自然人、法人及其他组织。但是“个体”一词是否真的能够满足监管机构的这一目的呢？

从语义分析上来看，现代汉语中“个体”的主要解释有“单个的人或生物”，[3]“相对于集体、群体、整体而言，指单个的人、生物或其他不可再分的实体”。[4] 从这两本辞典的解释不难看出，个体包括个人或者说自然人并无悬念，但是难以明确推断出对法人特别是企业的包含，法人或可勉强能够符合“其他不可再分的实体”这一表述。《指导意见》说采用的“个体”一词对应的英文是Individual，[5] 该词的英文解释包括个人和单一有机体，[6] 反而失去了Peer一词中所包含的对等的事物这一含义，[7] 可以说“个体”一词限缩了个体网络借贷所可能包含的范围，仅仅从中英文语义上难以得出囊括机构的结论。

从以往法律文件来看，“个体”一词主要见于涉及“个体工商户”、“个体经

---

① 报告中相关内容为“互联网金融创新活跃，以第三方支付、P2P（个体网络借贷）、众筹为代表的互联网金融业务快速发展。”

② 参见《中国银监会办公厅关于人人贷有关风险提示的通知》。

③ 黄河清：《近现代辞源》，上海辞书出版社2010年版，第289页。

④ 阮智富、郭忠新：《现代汉语大词典》（上册），上海辞书出版社2009年版，第281页。

⑤ 吴景荣、沈寿源、黄钟青：《新汉英词典》，中国对外翻译出版公司2006年版，第227页。

⑥ 该词条的英文释义为：a human being；a single organism.

⑦ Peer一词名词项下的解释有：a person of the same legal status；a person who is equal to another in abilities，qualifications，age，background，and social status；something of equal worth or quality；a nobleman；a member of any of the five degrees of the nobility in Great Britain and Ireland（duke，marquis，earl，viscount，and baron）；Archaic. a companion.

济组织”等内容的规范性文件，[①] 并且目前使用该词的法律法规中没有对其含义进行解释或规定。不过目前有少量规范性文件在总体（系统）个体区分的意义上使用该词，[②] 在这种意义上使用“个体”一词时往往是代表了与行业或体系相对的单一机构（如商业银行），这也是在法律法规中找到的“个体”一词囊括法人在内的主要证据。因而，以往法律法规中对“个体”一词的使用能够支持“个体”包含法人这一结论。

（二）企业参与个体网络借贷的法律障碍

虽然上文从对现存法律法规的分析得出了“个体”一词可以将企业包含进来，但是法律法规中是否存在影响企业参与个体网络借贷的障碍呢？企业参与个体网络借贷主要会出现三种情况：其一出借人为企业，借款人为个人；其二出借人为个人，借款人为企业；其三出借人为企业，借款人为企业。对于前两种情况，我国法律法规并没有禁止性规定，因而在这两种情况下企业参与个体网络借贷并不存在明显的法律障碍。

当出借人为企业，借款人为企业时，虽然是通过个体网络借贷平台发生的借

① 如《个体工商户条例》（第二条　有经营能力的公民，依照本条例规定经工商行政管理部门登记，从事工商业经营的，为个体工商户）、《中华人民共和国税收征收管理法（2015 修正）》（第十五条　企业，企业在外地设立的分支机构和从事生产、经营的场所，个体工商户和从事生产、经营的事业单位（以下统称从事生产、经营的纳税人）自领取营业执照之日起三十日内，持有关证件，向税务机关申报办理税务登记。税务机关应当于收到申报的当日办理登记并发给税务登记证件）、《中华人民共和国就业促进法（2015 修正）》（第二十四条　地方各级人民政府和有关部门应当加强对失业人员从事个体经营的指导，提供政策咨询、就业培训和开业指导等服务）、《中华人民共和国义务教育法（2015 修正）》（第二十九条　教师在教育教学中应当平等对待学生，关注学生的个体差异，因材施教，促进学生的充分发展）、《国务院办公厅关于推进线上线下互动加快商贸流通创新发展转型升级的意见》（（十八）培育行业组织。支持行业协会组织根据本领域行业特点和发展需求制定行业服务标准和服务规范，倡导建立良性商业规则，……商业规则，促进行业自律发展。发挥第三方检验检测认证机构作用，保障商品和服务质量，监督企业遵守服务承诺，维护消费者、企业及个体创业者的正当权益）、《最高人民法院关于人民法院为企业兼并重组提供司法保障的指导意见》（5. 要按照利益衡平原则，依法妥善处理各种利益冲突。企业兼并重组广泛涉及参与兼并重组的各方企业、出资人、债权人、企业职工等不同主体的切身利益，在此期间的利益博弈与权利冲突无法回避。人民法院要注意通过个案的法律关系，分析利益冲突实质，识别其背后的利益主体和利益诉求，依法确定利益保护的优先位序。法律法规没有明文规定的情形下，在个体利益冲突中应当优先寻找共同利益，尽可能实现各方的最大利益；在个体利益与集体利益、社会公共利益，地方利益与全局利益等不同主体利益的并存与冲突中，要在保护集体利益、社会公共利益和全局利益的同时兼顾个体利益、地方利益。坚决克服地方保护主义、行业及部门保护主义对司法审判工作的不当干扰）。

② 如《中国银监会关于印发商业银行并表管理与监管指引的通知（2014 修订）》（第七十条　商业银行应当在银行集团内建立并持续完善内部防火墙体系，及时、准确识别从事跨境跨业经营的附属机构个体和总体风险，并通过审慎隔离股权、管理、业务、人员和信息等措施，有效防范金融风险在银行集团内部跨境、跨业、跨机构传染，实现业务协同与风险隔离的协调统一）、《商业银行资本管理办法（试行）》（商业银行资本应抵御其所面临的风险，包括个体风险和系统性风险）。

贷关系，但其实质属于企业之间的相互借贷，这一行为是被我国相关法律所禁止的。[①] 借贷双方通过个体网络借贷平台订立的借贷合同应当归于无效，从而不受法律的保护。但是《指导意见》中明确了“在个体网络借贷平台上发生的直接借贷行为属于民间借贷范畴，受《合同法》、《民法通则》等法律法规以及最高人民法院相关司法解释规范”，根据2014年8月6日发布的《最高人民法院关于审理民间借贷案件适用法律若干问题的规定》（以下简称《规定》），该《规定》所适用的民间借贷“是指自然人、法人、其他组织之间及其相互之间进行资金融通的行为”，因而该《规定》适用于企业之间通过个体网络借贷平台产生的借贷关系。该规定的第十一条规定，“法人之间、其他组织之间以及它们相互之间为生产、经营需要订立的民间借贷合同，除存在合同法第五十二条、本规定第十四条规定的情形外，当事人主张民间借贷合同有效的，人民法院应予支持”，这一规定在有限条件的前提下承认了企业间订立借贷合同的有效性，这也为企业通过个体网络借贷平台进行借贷带来了可能。

（三）域外个体网络借贷平台的企业参与情况

英国是个体网络借贷的发源地，个体网络借贷服务的开展最早，行业经验也较为丰富。目前Zopa、Rate Setter和Funding Circle三家企业占据了该国个体网络借贷行业的绝大部分份额，其中Funding Circle是仅向企业借款的网贷平台。美国营利性的网贷平台主要代表是Prosper和Lending Club两家公司，它们不仅占据了美国网络借贷市场的大部分份额，而且其风险定价机制和风险分散效果均比较成熟。Society One是澳大利亚最大的网络借贷平台，由于受到监管规则的限制，企业并不能通过该平台进行融资。Lendico则是南非网络借贷平台的代表，

---

① 《贷款通则》（第六十一条　各级行政部门和企事业单位、供销合作社等合作经济组织、农村合作基金会和其他基金会，不得经营存贷款等金融业务。企业之间不得违反国家规定办理借贷或者变相借贷融资业务）、最高人民法院关于印发《关于审理联营合同纠纷案件若干问题的解答的通知》（企业法人、事业法人作为联营一方向联营体投资，但不参加共同经营，也不承担联营的风险责任，不论盈亏均按期收回本息，或者按期收取固定利润的，是明为联营，实为借贷，违反了有关金融法规，应当确认合同无效。除本金可以返还外，对出资方已经取得或者约定取得的利息应予收缴，对另一方则应处以相当于银行利息的罚款）、最高人民法院关于调整司法解释等文件中引用《中华人民共和国民事诉讼法》条文序号的决定（四十六、最高人民法院《关于对企业借贷合同借款方逾期不归还借款的应如何处理的批复》（法复〔1996〕15号）调整为：“企业借贷合同违反有关金融法规，属无效合同。对于合同期限届满后，借款方逾期不归还本金，当事人起诉到人民法院的，人民法院除应按照最高人民法院法（经）发〔1990〕27号《关于审理联营合同纠纷案件若干问题的解答》第四条第二项的有关规定判决外，对自双方当事人约定的还款期满之日起，至法院判决确定借款人返还本金期满期间内的利息，应当收缴，该利息按借贷双方原约定的利率计算，如果双方当事人对借款利息未约定，按同期银行贷款利率计算。借款人未按判决确定的期限归还本金的，应当依照《中华人民共和国民事诉讼法》第二百二十九条的规定加倍支付迟延履行期间的利息”）。

其出借人和借款人也仅仅面向个人客户开放。表 1 主要显示了这七家网络借贷平台分别在出借人和借款人两方面对企业和个人的开放情况。从表中不难看出，Lending Club 对用户的限制最少，其他六家公司对借款人或出借人的身份都有相应的限制，其中个人客户限制相较于企业客户普遍更加宽松。

表 1　英美主要个体网络贷款平台出借双方的开放情况

个体网贷机构		Zopa	Rate Setter	Funding Circle	Prosper	Lending Club	Society One	Lendico
出借人	个人	√	√	√	√	√	√	√
	企业	×	×	√	√	√	√	×
借款人	个人	√	√	×	√	√	√	√
	企业	√	√	√	×	√	×	×

三、个体的准入问题

上文明确了个人和企业拥有参与个体网络借贷的资格，随之而来的问题是是否每个个人和企业均有能力参与个体网络借贷呢？目前不管是学界还是业界对个体网络借贷所伴随的风险均是有目共睹的，虽然个人和企业都能够参与个体网络借贷，但并不是每个参与个体特别是出借人都能够清晰认识每笔借款交易中所蕴含的风险，从保证出借人的风险识别能力以及借款人偿债能力的角度出发，有必要对参与借贷交易的个体资格做出一定的准入要求，使其与自身的风险认识能力以及资产状况相适应。

（一）个体准入制度的必要性

借款人违约是个体网络借贷的核心问题之一，会给出借人和个体网贷平台带来不小的潜在损失和消极影响。首先，个体网络借贷的借款人往往是难以从商业银行等正规金融渠道获得金融服务的次优客户，他们是无法提供抵押担保条件，被排斥在金融服务门外的借款人，这类借款人的偿债能力通常较金融贷款的对象弱。[①] 其次，在借款人没有提供抵押物，也无第三方或个体网贷平台提供担保或保险的情况下，出借人只能完全依赖借款人按期还款来保证自己的本金和利息收

① 王欢、郭文：《P2P 的风险与监管》，《中国金融》2014 年第 8 期，第 52 页。

益，如果借款人发生违约，基本只能自行承担由此带来的损失。目前部分网贷平台的坏账率已经上升到 20% 以上，其中不乏一些知名度较高和规模较大的平台。[①] 最后，出借人在向借款人提供借款形成债权后，该债权的流动性较低，变现渠道单一，目前市场上的大多数网贷平台皆有内部债权流转平台，但囿于单个平台，债权交易的成交率和流转率并不高，[②] 行业内目前还没有比较成熟的供债权流转的二级市场。[③] 即使行业范围内的二级市场能够成熟运营，也很难保证单个出借人的债权能顺利流转变现，依然会暴露在借款人违约的风险之下。

不可否认的是，借款人在提交借款申请时需要向个体网贷平台提供为数不少的反映其资产状况、偿债能力等相关信息，个体网贷平台也会在网站上对这类信息进行公布展示，出借人也能很方便地浏览获取关于借款人资信状况的信息，但是这并不意味着出借人所面对的是真实有效并足以反映借款风险的信息。

这其中的原因主要在于：其一，借款人选择性提供信息。国外学者的研究表明，通常借款人提供的信息是未经验证的，平台对信息验证的结果显示信息是不准确的。[④] 借款人在向个体网贷平台提交借款申请时，为增加获得借款的可能性，很可能对事关自身资信状况的信息进行选择，加之我国目前社会征信尚未达到西方一样相对发达和完善的程度，因此信息不真实或不充分反而会加剧出借人和借款人之间的信息不对称。其二，不少个体网贷平台会根据借款人的收入、资产状况、负债水平乃至借款用途等因素，有些平台还会结合第三方征信机构的数据对借款人的借款项目进行评分，通过评分数值量化借款项目的风险。这一做法看似能够更好地帮助出借人认识借款项目的风险水平，但是评分所依据的信息种类十分有限，仅凭这些信息是否确实能够反映借款项目的真实风险水平？再者评分依据的都是借款人的历史性数据，这些信息能否反映借款人未来的资信状况，特别是能否揭示借款项目未来的潜在风险？这些问题恐怕难以得出确切的答案。个体网络借贷所依赖的互联网技术一方面确实减少了借贷双方在信息搜集等方面的信息不对称，另一方面因为互联网本身的虚拟性也增大了借贷双方的信息不对称，对出借人的信息处理识别能力带来了不小的挑战。

在个体网络贷款行业引入个体准入制度的另一项依据是个体网贷平台的影响

---

① 梅菀：《部分网贷平台坏账率已超 20%》，http：//finance. sina. com. cn/money/bank/p 2p/20150528/032422285166. shtml，2015 年 9 月 30 日。

② 《P2P 二级市场“开闸”风控成难点》，《新金融观察报》，http：//stock. sohu. com/20150209/n408847971. shtml，2015 年 6 月 7 日。

③ 2015 年 1 月投之家上线国内首个 P2P 债权交易二级市场。

④ Ron Lieber，The Gamble of Lending Peer to Peer，N. Y. TIMES，Feb. 5，2011. 转引自 Eric C. Chaffee，Geoffrey C. Rapp：Regulating Online Peer - to - Peer Lending in the Aftermath of Dodd - Frank：In Search of an E-volving Regulatory Regime for an Evolving Industry，The Washington and Lee Law Review，2012（505）.

范围。从图 2、图 3 中可以看出，不管是成交金额还是参与人数个体网络借贷平台的波及范围都不容小觑，如果不对个体准入进行一定的限制，就会出现越来越多的出借人参与到他们未能有效识别风险的借款项目中去，数量众多的借款人超出自身承受能力进行举债的情况，长此以往，通过个体网络借贷平台进行的借贷项目违约率水涨船高，出借人蒙受巨大损失的同时借款人也深陷债务泥潭不能自拔。最为关键的是每个个体网络借贷平台的参与者不仅人数众多，其地理分布范围也比较广泛，一旦由于类似原因对单个平台乃至整个行业的运营带来消极影响，其波及面是难以预估的。因此引入个体准入制度对于控制个体网贷平台的运营风险也是十分必要的。

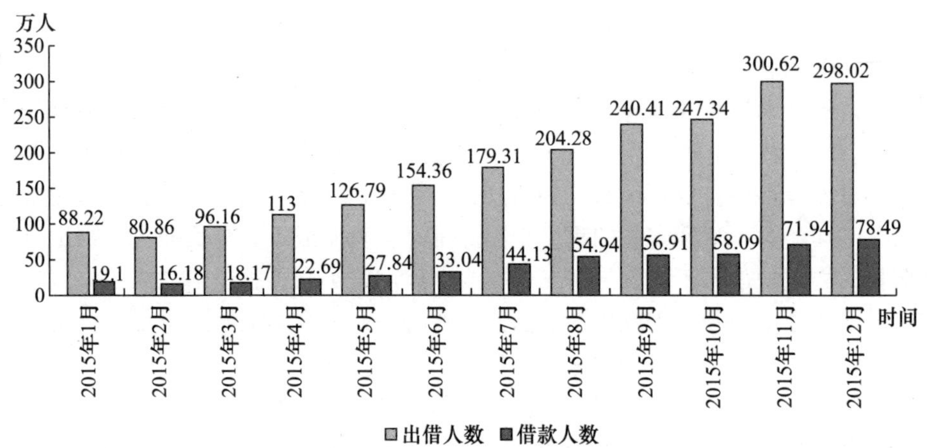

图 2　2015 年个体网络借贷平台月度参与人数

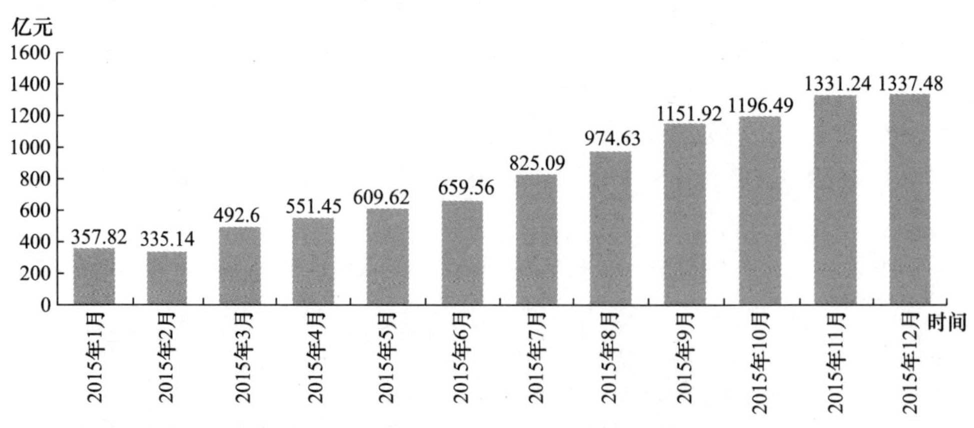

图 3　2015 年全国个体网络贷款平台月度成交量

从培育个体网络贷款行业健康发展的角度来说，个体准入制度的引入也是势在必行。个体准入的实施将排除不能以及不适合承受个体网贷风险的出借人的参与，控制资产状况不适宜继续举债的借款人通过个体网贷平台借贷，从而将风险保持在平台本身以及行业能够消化的范围之内。合格的参与主体是任何行业健康发展的前提条件之一，任何对个体不加考察盲目扩张的后果只会使风险在行业内像滚雪球一样积聚，个体网络借贷也概莫能外，这一行业的成熟发展离不开对个体准入的控制。

令人可喜的是《指导意见》和《暂行办法》中已经有关于个体准入的相关规定，① 说明监管机构已经充分认识到这一制度的确立对于行业健康发展的必要，但是仅仅合格的投资者制度还并不足以保证借贷双方的适格，借款人的准入也应是个体准入的题中之意。

（二）域外的个体准入要求

表 2　英美主要个体网络贷款机构的个体准入要求

个体网贷机构		Zopa	Ratesetter	Funding Circle	Prosper	Lending Club	Society One	Lendico
出借人	个人	年龄大于或等于 18 岁；英国居民；拥有英国银行账户	年龄大于或等于 18 岁；拥有英国银行账户	年龄大于或等于 18 岁；英国（不包括海峡群岛和英属马恩岛）永久居民；有效银行账户或建房互助社账户	年龄大于或等于 18 岁；拥有有效的社保号码；满足所在州或地区的其他适当性要求	年龄大于或等于 18 岁；拥有有效社保号码；通过身份验证；满足所在州或地区的金融适宜性条件	通过批发客户测试	大于或等于 18 周岁；在南非拥有正式住处和南非银行账户

① 《指导意见》（十五）信息披露、风险提示和合格投资者制度。从业机构应当对客户进行充分的信息披露，及时向投资者公布其经营活动和财务状况的相关信息，以便投资者充分了解从业机构运作状况，促使从业机构稳健经营和控制风险。从业机构应当向各参与方详细说明交易模式、参与方的权利和义务，并进行充分的风险提示。要研究建立互联网金融的合格投资者制度，提升投资者保护水平。有关部门按照职责分工负责监管。《暂行办法》第十四条参与网络借贷的出借人，应当拥有非保本类金融产品投资的经历并熟悉互联网。

续表

个体网贷机构		Zopa	Ratesetter	Funding Circle	Prosper	Lending Club	Society One	Lendico
出借人	企业	×	×	机构类型限于有限责任合伙企业、有限公司和公共团体；有限公司必须在英国公司登记处登记；公共团体必须在有关当局注册或经其批准成立；拥有有效银行账户或建房互助社账户	总部位于美国境内；拥有有效的纳税人标识号	未详细列明	通过批发客户测试	×
借款人	个人	身份证明；年龄大于或等于20岁；可查询的信用历史；良好的偿债记录；申请时为英国公民；在英国拥有至少3年的居住历史；年收入大于或等于12000英镑；有偿还贷款的能力	年龄大于或等于21岁；拥有英国银行账户或建房互助社账户；成为英国居民的时间大于或等于3年；稳定的收入来源；良好的信用历史	×	拥有美国居民身份；所在州或地区允许开展个体网络借贷服务；拥有银行账户；拥有有效社保号码；信用评分大于或等于640分	美国公民或拥有美国永久居留权或持有美国有效的长期签证；年龄大于或等于18岁；拥有可验证的银行账户；非爱荷华州及爱达荷州居民	澳大利亚公民或永久居民；大于或等于21岁；收入大于或等于25000澳元；对贷款拥有承受能力；在征信机构拥有至少两年以上的良好信用历史；在其他金融供给方面没有困难；现有状态下没有破产及没有破产的历史，将来也没有破产的可能；仅限本人使用，不得改由他人或企业使用	大于或等于18岁；南非居民；拥有南非银行账户和定期收入

续表

个体网贷机构		Zopa	Ratesetter	Funding Circle	Prosper	Lending Club	Society One	Lendico
借款人	企业	独资企业；申请人年龄大于或等于20岁；至少2年的营业历史	营业时间大于或等于3年；拥有大于或等于2年的经审计后的账目或正式管理账目；运营地限于英国境内；机构类型限于独资企业、合伙企业、有限公司以及有限责任合伙企业	营业年限大于或等于2年；最低营业额大于或等于5万英镑；过半数所有权在英国境内并须有当地董事提供有关公司业绩、信用历史和现存贷款和负债的信息	×	经营年限大于或等于24个月；年销售额大于或等于75000美元；申请者拥有所在机构大于或等于20%的股份且拥有正常或良好的个人信用记录	×	×

从表2我们不难看出，域外主要个体网贷平台都对借贷双方提出了程度不一的准入性要求，大体具有如下特点；对个人客户均有年龄的限制，这主要考虑到参与人必须要具有完全民事行为能力；对个人客户均有银行账户等类似要求，客户的资金往来均需通过银行等金融机构进行；大部分平台都要求个人拥有所在国居民身份，机构则以所在国为总部或营业地；借款人的准入要求严于出借人的准入要求，企业的准入要求严于个人的准入要求。

域外特别是英美两国的个体网贷实践均起步较早，监管机构对个体网贷的关注和干预也早于我国，上述的准入要求应该是这些平台在运营实践中不断修改完善的成果，在一定程度上也体现了监管机构的态度，这对我国将来完善个体准入的监管细则具有一定的参考意义。

四、未来针对个体资格与准入的监管应对

在《指导意见》和《暂行办法》相继发布之后，监管机构仍将会根据现实

情况继续完善监管细则。笔者认为未来应当从个体资格和账户管理两方面分阶段对参与个体进行规范，不仅确保出借人能力适格，也要对借款人进行限制，通过主体筛选过滤提高个体网贷的健康程度，从而推动行业的稳健发展。

（一）引入参与个体的资格限制

参与个体的资格限制是参与个体网络借贷的最低要求，也是能够在个体网络借贷平台开设账户的最低条件，通过这一制度安排，从源头上将不合格的参与个体排除在个体网络借贷之外，避免因个体自身原因带来潜在风险。

从前述域外国家的经验来看，个体资格的限制主要围绕在身份认证、地理位置以及信用历史三个方面，笔者认为未来的监管细则的完善也可以对此进行参照。从借款人资格来说，对于个人用户的年龄限制应该规定在 18 周岁以上，保证参与个人具有民事行为能力；必须提供有效的银行账号，确保资金在正规渠道进行流转；必须具有我国国籍并具有可供查询验证的信用记录，这些要求能便利借款人违约时的追偿以及把握借款人当前的信用信息。企业用户则需要满足营业时间不少于两年的要求，还需要同时能够提供纳税信息、交易记录以及公用事业单位缴费信息，不少于一位股东具有我国国籍并在境内拥有住所。这些规定的考量主要在于通过该类信息掌握借款机构的基本运营状况以及发生违约时的追偿可能性。

监管细则中对出借人的资格限制则应保持相对宽松，对个人出借人只需要满足不小于 18 岁并提供有效的银行账户即可，开户阶段对个人出借人其他情况不予考量，以最大限度地吸收尽可能多的资金来源。企业出借人则需要提供注册登记情况以及纳税识别码，只要能够对企业身份进行初步验证即可开立企业账户，同样也是出于吸引企业出借人参与个体网络借贷的考量。此处还可能发生的情况是为数不少的初创企业在企业成立之前就面临较大的资金压力，而此时又无法通过开立企业账户的方式在个体网络借贷平台进行融资，此时该初创企业的发起人只能通过开立个人账户的方式进行融资。

参与个体的资格限制是个体筛选的第一步，能够保证参与主体具有基本的交易能力，进而有利于规范个体网贷平台的运营，乃至从源头上推进整个行业的健康发展。

（二）建立分级分类账户管理规则

用户账户开立后的另一项监管应对是完善关于账户管理的监管细则，通过账户管理规则进行交易行为的限制，减少因机构间相互拆解而使借贷合同无效的情况，并能够根据参与个体的不同情况对其自身风险状况进行等级量化，减少因互联网的虚拟性带来的借贷双方信息不对称的新情况。

1. 区分个人账户与企业账户

考虑到在目前法律框架内，企业之间的借贷并未得到完全承认和保护，因此未来监管机构在完善相关细则时不仅要考虑到这一现实，同时也不能直接封死小微企业通过个体网贷平台进行融资的渠道。笔者建议未来监管细则中应明确规定个体网贷平台对参与个体在该平台的内部账户实行分类分级的做法。

监管细则需要明确个体网贷平台必须将新注册账户按企业账户和个人账户进行分类，已经开立的账户按类型进行重新归类。这两类账户的交易规则也有所不同，满足准入条件后个人账户可以进行出借资金以及借贷资金的交易操作，企业账户则根据交易对手情况受到不同的限制。当企业账户在出借资金时，只能投资由个人账户发起的借贷项目。企业账户在网贷平台申请借贷时，该笔借款项目也仅向个人账户开放，不能从其他企业账户吸收资金。申请借款的机构在向平台提交相关资料，能够证明借款确实为生产经营所需时，个体网贷平台经过形式核实后在借款人的申请页面对相关信息进行披露。在此情况下，企业客户的该笔借款项目方能获得从其他企业账户中吸收资金的权限。通过这样的交易规则的设计，既可在一定程度上避免因企业间相互借贷而使借贷合同归于无效的情况，也能够通过互联网极大拓展企业用户特别是小微企业的融资来源，满足该类企业的融资需求进而助力该类企业的健康成长。

在个人账户和企业账户分类管理成熟的基础上，个体网贷平台还可以根据不同账户之间的联系进一步探索新型账户管理方式。例如根据家庭亲属关系，结合客户申请可以将同一家庭成员设置为联合账户，联合账户中的某一用户投资时可以根据其他用户的授权集合其他用户的资金一并投资，共同享受收益承担风险；根据社交关系的集合点设置集聚型账户，用户在提交额外资料并经过认证后，对属于同一生活群体（如同一大学的学生、同一企业的员工）的用户间发生的借贷可以简化审批流程，并适当放松借贷的金额限制；根据企业股东、实际控制人等信息将具有关联关系的机构归类为关联账户，具有关联关系的企业重复发起借贷项目以及关联企业之间的互相借贷将受到一定限制，并需要在发起借贷项目时对该关联账户信息进行强制披露和风险警示。

总体说来，监管机构在今后完善监管细则时需要鼓励个体网络借贷平台从个体资格出发，积极创新账户管理方式，探索不同账户之间的联系，通过对账户实施分类管理要求，增强个体网络借贷项目的安全，保护个体参与者的合法利益。

2. 引入账户分级要求

账户分类考虑的是不同参与个体的性质与联系，而同类参与个体特别是个人参与者则需要进一步对其能力进行衡量，通过分级使参与者的交易自由与其自身能力相适应。《暂行办法》对此已经有了初步的规定。①

笔者认为，从出借人的角度来说，企业账户不进行出借能力评级，因为企业用户对交易对手风险的识别能力一般情况下高于个人用户，因而不需要通过对其进行特别限制这一方式进行额外保护。个人用户则需要在线提交能够反映其出借能力、风险识别能力以及风险偏好的资料，② 个体网贷平台通过对这类资料的综合分析，对该用户的出借能力进行等级或数值的量化，这一量化结果将影响其投资的借款项目范围，即量化等级越高的用户所能够投资的借款项目范围越广，反之量化等级较低的用户其投资权限越低，所能够选择的只能是与其出借能力相匹配的借款人发起的借款项目。

出借人的分级只针对个人用户，而借款人的分级则包括个人用户和企业用户。个人借款用户分级量化的依据主要包括反映个人偿债能力的信息、借贷资金的使用历史以及个人的信用历史，个体网贷平台对这类信息从借款人、第三方机构以及自行挖掘等渠道获得并进行综合分析，企业用户的分级依据则包括机构的运营历史、主要股东、现有负债以及纳税信息等因素，个体网贷平台对这些信息进行分析从而量化借款人的风险水平，并以此为主要依据对借款人进行分级。个人用户和企业用户在经过平台分级之后所发起的借款项目获得不同的开放程度，风险水平越低的借款人能够获得大多数乃至全部不同出借能力的用户投资，反之则能够投资的不同出借能力的用户越少。

监管机构通过制定对同类账户的分级规定，能够在一定程度上反映借款人和出借人的自身能力，以量化匹配的方式将出借人的出借能力与借款人的还款能力进行相应的匹配，确保合适的出借人投向合适的借款人，减少借贷双方由于信息不对称产生的不当投资及不当借款。

《指导意见》和《暂行办法》的出台标志着监管细则实现初步的落实和细化，未来如何根据实践情况完善监管细则是监管机构面临的更加严峻的挑战。本文仅仅从个体网络借贷平台参与的个体角度出发，所提出的资格和准入的限制对防范和化解整个行业蕴含的风险所能发挥的作用也极其有限，在个体网贷行业新问题新情况层出不穷的情况下，下一步对这些设想的落实和修正还需要进一步结合实践经验，从而能够建立比较完善全面的个体规范制度，真正从源头上减少个

---

① 《暂行办法》第二十六条　网络借贷信息中介机构应当向出借人以醒目方式提示网络借贷风险和禁止性行为，并经出借人确认。网络借贷信息中介机构应当对出借人的年龄、健康状况、财务状况、投资经验、风险偏好、风险承受能力等进行尽职评估，不得向未进行风险评估的出借人提供交易服务。网络借贷信息中介机构应当根据风险评估结果对出借人实行分级管理，设置可动态调整的出借限额和出借标的限制。

② 包括但不限于收入水平、收入来源、资产状况、负债情况、投资经历以及通过大数据挖掘所得的其他维度的数据。

体网贷行业的风险来源。

参考文献：

［1］赵毅：《P2P 网贷平台的监管边界探究——以金融消费者保护为宗旨》，《山东社会科学》2014 年第 2 期。

［2］易燕、徐会志：《网络借贷法律监管比较研究》，《河北法学》2015 年第 3 期。

［3］宋琳、郝光亮：《委托代理视角下 P2P 网贷平台风险防控研究》，《山东社会科学》2015 年第 3 期。

［4］刘然：《我国 P2P 网络借贷平台的法律性质》，《法学杂志》2015 年第 4 期。

［5］伍坚：《我国 P2P 网贷平台监管的制度构建》，《法学》2015 年第 4 期。

［6］彭赛、孙洁：《P2P 网贷国际监管经验》，《中国金融》2015 年第 9 期。

［7］张影：《P2P 网贷债权转让模式的法律风险与防范》，《哈尔滨商业大学学报》（社会科学版）2015 年第 2 期。

［8］李渊琦、陈芳：《我国 P2P 网贷的风险分析及监管对策》，《上海金融》2015 年第 7 期。

［9］刘晶明：《网络借贷平台视角下我国网络金融的法律风险与规制》，《法学杂志》2015 年第 9 期。

［10］叶明、张亚鹏：《我国互联网金融消费者权益保护探析》，《金融理论与实践》2015 年第 9 期。

［11］杨波、王永：《网络借贷易发洗钱风险》，《中国金融》2013 年第 1 期。

［12］叶冰：《互联网金融时代，商业银行怎么做》，《银行家》2013 年第 3 期。

［13］李博、董亮：《互联网金融的模式与发展》，《中国金融》2013 年第 10 期。

［14］冯军政、陈英英：《P2P 信贷平台：新型金融模式对商业银行的启示》，《新金融》2013 年第 5 期。

［15］宫晓林：《互联网金融模式及对传统银行业的影响》，《南方金融》2013 年第 5 期。

［16］付萱：《P2P 网络贷款：民间金融新生力量之路》，《财会通讯》2013 年第 17 期。

［17］梁璋、沈凡：《国有商业银行如何应对互联网金融模式带来的挑战》，

《新金融》2013 年第 7 期。

[18] 黄海龙：《基于以电商平台为核心的互联网金融研究》，《上海金融》2013 年第 8 期。

[19] 费晨曦、窦郁宏：《互联网金融的典范：ING Direct》，《银行家》2013 年第 8 期。

[20] 冯果、蒋莎莎：《论我国 P2P 网络贷款平台的异化及其监管》，《法商研究》2013 年第 5 期。

[21] 张玉梅：《P2P 小额网络贷款模式研究》，《生产力研究》2010 年第 12 期。

[22] 周宇：《互联网金融：一场划时代的金融变革》，《探索与争鸣》2013 年第 9 期。

[23] 章连标、杨小渊：《互联网金融对我国商业银行的影响及应对策略研究》，《浙江金融》2013 年第 10 期。

[24] 谢清河：《我国互联网金融发展问题研究》，《经济研究参考》2013 年第 49 期。

[25] 舒皓：《新时期中小企业网络贷款的发展方向研究》，《中国商贸》2011 年第 32 期。

[26] 王筠权、王国成、金强：《互联网金融对商业银行传统业务的影响研究》，《西南金融》2013 年第 12 期。

[27] 陈林：《互联网金融发展与监管研究》，《南方金融》2013 年第 11 期。

[28] 张芬、吴江：《国外互联网金融的监管经验及对我国的启示》，《金融与经济》2013 年第 11 期。

[29] 闫真宇：《关于当前互联网金融风险的若干思考》，《浙江金融》2013 年第 12 期。

[30] 陈强：《中小企业网络贷款及其风险分析》，《中国商贸》2011 年第 15 期。

[31] 袁博、李永刚、张逸龙：《互联网金融发展对中国商业银行的影响及对策分析》，《金融理论与实践》2013 年第 12 期。

[32] 谢平、邹传伟：《互联网金融模式研究》，《金融研究》2012 年第 12 期。

[33] 陈霄、丁晓裕、王贝芬：《民间借贷逾期行为研究——基于 P2P 网络借贷的实证分析》，《金融论坛》2013 年第 11 期。

[34] 禹海慧：《我国 P2P 网络贷款平台的弊端及管理》，《中国流通经济》2014 年第 2 期。

［35］吴俊英：《中小微企业网络融资模式实验——以“阿里小贷”为例》，《经济问题》2014 年第 1 期。

［36］王欢、郭文：《P2P 的风险与监管》，《中国金融》2014 年第 8 期。

［37］蒋莎莎：《网络贷款“宜信模式”的风险特点及监管回应》，《武汉金融》2014 年第 5 期。

［38］曾刚：《积极关注互联网金融的特点及发展——基于货币金融理论视角》，《银行家》2012 年第 11 期。

［39］张雪楳：《P2P 网络借贷相关法律问题研究》，《法律适用》2014 年第 8 期。

［40］尹力：《论我国 P2P 网络贷款平台的弊端及管理》，《商业时代》2014 年第 14 期。

［41］张胜蓝：《在线贷款业务模式及其风险监测》，《银行家》2014 年第 7 期。

［42］陈丰其：《商业银行发展网络贷款的法律风险与对策》，《浙江金融》2014 年第 7 期。

［43］仇晓光：《论新型网络小额信贷的风险及法律监管》，《中国社会科学院研究生院学报》2013 年第 4 期。

［44］傅彦铭、臧敦刚、戚名钰：《P2P 网络贷款信用的风险评估》，《统计与决策》2014 年第 21 期。

［45］王嵩青、田芸、沈霞：《征信视角下 P2P 网贷模式的信用风险探析》，《征信》2014 年第 12 期。

［46］陈文、王飞：《网络借贷与中小企业融资》，经济管理出版社 2014 年版。

［47］罗明雄、唐颖、刘勇：《互联网金融》，中国财政经济出版社 2013 年版。

［48］谢平、邹传伟、刘海二：《互联网金融手册》，中国人民大学出版社 2014 年版。

［49］Robert H. Rosenblum, Susan I. Gault – Brown and Amy B. Caiazza, “Peer – to – Peer Lending Platforms: Securities Law Considerations”, *Journal of Investment Compliance*, 2015, 16(3).

［50］Emily Reid and James Black, “The Future for Peer – to – Peer (P2P) Lending: The Proposed Regulatory Framework for Lending Platforms”, *Journal of International Banking & Financial Law*, 2014, 29(1).

［51］Onyeka K. Osuji and Ugochi C. Amajuoyi, “Online Peer – to – Peer Lending: Challenging Consumer Protection Rationales, Orthodoxies and Models?" *Journal of Business Law*, 2015 (6).

[52] Eric C. Chaffee, Geoffrey C., "Rapp. Regulating Online Peer – to – Peer Lending in the Aftermath of Dodd – Frank: In Search of an Evolving Regulatory Regime for an Evolving Industry", *The Washington and Lee Law Review*, 2012 (501).

[53] Carl E. Smith, "If It's Not Broken, Don't Fix It: The SEC's Regulation of Peer – To – Peer Lending", *Business Law Brief* (Am. U.) 21.

[54] Paul Slattery, "Square Pegs In A Round Hole: SEC Regulation of Online Peer – To – Peer Lending and CFPB Alternative", *Yale Journal on Regulation*, 2013 (30).

[55] Andrew Verstein, "The Misregulation of Person – To – Person Lending", *UC Davis Law Review*, 2011, 45 (2).

[56] Martin Campbell, "History in the making: the rise of peer – to – peer lending", *E – Finance & Payments Law & Policy*, 2010, 4 (11).

基于 P2P 网贷的金融消费者权益保护

张　旗　李　博*

一、P2P 网贷需要加强金融消费者权益保护

（一）当前 P2P 网贷的发展现状

从 2011 年银监会办公厅下发的《人人贷有关风险提示的通知》，到 2013 年的互联网元年，P2P 网贷到今天已经历经五年。从市场规模来看，截至 2016 年 8 月末，历年全国 P2P 网贷成交额累计 30126.96 亿元（各年成交额如图 1 所示），贷款余额达 9458.86 亿元，参与 P2P 网贷的投资群体日均为 51.81 万人。

与去年同期相比（去年为 6151.80 亿元）增加 7663.01 亿元增长 124.57%；日均成交额 56.62 亿元，较去年同期 25.32 亿元增加 31.3 亿元，增长 123.64%。就运行平台数量而言，截至 2016 年 8 月底纳入第一网贷统计的 P2P 网贷平台有 6081 家，涉及 31 个省、市区，平台数量前三名是广东省（836 家）、山东省（539 家）、北京市（504 家），这三个省市的 1879 家 P2P 网贷平台，超过了全国总数的 31%。可见，经历了前期一段时间的野蛮生长，互联网金融专项整治并没有带来整个行业的覆灭而是在规范中给予了行业健康发展的契机。

* 张旗，中国证券基金业协会，华中科技大学博士研究生；李博，中国人民银行金融研究所副研究员。

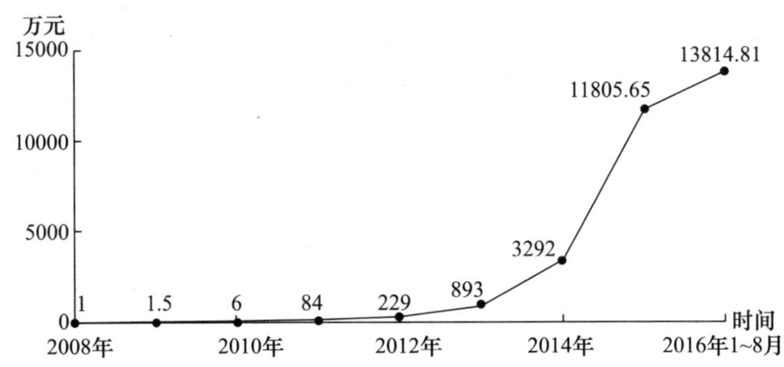

图1　历年 P2P 网贷成交量

数据来源：第一网贷。

（二）消费者权益保护的迫切性和必要性

随着信息技术的蓬勃发展，互联网金融借助移动技术更加融入到公众的生活层面。在 P2P 网贷便捷的投资交易过程中，投资者也面临更多、更复杂的风险。因此，金融消费者权益保护开始进入各国监管当局的视野。与传统金融服务相比，互联网金融模式所具有的技术性、虚拟性、规模性、集中性等特殊性，使得金融消费者权益保护显得更为迫切和必要。究其原因，主要有以下几点：

1. 凸显技术操作风险

利用技术操作上的便利性，不断在支付手段、信息系统等方面进行创新，但是随之而来的网络技术风险导致的资金安全风险也显而易见。作为信息中介的平台企业链接借贷双方，同时资金的流转也经由平台完成，平台系统的安全成为了网贷领域的核心。信息技术的开放性增加了平台受木马、病毒、黑客攻击的风险，金融消费者在网络支付过程中，会面临账号密码被破解、资金被盗取等技术操作风险。

2. 仍未消除信用风险

在 P2P 网贷投资过程中，金融消费者对交易信息的不对称使得知情权难以保障。与传统金融交易行为相比，网贷平台缺乏权威的、全面的身份验证和信息披露，金融消费者很难或无法判断互联网金融经营者身份和运营情况信息的真实性和完整性。此外，一些网贷平台的产品宣传具有一定的误导性，突出强调收益，弱化风险提示或用引人误解的产品名称掩盖实际内容，对亏损风险提示不足，对产品相关信息的披露不足。此外，由于我国信用体系尚不完善，违约成本较低，容易诱发恶意骗贷、卷款“跑路”等风险问题。

3. 存在违背公平交易的风险

一旦投资者和借款人达成交易，往往通过电子合同的形式签订，而格式化的电子合同具有难以协商变动、补充的特点，而且互联网金融模式下电子合同条款多且信息量大，普通的金融消费者往往没有能力也不可能去留意条款的细节即点击同意，许多涉及消费者重要权利义务的条款也没有予以必要的提示。

4. 维权救济取证困难

P2P 网贷业务不是像传统金融业务那样在柜台进行，其虚拟性使得对交易双方的身份认证和违约责任追究都存在很大的困难。证据是司法部门和监管部门认定事实、正确适用法律的依据，因而证据的保全极其重要，但互联网金融交易数据以电子证据的形式被记录和保存，电子证据的收集、保全、审查、出示等对传统取证制度提出了挑战，电子证据还很容易被伪造、篡改。

5. 立法规范存在诸多空白和不足

在我国《商业银行法》、《证券法》、《保险法》等金融法律法规都是针对传统金融活动的，规范约束这一新兴行业的规章制度还存在执行层面的滞后。虽然监管方先后出台了《关于促进互联网金融健康发展的指导意见》和《网络借贷信息服务中介机构业务活动管理暂行办法》，但从执行层面上在市场准入、交易主体身份认证、维护顾客信息、确认电子交易合同的真实性、市场监管等方面还缺乏及时、有效的监管和约束。截至 8 月末，平台预警数量达 3507 家创历史新高，已经超过了全国的半数以上达 57.67%。8 月新发生停止经营、提现困难、失联“跑路”等情况的问题平台有 70 家，累计问题平台为 2225 家，创历史新高，占全国 P2P 网贷平台的 36.59%。

二、网贷模式下金融消费者权益保护行为分析

（一）P2P 网贷的业务特征

P2P 网贷属于互联网金融最为典型的一类业务，其本质仍是金融，具有金融的核心功能、契约内涵、风险控制等。但是互联网金融借助互联网等现代技术工具有效实现了支付方式改变、资源重新配置、金融服务普及和延伸等方面创新。

1. 支付方式在线化

以移动支付为基础，突破了传统金融时间和空间上的物理限制，使得供求双方能随时随地、方便快捷的在线支付来完成各种交易。谢平、邹传伟指出，互联网金融模式下，支付系统具有以下根本性特点：一是所有个人和机构（法律主体）都在中央银行的支付中心（超级网银）开账户（存款和证券登记）；二是证

券、现金等金融资产的支付和转移通过移动互联网络进行（具体工具是手机和掌上电脑）；三是支付清算完全电子化，社会基本不再需要现钞流通，就算有极个别小额现金支付，也不影响此系统的运转；四是二级商业银行账户体系将不再存在。

2. 金融交易脱媒化

网贷以点对点的直接交易方式为基础进行资源配置，大大淡化传统金融机构的分工和专业化，也大幅降低了交易成本。客户资源方面，通过云计算和数据挖掘获得了客户的供求信息，削弱了银行对客户信息的垄断，形成信息脱媒。投融资方面，资金绕过银行体系，在平台上直接选择匹配的借款人，实现资金供求双方直接匹配，形成资金脱媒。

3. 金融获取普惠化

传统金融模式下，经济资源比较集中，信息处于封闭状态，总的交易边界是确定的。互联网金融可以通过互联网低成本地去覆盖资金数量、置信水平和时间成本迥异的客户群体，有效整合、利用零散的资金、信息、时间等碎片，实现市场的供求主体多元化，交易方式多样化，金融覆盖面扩大化。

（二）互联网金融的消费者权益保护行为分析

严格地说，互联网虚拟性、开放性、普及性与金融交易安全性、私密性、专业性之间存在着必然的冲突，使得互联网金融成为侵害金融消费者权益的“重灾区”，尤其是 P2P 网络借贷领域，违规事件造成消费者权益受到侵害屡有发生。

1. 交易信息不完全对称

一是交易双方身份真实性问题。交易双方不像传统金融活动那样在柜台有形的市场进行面对面交易，面临交易双方身份确认、信用评价、运营情况等方面的信息不确定性。可能存在借款人或中介平台提供虚假信息、失真数据导致金融消费者出现资金损失的风险。二是金融信息获得问题。目前网络借贷行业尚未全面接入中国人民银行的征信系统，平台之间的信贷信息呈现彼此封闭、割裂的状态，借款者的信息不能全面真实地披露加大了金融消费者交易风险。三是 P2P 网贷企业普遍存在夸大收益的倾向，缺乏对消费者风险的提示，容易产生事后的法律纠纷。

2. 个人信息泄露风险

大量的在线交易信息如银行卡账号、姓名、联系方式，甚至支付指令等隐私被信息服务系统收集、存储、传输。如果不加密存储敏感信息、系统数据不及时清理、服务器安全不达标等网络技术出现问题，金融消费者隐私权不可避免受到侵害。2014 年年初，中国人寿被曝光通过网络中介机构购买保险的 80 万份投保人个人信息，在网上可任意查找。

3. 资金安全存在隐患

P2P 网贷中介平台是信息中介，同时也是平台资金流转中的一环。平台企业要做到投资人和借款人资金和平台资金的隔离，资金流转的发起方必须是交易主体而非平台本身。由于网贷领域资金的流转更多依赖第三方支付，第三方支付公司本身技术实现的能力不足和支付竞争高压下的违规妥协，容易产生网贷消费者资金的被挪用和盗取。“跑路”事情的屡屡发生充分暴露了网贷平台公司在资金安全方面存在隐患，如果没有资金池、合规地做到用户资金的银行存管，这类事件将无从发生。

4. 电子合同不完全平等

在交易中许多交易规则的使用直接或间接侵害消费者公平交易权：一是合同拟定单方面性。网贷基本以电子合同、规则等的形式达成金融交易协议。与传统金融交易的书面协议相比消费者更加无法变动、补充格式化的电子合同、规则的条款内容，即使协议中包含有许多免除经营者责任、加重消费者责任的条款。二是合同形式多样性。很多电子合同以“服务条款”、“告知”等形式发出邀约，消费者容易忽视其中的风险。三是电子合同中有诸多霸王条款。互联网经营者通过格式条款做出排除或限制消费者权利，减轻或者免除经营者责任、加重消费者责任的情况。比如有些协议上载明“您同意，基于运行和交易安全需要，本公司可以暂时限制本服务部分功能，或提供新的功能……。本公司有权了解您使用本公司产品或服务的真实交易背景及目的……如果本公司有合理理由怀疑您提供虚假交易信息的，本公司有权暂时或永久限制您所使用的产品或服务的部分或全部功能……。”

三、网贷模式下金融消费者权益保护的难点及国际经验

（一）金融消费者权益保护存在的难点

1. 法律制度缺失造成消保规范依据难觅

我国新修订的《消费者权益保护法》对金融消费者权益保护进行了原则性的规定，但对于具有更复杂法律关系的互联网金融模式下各方法律关系、金融消费者的权利义务及交易各方责任认定等均没有具体涉及。金融领域其他主要的法

律如《中国人民银行法》、《商业银行法》、《证券法》、《保险法》等，对金融消费者保护的适用性也不强，过于原则性的规定在处理具体问题时不具可操作性。

2. 多头监管协调不顺形成管理各自为政难题

目前，我国"一行三会"均设立相应的金融消费者权益保护机构，明确了各自职责并出台制度办法推进金融消费者权益保护工作的开展，但是机构监管为主的金融监管模式，与互联网金融跨行业、跨区域的特征存在矛盾。互联网金融一定程度上模糊了金融机构和非金融机构的界限，部分产品也模糊了银、证、保等行业界限，金融跨界、混业经营特征比较明显。目前机构监管的模式，容易导致监管重叠、监管不足或监管套利等现象。

从行业自律管理层面来看，2016 年 3 月 25 日成立的中国互联网金融协会先后印发了《中国互联网金融协会章程》、《中国互联网金融协会会员自律公约》、《互联网金融行业健康发展倡议书》、《中国互联网金融协会会员管理办法》和《中国互联网金融协会自律惩戒管理办法》，强调了制定互联网金融消费者权益保护相关规则制度的制定，但具体的实现和执行还未出台。

3. 经营者他律自律不足导致行为失范侵权频发

互联网金融经营者在制度规范缺失自律不足的情况下，往往容易利用其优势地位，损害金融消费者的合法权益以实现利益最大化。我国对互联网金融信息披露没有强制性的规定，导致众多互联网金融产品、销售及平台存在尽量少披露信息或披露的信息存在误导性。例如许多 P2P 网贷平台有意规避风险提示、夸大收益水平，标明的收益率普遍高于银行存款利率，但是对风险、投资用途等披露不足或利用普通消费者金融知识有限和习惯"刚性兑付"，混淆金融产品概念，消费者很容易在没有足够分析的情况下误信宣传内容草率做出购买决定。同时有关职能部门对这类虚假宣传缺乏有效查处，甚少有互联网金融经营者因虚假或不当宣传有被查处的案例。

此外对电子合同、业务规则缺乏备案审查机制，目前互联网金融经营者不需要将电子合同、业务规则报监管部门或行业协会备案、审查，可以随意制定、变动电子合同、业务规则的内容，有损消费者的公平交易权。互联网上电子合同属于典型的格式合同，由经营者单方拟定，明确消费者必须与其签订含有格式条款的合同，否则将无法注册成功，该种注册模式以用户同意为前提，将用户置于不利的地步。此外，一些经营者交易平台安全等级过低，时常被网络黑客侵袭，易造成消费者注册信息、通信秘密等个人信息泄露，侵犯其合法权益。

4. 消费者金融知识缺乏诱发自我保护不充分困境

目前我国的金融消费者教育属于多部门分别开展的模式，"一行三会"和各大金融行业协会都在开展金融消费者教育，但总体上尚未形成系统有效的互联网金融知识教育机制，存在协调性差、所授金融知识重点不突出等问题。如人民银行每年组织开展“金融知识普及月”活动，银行业协会主导开展“金融知识万里行”活动等，从内容看，更多的是基于传统金融产品及投诉的内容，缺乏互联网金融的内容；从机制看，各个部门间缺乏宣传教育的协作机制，存在重复、散乱的现象；从效果看，金融消费者仍然普遍缺乏判断互联网金融产品的知识和能力。

由于消费者缺乏相应的专业知识和金融常识，导致对“买者责任”认识不够，“自我保护”的意识和能力薄弱，无法真正识别产品特性，无法透彻理解协议条款，往往出现对收益的单一关注而忽略了风险，容易引起后期纠纷的产生。另外，消费者往往片面强调金融机构的“卖者义务”，对自身的“买者责任”重视不够，尤其在涉及合同、协议的签订方面，对其能够产生的法律效力没能予以充分重视和关注。

5. 纠纷调处机制运转不畅凸显消费维权艰难

目前，我国金融消费纠纷解决途径主要有投诉、调解、仲裁以及诉讼。其中投诉属于多头管理模式，“一行三会”都有权受理、处置各自主管事项范围内的消费者投诉。实践中消费者往往难以识别自身纠纷应向哪个主管部门投诉，而且由于规则的不确定性、效力的非强制性，监管部门处理纠纷的效果有限。仲裁则由于选择的双向性导致在实践中较少使用。诉讼的不经济也是显而易见的，当事人耗费较高的诉讼费用和时间成本，加之诉讼进程中举证难、执行难等问题，消费者不到万不得已不会采取这种方式。

在纠纷处置过程中，还存在一些具体问题，如证据问题。尽管我国民事诉讼法已经确认了电子证据的地位，但是电子证据主要还是配合传统的书证、物证使用。一旦案件中的主要证据都表现为电子证据，只能依据电子证据做出裁决，由于互联网金融中电子证据的举证难度较大，消费者权益难以得到充分保护。又如管辖权问题。互联网金融交易中，尤其是网贷领域传统的基于合同履行地、侵权行为地等管辖权确定原则很难适用，阻碍金融消费者解决纠纷的实际行动。

（二）国外互联网金融消费者权益保护的经验

1. 美国的经验

美国在保护金融消费者的立法建设上较为完善，先后通过了《诚实信贷法》、《平等信贷机会法》、《公平信用卡和借记卡披露法》、《信用卡问责、责任和信息披露法》、《公平收账法》、《联邦公平信用报告法》等，针对互联网金融业务的快速发展，除纳入现有的法律体系进行监管外，补充出台了《国际国内电子商务签名法》、《网络信息安全稳健操作指南》、《电子银行业务——安全与稳健程序》、《关于电子银行业务和消费者守法指南》等一系列专门规则，积极防范互联网金融交易风险，保护互联网金融消费者的权益。

此外，美国消费者一旦权益受到侵害时，可通过信件、电话、电子邮件和亲自上门等多渠道进行投诉。美国联邦调查局和白领犯罪中心还联合组建了互联网犯罪投诉中心，协同金融消费者保护局（CFPB）进一步完善了互联网金融消费者投诉平台。

2. 英国的经验

相比较而言，英国对P2P网络信贷的监管比较宽松，更多强调通过P2P金融委员会进行行业自律，在立法层面则主要通过《消费者信贷法》进行监管，侧重对借贷双方行为的合规性审查（如要求借贷双方要履行严格的信息披露制度），对P2P平台自身的规制较少。同时于2011年建立了“P2P金融协会”，通过制定P2P网络借贷的行业准则规范业务模式和内控机制。

对于消费者与金融机构之间纠纷的调查、裁决和解决，英国成立专门的金融申诉专员服务公司（Financial Ombudsman Service，FOS）负责，FOS具有如下特性：单一制的金融纠纷解决机制，避免消费者因为不同的金融消费项目而找不到对应的投诉机构；为消费者提供免费服务，迅速处理金融服务纠纷，尽量节省手续；是一种诉讼替代性纠纷解决机制，具有单向拘束力，FOS的裁决只对被投诉单位有拘束力，消费者不满意可以继续向法院提起诉讼；FOS不具有执行权，若金融机构不执行其裁决，可向法院申请强制执行。

综上，对互联网金融消费者权益的保护，国外有以下经验可供借鉴：一是注重规则的建立，不论是把互联网金融纳入原有的法律体系，还是制定新规则或补充规则，互联网金融监管规则的设计都是以有效保护消费者权益为前提。二是自律管理作为监管的有机组成部分，通过行业协会等自律组织，制定自律规则实现对消费者的保护。三是注重机构的功能监管，注重加强功能监管实现对P2P网贷企业的有效监督，保护消费者的权益不受侵犯。四是以信息披露作为互联网金融消费者保护的核心，要求P2P网贷从业者以普通消费者可以理解的语言，详尽、清晰、全面披露金融产品或服务的细节，特别是对消费者的权利义务产生重大影响和决定消费者选择的核心内容。五是注重消费者金融知识教育，将金融教育上升到国家战略，成立专门的金融教育机构负责金融消费者教育工作。六是注重纠纷解决机制的建设，综合运用多种调解处理方式处置纠纷，加强互联网金融消费者投诉平台建设。

四、政策建议

对于P2P网贷领域内的消费者权益保护，一方面要发挥传统监管框架的作用，另一方面也要针对其特殊性制定专门的管理规定。结合我国互联网金融发展现状，既要坚持在金融创新和风险防范之间保持平衡，又要坚持在互联网金融经营者与消费者之间实现均衡保护，避免出现对消费者无原则过度保护的现象。

（一）制度层面：建立健全新领域内消费者权益保护立法

第一，加快专门立法。建议单独制定并尽快出台《金融消费权益保护法》，确立保护金融消费者，维护实质公平的立法原则和理念，确立金融业者在交易中应遵守的共同性行为规范，并在各金融业立法与金融消费者权利救济机制之间搭建一座桥梁。第二，完善配套制度。基于我国互联网金融法律仍不健全的现实，当务之急应当以较高层次的立法形式明确互联网金融的性质和法律地位，特别是要对P2P网贷经营主体的组织形式、资格条件、经营模式、风险防范和监督管理等做出规范，以严厉打击借助互联网平台进行的欺诈、赌博、非法避税、洗钱以及其他金融违法犯罪活动。具体操作上，可考虑通过行政许可管理来提高准入门槛，明确规定互联网金融业务经营者的注册资本、运营规则和内控制度建设方面的标准，以限定经营主体范围、防止互联网金融平台盲目发展。同时，建立完善的市场退出机制，实现市场自然整合和优胜劣汰。第三，制定网络公平交易规则。以专门立法的方式为金融消费者保护相关法律的修订和完善留出足够的空间。重点应在识别数字签名、保存电子交易凭证、保护金融消费者个人信息、明确交易主体的责任等方面做出详细的规定，以保证业务的有序开展。

（二）经营者层面：从产品、销售及平台三个维度加强业务管理

针对P2P网贷创新所蕴含的侵害金融消费者权益的情况，应要求从业者从产品、销售及平台三个维度加强业务管理。第一，督促经营者建立互联网金融的产品、销售及平台的业务规范，业务规范应包括操作规范和内控监督措施，并应该强调“投资者适当性”原则，给予更多金融消费者以更多选择权，审慎投资。第二，加强P2P网贷行业信息披露监管，明确平台企业要以普通金融消费者可以理解的语言，详尽、清晰、全面披露其产品、销售及平台的细节，特别是对消费者的权利义务产生重大影响和决定金融消费者选择的核心内容，并及时提示风

险，充分保障金融消费者知情权。第三，建立备案审查机制。对于平台实时推送的投资标的、业务规范、电子合同的变动情况，应明确在正式实施前向监管部门或行业自律组织备案。第四，加强信息安全的监管，督促经营者加强对平台系统信息安全的建设，定期或不定期进行信息安全测试，及时防范安全漏洞。

（三）消费者层面：加大互联网金融知识普及和风险教育力度

在欧美发达国家，投资被视为是一种技能，美国、英国等国家已将金融教育纳入国民教育之中。在我国开展广泛的金融知识普及教育不仅有助于消除网贷产品提供者与金融消费者之间信息不对称的程度，而且有助于提升互联网金融消费者的风险意识、消费观念和权利意识，提高金融消费者的自我保护能力。

（四）纠纷调处层面：构建多元化的 P2P 网贷纠纷解决机制

结合现行消费者权利救济体系，要真正保障网贷金融消费者权益就应把构建包括司法救济、金融消费纠纷调解和 FOS 机制在内的多元化金融消费纠纷解决体系作为一项重要的基础工作和系统工程加以落实，推动金融机构、金融监管部门以及其他专业机构共同构筑金融消费者权益保护的最后一道救济屏障。

在金融机构层面上，应进一步优化投诉处理流程，严格规范操作，特别是在投诉受理环节，应推动金融消费纠纷通过先向平台企业投诉——再向行业协会投诉（包括消费者保护协会）——再向金融监管部门中国人民银行、银监会和省级金融办投诉——最后申请仲裁或提起诉讼的顺序解决。此外，还可借鉴英国 FOS 制度经验，推动成立独立的第三方组织，采取先调解后裁决的方式专门处理各类金融消费纠纷。

在金融监管部门层面上，要将内部投诉处理机制纳入相关部门的日常监管范畴，并通过发布相关监管指引，对其内部处理程序和要求做出规定。同时，互联网金融行业协会的有关公约中也应明确金融消费投诉处理的要求。

在金融消费纠纷的司法解决层面，一方面倡导签署仲裁协议，提高纠纷处置效率，另一方面优化诉讼程序，推进小额金融消费纠纷通过简易诉讼程序解决，具有相同和同一诉讼标的的金融消费纠纷通过共同诉讼程序解决。此外，在金融消费纠纷举证责任设定、申请强制执行及电子证据等方面，也要对 P2P 网贷投资者的弱势地位给予特别考虑。

互联网金融投资者适当性管理研究

陆金所 KYC 项目课题组　中国社会科学院金融所课题组

在金融市场中，金融机构与投资者是资本市场最主要的参与者，但两者的定位与角色却大相径庭。一方面，金融机构的经营目的是通过售卖金融产品与服务来实现自身收益的最大化，因此尽可能多地开发客户、兜售产品是其自然冲动；另一方面，投资者的目的是通过投资行为获取投资收益，但在此交易过程中，由于金融产品品种、结构的繁杂以及产品更新速度的不断加快，作为被动接受产品的投资者往往处于信息不对称中的劣势地位。

西方成熟资本市场中机构投资者占比较大，与西方资本市场不同的是，当前我国资本市场参与者中个人投资者占据较大比例。其中大部分投资者缺乏专业的投资知识与经验，在选择金融产品与服务时只能依赖于专业机构尤其是金融机构从业人员的投资建议或营销推介，一旦投资产品发生违约时其承担投资损失的能力也较弱。加之信息不对称的存在，在金融机构与投资者的博弈中，一方面，金融机构可能为了追求短期收益，漠视投资者的风险承受能力，将高风险、高收益的金融产品推介给不具备相应风险承受能力的投资者；另一方面，投资者为了追求高收益，可能盲目地选择不合适的金融产品。因此，为了平衡双方的利益诉求，消除双方的信息不对称，在约束金融机构短期利益冲动的同时提升投资者的自我保护意识与能力，就需要进行合理有效的投资者适当性管理。

一、投资者适当性的相关概念界定

投资者适当性制度最早出现在美国，一般认为，美国全国证券交易商协会（NASD）为了回应 1938 年的马洛尼法案（the Maloney Act），以公平交易条款（the Rules of Fair Practice）为载体确立了适当性规则的最初版本。根据该规则的要求，中介机构只能向投资者推介或销售适合后者需求的金融产品，为此，中介机构应搜集与客户相关的信息，“了解其客户”。

根据国际证监会组织《关于销售复杂金融产品的适当性要求》中的表述，投资者适当性是指中介机构在金融产品销售过程中，应当遵守的标准和规定。中介机构在向客户提供投资建议、个人的投资组合管理和推荐公开发行的证券时，应评估所销售的产品是否符合客户的财务状况和需求。客户财务状况和需求包括客户投资知识、经验、投资目标、风险承受能力（包括资本损失的风险）、投资期限，也可以包括定期追加投资、提供额外担保保障以及理解产品能力等。

此外，还有人认为，投资者适当性管理的含义有狭义和广义之分，狭义的投资者适当性管理是指金融机构根据投资者的财务状况、投资需求、风险承受能力、投资经验等为投资者提供合适的产品与服务；广义的投资者适当性管理包括产品风险评估（Know Your Product，KYP）、投资者评估（Know Your Custom，KYC）、信息披露、产品与投资者的匹配、投资者教育、资产管理机构或中介机构的责任义务等一系列环节工作，力求实现资产/产品端与资金/投资者端的精确匹配。

二、国外及中国香港地区的投资者适当性管理经验

投资者适当性制度构建的是投资者进入资本市场的第一道防线，没有健全有效并得到切实实施的投资者适当性制度建设，就不会有成熟的金融机构与投资者，也不会有健康稳定的资本市场。因此，国际上主要发达国家和地区均高度重视投资者适当性管理，都将投资者适当性管理列入金融监管的各类法律法规和自律规范中，建立了有效的制度，取得了相应的良好效果，并随着金融市场的发展，通过吸取金融危机的经验教训，使相关制度日益完善。

首先，作为开展投资者适当性管理实践最早的国家——美国，其资本市场已经形成了较为完善的投资者适当性规则体系。美国的投资者适当性体系主要特征有：一是在产品适当性方面，金融机构在兜售金融产品时，需要对产品进行充分的尽职调查以了解产品的相关特性，并对产品的合理化进行分析，在此基础上再对特定客户的适当性进行分析；二是通过构建金融机构向投资者兜售金融产品或提供投资建议的行为规范指引，将从业人员的日常工作也纳入投资者适当性要求之中，强化从业人员在投资者适当性方面有不可推卸的责任，来约束金融机构从业人员的行为，进而保护投资者的利益；三是一旦投资者发现金融机构存在违反

投资者适当性规则的行为，则可以以过失、违约等为由起诉金融机构，从而获得相应的赔偿。值得一提的是，美国金融业监管协会（Finra）于2011年发出的监管通知（Regulatory Notice11－25）中，在新颁布的rule2111投资者状况方面增加了投资者年龄情况，其中非常重视老年投资者和投资产品的适配。在我国的个人投资者中，老年投资者占据较大比例，并屡屡发生投资诈骗事件，上述的老年投资者适当性管理制度值得我国借鉴。此外，2015年美国证券交易委员会（Securities and Exchange Commission，SEC）对已有的“合格投资者”标准进行了重新审视，发布了长达115页的报告，深刻反思相关制度。

其次，与美国相比，欧盟的投资者适当性制度发展较晚。作为当前欧洲金融领域内最重要、涉及面最广的立法，《欧盟金融工具市场指令》在条款中规定了欧盟各成员国所有以提供投资服务或开展专业投资活动的金融机构在实施投资者适当性时应遵守的规定以及应履行的义务。指令要求金融机构需在提供建议之前对客户进行评估，评估分为适合性评估（the Suitability Test）和适当性评估（the Appropriateness Test)。其中金融机构在向投资者提供投资建议和资产管理建议时，或者代表投资者做交易时，金融机构要对投资者做适合性评估，评估内容包括投资目标、财务状况、知识和经验三个方面；金融机构在向投资者提供投资建议或投资组合管理以外的其他服务且投资产品为复杂的金融产品时，或者非复杂金融产品的交易执行是由投资公司主动提出而不是由客户自主要求时，金融机构必须对投资者实施适当性评估。如果由客户自主要求的非复杂金融产品的交易执行，就不要求做任何评估。适当性评估的内容比适合性评估的内容要少，适当性评估只单独考虑客户的理解水平，该类评估只关注客户的相关知识和经验而不关注他们的财务情况或者投资目标。而且适当性评估可以对专业客户的知识和经验进行假设。此外，在做适合性和适当性评估时，金融机构可以使用公开信息，或在确保不透露任何保密条款和责任的前提下，使用非公开信息。信息也可以通过客户访谈、电话交流或者电子邮件等方式获得，但任何一种方法应满足妥善记录和存档的需要，这些材料需要证明投资公司已经实施了适合性或适当性评估，而且有关记录需要保存5年。

再次，日本资本市场的投资者适当性制度起源于1974年，其涉及投资者适当性的法律法规主要有《金融商品销售法》和《金融商品交易法》，这两部法规从立法层面对投资者适当性制度做了全面的规定。其中《金融商品交易法》规定了进行投资者适当性管理的总体原则，即金融服务机构不能向投资者提供与其知识、经验、财产状况、投资目的不匹配的产品和服务，从而损害投资者利益。在对金融机构的适当性要求方面，《金融商品交易法》和日本证券交易商协会对金融机构有建立并使用“客户信息卡”、制定特殊业务执行标准、确认投资者已完全知晓所签署合同内容及可能面临的投资风险、切实履行风险揭示义务等方面的要求。在金融产品销售行为适当性要求方面，《金融商品销售法》规定金融服务机构必须确保其销售金融商品的行为具有适当性，其销售政策需参考投资者知识、经验及财产状况等相关信息。此外，日本证券交易商协会还规定，金融机构需先确定至少存在一部分投资者的风险承受能力与所推荐新产品或新服务的风险要素是匹配的前提下，才可向投资者推荐或提供这种新产品或新服务。

最后，作为国际金融中心，中国香港地区在亚太地区乃至全球资本市场中均占据重要的地位。2008 年发生的“雷曼迷你债”风波中，香港地区分销银行完全无视投资者适当性的管理义务，将此类风险高且结构复杂的产品推荐给了老年人及其他缺乏风险识别能力的普通投资者，当雷曼兄弟公司倒闭时，作为发行量最大、涉及面最广的地区，香港地区各类投资者遭受巨大损失。“雷曼迷你债”事件后，公众及香港地区金融管理局等对金融产品的发行、销售与监管给予了广泛关注，其中最为重点的投资者适当性管理也不断得到优化。香港地区现有的投资者适当性制度主要由投资者分类、产品适当性评估和适当性匹配等部分组成。其中投资者大致分为普通投资者和专业投资者两类，专业投资者又明确划分为两大类，一类是市场专业人士，包括交易所、投资银行、经纪公司、财务机构、保险公司、理财计划、基金经理等，另一类是高资产净值投资者，主要由具有一定资产规模的机构或个人组成，普通投资者则为专业投资者以外的投资者。在产品的适当性评估及适当性匹配方面来看，香港地区目前没有对投资品种按金融产品的复杂程度进行划分，但对于衍生产品、高息投资工具和结构性产品等结构较为复杂或者风险较高的金融产品，监管机构分别制定了专门的规则，对持牌人或注册人提供此类金融产品提出了更高的要求。

三、国内投资者适当性管理实践

目前，国内的信托、银行理财、券商资管、基金、特定资产管理等行业都有各自的投资者适当性管理规定，且大多局限于狭义的范畴，由于客观存在的分类监管与监管套利，投资者适当性管理的效果不尽如人意。一方面，在产品创设中，通过各种嵌套规避合规风险，导致产品结构复杂，各参与方职责不清；另一方面，公众投资者为了能够投资起点较高的产品，采用“众筹”的方式募集资金，变相降低合格投资者的标准，使销售适当性管理无法真正落实。

由前文论述可以看出，投资者适当性在理论层面上并不难以理解，但在实际操作层面上却一直是我国资本市场上老生常谈的管理难题。归纳其难以管理的原因，一是投资者适当性管理设计的业务维度广、业务链条长，相关金融机构要想使各项工作均能实施、落地则需要投入大量的人力、物力。二是相关的投资者适当性管理规则在具体执行层面存在较多的难点。金融机构由于具有天然的趋利性，出于减少管理成本的目的往往不愿意在投资者适当性管理上投入太多，因此大多只是在形式上满足投资者适当性管理的最低要求，且往往缺少必要的内控机制。三是在较长时期内我国资本市场缺乏统一的投资者适当性管理规则，以致规章制度在尺度、维度、标准等层面难以统一。四是随着资本市场的发展，市场创新随之不断涌现，不同产品间存在着较大的风险差异，对应的合适的投资者也不尽相同，这就要求金融机构持续做好投资者的动态管理以及适当性匹配工作。

为了不断解决投资者适当性管理在实际中存在的问题，从而促进我国资本市场的有序、稳定发展，我国在监管制度建设方面进行了一系列的顶层设计：

早在2013年年底，国务院就发布了《关于进一步加强资本市场中小投资者合法权益保护工作的意见》（以下简称《意见》），其中第一条就是“健全投资者适当性制度”。《意见》要求制定并公开中小投资者分类标准及依据，并进行动态评估和调整，进一步规范不同层次市场及交易品种的投资者适当性制度安排，明确适合投资者参与的范围和方式。

2015年7月，国家十部委联合发布了《关于促进互联网金融健康发展的指导意见》，再次要求“从业机构要研究建立互联网金融的合格投资者制度，审慎甄别客户身份和评估客户风险承受能力，不能将产品销售给与风险承受能力不相匹配的客户，提升投资者保护水平”。

2016年8月24日，银监会、工信部、公安部、国家互联网信息办联合出台了《网络借贷信息中介机构业务活动管理暂行办法》，在第四章“出借人与借款人保护”和第五章“信息披露”部分，对于“投资者适当性管理”分别提出了更加详细具体的要求。

对于投资者适当性管理而言，针对性最强的则要属2016年9月9日由证监会发布的《证券期货投资者适当性管理办法》（以下简称《办法》）。此《办法》定位于部门规章，旨在针对投资者适当性管理中的实际问题，以构建适当性管理制度框架、强化金融机构适当性义务、强化普通投资者保护为总体思路，通过47条规定形成一系列切实可行的制度安排。具体包括：一是要统一投资者分类标准和管理要求；二是要建立层层把关、严控风险的产品分级机制；三是要规定金融机构在适定性管理全过程的义务；四是要突出对于普通投资者的特别保护，向投资者提供有针对性的产品及差别化服务；五是要强化监管职责与法律责任。

总之，在习近平总书记关于加快形成“融资功能完备、基础制度扎实、市场监管有效、投资者权益得到充分保护的股票市场”的重要指示精神下，中国证监会参考国际惯例并结合我国实际所制定出的此办法，将投资者进行了科学的分类，强化了金融机构在投资者适当性管理中的义务及法律责任，是当前进一步加强投资者保护、进一步维护资本市场秩序的重要举措，对于整个资本市场的健康、稳定发展均会产生良好的促进作用。

四、互联网金融领域的投资者适当性管理

（一）互联网金融领域进行投资者适当性管理的必要性及现状

目前在国内的投资理财领域，从公募基金到私募基金，从信托计划到资产管理计划，从银行理财到投资型保险，存在着名目繁多的金融产品。这些产品在过往经济高速增长、金融快速发展的时期，一定程度上满足了投资者的需求，促进了直接融资市场的发展，使资源配置更加高效，有力地支持了国家建设。同时，庞大的财富管理潜在市场，吸引了大批竞争者的加入，尤其是一批互联网企业，借助互联网金融高速发展的东风，利用应用场景的优势，呈现出了巨大的金融创新能力，实现了业务规模的爆发式增长。

与传统金融机构相比，互联网企业依赖应用场景的打造，进行线上获客。这类平台提供的产品投资门槛较低、受众面广，且操作流程便捷，能迅速触达投资者。但同时，由于缺少与投资者面对面交流的环节，容易忽视对投资者投资能力和风险偏好的评估，更有部分产品存在信息披露不规范、不透明，甚至刻意隐瞒或模糊表述产品风险，导致一些高风险产品出售给了风险承受能力较低的公众投资者，形成风险事件。

互联网金融在大的范围内属于普惠金融的范畴，其具有准入门槛低、投资者分布广泛等特点。但是，互联网金融的本质仍然是金融，必须遵循金融的固有规律，即要有清晰的客户分类和严密的风险防控。因此，对于财富管理业务，不论是线上还是线下，都必须做好投资者适当性管理，即将合适的产品卖给合适的投资者，做到买者自负、卖者有责。在当下互联网金融领域的具体实践中，在投资者适当性方面，存在通过互金平台变相购买私募产品、定增产品等明显突破原合格投资人规定等问题。由此可见，建立投资者适当性管理体系对于线上平台开展财富管理业务已刻不容缓。

（二）投资者适当性管理为智能投顾奠定基础

近几年，金融科技（Fintech）在国内外市场的发展方兴未艾。简单地说，金融科技就是利用“技术”让“金融服务”更加便捷。这里的“技术”包括移动互联、大数据、物联网、云服务、机器学习、区块链等；所要实现的“金融服务”包括移动支付、网络借贷、智能投顾等。

作为金融科技的重要内容之一，智能投顾是指基于产品风险等级与客户风险承受能力的匹配，为客户创建最优投资组合。首先，大数据分析、量化金融模型和智能化算法提供了基础技术支持；其次，移动互联的发展提供了丰富的应用场景，使操作更便捷、中间成本更低；最后，利用投资者适当性管理的理念，基于投资者风险偏好、预期收益目标等要求，匹配最优投资组合，并通过机器学习，不断提升匹配的耦合度，让普通投资者也能享受专家级的投资建议。

从发达国家的实践经验来看，一方面，ETF 市场的快速发展为智能投顾提供了丰富的产品选择；另一方面，从长期来看，被动投资可能战胜主动投资，也为智能投顾的发展进一步夯实了理论基础。目前，在这一领域领先的公司包括 Wealthfront、Betterment 等，其资产管理规模已达数十亿美元，并在诸如退休金管理、帮助投资者避税等方面体现出良好的效应。

（三）陆金所平台的探索实践

互联网财富管理平台要求线上平台以广义投资者适当性管理体系为理论基础，结合线上经营的特殊性，探索与之相适应的新技术、新方法。陆金所作为国内最有影响力的互联网财富管理平台之一，其线上提供的产品种类丰富，基本涵盖了业内绝大多数投资产品。本着“将合适的产品卖给合适的投资者”的风控理念，2015 年下半年，陆金所启动了 KYC 项目，力求通过大数据综合运用、机器学习以及金融工程等方法，建立完整的互联网财富管理平台投资者适当性管理体系，具体包括以下几个方面：

（1）产品风险评估。产品风险评估（KYP）也称了解你的产品。平台对销售的所有产品均应建立 KYP 标准，根据实质风险情况将产品风险由高到低设不同等级。针对产品底层标的的不同，评估风险的方法和侧重也有所区别，如固定收益类产品主要考量信用风险，采用传统信用评级方法并结合互联网大数据工具进行风险分类；而权益类产品则需要更多地考量市场风险，并侧重评估资产管理人的投资管理能力、历史表现等。

（2）投资者评估。投资者评估（KYC）也称了解你的客户，对客户有“精准画像”。KYC 体系的构建工作主要从以下三个方面开展：一是确定衡量投资者风险承受能力的要素。经过对各类型投资者的评估结果进行对比分析，确定投资者评估的主要要素除了财务实力外，还应包括投资者的投资规划、投资经验、风险认知水平、风险敏感度等风险偏好指标。二是利用新技术，准确分析投资者的客观实力。在投资者客观实力的认定方面，通过对传统金融机构问卷调查形式的研究，我们发现投资者在回答问卷时可能会隐藏或夸大财务实力。陆金所 KYC 项目利用机器学习和大数据模式的科学构建，从海量的内外部数据中深入挖掘投资者有效信息，包括客户基础信息、资产信息、投资行为、消费行为等，实现对投资者客观实力的精确描述。三是优化问卷设置，准确衡量投资者风险偏好。与传统问卷侧重调查投资者财务实力不同，陆金所 KYC 项目通过对问卷结构和内容的改良，更加侧重考察投资者的投资规划、投资经验、风险认识水平、风险敏感度等要素，形成对投资者风险偏好的判断。

（3）产品风险评级与投资者风险承受能力的匹配。在对 KYP 和 KYC 精准评估的基础上，以“将合适的产品卖给合适的投资者”为目标，在产品和投资者之间建立合理、有效的适配体系，力求在保护投资者利益的同时，保障其自主投资权利。这种匹配是根据 KYC 的结果，将投资者按照风险承受能力由低到高进行分级，并与 KYP 的结果相匹配。一般而言，风险承受能力较低的投资者只能投资相对低风险级别的产品；风险承受能力较高的投资者可以投资相对高风险级别的产品。对于高于投资者风险承受能力的产品，系统会提示投资者风险超配，甚至阻止其追加投资，推荐投资者购买与其风险承受力匹配的产品。

（4）信息披露。信息披露是投资者自主投资权利实现的重要保障，完善的信息披露机制是互联网财富管理平台赖以生存的必要条件。互联网财富管理平台的信息披露主要通过挂网材料，遵循“实质重于形式”的原则，穿透至底层资产，以互联网化的语言，将产品结构、风险缓释措施等要素清晰、完整、动态地披露给投资者。

（5）投资者教育。在互联网金融清理整治的大环境下，一套完善的投资者适当性管理体系是互联网财富管理平台稳定、健康、可持续运行的必要保障。该体系既需吸收传统金融经营管理的优点，也要合理运用新技术手段进行有效创新，真正为传统金融所忽视的小企业和个人投资者提供安全、便捷、一体化的服务，更好地实现金融普惠。

网络借贷的投资者保护机制建设研究

郑联盛　王寿菊*

互联网金融的蓬勃发展在中国具有特定的基础，与我国金融抑制导致的供求错配、长尾效应形成的规模效应、互联网技术引致的边际成本降低等都具有重要的相关性。第三方支付、网络借贷、股权众筹等新兴业态迅速发展起来。以网络借贷（P2P）为例，我国在3年内成为全球最大的网络借贷市场。截至2016年7月末，网络借贷贷款余额、平台数量、正常平台数量、注册资本等均创历史新高。但是，根据第一网贷的统计，截至2016年6月末，2013年以来已经发生各种问题平台累计2077家，占全国P2P网贷平台5685家的36.53%，问题平台率亦创历史新高。

一方面是网络借贷爆发式增长趋势日甚，2016年7月全国网络借贷参与人数日均51.27万人，2016年1～7月网络借贷交易规模达到了1.18万亿元，与2015年全年交易规模相当；另一方面是网络借贷平台大面积出现问题，投资者利益的潜在风险较为明显，但投资者保护机制尚未健全，仅e租宝就涉及90多万个投资者。这两个方面的结合就出现了网络借贷投资与网络借贷投资者保护的匹配问题。

网络借贷平台风险事件频发，群体性事件层出不穷，以e租宝为代表的网络借贷平台风险事件暴露了互联网金融的重大风险，网络借贷的风险处置形势极其严峻，网络借贷投资与网络借贷投资者保护的匹配以及网络借贷领域的治理整顿和监管完善已经到了急迫的程度。2016年8月31日，银监会联合工业和信息化部、公安部以及国家互联网信息办公室下发了《网络借贷信息中介机构业务活动管理暂行办法》，其中第三章的风险管理和第四章的出借人保护等都对投资者保护进行了较为全面的约定。《网络借贷信息中介机构业务活动管理暂行办法》对

* 郑联盛，国家金融与发展实验室金融法律与金融监管研究基地副主任；王寿菊，中国社会科学院研究生院硕士研究生。

于网络借贷的健康发展和投资者权益保护是一场“及时雨”。但是，由于网络借贷领域的情况复杂、投资人众多、信息化程度高、权益取证难，投资者保护及其机制建设任重道远。

本文在此引言的基础上，将对网络借贷的风险机制进行简要的分析，在此基础上，对网络借贷的监管体系及其存在的问题、网络借贷中介的风险管理、投资者自身的风险意识等对投资者权益的影响进行“三管齐下”的分析，最后，结合《网络借贷信息中介机构业务活动管理暂行办法》对投资者保护提出进一步的完善建议。

一、网络借贷的风险机制

从国外网络借贷发展之初，网络借贷 P2P 主要是以降低信息不对称程度、提高资金配置效率为理论支撑的，为此，国外主要的网络借贷平台基本都是信息中介的定位，主要发挥信息匹配及基于真实信息下的“一对一”的资金融通。从监管的角度看，国外金融监管主体亦是将 P2P 界定为信息中介并据此进行监管的。

由于民间金融的需求大，特别是中小微企业和个人难以从传统融资渠道获得资金，网络借贷成为此类融资主体的“救命稻草”，那么如何建立一种适合中国国情的信用信息收集、甄别以及信用风险定价机制就成为网络借贷发展的基础。[①] 从我国 P2P 的发展来看，我国 P2P 的风险与国外 P2P 的风险[②]存在较大的差异性，国内 P2P 的风险主要存在以下五个领域。

第一，P2P 平台性质的转变是国内 P2P 风险的第一个环节。国外主要的网络借贷平台基本都是信息中介的定位，主要发挥信息匹配及基于真实信息下的“一对一”的资金融通。从监管的角度看，国外金融监管主体亦是将 P2P 界定为信息中介并据此进行监管的。[③] 但是，国内的 P2P 基本演化为信用中介，使得 P2P 自身成为一个信用转换功能的主体。

第二，网络借贷的运行模式异化带来了网络借贷的重大风险，是 P2P 风险的第二个环节。由于征信体系的迥异以及国内信用信息体系的不完善，加上国内传

---

① 黄国平：《模式“异化”的网络借贷风险管理与监管》，《财经问题研究》2015 年第 11 期。

② Rozi, Jones, “P2P Lender Aims to Challenge Secured Market”, *Financial Reporter*, 30 December 2014.

③ Y. Tu, B. Jirasakuldech and M. Lu, “Evaluating Credit Risk and Loan Performance in Online Peer – to – Peer (P2P) Lending”, *Applied Economics*, 2015 (78).

统征信机构以及网络信贷征信机构之间的数据无法一体化并共享，网络借贷的信息中介模式在引入我国后就存在水土不服的问题[①]。经过短短3~4年的发展，国内网络借贷目前纯信息中介的模式只有零星若干家，而“异化”为与中国国情相吻合的新兴模式主要有线下信用调查、保证金模式、信贷资产证券化、基于个人的债权转让模式以及担保模式等。[②] 有的研究认为，目前我国网络借贷平台大致可分为中介服务型、担保型、债权转让型三种基本模式，并以网络借贷平台为中心将借款人、贷款人、平台和第三关联方四类主体连成统一的P2P利益链条及其紧密的法律关系。[③] 由于模式的异化，使得网络借贷平台从信息中介转变为信用中介，风险的分布和结构随之发生重大的转变。国内网络借贷平台甚至有很大一部分异化为监管规避的模式，甚至是非法集资[④]。

第三，风险定价体系的不完善使得P2P平台及借款人信用风险无法被甄别并进行处置，这是P2P风险的第三个环节。P2P领域的信用风险定价机制不健全，借款人对于利率并不敏感，这使得整个体系的风险演进机制缺乏内在的风险管控环节，并使得风险继续往更严重的层次发展，即交叉传染的风险。在市场化体系下，风险有效定价是风险防范和隔断风险演进路径的最有效方式，如何建立一种适合中国国情的信用信息收集、甄别以及信用风险定价机制就成为网络借贷发展的基础。[⑤]

第四，网络借贷技术与金融等的交叉风险是P2P风险的第四个环节。在互联网风险方面，技术失败、信息泄露、虚假账户等都是显性的技术风险，并将导致投资者承受重大的损失。在金融风险方面，网络借贷无法规避与传统金融业务相似的信用风险、操作风险、市场风险等问题。在风险方面，互联网金融与传统金融并没有实质性差异。[⑥]

第五，金融监管体系的不完备使得P2P的风险没有受到有效的管控，监管“防火墙”并没有发挥应有的效力。由于网络借贷涉及的投资者众多，互联网金融相关的法律规范不完善，网络借贷可能引发重大的法律风险。特别是自网络借贷发展以来，直到2016年8月31日才有较为详细的监管办法出台，该领域在较长时间处于弱监管状态。更重要的是，监管相对较弱，加上网络借贷的技术风险、金融风险和法律风险等可能会相互交叉传染，这可能导致网络借贷的信用认证失效，信用风险定价难以合理有效进行。

---

① 黄国平：《模式“异化”的网络借贷风险管理与监管》，《财经问题研究》2015年第11期。

② 叶湘榕：《P2P借贷的模式风险与监管研究》，《金融监管研究》2014年第3期。

③ 杨东：《P2P网络借贷平台的异化及其规制》，《中国社会科学》2015年第8期。

④ 彭冰：《P2P网贷与非法集资》，《金融监管研究》2014年第6期。

⑤ 王国刚：《从互联网金融看我国金融体系改革新趋势》，《红旗文稿》2014年第8期。

⑥ 卢馨、李慧敏：《P2P网络借贷的运行模式与风险管控》，《改革》2015年第2期。

二、网络借贷的风险：基于利率敏感性的分析

中国P2P领域的发展存在诸多的问题，可能引发重大的金融风险和投资者权益保护问题。基于文章篇幅的限制以及风险研究的针对性，我们认为网络借贷的风险传递中最为重要的环节是风险定价环节，这是投资者权益保护的基础要件。为了更好地剖析网络借贷的风险及其对投资者权益的影响，在本部分中，我们将以网络借贷的利率敏感性作为考察对象来分析网络借贷的风险。

网络借贷的风险演进机制中存在一个核心的风险传递环节，即内生的风险定价机制。理论上，一个好的风险定价机制对于利率等金融要求的敏感性应该是非常显著的，这也是投资者权益保护的基础。一般地，风险价格将随着基准利率下行而下降，与借款的期限成反比，与借款的规模成反比。基于此，通过分析国内P2P风险传递中相关环节对于利率的敏感性就可以判断P2P风险演进中的风险定价环节是否有效。

1. 网络借贷利率与基准利率的关联

从理论上分析，P2P借款人的利率是其利用贷款人或投资者资金的成本，其高低水平应该符合资金供求的基本关系以及一般的经济与市场规律。一是借款的利率应该与借款的期限呈正相关，借款的期限长那么借款利率应该高，以反映长期限的未来风险；二是借款人利率与其信用风险水平呈负相关，借款人信用水平高，借款人的利率就可以低，反之亦然；三是借款人利率与借款规模成反比。在期限和信用风险既定的情况下，借款人的借款规模越大，那么其零售属性就越低，资金成本就可以相对较低；最后是借款人利率与基准利率应该呈正相关关系，基准利率降低，那么借款人的利率水平应该也降低。

在P2P平台借款人利率与基准利率的关系上，借款人对于基准利率的变化并不敏感。2014年以来，由于中国经济增长速度下滑趋势较为明显，经济失速风险较大，2014年11月22日中国人民银行开启了降息周期，1年期贷款基准利率下调0.4个百分点至5.6%，2015年降息次数更是达到了5次，2015年10月24日降息后1年期贷款基准利率下降到了4.35%，即大概1年的时间内贷款基准利率下降了125个基点。我们再看P2P平台的利率走势，从Wind数据库的P2P利率走势看，2015年年初民营系P2P平台的平均利率水平超过20%，2016年3月底，P2P平台的平均利率仍然超过19%，期间在2015年上半年的降息周期中，P2P平台的贷款利率并没有跟随基础贷款利率走势，甚至在2015年中期出现了

反向走势。整体来看，P2P 平台的平均利率随着降息周期的到来有所下降，但是，P2P 平台的利率走势非常平稳，对于数次降息并不敏感。

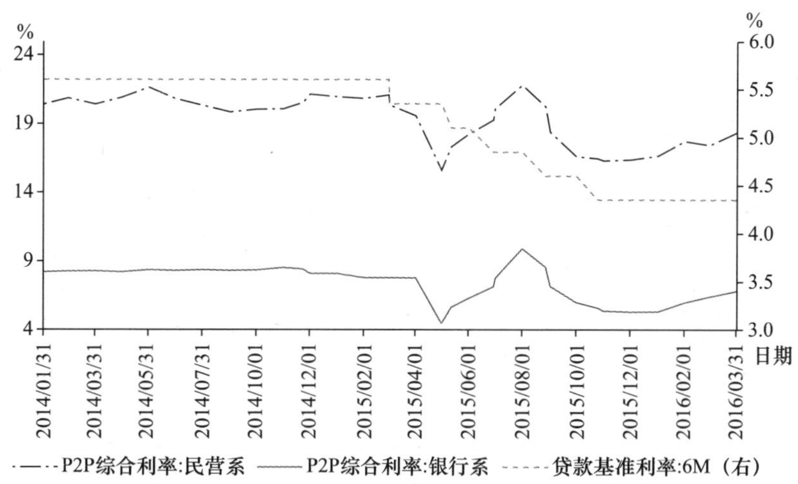

图 1　网络借贷利率走势（2014 年 1 月 ~ 2016 年 3 月）

注：P2P 利率部分周期的数据为缺点数据，采用直接连接曲线的方式形成平滑曲线。

资料来源：Wind。

从风险演进的角度看，P2P 平台借款人对于基准利率不敏感使得风险定价机制失效，使得内生的风险甄别及处置机制失效。P2P 平台借款人对于基准利率下降不敏感可能的原因是借款人在借贷成本上根本没有议价权利。由于中小微企业或个人借款绝大部分是短期贷款，是急需的资金，为此，借款人更多关注资金的可得性而非成本，对于利率变化并不敏感。这种借贷行为对于信用风险而言是一个积累的过程，由于借款人对于利率不敏感，而平台一直以较高的收益率来吸引投资者，而不太关注借款人信用风险的真实评估，这样可能导致对借款人风险的低估以及贷款人的利益损害。借款人对于利率的不敏感，以非完全市场化的利率部分反映了借款人的违约风险，即 P2P 平台及整个网络借贷体系无法形成自身的风险甄别、定价及防控的机制，使得风险可以继续传递至下一个环节。①

2. 网络借贷期限结构与利率的敏感性

在期限结构与利率水平的关系上，借款人的期限长短与利率高低的关系并不符合基本的理论和逻辑。以网贷天眼的数据为分析基础，统计了 397 家活跃 P2P

① 廖理等：《聪明的投资者：非完全市场化利率与风险识别——来自 P2P 网络借贷的证据》，《经济研究》2014 年第 7 期。

平台的数据，以2016年1月的数据为例，其贷款的平均期限（月度）作为横轴，该月贷款的平均利率为纵轴进行研究，结果发现，2016年1月，397家P2P平台借款人的借款期限与利率呈现一定的负相关关系，这与理论逻辑是相悖的，即短期贷款的利率较高，而长期贷款的利率却相对较低，即风险溢价出现了"倒挂"。

虽然，这是一个月度数据的分析，但是，对网贷天眼的各个月度的数据进行分析发现，P2P平台借款人借款期限与利率呈现负相关的特征是相似的，只是相关度有所差异而已。这种情况的出现与上述利率敏感性的逻辑可能是相似的，P2P平台上的借款人主要是以短期贷款为主，更加注重的是资金的可得性而非利率高低。为此，从风险演进的角度看，P2P平台无法对期限及其相关的风险进行定价，内在的风险定价机制可能是无效的。

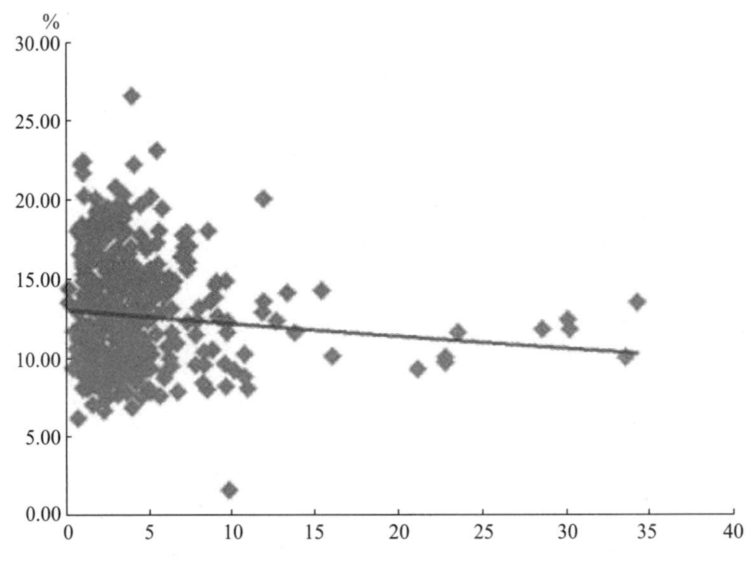

图2　P2P平台借款期限与利率水平的关系

资料来源：网贷天眼。

3. 网络借贷借款规模与利率的敏感性

在借款规模与P2P借款利率的关系方面，借款规模与借款利率的关系表面是符合基本的理论，但是却是风险的重大隐患。同样是以网贷天眼的数据为分析基础，统计了397家活跃P2P平台的数据，以2016年1月的数据为例，发现样本平台中借款规模与利率呈现负相关的特征，即贷款规模越大利率较低，这个结论与理论上的结论是相似的。

一般而言，只有信用风险较低的中小微企业和个人才可能获得较大规模的融资且利率较低。但是，从借款规模的分布看，超过 20 万元的借款人就非常少，这使得借款规模主要集中在小额上面。从风险演进的机制看，P2P 借款人借款规模与利率呈现负相关的关系，这说明对于信用风险较难甄别的中小微企业的中小规模贷款，利率水平较高，投资者无法完全甄别其中的风险只能以更高的收益来作为补偿，即非完全市场化的利率部分反映了借款人的违约风险。这也充分说明中小型 P2P 平台及中小规模的借贷反而是较高风险的借贷行为，这对于投资者是需要警惕的风险。这个现象还可能引发一个新的风险，即使得整个 P2P 体系出现劣币驱逐良币的现象，那些借款期限较长、信用状况较好、资产项目优良的借款人反而无法在一个以短期资金腾挪主导的体系中获得有效的融资。这使得 P2P 体系将处在一个风险加速累积的过程，甚至是一个借新还旧、自融欺诈的庞氏骗局。

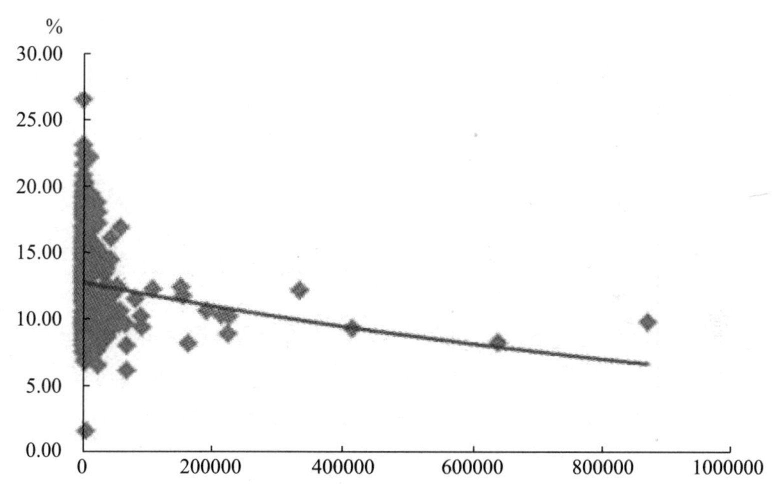

图 3　P2P 平台借款规模与利率水平的关系

资料来源：网贷天眼。

4. 小结

以 P2P 平台借款对于基准利率、期限以及借款规模等敏感性为基础进行分析发现，P2P 的借款人对于基准利率变化、期限长短以及借款规模等的反应并不符合基本的理论和逻辑，即在 P2P 风险演进过程中，市场化的风险定价机制并没有发挥应有的内生风险甄别功能，使得 P2P 体系自身难以形成有效的风险管控机制，这对于投资者的权益保护实际上缺乏一个内生的防范机制。

三、网络借贷风险的演进：基于调研的分析

1. 大部分网络借贷本质是民间金融互联网化

通过调研，我们发现，在本质上，部分P2P是民间融资的互联网化，是一般工商企业利用互联网金融的外壳从事金融业务，而且不受金融监管。2014年以来，课题组在北京、上海、杭州、深圳等地对P2P平台进行了较为全面和深入的调研。在调研中，我们发现以下现象比较突出：

从调研看，国内很大一部分网络借贷本质是民间金融的互联网化，而非匹配供求双方的信息中介。一是绝大部分P2P平台都是一般工商企业，而非金融持牌机构。此类机构在工商部门注册为互联网企业、科技公司、咨询服务公司等一般工商企业。二是P2P平台大多从事信用中介业务。除了少数几家具有真正大数据支持的互联网金融平台是信息中介之外，大部分P2P平台都是典型的信用中介。三是互联网是P2P获客的手段，线下的民间融资通过线上P2P平台获得资金来源和借款客户。P2P平台以互联网企业的资质来运作实质性金融业务，互联网是他们拓展业务或渠道的创新方式。四是P2P没有受到有效监管。由于注册为工商企业，P2P平台并没有受到与金融属性相关的监管。五是P2P平台使得民间融资的风险加剧。民间融资本来就较为混乱，但是，部分P2P平台将民间融资从线下转移至线上，融资规模迅速扩大，融资主体更加多元，筹资来源更加广泛，风险亦骤然加剧。同时，部分P2P平台又将负债端从线上转移至线下进行“地推”，高提成下使得很多“地推”成为一定意义上的欺诈。

由于P2P在2016年8月31日前缺乏明确的监管规范，民间融资的诸多类型机构纷纷演变为P2P平台，成为“伪”互联网金融的典型代表。目前，国内存在三种偏离了P2P本质的伪P2P机构：第一种是以P2P作为载体，从隐秘型的民间金融机构转变为阳光化的互联网金融机构，主要目的是获得合法经营的权力，即“洗白”。第二种是以P2P作为载体，将客户资金非法吸收投入特定的业务、公司或产业之中，主要目的是融资，即“自融”。第三种是以P2P作为载体，通过假标、资金池和高收益为手段，设计庞氏骗局，将客户资金非法吸收并据为己有，主要目的是骗钱，即“欺诈”。

2. 大部分网络借贷平台的基本功能是信用中介

从国外发展和理论阐释看，P2P本义上是信息中介，是为中小微企业和个人融资服务的，但是，实际上，在国内资金融通的过程中，P2P平台获得了巨大利

益，而小微企业和个人并没有成为真正的受益者。

调研中我们发现，一方面，P2P平台确实为部分小微企业解了燃眉之急，使得小微企业获得了难以从正规金融体系获得的资金，但是，另一方面，小微企业通过P2P平台进行融资的成本非常高。2014年全年P2P平台上企业或个人的融资成本整体超过20%，有的甚至超过40%，中小微企业为了融资的可得性和便利性付出的融资成本是很高的。2015年随着降息周期的到来，P2P融资成本有所下降，但仍然居高不下。2016年，网络借贷平台的收益率基本还维持在8%~10%的高位，加上居间的费用，借款人的成本可能要达到10%~15%的水平。这在经济增长速度下行、基准利率较低的情况下，借款成本维持高位本身就是一个巨大的风险。更为重要的是，P2P融资体系中最受益的是P2P平台本身。一些P2P平台打着"为中小微企业融资服务"和"发展普惠金融"等旗号，以信息费、顾问费、中介费、管理费等多种形式赚取的利润占到融资成本约50%的水平。

3. 大部分网络借贷运作基本是出于监管规避

大部分P2P平台通过迅速扩大规模来增加与监管当局博弈的筹码。大部分P2P平台认为，目前没有准入门槛、没有监管主体以及没有监管细则的情况不会持续太长时间，他们最为合理的选择是快速扩大规模，"只有做大，才不会被监管机构取缔"，并期待未来监管机构对既定事实进行认可，甚至发放牌照。这种"跑马圈地"和"监管博弈"的逻辑，使P2P平台基本不大考虑风险防范，这是P2P平台风险事件频发的重要根源，也容易引发潜在的金融风险和重大的群体性事件。此前，从事有色金属交易的泛亚交易所会员超过20万人，涉嫌非法融资额度超过400亿元；主要从事融资租赁的P2P平台——e租宝投资人数超过90万人，涉嫌交易金额超过720亿元。

当然，随着2016年8月31日《网络借贷信息中介机构业务活动管理暂行办法》（以下简称《办法》）的实施，网络借贷的监管规避难度将变大，这对于投资者权益保护是巨大的法律支撑。比如，《办法》规定网络借贷金额应当以小额为主。网络借贷信息中介机构应当根据本机构风险管理能力，控制同一借款人在同一网络借贷信息中介机构平台及不同网络借贷信息中介机构平台的借款余额上限，防范信贷集中风险。同一自然人在同一网络借贷信息中介机构平台的借款余额上限不超过20万元人民币，同一法人或其他组织在同一网络借贷信息中介机构平台的借款余额上限不超过100万元人民币，同一自然人在不同网络借贷信息中介机构平台借款总余额不超过100万元人民币，同一法人或其他组织在不同网络借贷信息中介机构平台借款总余额不超过500万元人民币。这种通过设定借款余额上限的监管使借款人难以"滚雪球"似的进行庞氏融资，对于限制投资者风险的暴露规模是极具针对性的措施，对于投资者的权益也是一种巨大的保护。

4. P2P 平台逐步成为私募产品公募化载体

从最新的情况来看，由于网络借贷管理办法征求意见稿出台，大量 P2P 平台因为涉及信用业务而开始考虑业务转型。近期，大量的 P2P 平台开始转变为私募金融产品公募化的载体。当前，随着 P2P 行业“资产荒”的出现，大量的 P2P 平台难以为继。为了生存，很多 P2P 平台提供不同形式的投资产品，这些产品本质上是具有传统金融机构发行的理财产品，而不是个体对个体的直接借贷。P2P 平台成为证券、信托、保险、基金等理财产品的获客方式，并且通过产品设计来规避私募产品对投资者门槛的限制。比如一些 P2P 平台将最低门槛设为 100 万元、具有私募性质的专项理财计划通过 P2P 化整为零，形成最低投资额为 1 元甚至更低的具有公募性质的网上理财产品放在平台上进行销售。这种趋势如不加以控制，很可能会导致风险传播渠道和传染面急剧扩大。由于广大投资者自身的风险意识不强、风险防范能力有限，这种基于互联网的放射性风险传染使得投资者保护问题从一个点向一个面迅速扩散，甚至可能带来群体性事件。

5. 线上平台业务逐步线下化

网络借贷等互联网金融业务发展的本质是将以前通过传统金融机构的线下业务经由互联网技术形成线上化的运作模式，可以充分发挥互联网的技术优势特别是集聚资源形成的规模效应和范围经济，即互联网金融应该是一个线下业务线上化的过程。但是，由于我国信用体系的薄弱，投资者对于线上平台的不信任性，线下推广逐步成为线上平台解决信息不对称、客户不信任和关系不直接等问题的载体。部分网络借贷平台开始大规模地建立线下门店，进行所谓的“地推”，这个过程实际上是将互联网金融的线上业务逐步线下化。这其中，很多不法机构和“地推”人员就利用线下的种种营销手段来形成“负债端”，部分营销人员在高提成的诱惑下甚至以“传销”方式来拉拢周围的人。这种“地推”和“情感”营销，使得网络借贷的投资者保护形成巨大的困难，投资者对于风险防范难上加难。

6. 小结

通过调研我们发现，由于监管体系完善、网贷平台追求利益和投资者自身风险意识淡薄等原因，国内网络借贷投资者保护机制存在较大的改善空间。未来，应该从网贷监管体系建设、平台微观审慎监管和投资者风险教育等领域强化网贷投资者保护机制建设。

监管体系不完善是 P2P 投资者权益保护不足的重要体制根源。一方面，P2P 长期处于监管缺位。P2P 在国内发展已有 8 年时间，2012 年开始就出现了较多的风险事件，2013 年 P2P 爆发式增长，“跑路”、破产和技术风险等事件频发。但是，过去一段时间P2P整体处于缺乏监管的态势，P2P监管一直没有到位。直到2015年12月28日银监会才出台监管办法的征求意见稿，2016年8月31日才正式实施管理办法。另一方面，P2P投资者利益保护更多是事后的处置。由于缺乏监管框架和监管举措，投资者没有明确的保护机制，基本是风险事件爆发后才进行权益维护，主要基于两个渠道：一是公安部门介入；二是法律诉讼。即使投资者获得了公安部门和法律的支持，但是，损失已经造成，基本是血本无归，这直接导致了投资者采取群体行动，导致围攻当地政府、监管机构等群体性事件的发生。

部分P2P平台的监管规避违法运作是投资者保护不足的行业性根源。从政策博弈的角度出发，“跑马圈地”和“监管博弈”的逻辑，使P2P平台滥用高收益手段、基本不大考虑风险防范和投资者权益。这是P2P平台风险事件频发的重要根源，并将引发潜在的金融风险和重大的群体性事件。这种违规操作使得网络借贷领域存在劣币驱逐良币的现象，比如个别资金托管的平台与存在资金池的平台竞争时就面临一定的劣势，这种情况使得行业整体生态恶化。

投资者对于网络借贷风险认识不足，部分投资者盲目追求高收益，是网络借贷风险暴露和投资者保护不力的基础根源。网络借贷具有互联网技术和金融领域的双重风险属性，对于普通投资者而言，其风险甄别和防范难度更加凸显。投资者对于理财的需求日益强烈，对于互联网理财的便利性极为认可，对于P2P在内的理财产品高收益极为感兴趣，但是，从我们的研究发现，投资者对于网络借贷的利率与基准利率的相关性、网络借贷的规模与利率的关系、网络借贷的期限与利率的关系等认识都是不足的，对于网络借贷的资产负债错配、期限错配、资金池业务等风险的认识都是不清晰的。投资者自身无法辨别和防范网络借贷的风险，在高收益的诱惑下，往往处于重大的风险暴露之中。投资者理财需求高、片面追求高收益、风险意识弱使得不法P2P平台具有了“获客”和“宰客”的基础。

四、网络借贷投资者保护：法国的经验

1. 整体特征

相对于在美国、英国等国的快速发展，网络借贷业务在法国仍处于起步阶段，但是，法国却是全球第一个制定实施网络借贷监管法律的国家。从法国网络借贷监管经验看，投资者保护机制是整个监管框架的核心内容之一，整体呈现三

个重要特征：

一是依法保护。投资者保护机制的核心是法律制度规范的建立健全，法国在立法方面走在了全球前列，专门制定了相关的法律来规范平台的运行和投资者的利益保障。特别是在其网络借贷在内的众筹仍然处于较为初步的发展阶段，就能够出台具有针对性的监管法律，是难能可贵的。

二是注重量化指标。对于P2P领域的监管和投资者保护都具有较为明确的量化监管指标，法国的指标体系全面细致，从准入标准、投资上限标准、融资上限标准、产品信息和适用监管标准等都制定了较为全面的指标，以利于监管机构进行具有针对性的监管。

三是注重公平交易。法国强调要注重公平交易，防止平台和借款人以虚假和扭曲信息使得投资人利益受损。对于不进行公平交易的机构和个人，法律将进行较为严格的处罚。

2. 监管体系

在法国，网络借贷和股权众筹等统称为众筹，不管是网络借贷平台还是股权众筹平台都统称为众筹平台。法国P2P业务主要由法国金融审慎监管局（ACPR）和法国金融市场监管局（AMF）进行相关的监管。如果某家众筹机构的业务包括支付、发放贷款等业务，需要向ACPR申请信贷机构牌照；但是，如果某众筹机构仅是中介机构，贷款由另一家具有资质的信贷机构发放，则该机构不需要申请信贷机构牌照，也不接受ACPR的监管，而主要接受AMF的监管。

法国在网络借贷及投资者利益保护方面具有完善的机制，是第一个制定了众筹监管规范的发达国家。2014年2月14日法国经济部公布了针对包括网络借贷在内的众筹业务专门监管法律草案，征求意见后已于2014年10月1日正式施行，是全球第一部包括网络借贷在内的众筹监管法律。法国众筹监管体系主要分为四大板块，第一板块是众筹监管的总体要求，主要涉及监管的基本原则，后三个板块主要是针对捐赠型众筹、股权投资型众筹和借贷型众筹的具体法律安排及相关规范。

在法国，借贷型众筹被纳入众筹融资中介（Intermediaries in Participative Financing，IPF）的范畴之中加以监管。包括P2P在内的众筹机构作为一个中介机构必须在监管部门进行注册，并每年征收250欧元的管理费。该规范还要求从2016年7月1日起众筹机构必须由专业性的债务保险机制覆盖，并向客户公布其保险能否覆盖其投资范围。

对于借贷型众筹（即P2P网络借贷）的规范主要涉及一个基本原则和四个重要规范。基本原则实际上是整个制度规范的总体要求，总体要求主要涉及三个要点：一是准入及分类。要求P2P平台在政府进行相关的注册程序，即存在一个准入过程；同时根据业务类型的差异接受不同程度的监管，即分类监管。二是透明度。总体要求所有的众筹平台遵循透明度原则，坚持动态的信息披露机制，在重大事项发生之后应该在两个工作日内进行披露，否则视为违法。三是消费者保护原则。包括 P2P 在内的众筹平台需要坚持以公平对待消费者保护为基本原则，不能因众筹人或平台的利益而损害消费者利益。

借贷型众筹依托四个重要规范作为平台稳健运行和投资者权益保护的基础。一是必须设立一个符合相关标准和规范的平台。这个平台作为独立法人是没有资本金要求的，但是，需要在相关的监管部门进行注册，根据业务实行差异化的监管。二是信息披露。平台应该对其的运作流程、相关成本、借款人信息、借款资金用途、风险情况等进行“终身”的信息披露，且不可以有欺诈、隐瞒或扭曲信息的情况。三是备案。P2P 平台的产品采取备案制的方式进行注册，对于交易金融不高于 100 万欧元的众筹简化报备程序，对于 100 万欧元以上的项目则需要履行更多的报备义务。四是融资主体。主要是鼓励中小微企业特别是创业型企业及个人进行融资。

3. 投资者保护的制度安排

法国为了保护投资者的权益，要求 P2P 平台必须具有相关的专业能力和风险管控能力。P2P 网络借贷平台的法人必须符合专业和诚实的要求，并应该符合相应的技能和资历要求：相关专业的学士或硕士学位；在加入众筹机构担任管理层之前 5 年中，应该在金融、支付或商业咨询机构担任管理层至少 2 年；在加入众筹机构担任管理层之前 5 年中，应该在金融、支付或商业咨询机构任职至少 3 年；有 80 个小时以上的专业性培训证明。任何违反上述规定的，将可能被处以 5 年监禁和最高 37.5 万欧元的额外罚款。法国政府在正式监管法律中设置了众筹平台运作的监管指引，主要包括平台用户及公众信息披露指引、客户信息知晓原则、借款人和项目责任人信息指引以及管控指引四个部分。

在平台及公众信息披露指引中，亦注重对投资者权益的保护。信息披露指引规定：第一，如果项目是需要支付利息的（即投资型或借贷型融资），众筹平台每个投资者对每个项目的投资额度不能超过 1000 欧元；如果项目是不需要支付利息的（比如捐赠），捐赠最高不能超过 4000 欧元，即限制了投资者投资的上限，以此来保护投资者的权益。第二，每个项目融资额不得超过 100 万欧元。第三，项目贷款期限不得超过 7 年。第四，每年 6 月 30 日之前必须公布其上一年度运行报告，报告内容必须包括众筹平台的治理结构；平台申请融资项目的数目；最终获得融资的项目数目；不同融资类型的规模；贷款人总数；融资项目的平均融资额；不同融资类型的平均融资规模；违约项目情况等。

五、政策建议

从2013年互联网金融在国内爆发式增长以来，网络借贷P2P作为一种基于互联网的新型资金融通方式在国内蓬勃发展。2015年网络借贷规模达到1.18万亿元，2016年上半年交易规模超过了8000亿元，涉及的投资者达数百万之巨。从公共政策的视角出发，网络借贷领域尚未形成有效的投资者权益保护机制，相关机制建设亦存在重大的现实约束。网络借贷投资者利益保护机制建设存在着隐私保护难、安全保障难、争议处置难、监督管理难和立法规范难五大难点，特别是在互联网环境下，投资者保护比传统金融投资者保护更加复杂。针对上述监管体系、P2P平台以及投资者自身等问题，我们应该“三管齐下”、采取相应政策及举措加以应对，防范网络借贷的风险，保护投资者权益。

1. 完善网络借贷监管体系建设

一是强化银监会在P2P监管的主体责任。《网络借贷信息中介机构业务活动管理暂行办法》第六章对网络借贷的监管及其分工进行了较为全面的安排，在未来的工作中，监管需要在两个方面强化：一方面，银监会及其派出机构是P2P监管的法定责任主体，不仅要承担规则制定、监管制度以及指导工作等责任，而且要承担主体性和实质性的监管职能。实际上，地方人民政府对网络借贷信息中介机构的机构监管和风险处置工作的能力是网络借贷监管有效性的一个重大制约。比如，西藏自治区金融办可能缺乏足够的能力监管一家注册在西藏、办公在上海、业务遍布全国的网络借贷平台及其分支机构。另一方面，需要扩大银监会系统互联网金融监管职能及编制，强化P2P监管的专业队伍和监管能力建设，提高监管的专业性、针对性和有效性。

二是建立监管分工体系。银监会作为核心责任主体、地方金融办作为执行主体、行业协会作为辅助机构，银监会系统要在框架设计、标准制定、专业监管以及监管协调中发挥核心作用，地方金融办要在监管执行中发挥基础作用，行业协会要发挥监管引导作用。

三是构建P2P监管的协调机制。不仅要将银监会、金融办、行业协会协调起来，还要将相关的工商注册、信息管理、公安等部门进行统筹，建立有效的协调协同机制。监管体系的完善是网贷行业健康稳定发展和投资者保护的制度基础。《网络借贷信息中介机构业务活动管理暂行办法》对监管协调亦做了制度性安排，但是，监管协调的执行在很大程度上更加重要。

2. 构建P2P行业微观监管标准体系

一是坚持穿透原则，注重P2P潜在的金融属性，强化信用中介监管。《网络借贷信息中介机构业务活动管理暂行办法》（以下简称《办法》）仍将P2P平台界定为资金融通的信息平台，但是，国内大部分P2P平台都存在主体性或实质性的信用中介业务，与《办法》中信息中介界定存在一定的差别。这种监管办法和实际操作中的差异性会导致两个重大的公共政策问题：第一是绝大部分P2P平台都从事违法的业务；第二是大部分P2P平台及其业务不受法律监管。这两个问题将会对数量巨大的投资者造成重大的利益损失，甚至引发重大的群体性事件。

二是强化事中和事后监管，弥补备案制事前监管偏弱的问题。《网络借贷信息中介机构业务活动管理暂行办法》按照《关于促进互联网金融健康发展的指导意见》中“鼓励创新、防范风险、趋利避害、健康发展”的总体要求和“依法监管、适度监管、分类监管、协同监管、创新监管”的监管原则，对拟开展网络借贷信息中介服务的网络借贷信息中介机构及其分支机构采用备案制管理，备案登记不构成对网络借贷信息中介机构经营能力、合规程度、资信状况的认可和评价。这体现了监管当局对网络借贷等的包容性。但是，备案管理最重要的优势和弱势都在于事前监管不足。

既然以创新包容的原则、以备案制的市场化方式来对网络借贷进行开放式的准入，那么，为了防范风险和强化投资者保护就需要对事中、事后强化监管。为了防止“劣币驱逐良币”，应该强化网络借贷中介机构在业务发展期间的资本金、风险管理、专业能力、资金托管、消费者保护等微观标准，使P2P成为一个定位于信息服务中介、准入门槛较高、专业水平较强、风险管理有力的金融信息服务行业。比如，陆金所建立的投资与风险精准匹配系统对于投资者利益保护是一种重要的风险管控探索。《网络借贷信息中介机构业务活动管理暂行办法》对于投资者和产品的分级匹配亦有要求。

三是强化资金托管，防止P2P平台构建资金池、动用资金池资金甚至携款“跑路”等重大风险。《网络借贷信息中介机构业务活动管理暂行办法》第三十五条规定借款人、出借人、网络借贷信息中介机构、资金存管机构、担保人等应当签订资金存管协议，明确各自权利义务和违约责任。这个规定相当于要求网络借贷相关的资金必须进行存管，但是，没有规定存管的机构，可以存管在第三方支付机构或者银行。我们认为，以银行作为资金存管的唯一部门，对于防止出现资金池、非法使用客户资金等非法操作是有利的，以银行作为存管部门可以强化每一个借款项目的债权和债务实现一一对应的关系，使得投资者的利益具有可追溯性。

四是对网络借贷平台的利率定价机制进行规范，防止平台以过高的收益率来吸引投资者而忽视了风险，并对平台中介服务费的定价机制进行规范，防止平台以资源优势过度“剥削”借款人、收取过高的居间费用。行业微观审慎标准的践行是网贷行业健康稳定发展和投资者保护的重大支撑。

3. 多措并举构建投资者保护机制

一是实行合格投资者制度。《网络借贷信息中介机构业务活动管理暂行办法》对于借款人的借款余额进行上限管理，秉承小额原则，这对于投资者保护是极大的保障。但是，《网络借贷信息中介机构业务活动管理暂行办法》对于合格投资者方面并没有进行规定。这实际上可以通过网络借贷平台进行合格投资者管理。比如，在强化投资者教育的前提下，要求限定每个投资者单个项目投资额度、投资个数和总投资额上限等。比如，每个项目投资不得超过 5 万元或个人资产 5% 之孰低者，个人在每个年度内投资不得超过 3 个项目，个人在 P2P 投资的总投资额度不得超过 20 万元或个人资产 10% 之孰低者。二是建立风险拨备制度。通过设立风险拨备金制度，要求平台按一定比例提风险拨备，并将准备金托管在银行部门。一旦平台出现问题或借款人违约，那么就可以通过风险拨备来部分偿付投资者的损失，使得投资者的利益受损降低到最大限度。三是健全信息披露和风险提示制度。互联网金融具有普惠性和零售性，监管部门要强化 P2P 平台的信息披露制度建设，要求 P2P 平台进行透明化的信息披露，并建立健全风险提示制度，要求 P2P 平台在投资者投资前进行有效的风险教育和提示。四是设立投资冷静期和争议处置机制。由于投资者对于网络借贷的专业知识和风险识别能力有限，需要设置一个冷静期让投资可以“反悔”其投资行为，并设立争议处置机制进行相关监管、自律，地方政府可以考虑分工并建立流程大致相似的投诉机制和投诉中心以解决纠纷，让投资者有合理、合法渠道维护权利。五是深化线下获客渠道现场监管，切断非法融资互联网化的线上线下转换机制。监管主体应该在强化对 P2P 平台的线上监管同时，对于线下门店、广告、活动等也加强管控，切断非法融资活动在线下的拓展渠道，切断非法民间融资借助互联网和线下门店的相互转换机制，防止 P2P 平台通过线下的宣传活动拉拢投资者，以保护投资者的利益。

互联网金融行业自律机制有关问题研究

杜晓宇*

一、互联网金融行业自律的重要意义

近年来，随着大数据、云计算、移动支付技术的发展，我国互联网金融业务呈现出爆发式增长，整个行业的影响力和市场规模不断扩大。2015 年 7 月，经党中央、国务院批准，中国人民银行等十部委联合下发了《关于促进互联网金融健康发展的指导意见》（以下简称《指导意见》），《指导意见》提出要加强互联网金融行业自律。切实让行业自律这一方式，发挥积极作用，规范互联网金融从业机构市场行为，保护行业合法权益。①

对于互联网金融行业的监管，我国政府一直坚持“依法监管、适度监管、分类监管、协同监管、创新监管”的原则，对行业发展持鼓励和包容的态度。但是由于互联网金融行业发展迅速，监管规则的制定出现了一定的滞后，监管力量和手段都体现出不足，存在“政府失灵”的可能性，而通过行业自律弥补政府监管的不足十分必要。

（一）互联网金融行业自律的概念

根据布莱克法律词典的释义，“自律”是指行业或组织根据自身建立的规则和标准对自己进行控制、监督和管理的活动。行业自律是指为了规范行业行为，协调行业间的利益关系，维护行业公平竞争，促进行业发展而形成的，行业内部自发组成一个自律组织（协会）以实施自律功能的行为。互联网金融行业自律

---

* 杜晓宇，中国支付清算协会综合部副主任。

①杜晓宇：《对互联网金融的再思考》，《银行家》2015 年第 8 期，第 14－15 页。

可以视为由互联网金融行业的从业组织和人员，为保护和增进共同的利益，在自愿基础上依法组织起来，共同制定规则，共同遵守的一种团体自律，介于宏观和微观之间的一种中观层面的管理机制。对于互联网金融监管（他律）而言，互联网金融自律体现出自我约束、自我遵循法度的含义，带有显著的市场特征。

行业自律是市场管理的重要组成部分，国外很多国家都十分重视行业自律这种管理手段，将其视为传统型法律规制和行政管制的有效补充，特别是欧盟国家提倡拓展新型管制手段来提高对市场的管理效率，在自律体制机制建立方面给予了一定的立法支持。在我国，2007 年国务院办公厅《关于加快推进行业协会商会改革和发展的若干意见》（国办发〔2007〕36 号文）中规定："行业协会担负着实施行业自律的重要职责"。随着我国社会主义市场经济体制的不断完善和政府行政管理体制改革的日益深化，加强行业协会的自律管理显得越发重要。

由于金融行业在我国一直属于强管制行业，防范金融风险是我国监管部门的重要监管原则，因此从我国互联网金融行业自律发展情况上看，互联网金融行业自律具备了自发性和行政性双重属性。自发性即互联网金融行业机构自身为了维护行业共同利益内部自发设立形成，由互联网金融行业自律组织实施自律管理；行政性即由政府主管部门为弥补政府监管与自由竞争两方面的不足，促进互联网金融行业健康良性发展，充分利用市场化的手段，以自上而下方式牵头设立行业自律组织实施自律管理。例如，《关于促进互联网金融健康发展的指导意见》明确指出要加强互联网金融行业自律。充分发挥行业自律机制在规范从业机构市场行为和保护行业合法权益等方面的积极作用。规定由中国人民银行牵头组建中国互联网金融协会。中国互联网金融协会按照互联网金融不同的业务类型，制定相应的自律规则，推动信息共享，营造良好氛围，促进互联网金融行业健康发展。

因此，可以将我国互联网金融行业自律归纳为，互联网金融行业的政府主管部门与市场主体为维护行业利益，规范行业发展，协调政府与市场间关系，遵从市场化、自愿化原则而形成的，组建行业自律组织实施自律管理的行为。其中：

维护行业利益是互联网金融行业自律的首要宗旨。一方面，每一个行业都有其"行业公地"的存在，互联网金融行业也不例外，由于金融是经营风险的行业，互联网金融最大的行业公地在于"社会公众对行业的信任"，这是每一家企业取得良好发展的基础。"大河无水小河干"，为了避免"公地悲剧"的出现，互联网金融行业自律要时刻本着维护行业共同利益的出发点，进行自律管理，如果有企业破坏了社会公众对于行业的信任，那么必须予以严惩。另一方面，维护行业利益需要完善市场环境建设，建立行业信用体系，加强投资者教育，保护金融消费者合法权益，推动建立有效的监管体系，将互联网金融市场环境从"盲目”向“规范”转变，这是维护行业利益的基础。

规范行业发展，防范金融风险是互联网金融行业自律的核心目标。互联网金融行业经过了一个粗放式发展的初期，势必进入一个震荡式发展的调整期。在此期间，互联网金融行业自律的核心目标是通过规范行业发展，防范金融风险，最大限度降低互联网金融企业风险暴露而对社会公众的冲击和影响，与监管部门共同努力，确保不发生区域性或系统性金融风险。2016 年是我国互联网金融专项整治年，通过专项整治活动，可以促使互联网金融行业更加规范发展，实现行业长远发展的目标。互联网金融行业自律也迫切需要不断完善自律规范，加强对从业机构、从业人员、信息披露、信息安全、数据统计、信用共享、资金安全等方面的自律管理，促进行业健康发展。

协调政府与市场间关系，寻求监管与创新的平衡是互联网金融行业自律的重要职能。由于政府监管存在前瞻性和科学性的不足，需要行业自律组织更加贴近市场，以专业的能力和高效的服务，起到政府与市场之间传声筒、反馈器、润滑剂、试验田的作用，在自律管理的同时，又保证充足的创新空间，并且促进政府监管与市场创新的有效平衡。

（二）互联网金融行业自律的优势

我国互联网金融业务的发展有其自身的演进路线，目前已经形成一个庞大的相对独立的为几亿金融消费者提供服务的体系，引入行业自律、加强信息披露、建立企业与监管机构良好、顺畅，有建设性的沟通是行业治理机制的重大创新。相比于政府监管，互联网金融行业自律有其以下几方面优势和合理性：

一是自律管理具有自发性。没有秩序的市场，市场参与者不可能实现其利润最大化。真正想在互联网金融行业发展的企业，希望这个行业或者市场是规范有序的，这样它就可以集中精力做好自己的产品和服务，避免出现“劣币驱除良币”的问题。如果企业通过违规就能得利，受到的惩戒不足，最后损害的是行业的利益和形象，并招致监管部门的强力监管和消费者的“用脚投票”，选择放弃这个行业。

二是“政府失灵”带来了行业自律的不可替代性。互联网金融领域的监管存在政府缺位、监管有效性不足、监管协调成本高等诸多问题，特别是在简政放权的背景下，单一的行政监管体系已经不能满足互联网金融行业的需要，通过有效的行业自律管理，可以少走弯路、错路，互联网金融行业自律已经成为行业治理中的重要组成部分，银监会在《网络借贷信息中介机构业务活动管理暂行办法》中也强调要充分发挥网贷市场主体自治、行业自律和社会监督的作用，规定由中国互联网金融协会从事网络借贷行业自律管理。

三是行业自律是一种内行管理，容易及时发现问题，能够对整个交易活动进行更全面的实施监控，能够及时发现和查处市场参与者存在的问题，防范和降低市场风险；同时通过行业自律“声誉惩戒”机制的灵活运用，对互联网金融行业增加了一道“道德约束”，提高了违规成本。

四是行业自律效率高，行业自律没有烦琐的条条框框，操作起来简便行易。自律管理制度的制定和出台更加灵活，可以根据市场实际情况及时出台，为监管制度的制定奠定基础。从长远看自律管理是成本低、效率高的管理方法。

（三）互联网金融监管与行业自律的关系

随着我国行政审批体制的改革和服务型政府的建立，基于互联网金融技术发展迅速、创新能力强、P2P 网络借贷等行业非牌照化管理的特点，互联网金融行业自律将发挥更大的作用。

1. 构建政府监管—行业自律—企业的三元结构

互联网金融行业引入自律管理后，由传统的“政府—企业”的二元结构，变成“政府—行业自律组织—企业”的三元“金字塔模式”结构①，在这个机构当中，企业内控是重要基础，行业自律是补充，有效弥补企业内控和政府监管两者的不足，政府监管是最终保障，保障最终的约束力模式。

在这个“金字塔”模式中，最上面的是政府监管。政府监管是国家、政府或其他授权机构代表社会利益，以建立一定的行为标准、规则或准则的方式，对有关机构或参与者活动主体的合规性进行持续、专门的监督，以限制参与者的行为不损害其他参与者的利益，或不产生有违公平、公正的分配原则的后果，并对不合规行为后果实施检查或处理的一种行为②。互联网金融领域政府监管不可或缺：一是通过政府监管可以有效弥补市场缺陷，防止“市场失灵”；二是政府监管可以有效降低交易成本；三是政府监管可以弥补互联网金融信息共享不完备、信息披露机制存在不足的问题；四是政府监管可以弥补法律的不完备等。同时，通过前述研究政府监管还存在一定局限性，同时加强政府监管还可能存在“设租寻租”的问题发生。

互联网金融行业自律作为政府监管与微观市场之间的中间地带，能够涉及政府监管所不能延伸到的领域，是政府监管和市场调节的补充，成为连接监管和市场的桥梁和纽带。互联网金融行业自律能够发挥多大作用，有多大的空间，很大程度上取决于自律中如何贯彻监管的问题，也就是自律在政策传导中如何发挥作用。

---

① 陆强华：《支付行业的发展与监管》，《中国金融》2015 年第 19 期，第 73 页。

② 张颖：《从控制现金流角度对券商进行监管》，《经济论坛》2013 年第 21 期，第 79 页。

2. 互联网金融监管与行业自律相互衔接，共同发挥作用

政府监管和行业自律是有区别的，其根本在于前者是依靠国家强制力实施的，而自律管理更多的是在市场竞争中自发形成的，在获得他律监管的认可后才有合法性。

政府监管的基本特征是连续性、稳定性和刚性。政府监管更多关注结果；而自律管理更多具有适应性（对市场灵活和快速的反应）、维持性（或有待升华为他律监管）和柔性（弹性），自律管理更多关注过程。

从管理的内容上讲，自律管理可以说是合理合法，而他律监管则可能是合法不合理。有些合理却不一定合法的行为就必须通过自律管理的过渡来获得法律的承认。所谓合理是指符合市场内在的效率要求，合理不合法的行为主要就是指现实中的各种金融创新活动在法律中未规定或法律需要发展和完善。

自律管理和政府监管处在市场管理的不同层次和不同阶段，根据市场需要，自律管理可以向政府监管转化，判断是否转化的一个标准可由交易费用决定。如果执行一项管理，当自律管理的交易费用更低，那么最好使用自律管理约束，反之就采取政府监管。从理论上讲，可以用边界交易费用来决定自律管理与政府监管的边界，但在实际操作中很难核算出彼此的成本，也就是说实际上这种方法很难操作。

如果一个产品处在创新期，这个时候人们对其的情况、性质或者危害并不了解，如果监管贸然介入，会面临抑制市场活力与维护市场秩序的“两难”选择。因此，比较理想的方式是，在产品的创新和推广阶段，由自律管理发挥主要作用，产品成熟或者标准化后，政府监管往往成为主导。

3. 充分发挥互联网金融行业自律作用，可以有效平衡监管与市场的关系

互联网金融行业是一个新兴行业，新业务层出不穷，制度规则尚未成形，组织形态、市场环境等方面也都在不断变化，特别是互联网金融机构很多是由社会资本主导、创新驱动强、市场化程度高，如果完全沿用传统监管模式，在监管的刚性和市场的创新之间必然会有很多不适应和摩擦，面对大量的创新业务和新的实践，面对很多不确定性，政府监管要对其进行直接管理，难度非常大，处理不好反而会损害政府公信力，从这个意义上来讲，通过互联网金融行业自律，对市场发展进行柔性管理和引导，营造相对有序的市场环境，对于监管政策的传导和执行、提高监管效率更加有利，可为政府监管创造更加良好的市场环境。

二、我国互联网金融行业自律发展情况

自 2013 年下半年起，互联网金融行业内陆续出现了一些自律组织，据不完全统计，包括 2016 年 3 月 25 日成立的中国互联网金融协会在内，全国各级互联网金融自律组织总量已经超过 40 家。这些行业自律组织通过行业自律的形式对其成员进行约束和管理，并开展研究、交流、合作等活动，积极搭建监管部门与互联网金融企业之间沟通的桥梁。互联网金融行业自律组织的发展，在一定程度上起到了规范互联网金融业务，有效促进行业持续健康发展的作用。但是目前互联网金融行业自律也存在着自律组织庞杂，甚至极少数组织就是以“圈钱”为目的设立的机构的现象，增加了互联网金融企业的负担，加剧了互联网金融行业乱象，对互联网金融自律需要深入研究，妥善引导，加强管理，完善行业自律机制的建设。

（一）互联网金融行业自律现状

近年来，随着国内互联网金融的高速发展，整个行业的影响力和市场规模不断扩大。由于监管主体和规则迟迟未能明确，行业内陆续出现了一些互联网金融自律组织，通过行业自律的形式对其成员进行约束和管理，并开展研究、交流、合作等活动，积极搭建监管部门与互联网金融企业之间沟通的桥梁。互联网金融行业自律组织的发展对规范互联网金融业务，促进行业持续健康发展起到了积极作用。但是，由于互联网金融自律组织众多，良莠不齐，有些组织也存在设租套利，党同伐异的情况，互联网金融自律组织同互联网金融行业一样都亟须一个明确的标准和自我净化的过程。

1. 互联网金融行业自律组织设立情况

目前，国内互联网金融行业自律组织还处于“跑马圈地”状态，按照组织性质的不同，主要分为有官方背景的自律组织、经民政部门审批的地方性自律组织和未经审批的民间自律组织，具体情况如表 1 所示。

表1 我国部分互联网金融自律组织设立情况

序号	类型	自律组织名称	主管单位	成立时间	宗旨或职责	会长（负责人）
1	具有官方背景的全国性自律组织	中国互联网金融协会	人民银行	2016年3月25日	对互联网金融行业进行自律规范；为会员服务，维护会员的合法权益；维持互联网金融行业的正当竞争秩序，推动行业健康有序发展	人民银行原副行长李东荣
2		中国支付清算协会互联网金融专业委员会	人民银行	2014年3月26日	对互联网金融行业进行研究、自律，开展交流与服务	平安集团董事长马明哲
3		中国证券业协会互联网证券专业委员会	证监会	2015年3月11日	对互联网证券业务进行研究、自律，开展交流与服务	平安证券董事长谢永林
4		中国证券投资基金业协会互联网金融专业委员会	证监会	2015年3月17日	对基金行业互联网金融业务进行研究、自律，开展交流与服务	浙商基金董事长肖风
5		中国互联网协会互联网金融工作委员会	工信部	2014年1月16日	对互联网金融行业进行研究、自律，开展交流与服务	工信部信息化推进司司长徐愈
6		中国电子商务协会互联网金融行业工作委员会	工信部	2015年1月31日	研究咨询、合作交流、人才培养	电子商务协会副秘书长李建华
7	地方互联网金融自律组织	上海金融信息行业协会（前身是上海网络信贷联盟）	上海市经信委	2015年7月	对上海金融信息服务行业进行自律、协调、交流合作	东软集团
8		上海互联网金融行业协会	上海金融办	2015年8月	行业自律、维权、协调和服务	证通公司董事长万建华
9		中关村互联网金融行业协会	中关村管委会	2013年8月9日	对互联网金融行业进行研究、自律，开展交流与服务	拉卡拉公司
10		北京市网贷行业协会	—	2014年12月16日	对北京P2P进行自律管理，开展交流、服务、沟通活动	宜信公司董事长唐宁

续表

序号	类型	自律组织名称	主管单位	成立时间	宗旨或职责	会长（负责人）
11	地方互联网金融自律组织	首都金融服务商会互联网金融专业委员会	北京市金融工作局	2015 年 3 月 24 日	对北京互联网金融进行自律管理，开展交流、服务、沟通活动	首金网
12		广东互联网金融协会	—	2014 年 5 月 19 日	对广东互联网金融进行自律，开展交流、合作、提供融资服务	万惠投融 CEO 陈宝国
13		深圳市互联网金融协会	深圳市金融办	2014 年 11 月 6 日	对深圳互联网金融行业进行自律，服务企业，沟通政府，合作发展	平安集团
14		广州互联网金融协会	—	2015 年 1 月 6 日	打造互联、互通、互助的华南互联网金融生态圈	广州 e 贷总裁方颂
15		江苏省互联网金融协会	江苏省金融办	2014 年 12 月 16 日	对江苏互联网金融进行自律、协调，服务	江苏银行董事长夏平
16		杭州互联网金融协会	—	2015 年 9 月 13 日	为政府和金融企业"牵线搭桥"，并参与到行业政策的制定和人才引进、推动行业自律的工作中	蚂蚁金服
17		福建省互联网金融协会	—	2015 年 12 月 25 日	积极探索合作发展模式，实现福建省互联网金融企业共同发展	平安银行福州分行
18		江西省互联网金融协会	—	2015 年 12 月 28 日	发挥行业自律组织在规范市场行为、信息交流共享，行业合法权益保护方面的作用	元宝 365 董事长周健
19		陆家嘴互联网金融协会	—	2016 年 3 月 1 日	利用陆家嘴地区地缘优势，促进互联网金融行业健康发展	支付宝

续表

序号	类型	自律组织名称	主管单位	成立时间	宗旨或职责	会长（负责人）
20	部分未经民政部门审批的民间相关具有自律职能的组织	互联网金融千人会	—	2013年7月24日	互联网金融政产学研投合作，扶持孵化企业	易宝支付 唐彬
21		中国小额信贷联盟P2P行业委员会	—	2012年11月4日	P2P行业自律	白澄宇
22		中国互联网金融诚信联盟	—	2014年4月2日	服务交流自律	—
23		中国互联网金融产业信用联盟	—	2014年5月15日	研究服务自律	—
24		互联网金融企业社会责任自律联盟	—	2014年12月20日	政产学研用合作交流	—
25		中国互联网金融企业服务联盟	—	2014年10日	服务会员、服务社会、服务互联网金融、服务经济、服务企业为宗旨，以互利多赢，共同发展为目标，实现成员间的信息共享与资源配置	—
26		中国互联网金融互助联盟	—	2014年9月	诚信、互助、共赢、自律、发展	—
27		中国互联网金融投融资联盟	—	2015年1月	协助互联网金融企业获得便捷的融资	—
28		股权众筹行业联盟	—	2014年10月31日	自律、交流、合作	—
29		浙江省互联网金融联盟	—	2015年1月	—	钱庄网执行总裁 陈建可
30		山东省互联网金融行业协会	—	2014年6月7日	—	汇盈贷
31		中国互联网金融行业协会	—	2013年11月	推动互联网金融健康发展	宏皓
32		网贷之家	—	2011年10月10日	P2P行业门户网站，提供交流、资讯服务、行业数据	徐红伟
33		网贷天眼	—	2012年3月28日	P2P行业门户网站，投资人线上交流、平台筛选	田维赢
34		京北金融	—	2014年8月	互联网金融门户网站	罗明雄

2. 互联网金融行业自律组织发展中存在的问题

一是自律组织缺乏门槛，数量增长过快，良莠不齐。2013 年以前，互联网金融行业内的自律组织还很少，伴随着互联网金融的快速发展，各地开始加快自律组织建设，从 2014 年开始自律组织的数量急剧增加。自律组织数量的快速增长，反映出整个行业自律和健康发展的迫切需要和监管，同时也说明对于互联网金融行业自律组织管理的缺失，行业自律组织缺乏必要的门槛，几乎任何机构甚至一些自媒体人都能成立所谓的互联网金融自律联盟，造成行业自律管理的混乱。

二是自律组织体系庞杂，缺乏统一管理，处于“跑马圈地”状态。目前，行业内自律组织类型杂乱，既有正规协会设立的分支机构，正规的地方行业协会，也有民间自发成立的组织。经审批成立的行业协会，由于业务主管单位的不同对于互联网金融行业自律管理的能力差别也很大。民间自律组织，多以联盟形式出现，例如“中国互联网金融行业协会”是一家在香港注册的组织，并非在我国民政部注册的社会团体，被民政部门称为“山寨协会”，就是这样一家“山寨协会”，仍旧可以大肆招募会员开展各类活动。短短 2 年时间吸收了数百家互联网金融企业入会，并组织各类评奖活动，对很多互联网金融消费者造成误导。2016 年以来民政部连续公布了 12 期“山寨协会”名单，涉及互联网金融的自律组织包括中国小微与互联网金融行业协会、中国互联网金融发展促进会、中国互联网金融研究会、中国互联网金融行业学会、中国互联网金融研究院、中国互联网金融行业协会、中国小微金融机构联席会等多家“社团”。

三是行业自律组织水平参差不齐，缺乏有影响力的行业协会。互联网金融行业内自发成立的民间组织较多，其自律水平和成员覆盖面较窄，有些组织甚至成为个别企业和个人牟取私利的工具。有官方背景的行业协会，存在主管部门职责定位不清晰，重复自律管理等情况，而且容易产生为成员背书的效果。2015 年 12 月 31 日，由中国人民银行牵头的中国互联网金融协会经民政部上报国务院批复同意，于 2016 年 3 月 25 日挂牌成立，其正式开展行业自律工作一段时间后，这一问题得到一定程度的缓解。

四是自律组织严重增加了互联网金融企业的负担。根据媒体报道，某网贷行业协会会员会费最低为 25 万元/年，最高为 200 万元/年，而类似的其他互联网金融行业协会会费标准普遍不低。目前，互联网金融企业大多处于创业初期，盈利水平有限，一些自律组织的会费标准过高，给企业带来较大压力。此外，由于不同类型的行业自律组织众多，例如在广东省就存在广东互联网金融协会、广州市互联网金融协会、深圳市互联网金融协会、深圳市互联网金融商会等多家自律组织，这些自律组织往往都有一定的背景或媒体资源，企业不得不重复加入，无形中增加了企业的负担。

3. 互联网金融行业自律效果——以中国支付清算协会互联网金融专业委员会为例

中国支付清算协会互联网金融专业委员会成立于2014年年初，作为中国支付清算协会的分支机构，是全国第一家由金融监管部门主管的互联网金融行业自律组织，主任委员为平安集团董事长马明哲，在网贷行业的自律管理方面发挥了积极作用。中国支付清算互联网金融专业委员会成立伊始，吸收了9家P2P网络借贷会员入会，其后一直未增加新的P2P网贷会员，通过对部分入会P2P网络借贷企业业务观察，可以发现加入正规的国家级行业自律组织，对P2P网贷企业起到了积极作用。

（1）成员单位交易规模增长迅猛，远高于行业平均水平，行业自律组织的公信力“背书”效果初显。

2014年，纳入数据统计的7家会员单位成交金额合计344.68亿元①，较2013年增长374.77%，增长幅度是行业平均水平的2.7倍。2014年1~12月，行业与会员单位各月均实现同比较大增长，会员单位增幅在217.94%~514.78%之间，远高于全行业109.75%~202.19%的增幅（见图1）。

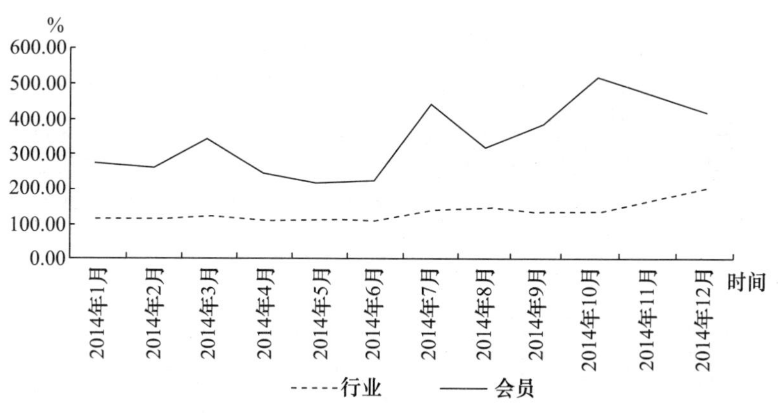

图1　2014年各月交易额同比增长情况

（2）成员单位市场占有率大幅提升，“马太效应”显现。

从交易规模占比情况来看，2013年1月，成员单位合计成交金额仅占同期行业成交总额的5.52%。随着行业的快速发展，成员单位的交易规模以更快的速度扩大，2014年1月交易金额占比达到9.65%，2014年10月达到峰值18.36%，

① 资料来源：第一网贷，纳入数据统计P2P网贷平台为：陆金所、宜人贷、人人贷、红岭创投、翼龙贷、合力贷、拍拍贷，因技术原因未包含开鑫贷、网信理财。

同期成员平台数量仅占2014年10月全国运营平台总数的0.47%（见图2）。成员单位市场占有率不断攀升，“马太效应”明显。

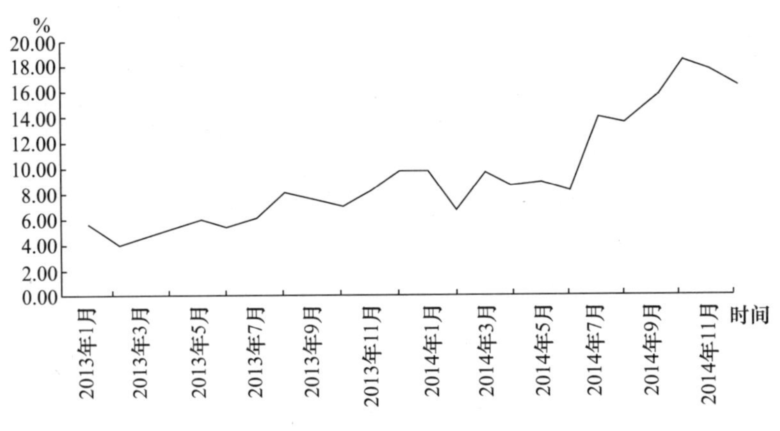

图2　会员单位市场占有率

（3）成员单位利率水平平稳，风险系数低于行业水平

P2P行业利率实行市场化定价，平台利率水平给投资人的收益越低，则表明平台盈利能力越强。统计显示，2013年全国P2P网贷行业综合收益率为23.05%。2013年7月，行业综合收益率一度高达26.36%，随后行业利率呈现持续下降趋势，2014年12月降至两年来最低16.08%。同期，成员单位综合收益率保持平稳，2014年各月会员平均综合利率在10.98%～13.36%区间上下小幅变动，各月均低于行业平均利率水平（见图3）。

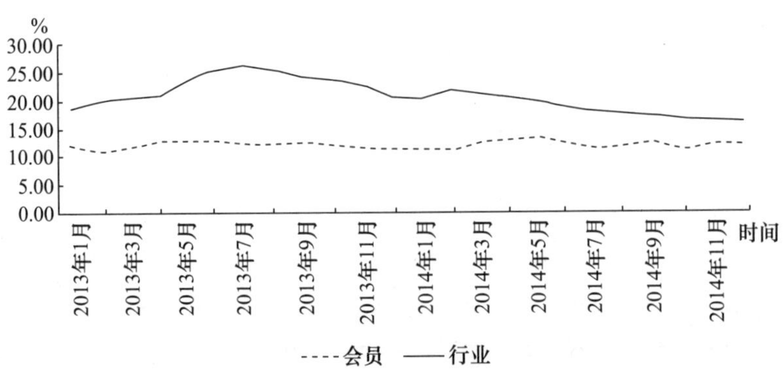

图3　2013年、2014年会员利率和行业利率情况

（4）建立互联网金融风险信息共享系统，打破“信息孤岛”，破解“一人多贷”难题。

互联网金融行业蓬勃发展的同时，借款人恶意欺诈、过度负债等信用风险事件也频出，单一借款人可以通过在不同 P2P 网贷平台间借款实现套利。因此互联网金融行业迫切需要打通平台间的“信息孤岛”局面。2015 年 8 月 19 日，中国支付清算协会互联网金融专委会“互联网金融风险信息共享系统”正式上线，解决了困扰行业已久的借贷信息共享问题，将各个互联网金融平台分散的数据有机整合起来，形成借款人信息共享机制，有效避免了“一人多贷”等不良现象的发生。截至 2015 年 12 月 31 日，该系统正式接入互联网金融机构 39 家，接受查询 105591 笔，有效反馈逾期借款、多头借贷等信息 36676 笔①，切实防范了信用风险。

综上所述，互联网金融专委会 P2P 成员单位已经逐渐成为 P2P 网贷行业中的龙头企业，优势地位日渐显现。这其中既有已经加入专委会的网贷平台自身风控水平、运营能力较高的因素，也与因加入专委会而带来的品牌效应，接受监督提高内控水平有关。互联网金融专委会在一定程度上为企业起到了“背书”效果。当下 P2P 行业企业数量多，同质化竞争严重，不少企业盲目抄袭，没有形成核心竞争力，这在一定程度上阻碍了行业创新的发展，又不利于金融风险防范。互联网金融专委会在一定程度上支持了优秀的 P2P 网贷企业发展，充分发挥互联网金融行业自律组织的优势，可以使其成为在行业内具有公信力的互联网金融自律组织，同时实现 P2P 网贷行业的自我净化与健康发展。

三、国内外金融行业自律经验借鉴

（一）英国互联网金融行业管理及自律情况简介

英国 P2P 网络借贷行业发展较早，2005 年诞生了全球第一家网络借贷平台 Zopa。在英国，P2P 网络借贷、股权众筹和票据融资等互联网金融业务统称为替代性融资业务。2012 年，英国通过了《2012 年金融服务法案》，撤销金融服务局（Financial Service Authority，FSA），其职能分别由新成立的审慎监管局（Prudential Regulation Authority，PRA）和金融行为监管局（Financial Conduct Authority，

① 资料来源：中国支付清算协会互联网金融风险信息共享系统。

FCA）承担。2014 年 4 月 1 日，FCA 制定了《关于网络众筹和通过其他方式发行不易变现证券的监管规则》（以下简称《监管规则》）正式施行，适用范围包括借贷型众筹（Loan - based，P2P 网络借贷）和投资型众筹（Investment - based，股权众筹），[①] 对 P2P 和股权众筹平台监管，相关机构需要取得 FCA 的授权。

英国 P2P 借贷企业于 2011 年自发建立了一个行业自律组织——P2P 金融协会（P2P Financial Association）。2011 年，在政府未对该领域实施监管之前，英国前三大 P2P 借贷公司 Zopa、Funding Circle 和 Ratesetter 发起成立了 P2P 金融协会。

实际上，在 P2P 金融协会成立之前，规模较大的 P2P 网络借贷企业从公司及行业发展角度出发，一直积极要求受到政府部门的监管约束。在从业者看来，一方面，政府监管有助于建立消费者对公司个体的信任，保持公司业务量的持续增长，尤其对机构投资者而言，政府对该领域的有效监管是机构投资者参与该市场的基本保障；另一方面，政府监管也有助于建立统一的行业运营规则和标准，可以有效保护行业整体声誉，提高竞争的透明度，维护市场的公平竞争秩序。

基于以上考量，几家较大的 P2P 网络借贷平台牵头成立了 P2P 金融协会，业务规模占 P2P 网络借贷市场规模的 95% 以上。虽在运行机制方面较为松散、灵活，但是在政府出台监管框架之前，该协会在行业管理方面发挥了极大的推动作用。协会制定的部分标准和规则，包括信用评估、风险管理、资金托管等原则，后来被监管部门（FCA）所采用而成为具有法律约束力的行业法规。

在防范欺诈方面，英国设立了信用行业欺诈防范体系（CIFAS）。CIFAS 拥有综合性的欺诈数据库，为会员提供最为全面的欺诈数据和预防欺诈措施。目前已有 300 余家机构在 CIFAS 注册为会员，包括银行、信用卡机构、线上零售服务、保险公司、电信集团、P2P 网络借贷公司等。会员可以向 CIFAS 提供并获取与欺诈相关的各类数据和信息，CIFAS 对会员提供和获取数据信息采取双向收费模式。

（二）我国其他金融行业自律组织相关经验

课题组对我国金融类主要行业协会，包括中国保险业协会、中国证券业协会、中国银行业协会、中国银行间市场交易商协会、中国支付清算协会和中国证券投资基金业协会主要业务开展情况进行了研究，前述协会业务主管单位为“一行三会”，相关自律组织有以下两个特点：

一是普遍承接了一定的政府职能，成为行业自律管理的“抓手”。行业协会

① 杜晓宇：《英国 P2P 网贷和众筹监管新规实施情况及对我国的借鉴》，和讯网，http：//iof. hexun. com/2014 - 04 - 30/164396994. html，2016 年 1 月 15 日。

的一部分职能可能源于业务主管机关的委托，这种授权关系体现了我国行业协会与政府公权力机关的特殊联系，是行政体制改革时期政府让渡部分权力于行业协会，平衡政府监管与市场调节之间关系的一种表现形式。2015 年 7 月 8 日中办、国办印发了《行业协会商会与行政机关脱钩总体方案》，其规定："加快转移适合由行业协会商会承担的职能。行政机关对适合由行业协会商会承担的职能，制定清单目录，按程序移交行业协会商会承担"。在政府职能转移方面金融业先行一步，金融业行业协会普遍已承接了一定的政府职能转移，典型的如银行间市场交易商协会承担了人民银行关于银行间债券市场审批的职能；证券业协会承担了证券从业资格认证、保荐人资格认证、证券公司私募产品备案等职能；银行业协会承担了银行业从业资格考试职能，保险业协会承担了保险从业资格、精算师考试职能，基金业协会承担了私募基金备案、基金从业资格考试等职能。由行业协会承接政府移交的职能是行政管理改革，政府简政放权的一种外在表现，通过承接政府部分市场管理职能，有利于奠定行业自律管理的基础，保证金融市场的稳定。

二是普遍通过运营业务系统，增加行业自律管理的技术支持。金融业行业协会大多根据自己的实际需求运营相关业务系统，提供行业范围内数据库、信息共享设施，作为行业服务的重要手段，也为行业自律管理提供了技术支持。综合来看，各个协会基本都具有的系统是考试认证系统、会员信息管理系统、培训系统，在此基础上，根据本协会和本行业的具体情况运营相关业务系统，例如中国银行业协会的银团贷款系统，银行间市场交易商协会的非金融企业债务融资工具注册信息系统，中国支付清算协会的支付清算风险信息共享系统及互联网金融风险信息共享系统，证券业协会的机构间私募产品报价与服务系统等。

（三）相关启示

第一，完善制度，奠定互联网金融行业自律基础。建议借鉴国外经验，结合我国互联网金融市场实际情况，加快互联网金融相关法律法规体系建设，同时加紧制定并完善网络征信管理、金融消费者保护等方面的立法，为互联网金融行业规范、有序和良性发展提供政策保障和基础环境。对于互联网金融行业的监管，宜本着尊重市场、呵护创新、因时制宜、严守底线的理念，同时加强行政监管与行业自律之间的协调。在监管方式上，要注重采用市场化的手段。在英国 FCA 全面负责 P2P 网络借贷和股权众筹的监管，FCA 监管规则明确，投资者在 P2P 网络借贷或众筹企业的投资，并不纳入金融服务补偿计划范畴内，意味着投资者的投资风险自负，投资者在投资时就有明确的自担风险的意识。因此，在我国投资者普遍对金融理财产品抱有"刚性兑付"的意识，为避免因为政府对互联网金融企业背书引发道德风险，我们发现银监会《暂行办法》并未对 P2P 网络借贷企业设立行政许可，而是采用“备案机制”，同时遵循“底线监管”原则设立了负面清单。

此外，建议通过行业自律管理的方式，用市场的手段设立一些行业标准，这种方法在银行间市场债券发行、证券公司非标准私募债、私募基金管理方面，都有成形的经验可加以借鉴。

第二，优化互联网金融行业征信环境，建立健全风险信息共享机制。建议逐步对 P2P 网贷企业开放征信系统，降低机构审贷成本，提高审贷质量和服务效率。尝试建立 P2P 机构评级机制，分层次允许准入，减少事前审批，严格事后监督，对非法泄露客户信息等问题予以严厉查处。由自律组织建立行业风险信息共享系统，加强同业交流，提高 P2P 机构风险防范能力。参照 CIFAS 经验，推动建立 P2P 网贷行业借款人信用数据平台，收集、挖掘行业数据，并向从业机构提供信息服务。同时，信息共享系统也可以成为互联网金融自律组织服务工作的重要基础。

第三，建立明确的行业信息披露标准，向投资者披露借款人信用信息。由于行业自律制度制定效率高，灵活性强，可由行业自律组织参考 FCA 的规定，明确要求 P2P 和股权众筹机构建立信息披露制度，对信息的真实性、准确性负责，确保公开披露的信息内容通俗易懂，无虚假或误导性陈述，无重大遗漏。参考 Zopa、Funding Circle 等公司的实际做法，定期公布预期坏账率、实际坏账率及拆分后的坏账率等必要信息。

第四，宣传引入合格投资人概念，培育投资人自担风险的责任意识。对于股权众筹而言，鉴于创业型企业风险较高，投资失败的可能性较大，可以参考 FCA 的规定，要求必须达到一定条件的合格投资者方可参与投资。在 P2P 网络借贷方面，设立一定的合格投资者条件，可以采用投资者自证的方式，由投资者确认达到条件，FCA 和美国 SEC 均采用了这种方式，另外，也可以考虑对投资人进行风险水平测试，我国投资者投资沪港通股票，采用的就是这一种方式，测试合格且有风险防范能力的投资人可以进行 P2P 网络借贷投资。

此外，互联网金融行业自律组织还需加强对金融消费者的宣传教育，提高消费者风险防范意识和水平，建立投资人自担风险的责任意识。

四、完善我国互联网金融行业自律机制的建议

（一）完善互联网金融行业自律与政府监管关系的顶层设计

做好互联网金融行业自律，首先，需要厘清监管和自律的关系，明确行业自律与政府监管的侧重点。政府监管重在核心的金融风险管控、防止发生区域性或系统性风险防范以及加强金融消费者权益保护等方面；并且建立“负面清单”明确互联网金融业务的底线，底线绝不允许突破，一旦违规必须严厉处罚。行业自律重在出台一系列行业自律规范和业务标准，促进行业自我管理体系的形成，提供高标准金融服务，通过加强信息披露和舆论监督，激发社会监督和消费者自由选择权，积极引导互联网金融企业诚信服务，规范发展。注重市场约束。

其次，在我国。全国性行业自律组织一直由政府部门主管，互联网金融行业也不例外，刚刚成立的中国互联网金融协会也由中国人民银行主管，并不参加行业协会脱钩试点工作。接受监管部门的主管是一把“双刃剑”，一方面可以提高行业自律组织的权威性，另一方面又容易使行业自律组织不自觉地成为准政府组织，被大家视为“二政府”，既具有社会组织职能，同时又具有行政色彩，官民兼备，角色交叉重叠。需要明确的是互联网金融行业自律组织并不是政府监管的延伸，不能把其看成“二政府”。为此，互联网金融行业自律组织应当淡化自身的行政色彩，按照市场化要求服务，树立行业自律组织权力来自会员授权的意识，以行业为本，对行业利益自发维护，这是互联网金融行业自律组织生存的根本，不能够完全成为主管部门的附庸。

最后，也必须克服另外一种极端情况，就是政府监管部门将互联网金融行业自律组织忘到九霄云外，想不起行业自律组织的存在，事事都冲在第一线，没有发挥出行业自律组织“传声筒”、“缓冲器”、“白手套”的作用。互联网金融的监管要与行业自律工作相辅相成，行业自律组织提供优质服务，维护本行业利益是自身发展的基础，而通过努力在政策制定和执行过程中反映行业诉求，是其工作职能之一。任何政策的制定和执行，如果未能反映并实现行业利益或得到广大行业机构的支持，其执行效果势必会大大打扣。因此，监管部门在政策制定过程中，要充分考虑行业自律组织所代表的意见，倾听市场的呼声，行业自律组织与监管部门要有分工合作，政府监管与自律管理相辅相成，共同促进互联网金融行业健康有序发展。

（二）构建大互联网金融行业自律机制，打破分业监管窠臼

互联网金融监管制度设计上存在的缺陷之一就是按照机构分业监管的模式与互联网金融混业经营的业务方式并不匹配。“谁家的孩子谁抱走”，是我国处置金融风险所坚持的一贯原则，无论是“股灾”还是“钱荒”都暴露出分业监管与当今金融业混业经营的趋势不适应。但是，在互联网金融行业自律层面可以打破分业自律的限制，率先引入混业自律的思路，将银行、证券、保险、基金、信托、支付机构、网络借贷、股权众筹等业态都纳入自律体系范畴，注重业务实质，特别是对于跨市场、跨监管主体的混业互联网金融业务重点建议研究和自律。

在大互联网金融行业自律的设计上，注重以下几方面的制度设计：一是建立全口径的互联网金融统计指标体系。互联网金融数据统计是互联网金融行业自律的重要基础，没有翔实有效的数据、缺乏科学的统计指标，无法对科学自律做出有效决策，也难以对监管层提供科学准确的政策建议。为此可以考虑在中国互联网金融协会层面，建立跨监管主体的统计制度，全口径采集互联网金融行业各项业务数据。二是建立互联网金融技术标准体系。国家标准的建立需要较长的周朝和长期的摸索，行业协会除接受政府部门委托起草行业标准外，也会先行建立相应的协会标准。截至 2010 年，我国已有 27 家协会先后制定发布约 500 项协会标准。[①] 全国性互联网金融行业自律组织，可以结合各个互联网金融业态，先行探索建立全业务领域的协会自律标准，以通用基础、产品服务、运营管理、信息技术、行业管理五个维度为基础，结合各个业态和具体业务管理进行细化，先行建立标准体系，再根据实际逐项制定具体标准，使互联网金融业务开展具有一定的依据。三是要建立与“一行三会”的沟通协调机制。互联网金融具体的监管仍旧由“一行三会”分头负责，可以在互联网金融协会内部设立互联网金融监管协调工作委员会，定期就互联网金融问题与监管机构沟通，同时“一行三会”均有代表在互联网金融行业自律组织中承担相应工作，便于日常沟通和协调。

（三）加强互联网金融行业自律制度建设，形成完备的行业自律监控体系

建立完善的互联网金融行业自律制度体系，同时通过一定的技术手段对行业执行自律制定的情况加强监督，是互联网金融行业自律的重要内容。互联网金融行业自律应当从自律登记、资金存管、风险管理、金融消费者权益保护、互联网金融信息统计与信息披露等方面着手，建立完善的行业自律制度体系，并通过相

① 王霞、卢丽丽：《协会标准研究初探》，《标准科学》2010 年第 4 期，第 29 页。

应的业务系统加以监测（见图4）。

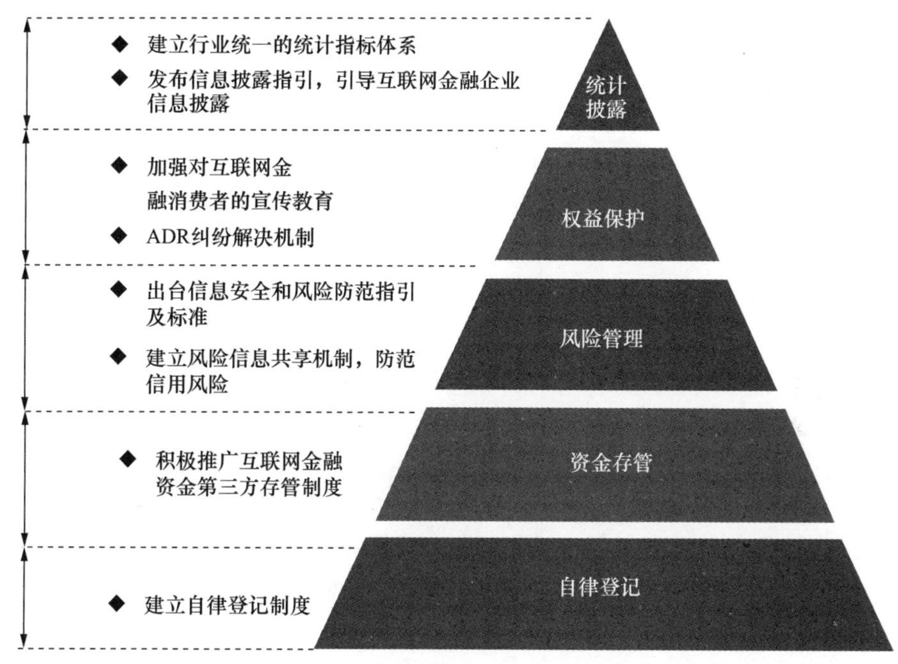

图4　互联网金融行业自律制度体系

自律登记。参考私募基金备案登记的方式，规定互联网金融企业（主要是网络借贷、股权众筹机构），到中国互联网金融协会进行登记注册。通过设计合理的登记条件，设置一定的行业准入门槛，对交易安全、风险防范和信息透明等重要问题，提出最基本的自律原则，提升行业整体形象和水平。

资金存管。网络借贷的资金安全问题一直是行业关注的焦点，资金存管问题无疑是核心。应当制定资金存管自律制度，明确网络借贷资金存管模式，对从事资金存管的商业银行，与商业银行合作开展资金存管业务的非银行支付机构设立一定的门槛，同时明确 P2P 网贷机构向存管机构提供各类重要业务信息的义务，使存管机构切实起到资金监管的作用。P2P 网贷平台则应向存管机构提供平台交易信息、借款标的信息等相关信息，便于存管机构进行核查、监控，保障客户资金安全，促进行业健康合规发展。

风险管理。互联网金融是金融与互联网行业的结合，核心需要做好信息安全保护与风险防范。互联网金融行业自律组织应当制定信息安全和风险防范的指引及标准。明确互联网金融企业应当通过信息安全登记的测评，就业务连续性、系统安全性、稳健性建立明确的标准。同时，还应当对业务开展活动过程中防范信用风险、操作风险、法律风险、流动性风险等做出相应指引。

权益保护。构建金融消费者权益保障制度，建立投诉举报处理与纠纷调解中心。在行业自律层面上率先明确合格投资者的制度，同时建立替代性争议解决机制（ADR）。互联网金融方面的权益纠纷往往具有发生频繁、金额不大且同一类纠纷往往反复出现的特点，可以利用行业自律组织的平台，参照新加坡、中国香港地区等国家或地区的经验，建立纠纷快速解决机制，具有很强的实践意义。

统计披露。互联网金融数据统计是互联网金融行业自律的基础，而信息披露是规范行业发展，提高公信力的重要手段。互联网金融行业自律组织在建立行业统一的统计指标体系的基础上，建设相应统计系统加以监测；同时应当对各机构信息披露的内容，如企业基本情况、财务信息、逾期率、资金存管情况等内容做出明确规定。

（四）行业自律组织承接必要的管理与服务职能

互联网金融行业自律组织应当积极争取监管部门在一定范围内的授权，如互联网金融行业数据统计、信用信息基础数据库、互联网金融企业交易登记清算服务、互联网金融行业风险备偿基金等职能。

其中，行业数据统计是互联网金融行业自律组织进行形势分析和调研的重要基础，也是发挥职能的重要抓手，从国内外的经验看，只有对行业信息、政策信息、会员自身信息充分把握才能有效地制定监管措施、实施自律监管。信息包括行业数据信息和自律管理信息。应坚持建立同一的互联网金融行业自律组织，例如中国互联网金融协会统筹建立互联网金融业务信息统计系统，为行业分析和研究提供有力的保障。

《暂行办法》规定了要建立 P2P 网络借贷中央基础数据库，解决信用信息割裂，防范信用风险，目前中国支付清算协会、上海金融信息行业协会、北京网贷行业协会、中国互联网金融协会、中国电子商务协会等自律组织分别建立了互联网金融风险信息共享系统。为了防止各行业自律组织建立的系统形成新的“信息孤岛”，宜考虑由中国互联网金融协会牵头，统一建设互联网金融信息基础数据库，并与人民银行金融信用信息基础数据库对接，最大限度地实现信息共享，有效防止信用风险。

为解决互联网金融企业资金存管、跨行结算的开展，并有效降低其成本，实现网络借贷合同统一登记、鉴权，防止通过对特殊借款人套取资金，防范虚假标、自融等业务风险，提升客户用户体验，维护各方利益，建议由中国互联网金融协会牵头建设全国互联网金融登记结算系统，提供互联网金融企业资金统一存

管、结算、登记、增信一系列服务。

建议参考FCA的规定，成立互联网金融风险保障基金，根据企业行业性质和风险情况，每年收取一定比例的备付金，同时，对收取比例根据风险评估情况定期调整，促使互联网金融企业重视风险管理。对因互联网金融企业破产、倒闭等受损的消费者进行依法补偿，或作为破产管理必要资金使用，保护消费者合法权益，增强各方对行业发展的信心。

（五）建立健全互联网金融行业自律的执行保障机制

行业自律的目的在于对该行业的成员实施自律管理，从而抑制市场失灵影响，弥补政府监管的空白，督促各成员依法合规经营，促进行业的共同发展，其核心是自我约束和自我管制。为实现这一目的，仅仅靠行业自律组织的引导和督促是不够的，需要建立起行业自律组织的监督检查机制，以及时发现并纠正违法违规行为。同时，规范自律惩戒机制是互联网金融行业自律规范执行的有力保证，如果会员企业从事违规经营活动所受到的惩戒不足以抵消或小于该企业从事违规业务所获得的预期收益的话，这样的自律约束就不可能控制住企业自利的冲动，互联网金融行业自律组织要真正承担起实质性的自律管理职能，就必须要建立起行之有效、可操作性强的实质性惩戒机制，加大违规成本，在企业中树立权威性。可以考虑采用强制性惩戒与道德性惩戒相结合的方式。

强制性惩戒即对于违反法律法规和行业自律规范的成员，由自律组织直接作出具有强制约束力的惩戒方式，以达到纠正违规行为的目的。主要措施有责令改正、强制培训、限制系统服务、限制成员资格、开除成员资格等。

道德性惩戒是与强制性惩戒相对而言的，即不直接采取具有强制约束力的惩戒方式，而是通过道德手段、舆论压力等手段，迫使成员纠正违规行为。主要措施有通报批评、公开谴责、降低评价等级等。可以建立会员企业信用数据库，对会员遵守法律法规和自律规则情况的微观信息，主要包括会员单位的基本信息、自律情况、投诉信息、处罚信息和信用信息进行采集，对会员自律情况给予评价，定期对外披露会员单位信用情况。互联网金融行业是一个讲信用的行业，有时通过行之有效的“声誉惩戒”，更能起到震慑作用。

（六）通过提高行业自律组织治理水平保证各项机制发挥良好作用

“徒法不足以自行”，仅仅有完善的制度不足以保证互联网金融行业自律，行业自律组织还需要完善自身治理水平，“打铁还须自身硬”，通过自身治理水平的提升，为行业提供更好的服务，建立行业自律的良好氛围。

首先，完善行业自律组织治理水平，需要健全高层次人才的供给制度。互联网金融是金融业与互联网行业的结合，行业的技术性、专业性较强，复杂的行业协调服务工作需要具有既懂金融、技术，又能胜任管理协调工作的复合型管理人才，需要互联网金融行业自律组织定向引进专业人才。

其次，完善行业自律组织治理水平，需要建立由组织内部工作组织和推动的有效机制。完善内部职能和岗位的设定，落实工作责任制，建立起计划、跟踪反馈、督办、成效评估等一系列机制并落实责任，建立内部的信息沟通协调机制，完善跨部门、跨业务的合作。

最后，完善行业自律组织治理水平，需要逐步增加和完善自律组织的职能，构建比较完善的职能体系，积极探索有效的工作模式和方法，提高工作的效率。加强职能和工作模式的储备研究，构建职能储备库，与互联网金融行业发展和成熟程度相适应。

参考文献：

［1］杜晓宇：《对互联网金融的再思考》，《银行家》2015 年第 8 期。

［2］马岩：《国际金融监管理论的发展趋势及其对我国的启示》，东北师范大学硕士学位论文，2003 年。

［3］陶金凤：《中国公益组织资金监管问题》，《经营管理者》2013 年第 21 期。

［4］谢平、邹传伟、刘海二：《互联网金融手册》，人民大学出版社 2014 年版。

［5］吴伟：《中国政府管制原因和改革——一个解释的框架》，《晋阳学刊》2012 年第 5 期。

［6］郭薇：《政府监管与行业自律——论行业协会在市场治理中的功能与实现》，南开大学博士学位论文，2010 年。

［7］谭君：《面向行业自律机制建设的 P2P 网络借贷市场监管策略研究》，西南财经大学博士学位论文，2014 年。

［8］蔡洪波：《我国互联网金融发展的判断和管理建议》，《新金融评论》2014 年第 2 期。

［9］张冉：《行业协会组织功能研究：构建、评价与培育》，同济大学博士学位论文，2008 年。

［10］陈一楠：《我国行业协会管理模式研究》，首都经济贸易大学硕士学位论文，2007 年。

［11］李艳青：《我国行业协会的治理问题研究》，江南大学硕士学位论文，2009 年。

［12］陈思果：《行业协会资源整合功能研究》，湖南大学硕士学位论文，2010 年。

［13］吴诗琪：《社会转型期行业协会角色定位研究》，大连理工大学硕士学位论文，2006 年。

［14］孙茂：《行业协会自律行为研究》，对外经济贸易大学硕士学位论文，2006 年。

［15］陈野华等：《证券业自律管理理论与中国的实践》，中国金融出版社 2006 年版。

［16］刘张君：《金融管制放松条件下的银行业自律研究》，中国金融出版社 2009 年版。

［17］余凌云：《行业自律管理体系中的惩戒机制与救济制度》，《中国安防》2007 年第 3 期。

［18］胡维波：《金融监管的理论综述》，《当代财经》2004 年第 3 期。

［19］倾志贵：《浅议市场自律机制与我国金融监管》，《经济研究导刊》2007 年第 10 期。

［20］鲁篱：《行业协会经济自治权研究》，法律出版社 2003 年版。

［21］余晖：《行业协会及其在中国的发展：理论与案例》，经济管理出版社 2002 年版。

［22］黎军：《行业组织的行政法问题研究》，北京大学出版社 2002 年版。

［23］王名、刘国翰、何建宇：《中国社团改革：从政府选择到社会选择》，社会科学文献出版社 2001 年版。

［24］詹姆斯 · S. 科尔曼：《社会理论的基础》，邓方译，中国社会科学文献出版社 1999 年版。

［25］［英］斯坦利 · 海曼：《协会管理》，中国经济出版社 1985 年版。

［26］李霄：《出版行业自律管理研究》，武汉大学博士学位论文，2010 年。

［27］陆强华：《支付行业的发展与监管》，《中国金融》2015 年第 19 期。

［28］张颖：《从控制现金流角度对券商进行监管》，《经济论坛》2013 年第 21 期。

［29］郁建兴、沈永东：《行业协会在产业升级中的作用：文献评论》，《中国社会管理》2011 年第 5 期。

［30］李振中：《从国外行业组织的法律地位和现状看我国的行业协会》，《中国建筑金属结构》2006 年第 3 期。

［31］郁建兴：《行业协会管理》，浙江人民出版社 2010 年版。

［32］王霞、卢丽丽：《协会标准研究初探》，《标准科学》2010 年第 4 期。

［33］杜晓宇：《英国 P2P 网贷和众筹监管新规实施情况及对我国的借鉴》，和讯网，http：//iof. hexun. com/2014－04－30/164396994. html。

［34］John Butterfield，“What’s a trade association”，*Valve World*，2010（2）.

［35］Stefanadis，“Self－regulation，innovation，and the financial industry”，*Joumal of Regulatory Economics*，2013（23）.

［36］Eva Hupkes，“Regulation，self－regulation or Co－regulation”，*The Journal of Business Law*，2009（5）.

［37］Peter Bryant，“Self－regulation and moral awareness among entrepreneurs”，*Journal of Business Venturing*，2009（5）.

网络借贷行业的转型发展分析

星　焱　尹振涛*

目前，我国的网络借贷行业正处于快速的转型阶段，不同类型的网贷平台都在寻求适合自身条件的转型发展道路。本文对这个转型的现象、原因和趋势进行了总结。具体内容包括：归纳我国网贷行业的主要发展阶段，分析网贷平台寻求转型的主要原因，总结网贷平台转型发展的主要模式，剖析网贷平台转型发展的典型案例，研究资本市场在网贷行业转型中的作用，探析网贷行业转型发展的五个关键问题。

一、我国网贷行业的主要发展阶段

第一阶段（2007～2010 年）。这一时期的网络借贷行业主要处于探索发展阶段。P2P 网络借贷平台大约在 2007 年后传入中国，拍拍贷、宜信、人人贷等具有代表性的 P2P 平台逐渐出现。这是探索发展的初期阶段，风控能力和信用体系存在一定的不足。

第二阶段（2010～2013 年）。这一时期的网络借贷行业呈现快速发展趋势。随着 P2P 经营业态获得市场的认可后，大量从事过民间借贷的群体加入到 P2P 创业大军。这些群体利用手中已有的资金和客户资源，扩大原有的经营规模，主要是在当地小范围内寻找借贷关系。这个阶段发展速度较快，从业人员大多拥有放贷经验，在风险方面有一定的控制能力。

第三阶段（2013～2015 年）。进入 2013 年以后，国内网络借贷行业发展不够规范，风险随之上升。此时，不同领域的创业者，怀着不同的市场初心，包括

* 星焱，中证金融研究院副研究员；尹振涛，中国社会科学院金融研究所法与金融研究室副主任。

企图快速套利、自融自保，甚至有很多是为了偿还高利贷而设立 P2P 网贷平台，因此行业风险快速上升。这一时期 P2P 平台问题集中爆发，部分平台风控体系不完善导致坏账率不断攀升，个别庞氏骗局平台也无法持续经营，到了市场退出阶段。因此，进入 2014 年、2015 年后，整个网络借贷市场优胜劣汰十分明显。

第四阶段（2015 年至今）。2015 年下半年以来，监管政策法规相继出台或落地，网络借贷行业迎来了规范、健康发展的新阶段。据相关部门统计，2015 年 7 月至 2016 年 6 月，中国网贷行业累计成交量高达 15239.7 亿元，历史累计成交量为 22075.06 亿元，近一年累计成交量占历史累计成交量的 69.04%。与此同时，在 P2P 平台上，个人借贷或投资者发挥的作用逐渐变弱，对冲基金和银行等机构投资者正在积极进入。截至 2016 年 6 月底，历史累计获得风投的平台数量已达到 88 家、"国资系" 平台数量达到 90 家、"上市公司系" 背景的平台数量达到 82 家，"银行系" 背景平台数量为 16 家。券商也在广泛进军 P2P 业务，比如恒泰证券通过全资子公司设立了恒富金服，西南证券通过全资子公司西证股权注资设立 "西证投融通"，天风证券通过全资子公司设立 "甜菜金融"，广发证券通过子公司广发信德对投哪网注资近亿元，海通证券通过子公司海通开元投资了 91 金融等。综合来看，经历探索、发展、整合和规范等阶段，是一个新兴行业发展的必然过程，网络借贷行业也是如此。

二、网贷平台寻求转型的主要原因

一般而言，我国网络借贷平台寻求转型的主要原因既有外部因素、也有内部因素。具体包括宏观经济环境变化、行业竞争加剧、自身收益水平变动、监管政策趋紧等多个方面。

（一）宏观经济增速放缓

从经济形势的角度看，这几年国内整体经济处于下行阶段，很多中小企业及个人遭遇 "瓶颈"，坏账不断攀升，平台资产质量变差，风险明显增加，客观上减少了 P2P 行业的服务对象。在当前经济下行的环境下，资产质量逐渐恶化，甚至倒闭破产。另外，受货币政策调整的影响，行业资金面相对宽松，利率下降，P2P 行业的收益率也跟着下滑，降低了投资者的投资热情。据不完全统计，2013 年 P2P 行业的综合收益率曾达到 21.25%；2014 年，下降到 17.86%；2015 年，下降为 12.98%；进入 2016 年后，收益率仍在下滑。虽然 P2P 收益率仍比银行理财高出几个百分点，但从综合风险、收益等多方面考虑，P2P 的诱惑力已不充足。

（二）盈利水平缺乏可持续性

从 P2P 内部发展来看，其盈利与成本之间明显难以平衡。事实上，在实践运营中，即便是欧美的大型网络借贷平台也遇到诸多挑战。作为行业“龙头”，美国的 LendingClub 去年损失 740 万美元，而 2015 年第三季度公司净收入达到 95 万美元后，才是其自 2014 年上市以来的首个季度盈利。国内多数 P2P 平台的盈利模式是以获取交易手续费为主，假设一年成交 10 亿元，手续费挣到 1000 万元，盈利看似说得过去。但这一年的推广费用已占利润很大比例。据业内专业人士推算，现在获取一个活跃投资用户的成本大约在 600 ~ 1500 元，由此可见，P2P 的获客成本非常高。另外，P2P 投资者倾向于中短期投资，如 3 ~ 6 个月期限，但 P2P 平台很难寻找到这样短期内高回报的投资标的，而且这类资产端的风控方式也尚不成熟。

（三）行业竞争度大幅提升

近两年来，国内的 P2P 平台数量众多，行业竞争压力持续加大。不同平台之间两极分化态势明显，大多数的交易份额逐步集中在少数平台、少数区域。换言之，这个市场原本就不需要那么多 P2P 平台。从成交量来看，截至 2015 年 12 月底，国内 P2P 网贷行业的历史累计成交量为 13652 亿元。同期，国内前二十大 P2P 平台累计成交额 6991 亿元，占全国成交量的 51.2%。从区域来看，2016 年 1 月底网贷行业贷款余额达 4682.92 亿元，其中，北京、广东、上海、浙江、江苏排名前五位，累计贷款余额达到 4235.88 亿元，占全国贷款余额总量的 90.45%。除了经营规范、风控严格等基本要求之外，资源、技术、人才、布局以及转型的效率都成为了决定 P2P 平台生死的关键。

（四）金融监管环境改变

金融监管环境趋紧，是网络借贷平台转型发展的另一个重要原因。首先，在监管环境方面，2015 年 7 月，央行等十部委发布《关于促进互联网金融健康发展的指导意见》，监管思路的“基本法”落地。2015 年 12 月底，《网络借贷信息中介机构业务活动管理暂行办法（征求意见稿）》（以下简称《办法（征求意见稿）》）出台，对 P2P 的监管措施规定更为具体。2016 年，“十三五”规划纲要也强调“规范发展互联网金融”。同时，央行、银监会、证监会、保监会等部门均就网络支付、P2P、互联网保险等领域发布了整治细则。此外，2016 年 7 月 26

日，中国互联网金融协会向各会员单位下发了“关于印发《中国互联网金融协会自律惩戒管理办法》等五项制度的通知”，明确7类惩戒手段，其整顿规范力度非常之大。但是，从另一方面来讲，监管细则的相继出台并不是网贷行业的终点，而是行业迎来规范发展的起点。对于正规的P2P网贷平台而言，应该在监管框架的指导下，尽快调整业务条线，绝不越雷池一步。并且，根据自身的特点在市场中挖掘自身的优势，实现业务模式的转型升级。

（五）其他原因

除了上述原因之外，驱动P2P进入转型发展的影响因素还有很多，比如国内缺少完善的征信体系，央行的征信系统尚未对外开放，这会给P2P的风控环节带来隐患，需要网贷平台升级风控模式。P2P行业从业人员水平参差不齐、从业门槛低，也为P2P运营中问题发生埋下了隐患，比如P2P网站被黑客攻击、风险计提金比例不合理等。综上分析，各种主观和客观因素，将P2P行业盲目发展带来的不足和问题一一暴露，必然会淘汰掉一部分落后平台。同时，这些因素都将驱动P2P行业转型发展，并促使成长性平台积极探索转型升级的道路。

三、网贷平台转型发展的主要模式

受经济增速放缓、监管日趋严格、竞争日益激烈等因素影响，一些具有前瞻性的P2P平台早从2014年便开始筹谋转型，并且在2015年已经取得一定成效。有的转向了综合理财平台，有的则开始布局线下以着力资产端开发，有的开启精细化运营。

（一）大平台迈向综合化、规模化经营

在监管层文件不断出台的背景下，P2P行业自身也在不断优化中前行。近期，交易累计过百亿的P2P平台不断出现，这些大平台正向综合化理财迈进。单纯的P2P理财已经不能满足发展需求，一些规模较大的P2P公司便将基金代销作为新的业务尝试之一。比如，积木盒子2015年9月正式上线基金产品，截至2015年底，接入积木基金频道的基金公司已有18家。具有平安集团背景的陆金所的基金频道则在2015年7月便已上线，尝试对接基金公司直销业务。9月又通过“上海陆金所资产管理有限公司”获得基金代销牌照，合作的基金公司按计划在2015年年底超过了90家。同时，陆金所就较早启动了互联网金融业务条线

的转型，从 P2P 网贷平台逐步升级为一站式财富管理平台，布局公募基金、保险理财以及多种固定收益投资，尽可能地为客户提供优质、透明、高效和安全的金融产品。除 P2P 产品外，陆金所平台上涵盖了保险、票据、公募基金、私募基金在内的多项标准及非标准化的理财产品。

另外，体量较大的 P2P 平台，在开发一系列创新业务的基础上，逐步实现主营业务转型，试图探索新的市场空间。比如，陆金所尝试引入海外优质资产和海外资金，与饿了么、杜蕾斯、东方梦工厂等展开跨界合作；国开行旗下的“开鑫贷”尝试与金融机构合作，服务企业理财市场；宜信近日上线智能投顾平台“投米 RA”，利用移动互联和量化投资的技术为投资者提供服务。

（二）中小平台走向行业细分

中小型网贷平台的转型整体上分为两类：一类是转型的网贷平台，彻底结束网贷业务，转行做众筹或电商。如投金所转型做股权众筹，藏象农业众创停止了与 P2P 相关的业务，专注于农业众筹服务、众创服务；雅堂金融转为电商平台；寻钱网涉足股票专业资讯服务；速学贷则做起了手机钱包 APP“嗨呗钱包”。另一类是在网贷市场寻求细分领域，探索更具个性化的市场定位和发展方向。比如，美利金融关闭了线上理财端，不再面向广大客户募集资金，而是将重心转移到寻找优质信贷资产；易贷宝、搬金网，专注于分期贷款领域等。从资产端出发，中小型 P2P 平台转型有几个主要趋势：

1. 消费金融

消费金融行业是国家积极鼓励创新的行业，在经历了多年试点后，在 2015 年打开了全国试点。但是，消费金融其实与小额信贷有相像之处，而大部分 P2P 平台早期实则在做小额信贷业务。所以，P2P 公司进入此行业有一定优势。消费金融市场空间巨大，尽管竞争激烈，P2P 平台依然有空间。但要注意的是，消费金融业务对消费渠道也就是场景的依赖较高。而线上的消费渠道商过于强势，大都自行开展消费金融业务。所以，对于 P2P 平台来说，消费金融的机会在线下。此外，国内的不少 P2P 平台都有大量的线下团队，负责资产开发或者获取理财客户。而在新规出台后，大量的线下团队面临整改。而做线下的消费金融不仅可以利用自身积累的审贷规则，同时也解决了团队转型问题。

2. 供应链金融

简单来说，供应链金融是依托产业链上的核心企业，在真实贸易的基础上，通过评估借款方与核心企业的贸易往来数据及应收账款凭证等，为产业链上下游企业提供融资。供应链金融基于真实的交易数据，做到商流、物流、资金流、信息流的整合，将对单个企业的风险控制转化为对核心企业的风控以及供应链的整体把控。P2P 平台可以利用和分析这些数据进而提供高效率、低成本的融资服务。

但壁垒在于核心企业资源的获取，不少大企业都选择自己开展供应链金融，P2P 要分食这块蛋糕并非易事。因此，虽然 P2P 朝供应链金融方向转型的利好因素较多，但并不是每一个 P2P 都能做供应链金融，这是一个高门槛的行业。P2P 企业要深入供应链金融的某一细分领域，其团队必须非常熟悉该细分领域的具体业务和流程，并拥有一定的行业资源，或者是依托于母公司的业务而创建的 P2P。像链家理财就是依托于链家的地产业务产生的 P2P 供应链金融，比如业主想要转售房产，但房贷尚未还清，链家可以为业主垫付或融到低息资金，用业主卖房的资金偿还链家。在交易中还有很多类似的供应需求，链家通过多年地产交易，积累了大量的客户信用、房屋估值、产权等数据信息，在风控环节中有极大优势。其实，在市场上优质的供应链资产基本已被银行掌控，稍微差一些的也在保理公司手中，民营系 P2P 平台需要谨慎选择细分行业，或者采用并购的资本方式换取发展空间。在笔者看来，P2P 市场正处于洗牌阶段，未来两三年必然是并购重组的重要阶段，应利用资本的力量，置换竞争对手的优势，实现产业升级。

在转型的网贷平台中，部分 P2P 平台甚至完全放弃了网贷业务，比如，转型于大宗产品供应链金融的金联储，转变为“P2B”模式。① 金联储之所以选择尚处“蓝海”中的“P2B”发展模式，一是源于金联储创业团队中不少人对大宗产品 O2O 拥有着多年丰富的业务管理和风控经验，二是因为金联储创业团队看到国内中小企业有着很大的融资需求，产业链金融在未来有巨大的市场发展空间。

3. 房地产金融

2015 年出现了多家主打房地产金融业务的 P2P 借贷平台。其业务主要以房产抵押、赎楼贷、首付贷为主。这些贷款业务在民间金融领域做了多年，只是把 P2P 用于资金渠道。上述的房地产金融业务是较为传统的，可以说是基于房产所有权的金融业务。但是，在国家消存量的政策下，政府一定会鼓励买房，而更多人买房则可以直接刺激上述的传统业务的增长。同时，地产行业中也出现了很多运营商，例如现在已有的 P2P 平台对运营商收益做抵押的贷款业务。所以，在未来一年里房地产金融行业中，网贷平台可以有稳定的传统业务增量，同时也会有不少的基于房产运营权的金融业务出现。

从具体案例来看，链家金融的首付贷事件曾经闹得满城风雨，许多有类似业务的房地产 P2P 也受到波及，但不得不说这些房地产金融业务的 P2P 借贷平台不

---

① P2B 是互联网融资服务的一种，是个人对企业的贷款模式，具体操作上，由第三方机构做风控。平台把第三方机构做好风控的项目或标的在平台上和投资者对接，这样就化解了平台做风控不专业、风控水平较差的难题。

要忘掉它所带来的便利。其业务主要以房产抵押、赎楼贷、首付贷为主，这些贷款业务在民间金融领域做了多年，只是把 P2P 用于资金渠道。许多以地产中介出身的房地产金融也遍地开花，根据房地产中介已有的各种资源，架构起的房地产金融服务链也在逐步探索当中，尽管一些大平台出现问题，但仍然挡不住地产金融的发展态势，并且，由于近几年楼价不断上涨，买房也成为顶在许多家庭头上的一个巨大问题，随着中国信贷行业的发展，房贷也逐渐被大众接受，超前消费理念也逐渐低龄化。

4. 不良资产处置

过去的两年里，受宏观经济下行等因素影响，国内不良资产快速增加，市场迫切需要创新的处置模式，并且政府也逐步放开对该领域的限制，这都为 P2P 涉足该领域打下了基础。早在 2014 年就有 P2P 平台涉足不良资产处置。不良资产的类型有多种，适合 P2P 平台的不良资产主要是以房产和汽车为主，但未来随着不良资产处置市场空间的扩大、对提升处置效率需求的增加，P2P 可尝试介入的不良资产类别、可探索的商业机会仍有不少。除了上述几项之外，还有一些细分的领域，如融资租赁（主要是小额分散的项目，如宜信涉足的美容美发设备的租赁业务）、商业保理、房租分期、大学生分期等也有很大的市场空间留给亟待转型的 P2P 平台们。

5. 债券类业务经营

根据已经出台的《办法（征求意见稿）》第九条中明确规定，“网络借贷信息中介机构应当履行下列义务：依据法律法规及合同约定为出借人与借款人提供直接借贷信息的采集整理、甄别筛选、网上发布，以及资信评估、借贷撮合、融资咨询、在线争议解决等相关服务”。虽然 P2P 互联网金融平台业务模块专注于债权类资产，但未禁止资产证券化、融资项目收益权转让等业务，这或许能为 P2P 业务开拓提供新方向。P2P 业务可向小额贷款、担保、融资租赁、商业保险以及收益权、应收账款等证券化项目延伸发展。

综上分析，网络借贷行业正处于“洗牌 + 合规”的发展阶段，风险与机会同在。对于 P2P 平台，应在这个“混沌”阶段中找寻新的发展方向，根据平台本身特点及所掌握的资源优势进行选择，可以结合实业深耕供应链金融细分领域，也可以曲线借壳、搭上资本的顺风车，或是还有更多其他发展路径。需要指出的是，转型能否成为 P2P 平台在资产端的稀缺以及同质化竞争加剧中胜出的有力武器，有待于时间和市场的检验。

（三）国外网贷行业细分的经验借鉴

P2P 网络借贷是国外的“舶来品”，国外的一些优良模式，十分值得国内网络借贷行业参考和借鉴。

1. 学生贷款平台（SoFi）

SocialFinance（SoFi），于2011年由四名美国斯坦福商学院的学生建立，是一家总部位于旧金山的P2P网络贷款平台。平台针对美国联邦学生贷款利率无差异化、申请流程烦琐以及服务差等弊端，以美国名校MBA学生和毕业生为切入点，为他们提供一个比联邦学生贷款利率更低的贷款。2013年12月，SoFi完成了P2P行业首次资产证券化，并得到世界第四大信用评级公司DBRS给予的AAA评级。截至2015年12月，平台完成贷款总额超过50亿美元，学生贷款业务覆盖全国2200多所高校，为借款人平均节省的利息费用超过14000美元。

2. 家人互助房贷平台（National Family Mortgage）

National Family Mortgage（nationalfamilymortgage.com，NFM）在2010年9月于马萨诸塞州成立，是一家专门以家庭成员间的房屋贷款为目标的直接P2P（Direct P2P）网贷平台。美国对资产赠与有严格的税收政策，平台的创始人期望能通过家庭间贷款的方式来帮助人们实现这种家庭内的金融互助。NFM的主营业务是帮助家庭内部有意向的借贷双方创建一个有法律约束力的借贷协议，同时为了避免个人借贷间可能产生的税务等法律问题提供咨询服务，其本身并不出借资金，只是提供家庭内部成员借贷的中介服务。NFM自成立以来已撮合将近3.7亿美元贷款额，帮助家庭内部留存了1.6亿美元的利息。根据网站统计，截至2015年10月网站上平均借款利率为2.91%，平均借款期限为24年，最小借款额是1.11万美元，最大借款额为200万美元。

3. 中小企业贷平台（Funding Circle）

Funding Circle是一家英国的中小企业P2P借贷平台，成立于2010年。根据P2P－Banking.com于2015年10月的统计显示，Funding Circle的月贷款成交量居于行业第三，仅次于Zopa和Rate Setter。截至2015年11月29日，Funding Circle累计成交量为947986120英镑，发放贷款15000多笔，平台在英国共有44733名投资人，投资人包括个人、政府及金融机构。目前，Funding Circle对于借款企业的要求为：两年以上运营时间，信用记录良好，年营业额最低为5万英镑，企业所有权归属为英国居民等。Funding Circle主要从四个方面对中小型企业进行审核：现金流（质量和数量）、资产（质量和数量）、替代数据（Yelp评分等）及稳定性（管理、业务、行业等方面）。Funding Circle利用商业银行贷款的专业团队来执行审核过程，所有贷款由资产公司予以担保，同时还需贷款人个人担保。在法律合规方面，与Lending Club和Prosper不同，Funding Circle并未向SEC注册登记，而是依据1933年实行的证券法中D条例（Regulation D）运营，通过私募形式只向合格投资人和机构投资人融资。

4. 房产抵押平台（Lendinvest）

Lendinvest 成立于 2013 年，它的前身是 Montello Bridging Finance，是一家专门做短期房产抵押贷款的公司。Montello Bridging Finance 于 2008 年在伦敦成立，自 2012 年开始，该公司创始人 Christian Faes 和 Ian Thomas 开始关注 P2P 网贷市场。2013 年 5 月，Lendinvest 从 Montello 中分离出来，作为 P2P 平台正式上线。截至 2015 年 11 月底，平台总贷款额达到 4.2 亿英镑，在英国 P2P 网贷市场中份额达到 10.17%，仅次于 Zopa、Funding Circle、RateSetter 和 Market Invoice，排在第五位。在传统的借贷市场中，一般获得房产抵押贷款需要 3～5 个月的等待时间，而 Lendinvest 平台上的借款人可以在 1～2 周内就获得贷款。与其他房产抵押贷款的 P2P 网贷平台不同，Lendinvest 仅关注于用于商住房购买的短期过桥贷款，而且全部以第一法定押记的房产作为抵押物。Lendinvest 为借款人提供两种产品，一种是 1～12 个月的过桥贷款，另一种是 3 年期的买房出租贷款（Buy－To－Let，BTL 贷款）。借款额在 10 万～500 万英镑之间，贷款价值比（Loan－to－Value）最高可达 75%。

四、网贷平台转型发展的典型案例：陆金所

近年来，以网络借贷为代表的互联网金融行业，在国内出现多种形式的转型发展。其中，陆金所的转型发展十分成功，在积极遵守监管规则的基础上，实现了商业模式的快速创新。自成立起短短的 5 年内，陆金所已经经历了 1.0、2.0、3.0 三种商业模式的转型（见图 1），并且形成了独具优势的风控体系。

（一）第一阶段：P2P＋债权转让二级市场

在 1.0 时期（2012～2013 年），陆金所业务以自营模式运营 P2P 网络借贷为主，以高效率、低成本的方式实现个人直接投融资，联结不同地区间投融资需求，实现资源高效配置。从资金借贷双方的地域上看，出资人有近 70% 来自一线城市，借款人则只有 20%。因此，陆金所的网络借贷业务对于平衡区域经济发展起到了显著作用。

此外，为了解决投资人的流动性问题，陆金所建立了网贷债权转让的二级市场，同时覆盖个人投资业务和机构投资业务。当某个债权人需要流动性时，可以“一口价”和“竞价”等方式寻求转让。在债权转让成功时，平台会收取 0.2% 的手续费。这一方面缓解了投资人短期流动性需求，另一方面也给平台自身创造

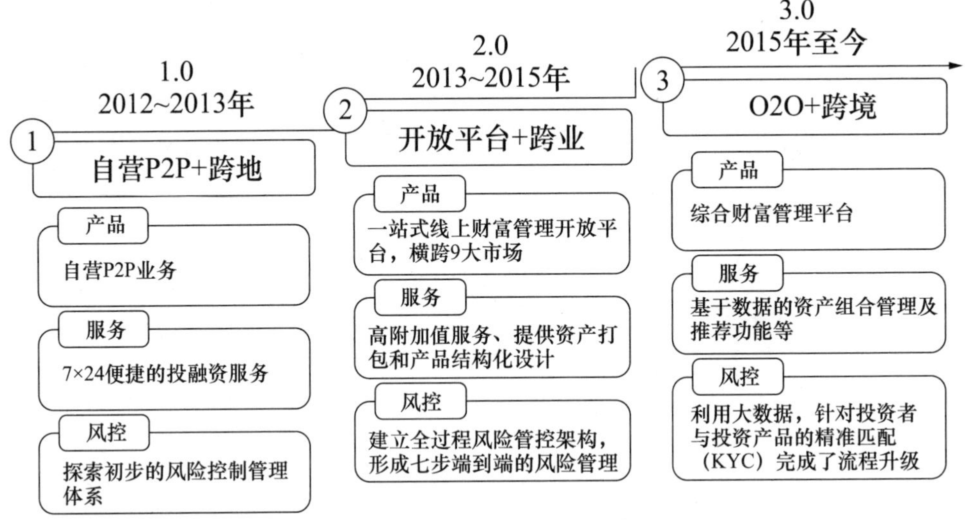

图1　陆金所的商业模式演变

了稳定的收入来源。因此，借助在商业模式和产品业务方面的创新，陆金所很快在 P2P 网贷行业中处于领先位置。

在此期间，陆金所从平安集团引入了成熟的个人信贷授信系统，用于快速建立了初步的风险控制管理体系，在设立之初就与平安融资担保（天津）公司展开合作。通过在 P2P 网贷业务中引入第三方担保等增信措施，全方位保护投资者利益。在投资合同条款上，规定对于逾期 80 天的投资项目，由第三方担保支付全额的本金、利息和逾期罚息。

（二）第二阶段：跨业 + 端到端风险管理

在 2.0 时期（2013 ~ 2015 年），陆金所逐步聚焦“开放”与“跨业”两个关键词。在平台业务上，拓展银行、信托、保险、证券、不动产、P2P、地方政府、公募基金和私募基金 9 大市场。在综合性线上财富管理平台的同时，提出建立满足不同投资者以及投资者不同人生阶段不同需求的一站式财富管理平台概念。在客户层面，划分出中高收入阶层个人投资者、高净值客户与大众客户、金融机构与企业客户三个群体；在业务层面，划分出 P2P、非信贷金融服务、现金管理三大类别；在产品服务层面，注重多元化产品组合包装后的线上匹配，并且对不同类别产品的风险管控建立标准化程序。在此基础上，逐步形成了资产来源、包装组合技术、端到端风险管理等方面的核心竞争优势。

在此期间，陆金所建立了全过程风险管控架构，形成七步端到端的风险管理

体系：一是制定风险政策制度框架体系，业务必须在制度框架内运行；二是对产品风险标识，对资产进行分类和信用评级，并将产品划分为五个不同的风险等级；三是进行全面信息披露，将产品关键信息传达给投资者；四是设置投后预警监控，根据检查的结果实时调整评级，动态向投资者披露信息；五是打造覆盖全产品线、产品生命周期的风险管理系统；六是建立全方位的风险评价体系；七是探索投资者与产品精准匹配（KYC）。见图2

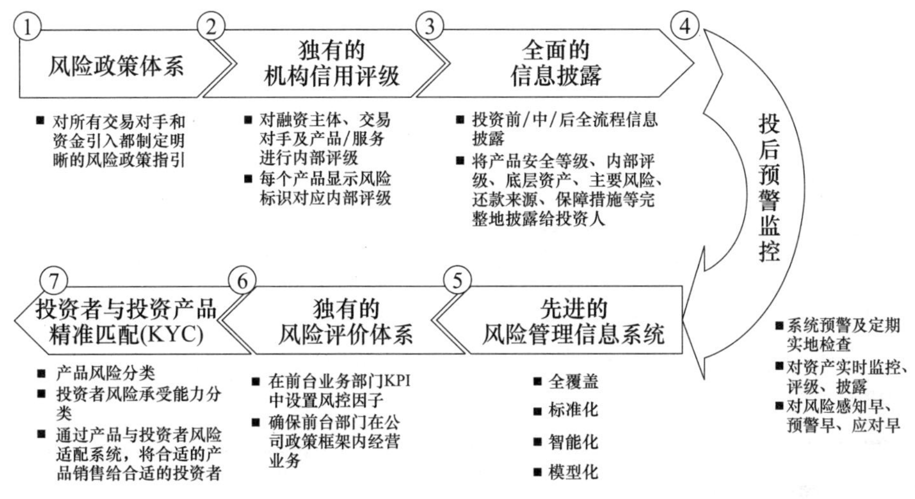

图2 七步端到端的风险管理体系

（三）第三阶段：跨境、O2O+供需精准匹配流程

在3.0时期（2015年至今），陆金所的商业模式开始向“O2O”和“跨境”两个方面转型，进一步完善综合财富管理平台。“O2O”主要是充分整合线上和线下资源，其中，线下数量庞大的平安保险和平安普惠的代理人和门店员工，是陆金所的独特优势。“跨境”则是建立起双向交易平台，包括引入海外优质资产和境外资金对接国内资产。在服务方面，提供基于大数据的资产组合管理及推荐功能等，上线更丰富的资产类别。即在聚合P2P、非标准金融资产和标准金融资产等主打产品之外，又扩容了非固定收益类产品。并且，进一步提高资产获取和包装能力、风险管理和组合能力以及销售能力，实现更高效、更低成本融资。在对外合作方面，积极与饿了么、杜蕾斯、东方梦工厂等展开战略合作，为上述企业提供在线服务和运营支持。同时，在客户资源、客户体验、营销渠道等领域，双方共同探索互联网金融与实体企业的跨界合作新模式。

在风控方面，陆金所建立了成熟的需求与供给精准匹配流程（KYC）。KYC以七步端到端的风险管理体系为基础，进一步整合资产端和负债端的大数据，为投资者提供“量身定做”的理财服务。KYC包括两个方面：一是将产品风险等级划分为R1～R5五个等级，风险依次提升。其中，R1本金和收益率稳定，R5本金和收益率都可能有较大波动。二是投资者风险承受能力评估。通过投资者风险评估问卷，从基本信息、投资经验、投资目的、投资风格、风险认识五个方面，将投资者风险承受能力划分为C1～C5五个类别，风险承受能力依次提升。在此基础上，将产品与投资者匹配，同时提供有针对性的风险投资建议。

综上所述，在商业模式上，陆金所由最初的单纯P2P网贷平台，逐步转型成为当前一站式线上金融权益交易平台；在风控管理上，形成了七步端到端的风控管理体系、需求与供给精准匹配流程（KYC）。其发展道路的转变，值得互联网金融行业和大型金融集团积极借鉴。

五、网贷平台转型发展重要方向：拥抱资本市场

借助资本市场实现自身转型发展，这既是P2P企业发展的需要，也是上市公司市值管理的诉求。对于P2P企业而言，他们需要资金来抢占市场份额，尤其是当下获取用户的成本居高不下，确实需要强大的资本支持；另外，P2P网贷市场良莠不齐，通过与上市公司的结合后，能够为P2P企业的公信力和品牌力做好背书，增强用户对平台的信任度。对于上市公司而言，也是一件好事。P2P是互联网金融创新的重要代表，并购这样的新兴产业能够提高企业市值。如果P2P企业发展得好，上市公司就又增加了一部分收入。目前，A股市场上已有近70家上市公司通过自建平台、收购控股、参股或间接关联等形式涉足P2P领域。

（一）网贷平台进入资本市场存在阻碍

从行业监管角度看，虽然2015年下半年，人民银行等十部门发布了《关于促进互联网金融健康发展的指导意见》，明确提出加强整顿互联网金融秩序，但具体如何规范P2P行业的政策法规迟迟未出台，业内仍无标准可循。这在一定程度上阻碍了P2P进入资本市场的道路，P2P企业想上市或上新三板，券商无法在股权转让书上出具合规性说明，会计师事务所也无法根据现有的企业数据，修正其财务报表。在没有具体的法律文件可遵循的前提下，如果这些中介机构认定其合规性，未来P2P一旦出现问题，中介机构需承担连带责任。因此，目前主营业

务为网络借贷的企业若想正式对接资本市场，只能坐等详细的监管政策出台。

（二）网贷平台进入资本市场的现有路径

P2P 虽然对资本市场充满渴望，但在监管层的重重压力下，直接 IPO 短期内难以实现，但弯道超越的方法还是有的。以开放的新三板市场为例，目前，新三板市场上曲线挂牌的 P2P 企业有 7 家，大多采用借壳挂牌的方式。在借壳方式上，主要分两种：一种是股权转让的模式，通过收购现有新三板企业的股权以取得企业控制权，再通过定向增发的方式购置新资产，引入的新资产通常是 P2P 平台。以安心贷为例，其借壳对象是青岛嘉华网络公司，2015 年 8 月 28 日，收购人翁立峰通过股转系统受让流通股 323.75 万股，即获得嘉华网络 46.25% 的股份。2015 年 9 月 14 日嘉华网络以 300 万元对价收购君安信科技公司 30% 的股权，这样，安心贷顺理成章进入资本市场。另一种则是利用定向增发稀释原有股东的股权，使实际控制人易主，并调整主营业务结构。万惠金融信息服务公司正是通过参与新三板企业天锐科技的定增，实现了 PPmoney 的置入。2015 年 11 月 10 日，天锐科技发布公告，公司拟以 1.2 元/股向万惠网络、新余宝创对 5 名对象进行定向增发，募集资金 1.89 亿元。发行完成后，万惠网络的控股股东陈宝国成为公司的实际控制人，万惠网络持有天锐科技近 100% 的股权，旗下的 PPmoney 也因此进入新三板市场了。更进一步，针对 P2P 行业的监管政策及法规今年可能会正式出台，但短期内资本市场仍不会对 P2P 企业敞开大门，借壳上市或上新三板的方式会存在相当一段时间，仍是 P2P 企业接触并借助资本市场力量的重要途径。

（三）网络借贷平台联手资本市场的前景广阔

需要看到，一些优秀的互联网金融平台越来越得到投资人和市场的认可。2016 年，国内互联网财富管理平台陆金所和蚂蚁金服都先后获得巨额融资。其中，陆金所于年初率先宣布完成 12.16 亿美元的融资，更是创造了第一季度全球金融科技最高融资额，估值高达 185 亿美元。在未来一段时期内，战略新兴板、科创板可能会相继面世，多层次资本市场将为 P2P 企业提供多种可以选择的路径。由此可见，我国网络借贷平台借助资本市场实现自身转型发展的前景十分广阔，该行业仍然处于高速发展的时期，并且“正规化、规范化”程度将越来越高。

六、网贷行业转型发展的五个关键问题

综上分析，国内很多网络借贷都已经开展了自身的转型发展之路。更进一步，从整个网贷行业的视角来看，清晰法律定位、改变定价方式、完善信用体系、控制资产风险和提高行业门槛等问题十分重要。

第一，网贷平台的法律定位必须清晰。这是一个至关重要的问题，先前在这个问题上存在着“模糊概念”。《网络借贷信息中介机构业务活动管理暂行办法》（征求意见稿）重申了P2P作为网络借贷信息中介的法律地位，也就是“专门经营网贷业务的金融信息服务中介机构”，其本质是信息中介而非信用中介。过去，部分P2P平台往往是作为银行贷款的补充，做着银行放贷收息。这些P2P平台背离了信息中介的定性，承诺担保增信、错配资金池等，已由信息中介异化为类银行信用中介。这是极其危险的一种行为，是对互联网金融的误解和亵渎，也违背了征求意见稿规定的“不得非法吸收公众资金”等四条红线。

第二，P2P行业的定价方式需要改变。由于信息的不对称及专业水平的差异，通过双方协商确定利率不仅消耗大量的时间和精力，而且容易产生放款人借机欺骗借款人的情形。只有标准化的定价方式和产品才能弥补借款人专业知识不足的短板，维持公平、公正和公开的交易。虽然借款端利息会相应下降，但其利率定价将逐步回归理性化，能够降低平台风险，投资人资金安全性反而进一步提高。

第三，完善网贷信用体系。需要做到对每一个借款人都有完善的信用报告可查，这构成P2P借贷的基础条件。目前我国尚没有建立完善的个人信用系统，行业黑名单正在建立之中。在条件允许的情况下，可以单独建立一个“网贷信息个人信用”系统，一旦借款人在网贷方面出现信用问题，借贷方面可以完全停止，以确保在互联网支付方面的安全性。

第四，资产端成为转型的重点内容。P2P的商业模式架构离不开运营端、资产端和用户投资端三大要点。运营端的模式多采用线上与线下相结合的方式，像Lending Club的纯线上模式还是比较少见，毕竟我国的征信体系与美国的差距较大，无法为P2P企业提供准确的信用数据。为了做好运营端风控，P2P企业引入风险准备金、担保、抵押等多种模式，目前市场上以“风险准备金＋抵押”的模式为主。抵押就涉及资产端，拿什么做抵押？一般来说，房地产和汽车是比较优质的资产，尤其是一线的房地产，价格相对稳定。但房地产行业受政策及经济

环境的影响较大，未来存在较大的不确定性；另外，一旦发生风险，大量的房产也很难在短时间内变现，P2P 企业依旧存在资金链风险。由此可见，P2P 行业亟须转型，而转型的关键在于资产端，优质的资产能够降低坏账率和逾期率，因此，对资产端的创新和升级是 P2P 转型的核心要点。

第五，必须提高 P2P 平台的业务资格审核门槛，逐步将借贷资金与平台运营分离开来，减少投资者风险。例如，美国 SEC 监管要求 P2P 的注册费高达数百万美元，这限制了 P2P 平台的无序、野蛮生长，是一个成功的经验。对于 P2P 平台，不能门槛过低，很少的资本金就可以注册一个 P2P 机构，然后大肆向公众筹集资金。从金融市场实践看，并不是越多的 P2P 公司就表明市场越好。事实正好相反，鱼龙混杂的局面并不利于 P2P 平台健康发展。随着市场准入门槛进一步提高，大浪淘沙后的行业将逐步走向规范与良性。

专题研究Ⅱ：行业监管与法律问题

网络借贷监管的理念、思路与方法

李育峰　冷春雨*

一、金融创新与金融监管的关系

金融创新与金融监管是矛盾的统一体，没有金融创新的发展就没有金融监管的发展。持续的金融创新在推动金融发展、提高金融运行效率的同时，不断地对现有的金融秩序、金融监管的制度和规范造成冲击。新的金融产品和服务的普及打破了旧的金融秩序和格局，增加了许多不稳定因素，因而需要新的规则加以规范和约束，从而推动金融监管的进一步发展。

金融创新和金融监管之间的关系最终体现为金融效率和金融安全的关系。金融效率和金融安全之间既有互补性，又有替代性。互补性首先表现为金融效率的提高，有助于加强金融安全。金融市场越有效，金融机构竞争与创新能力越强，货币结构越合理，则金融系统分散风险、转移风险的能力就越强，金融资产、信用体系和金融机构也越安全。其次，这种互补性还表现为，金融安全是金融效率的基础。如果银行不良资产比率过高，其破产的概率就相应增大，竞争能力和创新能力显然也会下降，必然对金融效率形成不利影响。金融效率与金融安全之间的替代性表现为，以提高金融效率为目的的盲目的放松管制可能会破坏金融安全，而以提高金融安全水平为目的的过度管制可能会降低金融效率。

一套有效的金融监管政策应做到：为金融创新创造一个宽松的政策环境，以解决金融创新后继力不足的问题，实现可持续创新；刺激以金融创新为载体的金融竞争充分化，引导金融资源在全社会范围内的合理配置，使社会福利达到帕累

---

* 李育峰，中国社会科学院金融研究所博士后；冷春雨，北京大学微电子与软件学院硕士研究生。

托最优；最大限度地抑制和消除金融创新导致的竞争力非均衡给整个金融秩序带来的负面影响，维护金融稳定。

包括网络借贷在内的互联网金融作为一项金融创新，在增加投融资便利性、推动普惠金融发展的同时，也突破了原有的金融服务实现模式，新的业务模式也蕴含着新的风险，原有的金融监管规则已不能防范互联网金融的风险。因此，在互联网金融创新的背景下，也必须及时完善监管规则，明确监管责任，实施有效的覆盖事前、事中、事后的全流程监管，防范互联网金融风险，保护金融消费者权益，维护金融稳定。

二、网络借贷平台监管需要重点关注的风险

（一）非法吸收公众存款

非法吸收公众存款是指未经中国人民银行批准，向社会不特定对象吸收资金，出具凭证，并承诺一定期限内还本付息的活动。本罪的主体是一般主体，包括单位和个人。此处的单位并不仅指不具有经营存款业务资格的单位、银行和其他具有经营存款业务资格的单位也可以成为本罪的主体。根据最高人民法院《关于审理非法集资刑事案件具体应用法律若干问题的解释》第 1 条规定：违反国家金融管理法律规定，向社会公众（包括单位和个人）吸收资金的行为，同时具备下列四个条件的，除《刑法》另有规定的以外，应当认定为《刑法》第 176 条规定的“非法吸收公众存款或者变相吸收公众存款”：（一）未经有关部门依法批准或者借用合法经营的形式吸收资金；（二）通过媒体、推介会、传单、手机短信等途径向社会公开宣传；（三）承诺在一定期限内以货币、实物、股权等方式还本付息或者给付回报；（四）向社会公众即社会不特定对象吸收资金。由于网络借贷平台通过网络向社会公众筹集资金提供给借款人，并约定了一定的利息回报，其天然就具有非法集资的特点。同时，网络借贷平台会经常发布融资项目信息，并且在帮助融资人获得投资人投资款后，通常会收取一定的服务费。因此，即使不自融，也可能构成非法集资的共犯。目前，有些 P2P 平台将自己的账户用作贷款人与借款人转账的中间账户，这使得平台经营者能随意挪用平台内的大部分滞留资金。即便是大部分 P2P 平台利用第三方支付平台账户为借贷双方提供资金托管，当贷款人中标后，会把资金通过第三方支付平台打入 P2P 平台的账户，而不是借款人的账户，借贷资金还是受平台控制的，其安全性不能得到绝对

保障。一些平台从事的行为，具备了关于非法吸收公众存款罪构成要件的一些特征，即非法性、公开性、利诱性及社会性，有构成非法吸收公众存款的嫌疑。

（二）集资诈骗风险

集资诈骗是指以非法占有为目的，违反有关金融法律、法规的规定，以诈骗的方式进行非法集资，扰乱国家正常金融秩序，侵犯公私财产所有权，且数额较大的行为。“非法占有”通常是指将非法募集的资金的所有权转归自己所有，或任意挥霍，或占有资金后携款潜逃等。“以诈骗的方式”是指行为人以非法占有为目的，通过编造谎言、捏造或者隐瞒事实真相等欺骗的方法，骗取他人资金的行为。一方面，我国网络借贷行业准入门槛比较低，市场准入和行业配套制度、行业监管、投资者保护缺位，平台资金账户监管不严，给很多动机不良的网贷平台带来可乘之机，个别不法平台发起人利用平台进行欺诈，卷款跑路的案例时有发生；另一方面，由于我国社会信用体系不健全，而网贷平台是虚拟平台，存在借款人提供虚假身份资料、虚假融资目的、提供虚假抵质押物等的风险；同时借款人违约成本相对比较低，因此存在借款人利用网贷平台进行欺诈的风险。

（三）逆向选择和道德风险

逆向选择是指资金需求方（借款人）放弃低成本、低风险的高质量项目，反而选择高成本、高风险的低质量项目的逆向行为。这是在通过 P2P 网贷平台进行融资过程中，由于资金提供方（贷款人）与资金需求方（借款人）之间的信息不对称使然。然而正是由于这种逆向选择，往往会带来风险。一般来说，资金需求方掌握自己的相关信息要远远多于资金提供方。当资金需求方能够利用多于资金提供方的信息使自己受益而使对方受损时，资金提供方难以顺利地做出交易决策，于是价格便随之扭曲，并失去了平衡供求、促成交易的作用，进而导致市场效率的降低。在 P2P 平台中，逆向选择使得提供虚假信息、违约风险大的借款人逐渐占据上风，而那些真正需要资金的优质借款人却很难得到借款，于是优质借款人逐渐退出市场，P2P 平台上面充斥着“劣质”借款人，贷款人的利益极易受到损害。这样会产生劣质品驱逐优质品，从而造成贷款利率上升、贷款违约上升和收益下降的恶果，并带来道德风险。

（四）信息安全风险

只要是技术平台，都会存在信息泄露的风险。P2P 网络借贷平台承担着信息中介职能，其业务的发生和发展都离不开信息网络的支持以及信息整合技术和数据挖掘技术的运用。因此，P2P 网络借贷天然地面临着网络技术风险和信息安全风险。信息安全风险主要是由于网贷平台的系统建设不到位和内部管理制度方面的不健全导致的。一是平台因技术和界面不友好等原因，导致投资人操作失误所带来的损失；二是平台技术因技术和系统原因导致被黑客攻击，投资人的资金被挪用，个人信息被泄露；三是平台内控机制不足，导致内部操作人员挪用客户资金或泄露客户信息等。目前，一些平台在内部管理、系统建设和风险控制等内部管理体系和人才方面的缺失，已经成为整个行业面临的主要挑战之一。

（五）洗钱和恐怖融资风险

洗钱是指将走私犯罪、黑社会性质的组织犯罪、卖淫犯罪、贩毒犯罪或者其他犯罪的违法所得及其产生的收益，通过金融机构以各种手段掩饰、隐瞒资金的来源和性质，使其在形式上合法化的行为。P2P 网络借贷平台尚没有完善的客户身份识别机制以及可疑交易分析报告机制，贷款人在同一平台提供贷款的次数以及在不同平台分别放贷的次数也不受限制，网贷平台无法一一对贷款人资金来源的合法性进行审查，这为不法分子创造了洗钱条件。基于 P2P 网络借贷的低门槛性，洗钱分子可轻易地成为其参与者，他们可以把自己非法获取的钱财通过网络平台分批次出借给借款者，使大额变成小额，再通过资金收回使钱由非法变为合法。我国《反洗钱法》还未涉及互联网金融领域，P2P 网络借贷平台可能发展成为法律漏洞下洗钱的新场所。另外，我国专门针对网络经济犯罪的法律制度还不完善，这也为洗钱分子提供了机会。从另 ·个角度——借款人来看，网络借贷平台的迅猛发展，为恐怖融资行为敞开了一扇大门。由于网络借贷行业中对借款人的审核不如传统金融机构严格，也存在借款人虚构身份、虚构融资目的的可能性，使得借款人在网贷平台上进行秘密的恐怖融资等非法融资成为可能性。

（六）平台经营风险

平台经营风险是网络借贷平台面临的最常规风险，主要指由于平台在风控、经营管理、产品设计等方面出现问题，导致贷后款项无法按时收回、资金链断裂、投资者提现困难等风险。首先，由于目前我国征信系统发展滞后，基于大数据的征信体系建设和信贷评价技术落后，而 P2P 网络借贷很多都是基于互联网上客户提交的资料进行审核，很难准确地对借款人的资信进行评级。其次，P2P 网络借贷平台的部分产品设计不合理为平台带来流动性经营风险。最后，我国本土化的 P2P 网络借贷模式中，没有担保保障的产品很难吸引投资者，所以很多平台都提供担保保障，这改变了借贷关系中各参与方的风险收益特征。随着平台承担职责的增加，风险会迅速向 P2P 网络借贷平台集中。

三、网络借贷监管的理念

（一）互联网金融监管的总体理念

2015 年 7 月，《关于促进互联网金融健康发展的指导意见》（以下简称《指导意见》）正式印发，明确我国对互联网金融发展的基本思路和监管理念，是互联网金融发展的纲领性文件。互联网金融，是传统金融机构与互联网企业利用互联网技术和信息通信技术实现资金融通、支付、投资和信息中介服务的新型金融业务模式。互联网金融的发展对促进金融包容具有重要意义，为大众创业、万众创新打开了大门，在满足小微企业、中低收入阶层投融资需求，提升金融服务质量和效率，引导民间金融走向规范化，以及扩大金融业对内对外开放等方面可以发挥独特功能和作用。互联网金融发展的总体要求是“鼓励创新、防范风险、趋利避害、健康发展”，积极鼓励互联网金融平台、产品和服务创新，鼓励从业机构相互合作，拓宽从业机构融资渠道，坚持简政放权和落实、完善财税政策，推动信用基础设施建设和配套服务体系建设。互联网金融的监管遵循“依法监管、适度监管、分类监管、协同监管、创新监管”的原则，科学合理地界定各业态的业务边界及准入条件，落实监管责任，明确风险底线，保护合法经营，坚决打击违法和违规行为。

互联网金融市场秩序规范的具体要求如下：一是加强互联网行业管理。任何组织和个人开设网站从事互联网金融业务的，除应按规定履行相关金融监管程序外，还应依法向电信主管部门履行网站备案手续，否则不得开展互联网金融业务。二是建立客户资金第三方存管制度。除另有规定外，要求从业机构应当选择符合条件的银行业金融机构作为资金存管机构，对客户资金进行管理和监督。三是健全信息披露、风险提示和合格投资者制度。从业机构应当对客户进行充分的信息披露，及时向投资者公布其经营活动和财务状况的相关信息，进行充分的风险提示。四是强化消费者权益保护，着力加强消费者教育，完善合同条款、纠纷解决机制等。五是加强网络与信息安全，要求从业机构切实提升技术安全水平，妥善保管客户资料和交易信息。六是要求从业机构采取有效措施履行反洗钱义务，并协助公安和司法机关防范和打击互联网金融犯罪。金融机构在和互联网企业开展合作、代理时，不得因合作、代理关系而降低反洗钱和金融犯罪执行标准。七是加强互联网金融行业自律。人民银行会同有关部门组建中国互联网金融协会，充分发挥行业自律机制在规范从业机构市场行为和保护行业合法权益等方面的积极作用。协会负责制定经营管理规则和行业标准，推动从业机构之间的业务交流和信息共享，明确自律惩戒机制，树立诚信规范、服务实体经济发展的正面形象。八是规定了监管协调与数据统计监测的内容。各监管部门要相互协作、形成合力，充分发挥金融监管协调部际联席会议的作用，密切关注互联网金融业务发展及相关风险，建立和完善互联网金融数据统计监测体系。

（二）网络借贷的监管理念

按照《指导意见》明确的“鼓励创新、防范风险、趋利避害、健康发展”的总体要求和“依法、适度、分类、协同、创新”的监管原则，网贷行业监管总体原则应包括：一是强调机构本质属性，加强事中事后行为监管。网贷机构本质上是信息中介机构，不是信用中介机构，但其开展的网贷业务是金融信息中介业务，涉及资金融通及相关风险管理。对网贷业务的监管，重点在于业务基本规则的制定完善，而非机构和业务的准入审批，应着力加强事中事后行为监管，以保护相关当事人合法权益。二是坚持底线监管思维，实行负面清单管理。通过负面清单界定网贷业务的边界，明确网贷机构不能从事的十三项禁止性行为，对符合法律法规的网贷业务和创新活动，给予支持和保护；对以网贷名义进行非法集资等非法金融活动，坚决予以打击和取缔；加强信息披露，完善风险监测，守住不发生区域性系统性风险的底线。三是创新行业监管方式，实行分工协同监管。网贷作为新兴的互联网金融业态，具有跨区域、跨领域的特征，传统的监管模式无法适应网贷行业的监管需求，因此，要充分发挥网贷业务国家相关管理部门、地方人民政府的作用，发挥各方优势，在明确分工的前提下，加强沟通、协作，形成有效的监管合力。

四、网络借贷监管的方法和措施

（一）政府监管、行业自律、市场约束三位一体

金融行业创新监管往往经历监管空缺、行业自律、政府监管三个发展阶段。网贷行业作为新兴行业，会面临很多新情况、新问题。如何使行业在保持一定发展势头的前提下，提升监管的有效性，控制相关风险，需要有关各方积极创新，相互配合，并建立起政府监管、行业自律、市场约束三位一体的管理体系，发挥

政府、行业、市场力量。行业自律组织的建立，有利于建立统一数据登记平台，完善风险预警、监测机制，在规范从业机构市场行为和保护行业合法权益等方面发挥积极作用，加强机构之间的业务交流和信息共享，树立行业的正面形象，营造规范发展的良好氛围。要充分发挥行业协会的作用，将其打造成为沟通政府、市场和企业的桥梁和纽带，不断完善行业自律标准和行业守则，推动行业建立自我约束与自我管理机制，保障公平竞争。维护自律组织与政府监管部门的有效沟通，民间与政府监管各司其职，互为补充，促进网贷行业健康有序发展。

（二）对业务经营活动实行严格的负面清单管理

考虑到网贷机构处于探索创新阶段，业务模式尚待观察，因此，对其业务经营范围可采用以负面清单为主的管理模式。网络借贷信息中介机构不得从事或者接受委托从事下列活动：①为自身或变相为自身融资；②直接或间接接受、归集出借人的资金；③直接或变相向出借人提供担保或者承诺保本保息；④自行或委托、授权第三方在互联网、固定电话、移动电话等电子渠道以外的物理场所进行宣传或推介融资项目；⑤发放贷款，但法律法规另有规定的除外；⑥将融资项目的期限进行拆分；⑦自行发售理财等金融产品募集资金，代销银行理财、券商资管、基金、保险或信托产品等金融产品；⑧开展类资产证券化业务或实现以打包资产、证券化资产、信托资产、基金份额等形式的债权转让行为；⑨除法律法规和网络借贷有关监管规定允许外，与其他机构投资、代理销售、经纪等业务进行任何形式的混合、捆绑、代理；⑩虚构、夸大融资项目的真实性、收益前景，隐瞒融资项目的瑕疵及风险，以歧义性语言或其他欺骗性手段等进行虚假片面宣传或促销等，捏造、散布虚假信息或不完整信息损害他人商业信誉，误导出借人或借款人；⑪向借款用途为投资股票、场外配资、期货合约、结构化产品及其他衍生品等高风险的融资提供信息中介服务；⑫从事股权众筹等业务；⑬法律法规、网络借贷有关监管规定禁止的其他活动。同时在政策安排上，允许网贷机构引入第三方机构进行担保或者与保险公司开展相关业务合作。网贷机构在开展营销展业活动时要遵循监管规则，不得逾越监管红线，除了负面清单等规定明确的机构禁止行为外，网贷机构也不得以任何手段进行虚假片面宣传或促销，误导出借人或借款人。

（三）对客户资金实行第三方存管

P2P 平台对于投资者而言最不能接受的一个风险便是 P2P 平台卷钱跑路，而资金存管正好可以解决这一问题。网贷机构应当选择符合条件的银行业金融机构作为第三方资金存管机构，对客户资金进行管理和监督，实现客户资金和网贷机构自身资金分账管理。实行客户资金第三方存管制度将有效防范网贷机构设立资金池和欺诈、侵占、挪用客户资金风险，有利于资金的安全与隔离，对于规范行业健康发展具有重要意义。银行业金融机构应当按照合同约定，履行交易资金划付、资金核算和监督等职责，将网贷机构的资金与客户的资金分账管理、分开存放，确保资金流向符合出借人的真实意愿，有效防范风险。

(四) 强化信息披露和提高平台透明度

信息披露是建立公开、公平、公正投资市场的基石，也是投资市场赖以存在和发展的前提。P2P 作为一种投资方式，其投资的收益和安全性会受到多种因素的影响。鉴于社会公众投资者无法通过自身的调查和分析，真实、准确、完整、公正和及时地了解影响投资收益和风险的各种因素，因此为了保护投资者利益，维护投资市场秩序的健康发展，必须强制要求 P2P 平台进行信息披露。加强对网贷机构的信息披露要求、完善相关信息披露制度，对于改进行业形象、提升网贷机构公信力、完善行业事中事后监管、防范行业风险、保护出借人与借款人利益具有十分重要的意义。网贷机构要向出借人披露借款人基本信息、融资项目基本信息以及风险评估和可能产生的风险结果等。要将借款人信息作为信息披露的核心内容，应当尽量全面、详细地向投资人公开借款人的情况，包括借款人的信用情况、工作情况、月收入情况、资产情况、负债情况、在 P2P 平台的借款记录及还款情况、借款资金用途、信用等级的评价等内容。同时，对自身撮合的所有项目的相关情况，包括交易金额、撮合的借贷余额、最大单户借款余额占比等在其官网上进行充分披露。

(五) 加强投资者保护

一是对出借人和借款人的行为进行规范，要求参与网贷的出借人与借款人应当实名注册；借款人应当提供准确信息，确保融资项目真实、合法，按照约定使用资金，严格禁止借款人欺诈、重复融资等。出借人应当具备非保本类金融产品投资的经历并熟悉互联网，同时应当提供真实、准确、完整的身份信息，出借资金来源合法，拥有风险认知和承受能力以及自行承担借贷产生的本息损失。二是要培养投资者的自我保护意识。要加大对投资者的教育力度，强化投资者的风险意识与自我保护意识，使投资者自动远离不良平台。另外，从源头上，网贷机构作为民间借贷机构，要遵循“借贷自愿、诚实守信、责任自负、风险自担”的原则，对自身行为负责，培育自身和大众成熟理性的金融投资观。三是探索建立网贷投资者保护机制。一方面加快推进网贷行业基础设施建设，建立常态化的风险预警机制；另一方面加强对网贷行业借款人的保护，包括提高透明度、降低搜寻行本、方便借款人快捷获取资金等。四是进行客户适当性评估。网贷平台适当地收集尽可能多的客户信息，确定客户有无能力偿还其贷款。此项评估能够帮助客户就其资金需求做出合理的决定同时避免其过多负债。当网贷平台向客户推荐一项产品或者服务时，该产品或服务应当与客户的需要相一致；网贷平台需要向客户提供一系列可供选择的方案以满足其需求；如果网贷平台向客户提供新的信贷产品或者服务将会显著增加其负债时，应当对客户的偿还能力进行正确的评估。五是制定冷静期规则。在冷静期中借贷双方在借贷合同订立后合理的时间内（至少为3~5个工作日）有权无偿终止协议。

（六）强化监测统计和风险预警

要更好地进行监测统计和运行分析，加快推进网贷行业基础设施建设，建立网贷交易数据的集中登记制度，建立网贷行业中央数据库，落实《指导意见》有关“人民银行会同有关部门，负责建立和完善互联网金融数据统计监测体系，相关部门按照监管职责分工负责相关互联网金融数据统计和监测工作，并实现统计数据和信息共享”的要求，加强网贷行业运行分析，建立风险预警体系，对网贷运行风险进行常态化监测，建立风险的预警、防范、处理机制。

个体网络借贷监管框架研究

吴　飞　王　刚*

个体网络借贷发端于英国，进入我国市场后得到爆发式的发展，短短数年就已经增长到将近3769家。①一方面证明了我国确实存在培植这一融资方式的生存土壤，另一方面伴随着个体网络借贷平台数目以及交易金额的增长，其所积累的风险也越来越大。目前个体网络借贷平台刚刚纳入监管机构特别是金融监管机构的监管范围，现实中大量个体网络平台的跑路事件证明了这种融资模式的风险已经逐步显性化，如何尽快将网络借贷纳入监管，在规范的基础上实现可持续发展是监管机构和整个行业高度关注的重要问题。

一、个体网络借贷的概念

个体网络借贷的出现与壮大主要是缘于互联网技术的发展和长期的金融抑制，这两个因素是推动个体网络借贷发展壮大的主要因素。从技术角度来说，互联网技术的发展对个体网络借贷的推动之处在于从Web1.0时代过渡到Web2.0时代。②在Web1.0时代，互联网侧重于向用户展示信息，用户也仅仅被动接收网络展示的信息，这也是个体网络借贷初级模式的应用。Web2.0时代的主要特点是用户与互联网内容间的互动，即互联网可以根据用户的喜好展示并不断修正展示的内容，用户也可以选择互联网展示的内容。正是Web2.0时代的来临，使得

---

* 吴飞，上海财经大学法学院博士研究生；王刚，国务院发展研究中心金融研究所副研究员。

① “网贷之家行业数据”，http：//shuju.wdzj.com/industry-list.html。

② Eric C. Chaffee, Geoffrey C. “Rapp: Regulating Online Peer-to-Peer Lending in the Aftermath of Dodd-Frank: In Search of an Evolving Regulatory Regime for an Evolving Industry”, *The Washington and Lee Law Review*, 2012 (501).

个体网络借贷的发展日渐成熟。借贷双方从自行搜索信息到互联网根据借贷双方的需求进行匹配进而展示相应的信息，使借贷双方的范围大大扩展，从而也使个体网络借贷的金额和覆盖范围大大拓展。从经济角度来说，我国的中小企业和个人融资一直属于社会难题。一直以来传统金融机构限制对中小企业的信贷投放，而民间借贷又受制于借贷人的社会关系和地理范围，个体网络借贷从而作为一种替代性融资方式进入了中小企业和个人的视野。个体网络借贷在一定程度上满足了中小企业和个人的融资需求，在我国得到了如火如荼的迅速发展。从这个意义上来说，中小企业和个人的融资困境也是推动个体网络借贷发展的重要因素。

（一）个体的范围

个体网络借贷的“个体”是指网络借贷参与的借贷双方，个体网络借贷的最初名称为P2P网贷，也就是点对点网贷或人人贷，① 这一阶段借贷双方的参与者主要是自然人，不管从出借人还是借款人的角度来看，自然人都是个体网络借贷的重要参与主体。从出借人的角度来说，个体网络借贷对自然人的吸引力在于能够通过互联网有效减少信息不对称，丰富现有投资渠道，增加资金的投资收益。从借款人的角度来说，个体网络借贷的时间成本优势较为明显，特别是在传统金融机构难以获得融资的借款人能够节省大量时间成本从个体网络借贷平台获得相应的资金供给。基于个体网络借贷的独特优势，一部分中小企业也选择通过这一途径进行融资，但在初始阶段中小企业进行融资的主体是中小企业的实际控制人等自然人，随着个体网络借贷市场的逐步发展，参与主体也日渐扩大，一部分中小企业直接以借款人的身份通过个体网络借贷平台进行借贷，借款人群体拓展为自然人和企业，与此同时企业也开始在网络借贷平台上进行投资，从而将出借人群体延展为自然人和企业。这一实际情况也在监管规则中予以体现，② 监管规则对个体范围的界定为自然人、法人和其他组织。

（二）个体网络借贷与民间借贷的异同

民间借贷在我国具有悠久的历史，个体网络借贷的最初形式与民间借贷极为相似，所不同的仅仅是个体网络借贷对互联网技术的运用。据相关学者研究，个

① 参见《中国银监会办公厅关于人人贷有关风险提示的通知》。

② 参见《中国人民银行、工业和信息化部、公安部、财政部、工商总局、法制办、银监会、证监会、保监会、国家互联网信息办公室关于促进互联网金融健康发展的指导意见》与《网络借贷信息中介机构业务活动管理暂行办法（征求意见稿）》。

体网络借贷实际源于传统的民间借贷。[①] 将个体网络借贷与民间借贷进行比较，我们不难看出，这两种借贷模式均属于不正规金融的范畴，同样缺少相应法律法规的规范，从借贷双方的法律关系来看，最初个体网络借贷的借贷双方之间的借贷合同关系与民间借贷中借贷双方的借贷合同关系并无二致。从借贷金额来看，与传统正规金融相比，这两种模式的交易金额均较小。从服务对象来看，民间借贷和个体网络借贷主要都是面向中小企业和个人。从借贷利率来看，个体网络借贷和民间借贷的利率都是由市场化的方式决定的，两者所确定的利率都或多或少地反映了借款的风险程度。[②] 总的来说，个体网络借贷是民间借贷在进入互联网时代后顺应社会实际发展变化作出的应对和改变。

但是互联网因素的引入也带来了大量的变化。由于个体网络借贷业务模式瞬息万变，从而也带来了与传统民间借贷不一致的地方。具体来说，民间借贷主要基于血缘联系、家庭联系或小型社会团体的联系而发生，借款人在还款时会受到该种关系的制约，前述关系对借款人的还款行为具有一定的督促作用。个体网络借贷主要发生在陌生人之间，互联网特有的虚拟性使借贷双方很难如民间借贷一样产生现实的联系，大多数时候借贷双方根本互不相识。从借贷双方之间的联系对借款归还的制约性角度来说，个体网络借贷明显弱于传统的民间借贷。传统民间借贷与个体网络借贷的另一个重要区别在于借贷双方是否会有面对面交流的机会。在传统民间借贷过程中，一般出借人出于对自己资金安全的考虑，往往会与借款人进行面对面的接触，而个体网络借贷恰恰相反。借贷双方一般不会进行面对面的接触和交流，借款人对出借人可能几乎完全不了解，在这种情况下借款人使用贷款时会比传统民间借贷存在更高的道德风险。最后一个重要的区别就是传统民间借贷与个体网络借贷的流程不同，传统民间借贷从寻找出借人到钱款交付这一流程需要借款人与出借人以及中介方不断地交流接触，时间跨度比个体贷款要长得多，交易达成的困难程度也较个体贷款高，而个体网络借贷在申请贷款时仅仅需要点击鼠标即可完成，其复杂程度和时间流程较传统民间借贷简便，但是这既是优点也是劣势，因为在这种情况下，借款人极有可能盲目决定，过高估计自己还款能力或者与现实情况脱离而盲目借贷。

（三）个体网络借贷与普惠金融的关系

根据世界银行扶贫协商小组的定义，普惠金融是指“所有工作年龄人口

---

① Eric C. Chaffee, Geoffrey C. “Rapp: Regulating Online Peer – to – Peer Lending in the Aftermath of Dodd – Frank: In Search of an Evolving Regulatory Regime for an Evolving Industry,” *The Washington and Lee Law Review*, 2012 (495).

② 谢平、邹传伟、刘海二：《互联网金融手册》，中国人民大学出版社 2014 年版，第 181 页。

（包括那些被排斥在当前金融体系之外或服务不足的人群）都能获得由正规机构提供的有效的信贷、储蓄、支付、转账和保险服务的状态。”① 普惠金融的内涵主要包括以下三方面：其一，普惠金融是一种理念，其实质是信贷和金融融资渠道等的公平性问题。每个人都应该有平等地享受金融服务的权利，无论是穷人还是富人，只有这样才能让每个人都有机会参与经济的发展，才能实现社会的共同富裕。其二，普惠金融是一种创新，为让每个人都获得金融服务，应在金融体系内进行制度、机构和产品等方面的创新。其三，普惠金融是一种责任，为传统金融机构服务不到的低端客户，如中低收入者、贫困人口和小微企业提供金融服务。个体网络借贷利用互联网特有的开放性特点，突破地理因素对融资需求的限制，使能够接入互联网的人群都有获得融资的可能，使每个互联网接入主体都能够平等地享受金融服务的权利，都有机会获得发展所需的融资支持，从而体现普惠金融的理念。普惠金融是在金融体系内对制度、机构和产品等方面进行的创新，个体网络借贷同样也是一种创新，利用互联网的技术优势对民间借贷进行创新，大大拓展了民间借贷参与主体的范围，与普惠金融的创新之处不谋而合。个体网络借贷一定程度上也承担了普惠金融的责任，通过个体网络借贷平台服务于传统金融机构所排斥的对象，特别是难以从传统金融机构获得贷款的人群，帮助他们摆脱“金融孤岛”的境地。从这种意义上说，在我国全面推进普惠金融建设，个体网络借贷是其中必不可少的重要环节，是新形势下普惠金融建设的重要抓手。

正确理解个体网络借贷与普惠金融的关系还不能忽视这两者之间的差异性，首先是个体网络借贷与普惠金融的源起不同，个体网络借贷源起于互联网技术特别是 Web2.0 技术的突飞猛进，使用户间的互动交流越来越普及，为个体网络借贷的兴起提供了技术基础，全球金融危机之后个人与中小企业融资难度也随之增大，希望拓宽融资渠道的需求日益强烈，这为个体网络借贷的兴起提供了需求基础。而普惠金融的产生则是内生性金融成长的必然结果，强调通过金融体系的完善来促进金融功能的发挥，金融机构应该为所有客户服务，而不仅是为有一定经济实力的主体服务，侧重于从广度和深度上进一步完善金融体系，侧重于体现金融服务的公平性。② 个体网络借贷与普惠金融所提供服务的机构种类也不尽相同，个体网络借贷服务的提供者较为单一，基本是由个体网络借贷平台提供，并无其他类型的机构提供这类服务，但从个体网络借贷平台的股东来源看则相对较

① 世界银行扶贫协商小组、中国普惠金融工作组：《中华人民共和国的金融普惠状况对现有研究和公开数据的分析》，https：//www.cgap.org/sites/default/files/Working - Paper - Financial - Inclusion - in - China - Aug - 2012 - Chinese_ 1.pdf。

② 李明贤：《普惠金融与小额信贷的比较研究》，《农业经济问题》2012 年第 9 期，第 46 页。

为丰富，大致可以划分为银行系股东、民营系股东、国资系股东和上市公司系股东四大类。相对于个体网络借贷，普惠金融服务的提供者来源广泛，层次丰富且组织形式多样，主要有银行业存款类机构与银行业非存款类金融机构，前者主要包括各类商业银行、城市信用合作社、农村信用合作社、农村资金互助社等类型机构，后者主要包括信托公司、金融租赁公司等类型机构。在上述机构之外，提供普惠金融服务的机构还包括融资担保公司、典当行和小额贷款公司等诸机构，通过对比不难发现普惠金融服务提供者远远大于个体网络借贷的服务提供者。个体网络借贷与普惠金融的业务种类也存在较大差别，个体网络借贷主要提供包括信用贷款和抵押贷款在内的贷款业务，普惠金融服务旨在提供所有的金融服务，方便全民享受一系列便利的、灵活的并且价格合理的现代金融服务，不仅为客户提供贷款业务，还提供包括存款、保险、汇款、资金转账、代理、理财、养老金等全功能的服务。[①] 从服务对象上来看，个体网络借贷与普惠金融也存在一定的差异性，个体网络借贷的服务对象要拥有基本的互联网接入条件，能够通过互联网量化借款人的偿债能力，借贷双方的资金流转也基本通过互联网实现，这类群体主要是难以承受传统金融机构提供的融资成本的人群以及为传统金融机构所排斥的人群。普惠金融从金融服务公平性的角度出发，服务于所有需要金融服务的人群，除了个体网络借贷的服务对象外，还包括低收入、没有收入以及没有偿债能力的贫困人群，可以说普惠金融的服务对象远远大于个体网络借贷的服务对象，而且普惠金融所服务的对象之间的贫富差距也远远大于个体网络借贷服务对象的贫富差距。

（四）个体网络借贷与商业银行的关系

对个体网络借贷与商业银行的关系，部分学者认为属于互联网金融范畴的个体网络借贷能够颠覆我国目前由商业银行主导的融资模式，加速实现金融脱媒化。[②] 但是实践中却恰恰相反，纯粹意义上的个体网络借贷平台发展缓慢，行业的主流模式却是在去除商业银行作为融资中介的同时，将平台自身打造为新的融资中介，代替了商业银行将借款进行期限错配和金额错配。但是个体网络借贷平台毕竟与商业银行存在着较大差别，这也是其从事该类业务的风险所在。

从融资成本的角度来说，由于我国目前利率管制尚未彻底改变，商业银行能够利用较低利率向社会公众吸收资金，而个体网络借贷平台吸收资金的成本远远

---

① 李明贤：《普惠金融与小额信贷的比较研究》，《农业经济问题》2012 年第 9 期，第 48 页。

② 谢平、邹传伟：《互联网金融模式研究》，《金融研究》2012 年第 12 期，第 11 页。

高于商业银行，[①] 这对于个体网络借贷平台的盈利带来了巨大挑战。从金额及期限角度来说，商业银行的贷款对象主要是单笔金额较大的长期贷款客户，个体网络借贷大多数贷款属于1～3个月的短期融资，单笔金额往往较小，金额小、期限短这也是商业银行不愿涉足该类贷款的原因之一。从监管程度来说，商业银行属于金融机构，从事前的准入控制到运营过程中的审慎监管和行为监管乃至出现问题时的有序处置，整个过程都处在金融监管部门的严格监管之下。个体网络借贷平台目前尚处于监管真空的状态，即使从事与商业银行业务性质类似的活动，但是却没有受到类似程度的监管，从而产生了监管套利，这也是目前个体网络借贷平台异常活跃的原因之一。从风险控制角度来说，商业银行由于受到严格的监管约束，建立了应对信用风险、流动性风险等一系列风险的控制体系，并伴有具备专业素养的人员队伍。综观现存的个体网络借贷平台，目前还没有出现能够与商业银行风控制度相匹配的方法和手段，专业人员队伍也良莠不齐，与商业银行存在不小的差距。

（五）我国个体网络借贷平台的发展演变

我国第一家个体网络借贷平台为2007年诞生的拍拍贷公司，[②] 该公司通过互联网为媒介为借贷双方提供信息交流的平台，既为借款人提供融资的便利，也拓展了出借人的投资渠道，本质上属于金融信息中介的范畴，是互联网技术在融资领域突破地域空间限制的创新应用，但是该公司的发展并不尽如人意，这也是第一代个体网络借贷平台发展的集中缩影。究其原因，参与个体网络借贷的绝大多数出借人仍然习惯于保本保息的理财理念，如果仅仅提供信息发布搜寻的平台，出借人需要直面借款人违约的信用风险，这对出借人吸引力十分有限，缺少了出借人的持续资金来源，这类平台的发展举步维艰。

正是出于减少出借人面临的借款人违约而遭受损失的可能性，部分平台设计开发了抵押标的业务，即借款人在发布借款需求的同时，需要以汽车或房产等作为抵押物，个体网络借贷平台对抵押物进行核实登记。这一业务模式从一定程度上减少了出借人对借款人违约的担忧，从而促进了借贷交易的达成。但是通过个体网络借贷平台融资的借款人之所以被传统金融机构所排斥，很多情况是因为缺乏高质量的抵押物或者抵押物的处置成本较高，虽然借款人通过互联网改变了融资方式，但是互联网以及个体网络借贷平台并不能提高抵押物的质量，因而出借人所面临的因借款人违约导致损失的可能性并未大大降低，同时个体网络借贷平

---

① 以2014年11月为例，商业银行五年期整存整取利率约为4.75%，而同期P2P网贷平台最低利率为7.06%，最高为36.87%。

② 《P2P网贷游走灰色地带》，http：//news.cn/fortune/xhcy58.htm。

台在开展抵押标业务时还要付出额外的登记核实乃至处置成本，因此抵押标业务模式也未能迅速发展壮大。

另有一部分平台独辟蹊径，改变了第一代平台全部通过在线审核借款人信息的做法，改为线下自行或委托其他主体调查审核借款人的资信情况，核实无误后再通过个体网络借贷平台予以公布。这一做法受制于我国信用环境较差的基本国情，仅仅通过在线审核借款人自行提交的资料，很难反映借款人真实的资产状况和偿债能力，个体网络借贷平台基于此能够确保借款人信息的真实性，在一定程度上减少了借贷双方信息不对称的情况，促进了借贷交易的达成。但是不可忽视的是，个体网络借贷平台的这一做法大大增加了平台的运营成本，这一部分成本往往是平台自行承担或者转嫁给借贷交易双方，其后果就是个体网络借贷平台的利润减少或借贷双方的交易成本上升。这一业务模式在未实现大批量借贷交易规模化效益的情况下，个体网络借贷平台很难借此发展壮大。因此，采取这一模式的平台纷纷拓展了线下运作的内容，不仅通过线下审核借款人的资信状况，也通过开设门店等线下方式吸引发展借款人和出借人，以此拓宽资金来源和借款人范围，从而消化成本、提升盈利，这也不得不说是应对我国国情的无奈之举。

加强对借款人信息的审核也不能完全打消出借人对本息受损的疑虑，从而对于帮助个体网络借贷平台的交易量提升的作用十分有限。部分平台开始推行对借款人的借款实行本息保障，以求打消出借人对本息损失的疑虑，但是监管机构对此担保行为表示了反对。[①] 个体网络借贷平台为突破自身不得提供担保这一红线，通过引入担保公司、小贷公司对借款进行担保或者从借贷交易中提取一定比例的“风险补偿金”等形式对出借人的损失进行保障。这一模式发展至后期，很多小贷公司纷纷借此实现网络化经营，利用互联网一定形式上突破了原本的地域经营限制。

为了提升借贷交易的效率，更大程度地匹配借贷双方的需求，以宜信为代表的个体网络借贷平台开始涉足债权转让模式。个体网络借贷平台将其对借款人的债权转让给出借人，借贷双方不直接签订借贷合同，借贷关系借由个体网络借贷平台实现。这一模式扭转了个体网络借贷平台原先被动等待借贷双方达成借贷交易的态势，特别是通过期限和金额的错配，大大提升了借贷交易的效率，迅速提升了个体网络借贷平台的交易量，扩大了交易参与人数和影响力，这一模式已经后续成为诸多个体网络借贷争相模仿的模式，但这一模式实质上已经将个体网络借贷平台从信息中介转变为信用中介，从简单为借贷双方提供信息传输交流和验证服务转变为对借贷交易本身提供期限错配和流动性错配，平台自身所面临的风

① 银监会：《P2P 网贷平台发展四条红线不能碰》，http://finance.21cbh.com/2014/4-21/1NMDAzNzFfMTE0Mjg1NA.html。

险大大增加，这也是面临的合规性压力最大的一种业务模式。

通过上文的论述不难发现，我国个体网络借贷平台的发展一直围绕着提升交易效率这一主题来演变，在尽量不触犯监管红线的前提下，积极迎合出借人控制风险的需求，不断进行了业务模式的发展和改进。需要强调的一点是，目前仅仅从事上述一项业务的个体网络借贷平台极为少见，大多数个体网络借贷平台同时开始多种业务，这也是分析个体网络借贷监管框架时不得不考虑的现实情况。

二、个体网络借贷的监管现状

个体网络借贷初次进入监管机构的视野始于2011年9月，银监会办公厅发布了《中国银监会办公厅关于人人贷有关风险提示的通知》，随后不断有监管机构部门的负责人就网络借贷进行撰文或者演讲，对网络借贷发展的边界及方式进行阐述，但是具体的监管主体和监管机构一直未能予以明确，学界和实务界对此也是众说纷纭，给网络借贷市场的发展带来了一定的不确定性。2015年7月，中国人民银行等十部委联合发布《关于促进互联网金融健康发展的指导意见》（以下简称《指导意见》），首次对网络借贷的监管主体进行了明确，对业务边界进行了界定。同年12月，银监会发布《网络借贷信息中介机构业务活动管理暂行办法（征求意见稿）》（以下简称《暂行办法》），细化落实了《指导意见》的原则性规定，大致勾勒出未来网络借贷的监管框架，基本确定了网络借贷纳入监管的具体内容。

（一）监管主体

《指导意见》明确了网络借贷由银监会负责监管，《暂行办法》更进一步细化规定了中央和地方层级针对网络借贷的监管部门，其中中央层面的部门有银监会、工业和信息化部、公安部、国家互联网信息管理办公室，地方层级的监管部门主要是地方金融监管部门（见表1、表2）。

表1 《指导意见》确立的监管主体

部门	网络借贷监管职责
银监会	网络借贷业务；信息披露、风险提示和合格投资者制度；消费者和投资者权益保护工作；网络与信息安全保障
工业和信息化部	网络借贷涉及的电信业务；网络与信息安全保障

续表

部门	网络借贷监管职责
公安部	网络与信息安全保障；金融犯罪
国家互联网信息管理办公室	金融信息服务、互联网信息内容等业务；网络与信息安全保障
中国人民银行	客户资金第三方存管制度；消费者和投资者权益保护工作；反洗钱；数据统计和监测工作
财政部	财务监管政策

表2 《暂行办法》确立的监管主体

部门	网络借贷监管职责
国务院银行业监督管理机构	制定统一的规范发展政策措施和监督管理制度，指导地方金融监管部门做好网络借贷规范引导和风险处置工作；对地方贯彻落实国家相关政策法规、开展监管工作进行指导、协调和监督；建立跨省（区、市）经营监管协调机制，加强对网络借贷信息中介机构业务活动风险监测分析和开展风险提示，对可能出现的风险进行预警提示和督导；推进行业基础设施建设，建立网络借贷行业中央数据库；指导网络借贷行业自律组织；对本办法及相关实施细则进行解释
工业和信息化部	涉及的电信业务
公安部	互联网安全和涉及的金融犯罪
国家互联网信息管理办公室	金融信息服务、互联网信息内容等业务
地方金融监管部门	本辖区网络借贷信息中介机构的规范引导、备案管理和风险防范、处置工作，指导本辖区网络借贷行业自律组织；建立网络借贷信息中介机构及其股东、合伙人、实际控制人、从业人员的执业记录，建立并管理行业有关数据信息的统计，开展风险监测分析，并按要求定期报送国务院银行业监督管理机构；有关统计数据与中国人民银行及网络借贷行业中央数据库运行机构共享；对网络借贷信息中介机构业务活动中的信息披露进行监督，制定实施信息披露、风险管理、合同文本等标准化规则；受理有关投诉和举报，自主或聘请专业机构对辖内网络借贷信息中介机构进行现场检查和非现场监管；对网络借贷信息中介机构及其从业人员违反本办法和相关监管规定的，视情节轻重对其采取相关措施；建立舆情监测制度，对网络借贷信息中介机构业务活动中可能涉及的非法集资等违法违规行为进行监测，并及时报告省级人民政府，涉嫌犯罪的，依法移交公安司法机关查处；定期向省级人民政府、国务院银行业监督管理机构报送本辖区备案和网络借贷行业年度监管与发展情况报告

地方层面针对个体网络借贷的监管主体是地方金融监管部门，主要负责所辖区域内机构的规范引导、备案管理和风险防范、处置工作，指导辖区内行业自律

组织。《暂行办法》确定的监管主体在中央层面以银监会为第一监管机构，银监会主要负责宏观层面的政策制度制定，并对地方监管机构进行指导，网络借贷的主要监管职责落在了地方监管机构的身上，地方金融监管机构不仅要制定规范对个体网络借贷平台进行引导，还要对个体网络借贷平台实施备案登记以及对所发生的风险进行防范处置，同时还要承担对个体网络借贷协会的指导工作。

（二）监管规则

目前监管机构发布的专门针对网络借贷的规范性文件数量较少，尚未形成框架性的监管规则体系，现有监管规则按照发布主体这一分类标准可以划分为中央层面的监管规则和地方层面的监管规则。

1. 中央层面的监管规则

2011 年 8 月银监会发布《中国银监会办公厅关于人人贷有关风险提示的通知》，该份文件揭示了个体网络借贷存在的影响宏观调控效果、容易演变为非法金融机构、业务风险难以控制、不实宣传影响银行体系整体声誉等七项主要问题和风险，针对这些风险和问题，银监会提出了三项监管措施和要求，建立银行业金融机构与个体网络借贷平台之间的防火墙，加强银行从业人员管理，防止银行从业人员涉足此类信贷业务牟取不正当利益，加强与工商管理部门的沟通，商请针对“贷款超市”、“融资公司”等不实宣传行为予以严肃查处，切实维护银行合法权益，避免声誉风险。该通知主要从保护银行业金融机构利益的角度出发，防止个体网络借贷平台可能出现的风险扩散至银行业金融机构，所提出的相应监管措施也主要是面向地方银监局和银行业金融机构，并没有直接针对个体网络借贷平台制定监管措施。

伴随着个体网络借贷平台风险的日益显性化，问题平台层出不穷，不断发生平台停止运营、实际控制人卷款潜逃的现象，2015 年 7 月中国人民银行等十部委颁布了《指导意见》，从鼓励个体网络借贷平台产品和服务创新、鼓励从业机构相互合作、拓宽从业机构融资渠道等方面为个体网络借贷市场的发展提供了相应的支撑，针对个体网络借贷的监管，《指导意见》首次对网络借贷和个体网络借贷的概念进行了界定，明确了个体网络借贷属于民间借贷的范畴，受合同法、民法通则等法律法规以及最高人民法院相关司法解释规范。《指导意见》将个体网络借贷的业务内容限定为为投资方和融资方提供信息交互、撮合、资信评估等中介服务，将平台性质限定为信息中介，并制定了不得提供增信服务和不得非法集资的业务红线。《指导意见》还对个体网络借贷所属的互联网金融市场秩序进行了相应规定，这些规定主要涉及互联网行业管理、客户资金第三方存管制度、信息披露、风险提示和合格投资者制度等内容，这部分内容同样适用于对个体网络借贷的监管。《指导意见》是迄今为止监管机构发布的涉及个体网络借贷监管的主要规范性文件，对个体网络借贷的监管内容进行了原则性规定，改变了个体网络借贷缺乏监管规范的局面，为下一步制定更加具体的监管细则指明了方向。

2015 年年末爆发的“e 租宝”事件大大加速了监管细则的出台进程，12 月 28 日银监会发布了《网络借贷信息中介机构业务活动管理暂行办法（征求意见稿)》，《暂行办法》细化了《指导意见》的原则性规定，在《指导意见》的基础上进一步明确了个体的范围、网络借贷信息中介机构的概念以及网络借贷信息中介机构的业务范围等基础性内容，确立网络借贷信息中介机构的监管主体和监管内容，在准入方面设置了备案管理的内容，更加细化了个体网络借贷信息中介机构的业务规则和风险管理制度，单独规定了出借人和借款人的保护规则，专门就信息披露、监管机构的职责和法律责任进行了专章规定。待《暂行办法》正式颁布后，将基本确立了个体网络借贷的监管框架，个体网络借贷平台的业务规则和要求也将进一步明晰化。

2. 地方层面的监管规则

在中央层面的《指导意见》出台之前，各级地方政府就已经针对个体网络借贷以及互联网金融出台了一系列的规范文件，对推进个体网络借贷的发展制定相应的地方性规范，在鼓励支持个体网络借贷市场发展的同时，也对业务规则等内容进行了规定，支持与规范并重的特点比较明显。

在《指导意见》出台之前，各个地方政府出台的监管规定偏向于原则性内容，[①] 具有可操作性的规则内容较少，较有代表性的是浙江省金融办在 2015 年年初发布的《浙江省促进互联网金融持续健康发展暂行办法》，该份规范性文件并未专门针对个体网络借贷进行规范，其中对互联网金融的各个业态包括个体网络借贷在内分别规定了主要业务规则，对该地区互联网金融的健康发展具有一定的积极作用（见表 3）。

① 如《广州市人民政府办公厅关于推进互联网金融产业发展的实施意见》中规定“支持 P2P 网贷机构加强信息披露，接受市场和投资者的监督。引导 P2P 网贷机构采取由第三方托管资金、设立风险保障金以及引入第三方担保、基金担保、保险担保主体等措施，健全风险控制体系，规范稳健运营。支持广州地区的企业集团或金融控股集团发起设立 P2P 网贷机构，利用集团资源优势做大做强，完善集团产业链条。支持 P2P 网贷机构明确市场定位，创新产品，加快发展，形成特色与品牌”、《山东省“互联网 +”发展意见》中规定“发展 P2P 网贷（点对点信贷）、众筹、互联网银行等新型金融服务，利用互联网平台募集项目资金”、《福建省人民政府关于加快互联网经济发展十条措施的通知》中规定“建设互联网金融服务平台，重点发展网络支付、网贷和股权众筹融资，支持发展网络保险、网络基金、网络彩票等，创新‘B2B + P2P + 征信服务’三位一体金融服务模式。支持省内金融机构开展互联网金融业务。”

表3 《浙江省促进互联网金融持续健康发展暂行办法》中关于个体网络借贷业务规则的内容

性质定位	应当明确为借贷双方通过互联网渠道提供小额借贷信息服务的定位，从事信息中介业务
负面清单	不得从事贷款或受托投资业务；不得承担信用风险和流动性风险；不得非法吸收公众资金；不得接受、归集和管理投资者资金；不得建立资金池；不得自身为投资者提供担保；不得出具借款本金或收益的承诺保证；不得故意隐瞒、虚构与投资者做出投资决策相关的必要信息；不得在宣传中出现虚假、夸大、误导性的表述；不得向客户违规承诺或宣传保本
资金存管	原则上应将资金交由银行业金融机构进行第三方存管
信息披露	应当建立信息披露制度，充分披露融资项目、经营管理等信息；应当向投资者做好风险提示

在中央十部委《指导意见》颁布之后，各地针对个体网络借贷的地方规范性文件对《指导意见》进行了进一步细化，其中较有代表性的地方性监管细则是重庆市金融工作办公室在2015年年底发布的《关于加强个体网络借贷风险防控工作的通知》（以下简称《通知》），该《通知》对地方政府各部门的监管分工进行了规定，就信息真实、分账管理、风险自担、联合监管4项原则和实施业务报告制度、规范小额贷款公司和融资担保公司开展个体网络借贷业务合作等方面进行了细化，特别是制定了个体网络借贷平台从事业务经营的十条红线，这对促进该地区的网络借贷市场发展具有一定的规范作用（见表4、表5）。

表4 《通知》确定的监管主体

监管主体	监管职责
市金融办	建立开展P2P网络借贷业务的机构业务报告制度，规范小额贷款公司、融资担保公司与开展P2P网络借贷业务机构的合作行为，并负责协调风险防控部门的日常工作
市工商局	对机构的经营范围进行监管，对违规开展业务和超范围经营的机构进行查处
市公安局	网络安全管理、牵头负责打击互联网金融犯罪工作
人行重庆营管部	开展涉及资金存管等有关管理工作
重庆银监局	规范银行业金融机构与开展P2P网络借贷业务机构的合作行为
市通信管理局	做好开展P2P网络借贷业务的机构网站的备案信息审查，配合有关部门做好违法违规网站处置等工作
各区县（自治县）人民政府	组织有关部门对辖区内网络平台机构和开展P2P网络借贷业务机构的日常管理，处置单体风险和金融信访事件

表5 《通知》确定的业务行为的十条红线

进行自融自保
直接或间接归集资金和发放贷款
代替客户承诺保本保息
向非实名用户推介项目
进行不实宣传、强制捆绑销售和设立虚假标的
将融资项目的期限进行拆分
销售理财、资产管理、基金、保险或信托产品
从事股权众筹业务和股票配资业务
非法买卖或泄露客户信息
从事非法集资和吸收公众存款等违法违规活动

总体来说，地方政府积极出台了一系列规范性文件促进了个体网络借贷的发展，规范个体网络借贷市场的运营，对中央层面的规定进行了细化落实，体现了各地政府对本区域内个体网络借贷市场的重视，对规范个体网络借贷市场的必要性有着清醒的认识，一定程度上为个体网络借贷市场的发展提供了制度支撑和相应保障。

（三）存在的问题

从上述监管主体和监管细则的内容来看，个体网络借贷在我国已经从零监管时代正式迈入了监管时代，不仅中央层面的监管机构和地方层面的监管机构，包括个体网络借贷市场的众多参与主体都对个体网络借贷的监管必要性达成了一致性认识，但是我国针对个体网络借贷的监管工作刚刚起步，实践中还存在诸多问题，有待于在进一步落实细化监管工作的过程中进一步予以完善。

1. 监管主体分散

虽然《指导意见》确定了网络借贷的监管主体为银监会，但是与此同时仅仅中央层级还有五个部委负责个体网络借贷的监管，如此多的部门负责个体网络借贷的监管首先会造成监管权力相对分散，从而影响后续监管措施和监管标准的一致性。其次诸多的监管部门还会加大监管机构与被监管机构信息沟通传递的成本，影响监管机构了解掌握个体网络借贷市场的实际状况以及具体监管规则的实施效果。最后监管主体过多对监管主体之间的协调能力具有一定的挑战，在各监管机构协调程度不足的情况下，很容易产生监管内容交叉或缺漏等情况从而导致监管漏洞，降低监管效率，从而对个体网络借贷的监管效果产生消极影响。

监管主体分散问题的另一个表现是中央监管机构与地方监管机构的权责划分

并不明确。《指导意见》没有对这一内容进行规定，《暂行办法》虽然对中央监管部门和地方监管部门的职权进行了细化规定，但是针对中央监管部门和地方监管部门之间如何指导协调的内容规定过于原则，在实践中难以进行把握和落实。《暂行办法》中银监会负责“指导地方金融监管部门做好网络借贷规范引导和风险处置工作”，但中央其他部门是否能够以及需要通过指导地方监管部门落实监管责任这一问题没有进行明确。对于银监会派出机构与地方金融监管部门之间的关系也没有进行规定，甚至银监会通过何种方式对哪些内容对地方金融监管部门进行指导也不甚清晰。总体来说，中央和地方监管部门在个体网络借贷的监管职责划分上还需要进一步优化，特别是缺乏央地协调制度的建立。

2. 监管内容零碎

我国关于个体网络借贷的监管规则过于零碎，这主要体现在监管规则的制定缺乏体系和框架性，《暂行办法》中对个体网络借贷平台的业务规则和风险管理以及信息披露的规定缺乏内在的联系性，主要是基于当前个体网络借贷市场中出现的突出问题，监管细则的制定缺乏对相应措施整体性的考量，从而使得监管内容过于松散，监管措施相互之间的联系不紧密。

监管规则过于零碎的另一大表现是忽视对个体网络借贷平台的行为监管，中央出台的《暂行办法》以及各地出台的规范性文件都未能从个体网络借贷业务流程的角度设计行为监管措施，这些监管措施往往以个体网络借贷的风险防范为视角制定相对应的审慎性监管规则，忽视了规范个体网络借贷平台经营行为对个体网络借贷市场的重要意义，弱化了从行为监管角度制定监管措施的积极效果，不利于个体网络借贷市场公平有序发展以及保护借贷双方的利益。

3. 行业自律薄弱

随着个体网络借贷市场的发展，我国个体网络借贷行业性自律机构也随之如雨后春笋般在各地陆续建立起来，但是个体网络借贷平台连续不断的“倒闭跑路”事件也从一定程度上揭示了行业自律的薄弱无力。

造成行业自律薄弱的原因之一是部分行业自律性机构自身能力难以满足对行业机构进行自律性管理，部分个体网络借贷协会以及互联网金融行业协会挂靠在地方互联网协会之下，缺乏对网络借贷市场的充分了解，难以制定行之有效的自律规范，行业内领头企业的成熟经验也难以通过自律组织进行有效推广，大大限缩了行业自律的效果。

行业自律规则缺乏约束力也是个体网络借贷行业自律薄弱的原因之一。行业自律组织制定的自律规则对成员来说只是自愿遵守，在成员平台违反自律规则时缺乏相应的惩戒措施，即使部分自律组织采用“黑名单”乃至取消成员资格的措施，但对违反自律规则的成员平台产生的影响和约束也相当有限。因为在刚性兑付未能有效打破的情况下，出借人选择平台进行投资时往往仅参照投资的收益，个体网络借贷自律组织公布的相应信息对出借人的影响极为有限，从而难以对个体网络借贷平台产生实质性的约束。

三、建立统一的个体网络借贷监管框架

在对个体网络借贷现状进行分析的基础上，结合个体网络借贷监管的现实问题，在将来出台相关细则有必要考虑在我国建立统一的个体网络借贷监管框架，运用具有前瞻性的监管规则，应对个体网络借贷市场日新月异的发展。

（一）修正监管理念

1. 原则性监管与规则性监管

原则性监管和规则性监管是国际上普遍采用的两种监管方式。在原则性监管模式下，监管者更注重最终监管目标的实现，对监管对象以引导为主，一般不对具体业务进行详细规制。而在规则性监管模式下，监管者主要依据成文法规定，对网络借贷的规范发展做出详细规制。

一方面，原则性监管可以为网络借贷行业制定关于底线与红线的一般性准则，结合网络借贷市场的特点，给予网络借贷市场一定的发展空间和创新余地。中央监管机构制定监管细则时要考虑到原则性监管与规则性监管相结合的理念，适度突出监管规则的前瞻性和灵活性。另一方面，要立足于规范网络借贷平台运营以及整个行业的稳健发展，对网络借贷平台的运营过程特别是经营行为制定必要的监管规则，重视规则的引导和规范作用。

2. 加强行业自律

网络借贷行业组织可以减少信息不对称而引发的监管失灵。对于网络借贷平台的信息，行业组织可能比政府监管者更为了解，从而有利于解决信息不对称问题。网络借贷平台共同制定行业组织的规则，这种规则的专业性、可操作性、适用性相较于监管机构颁布的监管规则可能更强。行业协会等自律性组织，能够推动相关规则的实施，从而减少监管成本。自律组织还能发挥网络借贷行业与监管机构沟通的桥梁作用，除了比较有代表性的网络借贷平台，单个网络借贷平台与监管机构沟通乃至影响监管机构决策的可能性并不大，区域性乃至全国性的网络借贷平台组成的行业自律组织能够较好地将行业共性问题反馈至监管机构，便于监管机构制定合理的监管政策。

（二）整合监管主体

1. 明确单一监管机构

监管规则应当进一步明确银监会作为个体网络借贷的统一监管机构，负责个体网络借贷领域的行为监管和审慎监管，并根据监管职权在监管细则中对银监会法律责任进行规定。还要细化明确中央其他监管部门在个体网络借贷监管领域有义务配合银监会的监管工作。

对于中央各个监管机构之间的监管协调，可以探索建议网络借贷监管联席会议制度，由银监会作为召集部门就网络借贷监管领域涉及跨部门的监管事务由各相关部委参加，进行沟通协调，减少监管漏洞或监管交叉产生的可能性。

2. 明晰中央与地方的权责划分

监管规则应当进一步细化规定个体网络借贷信息中介机构主要由地方金融监管部门监管，个体网络借贷信用中介机构由银监会监管。进一步加强中央金融监管部门和地方金融监管部门的合作，特别是要考虑到地方金融监管部门人员编制少、监管经验不足等问题，明确银监会派出机构对地方金融监管部门的配合、协助义务。同时在监管规则中还要增加规定银监会派出机构在网络借贷监管领域的法律责任。

（三）突出行为监管

良好的业务行为是维持网络借贷参与主体信心的基本要素，也是吸引更多出借人与借款人进行借贷融资的重要条件。通过制定网络借贷平台应予遵守的标准以及监督平台遵守这些标准，业务行为监管对于确保网络借贷平台能够行为恰当起到了基础性的作用。

1. 确定个体网络借贷合同的基础内容

后续完善监管细则应当增加对合同的要求①个体网络借贷合同应当采用书面形式且用语简洁明了；②通过电话或者网络订立的合同，在合同订立后的规定期间内应当向客户提供相应的书面合同（包括通过电子邮件）；③应当禁止不恰当的合同条款，同时监管机构应当有权禁止某些特定条款；④签订合同之前，应当向客户提供包括合同主要内容在内的信息。

2. 建立客户适当性评估制度

监管规则应当增加规定个体网络借贷平台负有了解你的客户这一义务。了解你的客户的规则内容包括：①客户接纳政策；②客户识别；③高风险账户的持续监测；④风险管理。了解你的客户作为个体网络借贷平台的一种安全保护措施不只是简单的开户以及记录，还要求平台制定客户接纳政策以及有层次的客户识别计划，其中包含针对高风险账户的更高要求的尽职调查，以及主动对可疑活动的账户监控要求。

监管规则应当规定个体网络借贷平台向客户提供产品或服务时有义务对客户进行适当性评估。适当性评估要求个体网络借贷平台在当地收集尽可能多的客户信息，确定客户有能力偿还其贷款。此项评估能够帮助客户就其资金需求做出合理的决定，同时避免超出其负载能力。世界银行如何评估客户适当性提出以下几点建议：①当向客户推荐一项产品或者服务时，该产品或者服务应当与客户的需要相一致；②应当向客户提供一系列可供选择的方案以满足自身需求；③应当向客户充分披露产品或服务的信息，帮助他们选择最适合并且最能承受的产品或服务；④假设向客户提供新的信贷产品或者服务将会显著增加其负债时，应当对客户的偿还能力进行正确的评估。① 这些客户适当性的要求应当纳入后续监管细则的完善内容当中去。

3. 增加营销限制规定

监管细则应当规定只有经过备案登记，或行政许可的合体网络借贷平台才能对个体网络借贷产品或服务进行广告宣传，同时对宣传的内容及方式也要进行细化要求。未经过备案登记或行政许可的个体网络借贷平台不得进行贷款的广告和营销，以此减少个体网络借贷平台诈骗以及虚假融资的可能性。有关个体网络借贷的广告信息应当确保当借款人搜寻贷款时，能够大致了解贷款的费用与期限。监管细则应当增加对个体网络借贷销售的监管，首先禁止通过“骚扰”特别是通过电话强行推销个体网络借贷。

4. 明确信息披露制度的内容与形式要求

个体网络借贷的有效信息披露能够提高市场效率，增强借贷双方的保护，加强个体网络借贷平台的规范运营。在有效的信息披露之下，客户能够对个体网络借贷的成本及风险进行评估，通过比较不同的个体网络借贷平台及其服务，从而能够降低所面临的风险和成本。因而信息披露是个体网络借贷市场效率和规范的重要保证。完善的信息披露制度能够向公众及客户提供相应的信息，这些能够公开获取的信息可以对承担较高成本的客户形成警示，帮助他们选择更适合自身的个体网络借贷平台和服务。

个体网络借贷信息披露的内容要求主要包括：①个体网络借贷平台应当向客户提供关键信息，包括基本收益、风险和期限。②在签约前应当采用标准化的信息披露（例如统一形式的表格）。③探索建立特殊信息披露机制，包括风险揭示与风险预警等。④在信息披露的基础上，应当根据客户的具体情况以及产品风险

① World Bank，“Good Practices for Financial Consumer Protection”，June 2012（14）：59.

和复杂性提出客观的建议。个体网络借贷信息披露的形式要求主要有：①应当采用简便、标准化的形式。保证客户可以了解披露的信息。②应当及时进行披露。在宣传广告、推介资料以及签约前的声明中必须包含披露的核心信息。客户因此能够在做选择时分辨出不合适的产品。③应当具有可比性。信息披露采用统一的格式，确定必须披露的核心信息，使客户能够很容易地对不同平台的产品和服务进行比较。④降低复杂程度。个体网络借贷平台通过披露复杂庞杂的信息，能够达到隐藏重要信息的目的，且信息披露所提供的信息量越多，客户理解并进行比较的难度越大。

（四）完善审慎监管

在突出行为监管在个体网络借贷领域适用的同时，也不能忽视完善现有审慎监管框架，审慎监管措施能够有效增强个体网络借贷平台的风险预警和防范能力，降低单个网络借贷平台发生倒闭以及将风险传播至其他平台的可能。

1. 事前准入

监管规则应当根据个体网络借贷平台的性质，特别是是否提供增信业务制定相区分的准入要求。具体来说，对网络借贷信息中介机构制定备案登记要求，对其他准入条件不进行附加要求；对网络借贷信息中介机构制定行政许可要求，在申请行政许可时，对平台的最低资本金、高管的任职资格以及软硬件基础设施制定相应的准入要求。对目前仍在提供增信服务的平台设定一定的过渡期，过渡期满后仍未能满足准入要求的平台必须停止提供增信服务。

监管规则还需要规定出借双方的准入要求，对出借人的出借资格、单个项目最大出借额以及在各个平台的累计出借数额进行限制，防止超出其风险承受能力进行不当投资；对借款人的借款资格、单个项目最大借款额以及在各个平台的累积借款金额进行上限规定，防止借款人超出偿债能力盲目举债而难以偿还。

2. 事中监管

针对个体网络借贷的事中监管主要围绕资金处理和利益冲突两方面进行完善，监管规则应当细化对资金隔离制度的规定。监管规则在明确个体网络借贷平台应当将客户资金在银行业金融机构进行托管之外，还需要进一步规定对托管的持续监督，包括但不限于个体网络借贷平台需要向客户公布资金处理流程，银行业金融机构对托管平台的验证、监管机构或行业自律组织对个体网络借贷平台资金托管的核查结果等信息，强化客户对平台资金处理的监督，提高个体网络借贷平台资金处理的规范性。

为了防止个体网络借贷平台与客户之间产生利益冲突，对个体网络借贷平台的自融行为原则上必须予以禁止，特别是通过关联方进行自融的行为，这一禁止性的规定必须与完善的信息披露制度相结合才能真正发挥效果。未来还可以进一步探索在满足一定监管要求（如限制融资总额、潜在利益冲突的披露、第三方担保或保险等措施）后，允许个体网络借贷平台进行自融。减少利益冲突的另一着手之处是对个体网络借贷的收益结构进行优化，个体网络借贷平台的整体收益以及员工薪酬过分依赖于成交量和资金流量时，容易使个体网络借贷平台过度追求借贷成交量，而容易忽视预防和控制借贷交易过程中的风险从而导致损害客户利益。监管规则应当鼓励个体网络借贷平台对可能产生利益冲突的收益结构进行调整，不直接将员工收益与平台成交量和成交人数相挂钩，增加在信息搜集、信息公布、资信评估、信息交互等服务上的收入占比，降低对平台成交量和成交人数依赖较大的收入占比，防止平台自身利益与客户利益产生不必要的冲突。

3. 事后退出

个体网络借贷业务的退出包括出借人退出和平台退出两个方面，这是维护个体网络借贷市场良性竞争的重要保障，通过事后退出制度能够利用市场的力量对不合格的平台进行过滤和筛选，增强合格平台的竞争能力和风险控制能力，形成良性激励机制，对个体网络借贷市场良好有序的市场氛围的形成具有深远意义。

（1）出借双方的退出。

出于对出借人的保护，监管规则应当引入“冷静期”的规定。“冷静期”来源于传统的“分期销售”及“分期购买”，其目的在于给予客户在购买产品后固定期限内返还商品的机会，避免客户由于无奈、冲动或者受到销售商的影响购买商品，使客户拥有足够的时间“冷静”。相较于从传统融资渠道获得贷款，个体网络借贷所受到的现实约束和现实较少，特别是借贷双方并不直接接触带来的虚拟性这一特点，有必要为出借人提供“冷静期”以保障其有机会对出借决策进行对比和衡量，从而能够做出相对独立的投资决策。笔者建议在未来监管细则中增加“冷静期”条款，赋予出借人在借贷合同签订后五个工作日内无偿终止协议的权利。在“冷静期”之后保障出借人退出的主要措施是个体网络借贷平台构建的债权自由转让的二级市场，监管机构应当鼓励符合条件的个体网络借贷平台积极发展二级市场，增强个体网络借贷债权的流动性。鉴于单个平台内二级市场的容量有限，将来可以进一步探索建立跨平台的债权转让二级市场，提升中小平台的个体网络借贷的流动性程度，为减缓整个行业的流动性压力创造条件。

借款人退出主要是涉及借款人提前偿还贷款的问题，监管规则应当规定借款人享有提前偿还贷款的权利。提前偿还贷款的规定在个体网络借贷市场中起着举足轻重的作用。它使客户能够转换对自己更为有利的个体网络借贷平台及服务，提高市场竞争水平。提前偿还贷款是消费者保护的重要补充，使客户在发现贷款协议存在不合理条款时（或者包含误导性条款或者客户无法理解的条款时），能够拥有退出该协议的机会。缺少提前偿还贷款规定可能使客户不得不长期绑定该协议。提前偿还贷款规定一方面促使个体网络借贷平台按照客户的需求量身定制贷款协议，另一方面鼓励个体网络借贷平台进一步改善披露贷款协议的条款，提高了市场的效率。监管规则同时还需要规定，如果借款人选择提前偿还部分或全部贷款，需要承担因此给个体网络借贷平台和出借人带来的损失，但监管规则对所需赔偿的损失可以制定上限规定。

（2）平台退出。

监管机构应当增加对个体网络借贷平台退出市场的制度安排，平台退出的核心要素是要保证借贷服务的持续性和借贷双方的利益。在平台准入阶段需要就平台的倒闭退出市场时债权债务的处理提交方案，并根据平台后续运营情况定期更新，保证平台在倒闭后其所提供的服务不至于突然中断，使借贷双方面临损失。这一规定能够对平台享有的债权和负担的债务进行有序处理，最大限度遏制风险的蔓延，降低对其他个体网络借贷平台以及金融体系的冲击。

（五）重视行业自律

在我国对个体网络借贷的监管刚刚起步的时刻，行业自律对监管的辅助作用不可忽视，然而囿于上文所述的种种原因，行业自律对行业的规范作用未能充分发挥，监管机构应当更加重视对自律组织的指导工作，使行业自律组织真正成为行业监管之外的重要补充，成为监管机构与行业沟通的重要桥梁。

在自律组织的成员吸收上需要重视从规模和代表性角度吸收成员，这有利于提高自律组织与行业的联系程度，更好地掌握行业的发展状况，也便于与监管机构就行业发展的相关问题进行沟通协商。

在自律组织的自律内容上要注重对单个平台成熟经验的推广，在自律管理的过程中建立对各个网络借贷平台的成熟经验的筛选机制，将可复制推广的做法通过自律规则的方式向全行业进行推广，帮助成员平台提高风险管理能力，提升内控管理水平，降低单个平台乃至行业性的风险集聚。

此外还要注重与监管机构的对接，实现监管机构与成员平台的双向沟通，将监管机构的意见传递至成员平台，将监管机构尝试性的监管措施通过自律规则在一定范围内进行监管试验，相较于将监管措施直接在行业内推行有利于降低监管成本，提高监管机构的监管成效。在成员平台向监管机构的信息传递上，自律组织应当将成员平台反映的监管规则实施过程中的问题归类集中反馈至监管机构，有利于提高单个平台在监管规则制定中的话语权，提高监管规则的制定效果和实施效果，从而间接促进个体网络借贷市场的规范发展。

参考文献：

[1] 杨波、王永：《网络借贷易发洗钱风险》，《中国金融》2013 年第 1 期。

[2] 叶冰：《互联网金融时代，商业银行怎么做》，《银行家》2013 年第 3 期。

[3] 李博、董亮：《互联网金融的模式与发展》，《中国金融》2013 年第 10 期。

[4] 冯军政、陈英英：《个体信贷平台：新型金融模式对商业银行的启示》，《新金融》2013 年第 5 期。

[5] 宫晓林：《互联网金融模式及对传统银行业的影响》，《南方金融》2013 年第 5 期。

[6] 付萱：《个体网络借贷：民间金融新生力量之路》，《财会通讯》2013 年第 17 期。

[7] 梁璋、沈凡：《国有商业银行如何应对互联网金融模式带来的挑战》，《新金融》2013 年第 7 期。

[8] 黄海龙：《基于以电商平台为核心的互联网金融研究》，《上海金融》2013 年第 8 期。

[9] 费晨曦、窦郁宏：《互联网金融的典范：ING Direct》，《银行家》2013 年第 8 期。

[10] 冯果、蒋莎莎：《论我国个体网络借贷平台的异化及其监管》，《法商研究》2013 年第 5 期。

[11] 张玉梅：《个体小额网络贷款模式研究》，《生产力研究》2010 年第 12 期。

[12] 周宇：《互联网金融：一场划时代的金融变革》，《探索与争鸣》2013 年第 9 期。

[13] 章连标、杨小渊：《互联网金融对我国商业银行的影响及应对策略研究》，《浙江金融》2013 年第 10 期。

[14] 谢清河：《我国互联网金融发展问题研究》，《经济研究参考》2013 年第 49 期。

[15] 舒皓：《新时期中小企业网络贷款的发展方向研究》，《中国商贸》2011 年第 32 期。

[16] 王筠权、王国成、金强：《互联网金融对商业银行传统业务的影响研究》，《西南金融》2013 年第 12 期。

[17] 陈林：《互联网金融发展与监管研究》，《南方金融》2013 年第 11 期。

［18］张芬、吴江：《国外互联网金融的监管经验及对我国的启示》，《金融与经济》2013 年第 11 期。

［19］闫真宇：《关于当前互联网金融风险的若干思考》，《浙江金融》2013 年第 12 期。

［20］陈强：《中小企业网络贷款及其风险分析》，《中国商贸》2011 年第 15 期。

［21］袁博、李永刚、张逸龙：《互联网金融发展对中国商业银行的影响及对策分析》，《金融理论与实践》2013 年第 12 期。

［22］谢平、邹传伟：《互联网金融模式研究》，《金融研究》2012 年第 12 期。

［23］陈霄、丁晓裕、王贝芬：《民间借贷逾期行为研究——基于个体网络借贷的实证分析》，《金融论坛》2013 年第 11 期。

［24］禹海慧：《我国个体网络借贷平台的弊端及管理》，《中国流通经济》2014 年第 2 期。

［25］吴俊英：《中小微企业网络融资模式实验——以"阿里小贷"为例》，《经济问题》2014 年第 1 期。

［26］王欢、郭文：《个体的风险与监管》，《中国金融》2014 年第 8 期。

［27］蒋莎莎：《网络贷款"宜信模式"的风险特点及监管回应》，《武汉金融》2014 年第 5 期。

［28］曾刚：《积极关注互联网金融的特点及发展——基于货币金融理论视角》，《银行家》2012 年第 11 期。

［29］张雪楳：《个体网络借贷相关法律问题研究》，《法律适用》2014 年第 8 期。

［30］尹力：《论我国个体网络借贷平台的弊端及管理》，《商业时代》2014 年第 14 期。

［31］张胜蓝：《在线贷款业务模式及其风险监测》，《银行家》2014 年第 7 期。

［32］陈丰其：《商业银行发展网络贷款的法律风险与对策》，《浙江金融》2014 年第 7 期。

［33］仇晓光：《论新型网络小额信贷的风险及法律监管》，《中国社会科学院研究生院学报》2013 年第 4 期。

［34］傅彦铭、臧敦刚、戚名钰：《个体网络借贷信用的风险评估》，《统计与决策》2014 年第 21 期。

［35］王嵩青、田芸、沈霞：《征信视角下个体网络借贷模式的信用风险探

析》，《征信》2014 年第 12 期。

[36] 郭海凤、陈霄：《网络借贷平台综合竞争力评价研究》，《金融论坛》2015 年第 13 期。

[37] 刘然：《我国 P2P 网络借贷平台的法律性质》，《法学杂志》2015 年第 4 期。

[38] 陈文、王飞：《网络借贷与中小企业融资》，经济管理出版社 2014 年版。

[39] 罗明雄、唐颖、刘勇：《互联网金融》，中国财政经济出版社 2013 年版。

[40] 谢平、邹传伟、刘海二：《互联网金融手册》，中国人民大学出版社 2014 年版。

[41] Eric C. Chaffee, Geoffrey C. , "Rapp: Regulating Online Peer – to – Peer Lending in the Aftermath of Dodd – Frank: In Search of an Evolving Regulatory Regime for an Evolving Industry", *The Washington and Lee Law Review*, 2012 (501) .

[42] Carl E. Smith, "If It's Not Broken, Don't Fix It: The SEC's Regulation of Peer – To – Peer Lending", 6*Business Law Brief* (*Am.* U.) 21.

[43] Paul Slattery, "Square Pegs In A Round Hole: SEC Regulation of Online Peer – To – Peer Lending and CFPB Alternative", *Yale Journal on Regulation*, 2013 (30) .

[44] Andrew Verstein, "The Misregulation of Person – To – Person Lending", *UC Davis Law Review*, 2011, 45 (2) .

[45] Friesz C. R. , "Crowdfunding & investor education: empowering investors to mitigate risk & prevent fraud", *Suffolk University Law Review*, 2015 (48) .

互联网理财的定义、风险与监管

尹振涛*

2013 年“余额宝”的腾空出世，使互联网理财与互联网金融一道成为近年来国内金融业发展的亮点而备受关注。虽然以“余额宝”为代表的“宝宝类”产品属于传统货币市场基金的网络大众化，但互联网理财仍以其独特的魅力受到普通理财需求者的追捧。与此同时，随着产品类型和商业模式不断创新，各类互联网理财产品和平台也如雨后春笋般地出现，大街小巷充斥着各种宣传材料和广告语，火热局面一度无法抑制。但是，在野蛮式增长的背后，风险隐患不断被积聚，随着 2015 年十部委出台《关于促进互联网金融健康发展的指导意见》以来，针对互联网金融的规范与治理不断加码，加之一些违规违法事件的相继引爆，给互联网金融和互联网理财市场的发展带来了严峻的挑战和不确定性。本文将从互联网理财的概念入手，着重梳理互联网理财市场的风险特征，并据此提出可行性的政策建议。

一、互联网理财的定义与优势

互联网理财与时下最热的互联网金融概念既有一定的联系，又有一些区别。互联网金融是从产品和服务的角度进行界定，参照 2015 年十部委发布的《关于促进互联网金融健康发展的指导意见》中的相关内容，当前中国互联网金融业态大致包括互联网支付、网络借贷、股权众筹、互联网基金销售、互联网保险、互联网信托和互联网消费金融。而互联网理财则是从行为的角度进行定义，即不管是普通消费者购买何种类型的理财产品或服务，均是通过互联网渠道，并以此取得相

* 尹振涛，中国社会科学院金融研究所法与金融研究室副主任，国家金融发展实验室金融法律与监管研究基地秘书长。

应的投资收益的一种行为。因此，从本质上讲，互联网理财是传统理财模式的互联网化，是将线下的各类理财产品和服务搬移到互联网平台上进行销售的过程。

互联网理财的形式多种多样，可以从不同的角度进行分类，梳理目前市场上主流的产品类型，大致包括互联网基金销售、网上炒股、第三方理财、网络借贷、网上保险、网上债券、网上期货和众筹等模式。当前，市场上也出现很多一站式理财平台，即将各种类型的理财产品放到互联网销售平台上，进行综合化营销和统一销售，包括智能筛选、产品导购、主题推荐、产品评价以及论坛社区等链条板块，为投资者提供多维度的投资选择。由于互联网渠道具有自身的特色和优势，在一定程度上改变了传统理财产品在运行机理、销售推广及业务结算等方面的固有模式，得到了普通投资人的认可和积极响应。例如，余额宝类的产品就是在准入门槛、交易便捷及赎回效率等方面突破了传统货币市场基金投资的惯式，使普通投资者不仅能够参与货币市场基金投资，更能获得相对安全和较高的投资收益。当然，也是由于互联网渠道的特殊性，让互联网理财相比传统理财有着不同的风险因素和风险特征，给传统的金融监管带来了严峻的挑战。

与传统理财市场相比，互联网理财市场所表现出来的风险有着一定的独特性，而这些独特性则主要来自互联网理财自身的优势和特点。在国务院大力推动“互联网+”行动的大背景下，互联网被引入各个能够想到的领域，以“滴滴出行”为例，由于互联网技术的介入彻底改变了消费者用车和出行的习惯，也彻底改变了出租车、私家车等底层关系，并挖掘了更多的用车市场。事实上，这些改变基本上都源于互联网技术和互联网思维的应用。同理，相比传统理财业务，互联网理财的优势也大多源于互联网元素。

一是交易更加便捷和高效。相比传统的线下交易，互联网交易平台提供纯线上的服务，包括理财产品的筛选、投资品相的评价、交易资金的划拨、投资收益的确权等一系列标准化的服务。对普通投资人而言，全部的交易指令均可以通过互联网的 PC 端或手机端实现，完全可以省去跑机构、跑银行去买产品的时间和精力。同时，这种交易可以是 7×24 小时的，不分时间、不分地点、不分场合和低沟通成本的服务。

二是提供的理财服务更加丰富。由于理财活动需要一定的专业知识，并需要丰富的基础资料和数据进行必要的投资研究和分析，这些对一般的投资者而言无法独立完成，并常常费时、费力，还无效果，而雇用专业人士进行指导也基本不可行。但对于互联网平台而言，其独特的信息技术和优化的展示方式非常有利于嵌入更多分析工具，传播通俗易懂的专业知识。例如，在购买理财产品时，简单的成本收益分析和利率比较等最基础的投资决策，都可以在互联网平台实现一键处理，加速了投资判断的效率。

三是投资的准入门槛非常低。目前市场上的银行理财产品的准入门槛基本在万元以上，而信托、私募等投资渠道的门槛更高，但互联网理财彻底改变了这一现状，基本消除了投资障碍。例如，目前大多数“宝宝类”产品的投资最低额为1元，大多数P2P理财平台的最低投资额为50元或100元，其他一些互联网理财产品的起投额也均在1000元以下。同时，当下也有一些互联网理财平台以收益权转让和拆分等方式将阳光私募产品通过互联网进行销售，事实上突破了私募基金合格投资人和投资人数的限制，触碰了监管红线。但不可否认的是，互联网理财基本将传统理财市场进行了平民化普及。

四是能够获得相对更高的投资收益。虽然，“宝宝类”理财产品的投资收益率持续降低，但与同类型的线下产品相比，互联网理财的投资收益仍然很高。较高的投资收益主要得益于两个方面：一方面，互联网理财能够集合零散的资金进行规模化的投资，以此分享与规模化资金相匹配的高收益；另一方面，互联网理财服务与传统理财服务相比，运营成本和服务费用更低，一部分免去的交易成本能够转化为投资人的收益。当然，目前的现实情况可能与理论有些出入，在互联网金融快速推广的初期，以及在创投资金的支持下，很多互联网金融企业的获客成本相当高，尚未体现互联网销售的轻资产价值。还是以“宝宝类”产品为例，2%以上的年化收益率比银行活期存款0.35%利率的确高了很多。

二、互联网理财的风险特征

俗话说，“成也萧何，败也萧何”，互联网理财在给大家带来便捷、便利服务的同时，其互联网属性也对传统的金融安全和风险带来了新的挑战，表现出互联网理财特有的风险特征。

一是风险波及的范围更广。由于互联网理财基本取消了理财的准入限制，在让更多的人享受到普惠金融福利的同时，事实上也将更多的群体纳入投资风险圈。理财产品不同于普通的银行储蓄，并不享受固定收益以及存款保险的保护，仍然需要承担一定的风险。同时，由于互联网理财的投资门槛低，投资金额灵活，很容易吸引那些根本不具备金融投资知识的普通老百姓，他们对金融风险知识基本一无所知，在面对风险的时候常常不知所措。除了风险波及的人数众多以外，由于互联网自身的无边界性，还会将相关内容和恐慌情绪简单复制到各类人群、各种层级和各个区域。当金融风险发生的时候，不仅会波及一、二线金融发达的城市，更可能触及三、四线甚至更加偏远的农村广袤地区，很难控制风险传播的范围。

二是风险传播的速度更快。互联网平台最大的优势在于优化了信息传播的途径，从“点对点”变为“网状式”的扩散，同理金融风险的传播也沿此路径展开。当发生金融风险的时候，在互联网传播情况下，风险信息不仅会通过各种网络渠道进行扩散，更由于消息源的不可控性和难追溯性，容易引发虚假、夸大甚至错误信息的快速传播。同时，在互联网时代下，媒体自由化和功利性现象严重，媒体对风险事件具有很强的敏感性，这都对虚假信息的快速传播起到了推波助澜的作用。

三是风险传染的后果更严重。除了风险信息容易通过互联网被快速传播以外，由于大多数的互联网理财产品都存在混业经营及跨行业结构设计的特点，很容易将金融风险从一个领域传染到另一个领域。例如，如果出于某种不可抗原因，投资者集中兑付货币市场基金产品，则容易传导至银行间市场，产生银行业的流动性紧张，进而影响到整个金融体系的定价混乱，引起系统性风险苗头，更有可能破坏货币政策的有效性。同时，由于涉及的人员众多，层次各异，还非常容易引发群体性事件，影响到社会安定，造成不可估量的负面后果。

四是风险防范的要求更高。不论是何种互联网理财产品，除了需要依托互联网平台之外，另一个重要的基础条件就是先进的网络和 IT 技术的支持。对传统的内部风控和外部监管来说，既掌握金融知识又具备技术素养的人才十分匮乏，这对风险管控和金融监管提出了巨大的挑战。同时，由于互联网理财产品的混业特点与当前的分业监管体制也存在明显的冲突，监管主体、监管对象、监管工具及执行手段都很难落实，风险责任也很难追究，容易造成监管真空。

三、防范互联网理财风险的监管建议

作为一种新型的金融业态，互联网理财有着其独特的生命力和魅力，监管当局应该出于鼓励和支持创新的角度进行审慎性监管。对于企业自身而言，应该本着行业自律和企业道德责任的原则规范发展。对于普通投资者而言，则应该加强相关知识学习和增强风险意识，实现投资获利与自我保护的平衡。上文已经指出，互联网理财不仅存在传统理财产品固有的风险，同时还存在一些互联网元素带来的更复杂的特有风险，以及网络和技术条件下所带来的传统风险的演化和放大。随着互联网理财市场的不断扩大，其潜在的风险也不容忽视，特别是近期频繁爆发的一些打着互联网理财旗号的各类非法集资和违法案件，充分说明这些潜在风险已经逐渐显现，并有愈演愈烈之势。针对以上提出的互联网理财的风险特征及问题，要防范互联网理财市场和产品的风险，必须形成多管齐下的治理框架。

第一，明确各类产品和服务的监管主体，出台相应监管细则，避免监管真空和缺位。避免监管真空和混乱最好的办法就是首先明确监管的主体，即监管责任人。在2015年发布的《关于促进互联网金融健康发展的指导意见》中已经对一些互联网金融业态的监管归属进行了明确。例如，互联网支付业务由人民银行负责监管，网络借贷业务由银监会负责监管，股权众筹融资业务由证监会负责监管，互联网保险业务由保监会负责监管，互联网信托业务、互联网消费金融业务由银监会负责监管。同时，在指导意见的大框架下，各分管机构则应尽快出台相关监管细则，以贯彻指导意见的精神，将具体工作落实到位。截至目前，只有互联网支付已经出台了正式的管理办法，针对P2P网络借贷和互联网保险的管理办法正在征求意见阶段，其他相关监管细则仍在制定中。当然，出于鼓励金融创新的原则，各监管机构在出台部门规章的时候应充分考虑互联网运营模式的特点，留给市场必要的创新空间和调整的余地及时间，平衡好发挥市场活力和防范市场风险之间的关系。同时，对那些“打政策擦边球”，或明显违反规定，突破牌照限制，触碰监管红线的做法应予以坚决制止和惩戒。

第二，充分发挥基层金融监管部门的能动性和积极作用，加强中央和地方、行业和行业、部门和部门及内部与外部之间的协调与配合。由于互联网金融企业数量众多、种类复杂，增加了日常监管的难度，给现有的金融监管部门带来了不小的挑战。鉴于互联网金融业态的模式及发展环境，建议针对互联网金融采取分级监管框架，加强纵向监管安排和分工。具体而言，由具体的监管机构负责制定统一的业务规则和监管细则，并由各省级、市级分支机构负责监督和落实，同时，各监管部门的分支机构与各地方金融监管部门（地方金融局、金融办）组成联合监管小组，负责统筹本地区的互联网金融企业。该联合监管小组具体负责日常监管、数据检测和风险排查工作。除纵向形成分级管理框架外，监管部门在横向也应该形成网状联合，以顺应互联网金融跨业经营的特色。在国务院或具体监管部门的牵头下，逐步加强各领域监管主体在信息共享，风险防控，打击违法行为等方面的合作。只有构建起全方位、多层次的监管协调机制，才能避免监管漏洞，实施有效监管。对于企业和行业内部而言，企业应该本着长足发展和社会责任的角度，自身做好风险防控工作，同时，充分发挥行业自律组织和机制的作用，形成优胜劣汰的竞争机制，在最底层杜绝风险隐患。

第三，高度重视金融消费者权益保护和金融知识普及，增强中小投资者的风险防范意识。强化金融消费者权益保护是金融监管的一项重要原则，更是互联网金融监管的重点。从现有的立法情况看，有关金融消费者保护仅停留在部门规章的层面，在立法层面只有《消费者权益保护法》有所涉及，但由于商品买卖与金融产品买卖从服务机理上有很大的区别，因此消费者权益很难得到有效的落实，更难执行。因此，有必要尽快出台符合金融领域特点的中小投资者和普通消费者权益保护的专门立法。不管是监管机构还是互联网金融企业，还应特别强调个人的信息安全和隐私保护问题。由于互联网金融的特殊性，老百姓在互联网上的金融交易和各种交易行为十分容易“留痕”，并且常常是在当事人不知情的情况下发生。因此，互联网企业应该具有高度的安全防范意识、法律合规意识以及高度的社会责任和道德准则，将普通消费者的信息安全作为风险防范的底线。同时，监管机构要引导消费者厘清互联网金融业务与传统金融业务的区别，促进公众了解互联网金融产品的性质，提升风险意识和自我保护意识。

第四，重视互联网金融大数据的作用，提高信息披露要求和风险预警能力，适当引入第三方评价评级。互联网金融与大数据具有天然的结合性，这是因为互联网金融产生的基础就是对大数据的挖掘与运用，同时互联网金融的运营也会伴生出大量的有价值的数据。这些数据对金融监管而言意义重大，大数据为实施全范围的数据监测与分析，加强对互联网金融风险的识别、监测、计量和控制提供了必要的基础。因此，针对互联网理财行业必须制定明确的信息披露标准，就内容、频率、范围及指标进行详细的解释，并以此作为监管的第一抓手。监管机构也应该高度重视数据报送、整理与分析工作，必要时配合各种外部数据挖掘手段进行补充和修正，以此作为风险预警和出台针对性措施的依据。同时，监管部门还应该充分调动和鼓励各相关主体开展第三方评估评级工作，并对此予以适当的管理。就具体的互联网金融企业而言，不应该把信息披露工作当作一项负担，而应该站在发现问题、分析问题、解决问题的角度，从整个行业发展的大局出发，积极配合监管部门的工作。

第五，依法开展针对互联网金融领域的各类清理整顿和排查工作，对非法集资等严重违法现象做到零容忍。在出台法规和确立监管安排的同时，针对当前易发违法问题的互联网金融公司或业务类型，依法开展专项整治和清理整顿工作。要对存量互联网金融公司和产品进行登记管理，对增量公司和产品进行备案管理。明确规定各类互联网理财公司在申请牌照时的注册资本要求以及对申请人资格、运营规则和内控制度建设方面的标准，以此限定经营主体范围、防止互联网理财平台无视经营范围的跨业经营。同时，建立市场退出机制，实现市场自然整合与优胜劣汰并重的格局。同时，在鼓励金融创新和实现普惠金融目标的原则下，对各类金融违法犯罪行为必须予以严惩。特别是当前有很多的“皮包公司”，披着互联网金融的伪装，打着金融创新的大旗，直接坑蒙拐骗做违法的勾当，对这类企业必须将违法成本提高到最高，严惩相关责任人，并通过各种公开渠道进行执法宣传，既做到警示效果，也起到震慑作用。

互联网金融市场发展与监管现状

杜晓宇*

“互联网金融”一词根据文献资料显示，最早由谢平教授在2012年提出，他指出互联网金融是互联网与金融的结合，是借助互联网技术和移动通信技术，使每个参与者都能够充分享受高度自主化的金融服务，实现资金融通、支付和信息中介功能，并因此呈现从有金融中介到无金融中介的新型金融交易形式①。互联网金融是互联网向经济高度渗透以及金融深化改革相互契合和交融的产物，具有互联网时代的特征，同时也是金融改革发展的重要领域②。2013年以来，特别是“余额宝”产品上线后，互联网金融业务在国内掀起了一阵热潮，引起社会各界的广泛关注，众多市场参与主体在借鉴国外发展经验的基础上，结合自身的业务特色和优势之处，积极参与其中。互联网金融是传统金融行业与互联网精神相结合的新兴领域，是“基于互联网思想的金融”，不是简单的“互联网技术的金融”。随着互联网金融影响范围和程度的不断扩大和深化，加强对其监管、防范潜在的风险集聚效应已成为国家领导层、监管层和业界的共识。2016年国家制定并出台了《互联网金融专项整治实施方案》，通过对互联网金融领域违法违规行为的清理整治，有效防范和化解金融风险，规范互联网金融业态，优化市场竞争环境，遏制互联网金融案件及非法集资高发频发势头；建立和完善长效机制，实现规范与发展并举，金融创新与风险防范并重，充分发挥互联网金融的积极作用。

---

* 杜晓宇，中国支付清算协会综合部副主任。

① 谢平、邹传伟、刘海二：《互联网金融手册》，中国人民大学出版社，2014年版，第1页。

② 蔡洪波：《我国互联网金融发展的判断和管理建议》，《新金融评论》2014年第2期。

一、互联网金融市场发展与风险

2015 年 7 月 18 日，经党中央国务院批准，中国人民银行联合十部委发布了《关于促进互联网金融健康发展的指导意见》（以下简称《指导意见》），指出，“互联网金融是传统金融机构与互联网企业（以下统称从业机构）利用互联网技术和信息通信技术实现资金融通、支付、投资和信息中介服务的新型金融业务模式”，互联网与金融相互结合对金融产品、业务、组织和服务等方面产生了深刻影响。2013 年以来，我国互联网金融行业得到了快速发展，规模增长，产品创新，涉及的领域和影响力不断增大，个体网络借贷、股权众筹和互联网支付对社会经济生活产生了重要影响。

（一）个体网络借贷（Peer to Peer Lending）发展情况

个体网络借贷是指个体和个体之间通过互联网平台实现的直接借贷。国内第一家纯粹的 P2P 网络信贷公司——“拍拍贷”成立于 2007 年 8 月，近年来，在国际成功案例、国内政策支持等多重利好下，我国 P2P 网络借贷获得迅猛发展，成为互联网金融领域最为活跃的领军业态。截至 2015 年年底，全国 P2P 网贷公司超过 3500 家，包括陆金所、宜信、拍拍贷、人人贷、红岭创投、合力贷、网信金融等，截至 2015 年 12 月，行业交易历史总量高达 1.63 万亿元，其中 2015 年成交总量达 1.1 万亿元（见图 1）。北京、上海、广东分别居交易前三位。①

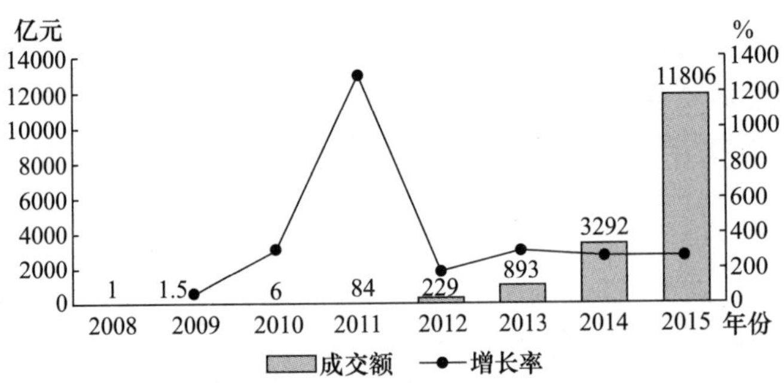

图 1　截至 2015 年 12 月底历年网贷成交额趋势

① 资料来源：第一网贷。

根据2016年8月24日银监会颁布的《网络借贷信息中介机构业务活动管理暂行办法》规定，P2P网贷平台的核心定位是借贷信息中介，平台作为信息桥梁起到信用评级和交易撮合功能。但目前的现状是，为适应国内信用环境和市场竞争的需要，我国P2P网贷平台业务范围一直在不断延伸，形成多种交易模式（见表1）。目前，国内P2P行业具有以下特点：一是普遍以第三方担保、本金赔付计划、风险准备金等形式进行增信服务，使出借人将关注重点从借款人资质转移到P2P平台上，平台实际上发挥了信用中介的功能，易产生刚性兑付的误解。二是线上线下相互融合。由于信用体系不完善、征信基础设施未完全开放，国内P2P机构多采用线上拓展借款人资源、线下审核的模式，在加强风险管理的同时一定程度上提高了资金借贷成本。三是细分市场，专业化协作程度较高。因部分平台的资源和经营能力不足以覆盖整个交易环节，因此引入网站推广、小贷公司、担保公司、征信机构等合作单位协作完成交易。

表1　按照不同维度对P2P业务模式进行分类

维　度	业务模式		
按照业务开展方式划分	线上模式	线下模式	线上线下结合
按照业务流程划分	居间中介	债权转让	自动匹配债权
按照风险承担方式划分	无担保	平台风险准备金担保	第三方担保

银监会刚刚公布了《网络借贷信息中介机构业务活动管理暂行办法》，由于网络借贷监管政策长期以来一直缺位，在P2P网络借贷持续增长的同时，也出现停止经营、提现困难、失联跑路等情况的问题平台数量上升的情况，2013年以来发生各种问题的平台已经达到1518家。①

（二）股权众筹业务发展情况

现代众筹于2010年发端于美国硅谷，并迅速蔓延到世界各地。2011年4月，我国首家众筹网站“点名时间”成立，开创了众筹这一崭新领域。此后，国内股权众筹市场逐渐兴起，并出现了天使汇、众筹网、京东众筹、原始会、爱合投等一批具有较大影响的众筹平台。2014年4月，中国人民银行发布了《2014年中国金融稳定报告》，将众筹融资定义为：通过网络平台为项目发起人筹集从事某项创业或活动的小额资金，并由项目发起人向投资人提供一定回报的融资模式。根据中关村互联网金融研究院统计，截至2015年年底，全国已有众筹平台

① 资料来源：第一网贷。

303 家，其中股权众筹平台 121 家[①]。由于法律环境限制和行业本身的高风险，相对于 P2P 网贷等其他互联网金融业态，我国股权众筹发展较为缓慢。一方面，《证券法》、《私募投资基金监督管理暂行办法》等法律法规对股权投资的人数、资质有严格限制，给股权众筹实践设置了天花板。《指导意见》定义股权众筹融资主要是指通过互联网形式进行公开小额股权融资的活动，而在《证券法》未修改或国务院未制定股权众筹试点方案前，目前股权众筹企业暂时还不能突破《证券法》的限制进行公开股权融资活动。另一方面，众筹平台对项目的把控能力有待检验，初创企业的高风险特征与我国普通投资者专业程度不高、风险承受能力低存在错位，众筹被投资者普遍接受还有待时日。此外，我国征信体系相对封闭，增加了众筹平台客户认证和风险管理的成本。目前，市场上活跃的股权众筹平台不超过 30 家，多数平台成立时间不足一年，市场规模还很小。

在行业分布上，众筹项目主要集中在本地生活服务、移动社交、金融服务等行业。随着近年来初创企业天使轮估值上涨，融资金额普遍较大，例如，截至 2014 年年底，天使汇平台成功融资项目 303 个，累计融资金额 30 亿元[②]，平均每个项目融资金融高达 990 万元，远高于一般天使轮融资规模。

（三）互联网支付业务发展情况

互联网支付行业伴随着电子商务和信息技术的发展应运而生，中国人民银行 2010 年发布了《非金融机构支付服务管理办法》，并于 2011 年开始颁发非银行支付牌照，将互联网支付业务纳入监管，因此互联网支付业务也成为我国互联网金融领域发展相对成熟和规范的业态。2014 年，我国商业银行共处理网上支付业务 285.74 亿笔，业务金额 1376.02 万亿元，笔均业务金额 4.82 万元；支付机构共处理互联网支付业务 215.30 亿笔，业务金额 17.05 万亿元，笔均业务金额 791.92 元[③]。说明我国互联网支付业务行业集中度较高。根据中国支付清算协会 2014 年官方统计，交易金额排名全国前十位的支付机构业务量之和占互联网支付业务总金额的 87.11%。其中，交易规模在 1 万亿元以上的机构有 4 家，其业务量占交易总额的 64.7%；交易规模在 1000 亿～1 万亿元的机构有 14 家，其业务量占交易总额的 31.36%；交易规模在 100 亿～1000 亿元的机构有 20 家，其业务量占交易总额的 3.64%；交易规模在 10 亿～100 亿元的机构有 10 家，其业务量占交易总额的 0.29%；交易规模在 1 亿～10 亿元的机构有 4 家，其业务量占交易总额的 0.007%。见图 2：

① 资料来源：《2016 中国互联网众筹发展趋势报告》。

② 资料来源：天使汇官网。

③ 资料来源：中国支付清算协会官网。

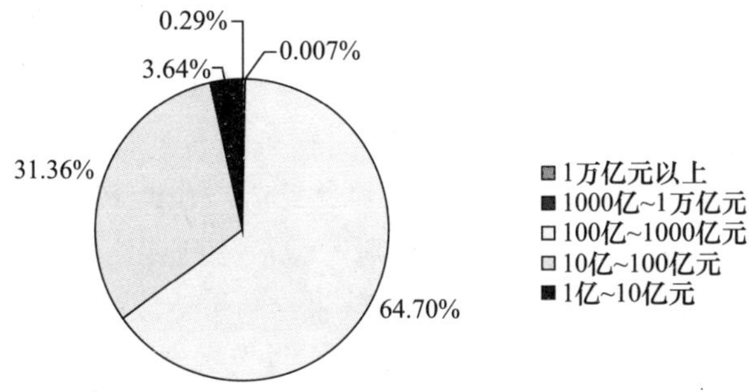

图 2　网络支付业务规模分布统计

经过十多年的发展，互联网支付已渗透到广大居民的日常生活当中，用户黏性较强，使得市场准入门槛较高，新进入主体或将多采用并购形式涉足互联网支付业务，加上监管机构新批准的机构数量预期有限，网络支付市场的服务提供方总体数量将趋于稳定。从近几年的业务增速看，银行网上支付交易笔数和金额的年增长率已趋于稳定，基本保持在 20% 左右。互联网支付交易笔数和金额的年增长率在 40% ~90%，随着整个互联网支付市场的体量趋于庞大，其业务增速也将逐步趋于稳定。

（四）互联网金融存在的主要风险

1. 交易担保机制和信用评价体系不完善使违约等信用风险隐患较大

该问题主要存在 P2P 网络借贷业务当中，市场主体在实际业务运作中相当于替代商业银行连接资金供需双方、充当信用中介角色，但与此同时却并不充分具备对用户做出准确信用评价的资质和能力。目前，互联网金融公司多数尚未接入央行信用基础数据库，各公司之间也不存在信用信息共享机制，完全依靠自身风控能力对用户信用信息进行审核。信用信息交流不畅导致无法形成有效的事前防范和事后惩戒机制，用户违约成本较低。此外，信用信息缺乏交流还可能导致互联网金融公司独立获取的用户信用信息和财务信息时效性较差，时滞较长，从而有可能导致恶意骗贷、借新还旧等风险问题。

2. 受期限错配、业务风险大、互联网信息传播爆发性强等因素影响，互联网金融企业流动性管理存在风险

根据《网络借贷信息中介机构业务活动管理暂行办法》的规定，网络借贷信息中介机构不得将融资项目的期限进行拆分。但是，目前我国大部分 P2P 网贷都提供支持可实时赎回的借贷投资产品，同时企业宣称对借贷资金提供完善的风险保障计划，部分 P2P 网贷平台以自身风险准备金提供担保或找关联企业提供担保。由于担保机构的偿付能力难以保证，一旦发生大规模坏账，或集中挤兑，可

能导致资金链断裂，发生偿付困难；此问题若在行业中蔓延，还可能引发行业风险，影响行业的持续健康发展。此外，向互联网支付机构同样面临巨额提现的可能，支付机构在此方面缺乏管理经验和应对措施，若处理不当可能引发风险事件。例如，2016 年 1 月 10 日，微信发布了“微信公开课 PRO 版”，可以查询用户 2015 年微信使用情况，几小时后，一则“微信公开课链接是病毒会造成资金损失”的谣言在网上迅速传播，达到刷屏效果，结果造成几小时内，超过 100 万客户提取微信支付账户内资金，并解绑微信支付银行卡，微信支付服务器宕机，险些引发较大风险。

3. 大数据的应用使信息泄露或用作不当途径等信息安全问题更加复杂

由于互联网金融具有参与人群广泛、透明度较高的特点，所以存在着信息被泄露的隐患。特别是大数据应用于互联网金融后，使得这一问题更为凸显。大数据、云计算、移动互联网等技术具有“双刃剑”的特性，用户联网后虽然可以享受多样化、便捷性的服务，但同时也成为网络空间数据库中的一个统计学单元，与用户相关的各种数据可能会在自身无法干预的情况下用于商业或者一些不正当的目的。哈佛大学的相关研究显示，只要知道一个人的年龄、性别和邮政编码，就可以从公开的数据库中识别出该人至少 87% 的身份信息。而“维基解密”、“棱镜门”等事件的曝光更反映出大数据事关国家的信息安全。因此，如何在互联网等公开场景加强对用户信息，特别是用户隐私的保护成为重要的问题。总的来看，用户必须对自身的数据拥有充分的所有权，对数据的使用拥有知情的权利；提供技术、产品、服务的市场主体在使用数据时，应有义务主动、及时地告知或提示用户。

4. 外部攻击和技术实力参差不齐使系统安全问题造成的影响更广更深

根据诱发风险的因素不同，系统安全可以分为非人为因素风险和人为因素风险。非人为因素风险主要是指提供互联网金融服务的系统和有关软硬件在安全性、稳定性和可靠性方面存在重大缺陷，或者由于系统停机、存储信息设备损坏等不确定因素，以及不可抗拒因素、突发事件导致损失的可能性。而人为因素风险主要是指互联网金融产品或系统受到来自网络内外部的攻击和威胁而造成损失的可能性。例如某支付公司因为系统安全问题受到攻击，导致客户银行卡信息数据泄露，造成重大安全隐患，也因此被中国人民银行注销了互联网支付业务资格。

由于缺乏监管，市场尚未形成真正的技术门槛对互联网金融相关业务进行规范，再加上部分服务提供方自身综合实力不足、风险防范意识薄弱、风险防控手段缺乏，使得一些病毒、黑客对系统的攻击相对容易得手。特别对于一些 P2P 信贷企业，监管层关于信息系统安全的标准及指引尚未建立，如果系统遭遇攻击，可能导致用户资金损失和数据泄露，还可能出现投资人进行恐慌性挤兑的状况，一旦形成规模效应，则会导致企业资金链断裂、违约、破产的风险，带来更大的社会负面影响。

5. 针对互联网金融的法律法规的缺失不利于引导市场主体科学理性发展

目前我国在金融行业的法律基本上是针对传统金融业务，不能够充分满足对互联网金融发展的监管需要。特别在市场准入制度、资金进出和流动原则、市场交易规则等方面尚未建立统一的监管标准。这些状况与我国互联网金融处于发展起步阶段，其内部发展规律、路径等问题尚未被充分识别和掌握有关。

市场主体的经营活动背离合规轨道，整个过程又处于“暗箱操作”当中，没有任何监管和自律发挥作用，则将可能出现非法集资、资金链断裂、携款潜逃等不良事件，导致严重的风险损失，而互联网的集聚效应还可能进一步加大此类风险。因此，虽然对互联网金融的监管在不涉及非法吸收公共存款和非法集资的前提下，可以具有一定的灵活性，但是还是亟须在金融消费者保护、互联网信用环境建设、互联网金融风险传导等方面尽快制定和实施符合我国发展实际的政策和措施。

6. 客户资金存管制度执行存在难点，资金安全存在风险隐患

P2P 网络借贷参与者广泛，资金进出灵活，业务模式多样，客户资金安全存在较高风险。银监会《网络借贷信息中介机构业务活动管理暂行办法》虽然规定，“网络借贷信息中介机构应当实行自身资金与出借人和借款人资金的隔离管理，并选择符合条件的银行业金融机构作为出借人与借款人的资金存管机构”，但是，目前国内还未建立严格的 P2P 客户资金银行存管机制。银行建立的 P2P 资金存管系统面临一定的技术难题和信誉风险，以及客户支付体验不佳、成本较高、与 P2P 业务存在竞争关系等原因，未能建立类似证券保证金的 P2P 资金托管机制；而非金融支付机构建立 P2P 资金托管已经缺乏政策支持。因此，P2P 网贷机构借贷资金归集账户普遍处于监管真空状态，资金的调配权仍掌握在 P2P 网贷平台手中，客户资金存在被挤占、挪用的风险。2015 年 12 月 8 日，互联网金融平台“e 租宝”在开展互联网金融业务中涉嫌违法经营活动，被有关部门调查。“e 租宝”此前官网数据显示，截至 2015 年 12 月 3 日，注册用户已达 489. 9 万人，累计投资金额为 729. 53 亿元，2016 年 1 月 12 日，深圳市公安局经济犯罪侦查局官方微博发布消息称，深圳市公安机关已经对“e 租宝”网络金融平台及其关联公司涉嫌非法吸收公众存款案件立案侦查。“e 租宝”在成立短短不到两年的时间里，大量吸收客户资金，涉嫌“自融”，由于没有相应资金存管机制，资金实际完全由“e 租宝”平台自身控制，可能会形成“庞氏骗局”，最终给投资人造成巨大损失。从已经披露的信息看，在互联网金融监管最为严格的支付业务

领域，广东益民旅游、浙江易仕、上海畅购三家公司因为挪用客户备付金，造成资金链断裂，后被中国人民银行注销了《支付业务许可证》。由此可见，在互联网金融领域客户资金安全面临一定的风险。

二、互联网金融监管现状

（一）《关于促进互联网金融健康发展的指导意见》对互联金融监管做出顶层设计

2015 年 7 月 18 日，央行等十部委发布的《指导意见》是我国对互联网金融监管的顶层设计，其中明确了对互联网金融行业的十六字总体要求，即“鼓励创新、防范风险、趋利避害、健康发展”。对于互联网金融监管提出了“要遵循‘依法监管、适度监管、分类监管、协同监管、创新监管’的原则，科学合理界定各业态的业务边界及准入条件，落实监管责任，明确风险底线，保护合法经营，坚决打击违法和违规行为。”

根据《指导意见》，对各类互联网金融机构的监管有了比较明确的职责划分和各类业务应当遵守的基本业务规则（见表 2）。其中，人民银行负责互联网支付业务的监督管理；银监会负责包括个体网络借贷和网络小额贷款在内的网络借贷，互联网信托、网络消费金融的监管；证监会负责股权众筹和互联网基金销售的监管；保监会负责互联网保险的监督管理。

表 2 《指导意见》基本原则一览

业务类型	主要监管机构	基本原则
互联网支付	中国人民银行	坚持服务电子商务发展和为社会提供小额、快捷、便民小微支付服务的宗旨；支付机构应建立有效的风险融离机制和客户权益保障机制。要向客户充分披露服务信息，清晰地提示业务风险，不得夸大支付服务中介的性质和职能
P2P 网络借贷	银监会	相关从业机构应遵守合同法、民法通则等法律法规以及最高人民法院相关司法解释，相关从业机构应坚持平台功能，不得非法集资

续表

业务类型	主要监管机构	基本原则
股权众筹	证监会	应通过股权众筹融资中介机构向投资人如实披露企业的商业模式、经营管理、财务、资金使用等关键信息，不得误导或欺诈投资者

此外，《指导意见》还对完善互联网金融行业秩序，提出了具体明确的监管规范（见表3）。

表3　《指导意见》监管规范一览

规范互联网金融秩序相关要求	具体内容	监管部门
加强互联网行业管理	任何组织和个人开设网站从事互联网金融业务的，除应按规定履行相关金融监管程序外，还应依法向电信主管部门履行网站备案手续	工信部
建立客户资金第三方存管制度	从业机构应当选择符合条件的银行业金融机构作为资金存管机构，对客户资金进行管理和监督	人民银行
健全信息披露、风险提示和合格投资者制度	及时向投资者公布其经营活动和财务状况的相关信息，进行充分的风险提示	一行三会分别负责
强化消费者权益保护	研究制定互联网金融消费者教育规划，及时发布维权提示；加强互联网金融产品合同内容、免责条款规定等与消费者利益相关的信息披露；构建多元化纠纷解决机制；细化完善互联网金融个人信息保护的原则、标准和操作流程；严禁网络销售金融产品过程中的不实宣传、强制捆绑销售	一行三会分别负责
加强网络与信息安全	从业机构切实提升技术安全水平，妥善保管客户资料和交易信息	相关部门分别负责
履行反洗钱义务	从业机构应当采取有效措施识别客户身份，主动监测并报告可疑交易，妥善保存客户资料和交易记录协助公安和司法机关防范和打动互联网金融犯罪。金融机构在和互联网企业开展合作、代理时，不得因合作、代理关系而降低反洗钱和金融犯罪执行标准	人民银行

（二）P2P 网络借贷监管情况

P2P 网络借贷在我国长期处于“无门槛、无准入、无监管”的“三无”状态，造成了该业务管理较为混乱。根据《指导意见》P2P 网络借贷由银监会负责监管。2016 年 8 月 24 日，银监会等四部委联合发布了《网络借贷信息中介机构业务活动管理暂行办法》，P2P 网络借贷业务有了“基本法”。

《暂行办法》明确了网络借贷系个体和个体之间通过互联网平台实现的直接借贷，并进一步明确个体的范围既包括自然人，也包括法人和其他组织。在此基础上，将 P2P 平台定义为专门从事网络借贷信息中介业务活动的金融信息中介企业，为实现直接借贷提供信息搜集、信息公布、资信评估、信息交互、借贷撮合等服务。

《指导意见》明确规定网络借贷由银监会负责监管，但是《暂行办法》由银监会、工信部、公安部、国家互联网信息办公室共同起草，共同对网络借贷行业监管，同时还规定地方金融监管部门（即各地金融局/办）做好网络借贷的机构监管和风险处置工作，具体监管架构如表 4 所示。

表 4　网络借贷业务监管职能一览

银监会	制定网络借贷信息中介机构业务活动。监督管理制度，并实施行为监管，指导和配合地方人民政府做好网络借贷信息中介机构的机构监管和风险处置工作，建立跨部门跨地区监管协调机制
地方金融局/办（接受银监会指导）	负责本辖区网络借贷信息中介机构的机构监管，包括对本辖区网络借贷信息中介机构的规范引导、备案管理和风险防范、处置工作
工信部	对 P2P 机构业务活动涉及的电信业务进行监管（即 ICP 和 EDI 备案）
国家网信办	对金融信息服务、互联网信息内容等业务进行监管
公安部	对 P2P 机构业务活动进行互联网安全监管，依法查处违反网络安全监管的活动，打击网络借贷涉及的金融犯罪及相关犯罪

《暂行办法》明确了网贷行业监管的总体原则：以行业监管为主，机构监管为辅；坚持底线思维，实行负面清单管理；实行分工协作，协同监管。根据《暂行办法》的规定，对于 P2P 网贷行业日常监管职责实际上由银监会委托给各地方金融局（办）。

《暂行办法》以负面清单形式划定了业务边界，列明 P2P 平台不能从事的十三项禁止性行为；严格实行客户资金由银行业金融机构第三方存管制度；P2P 平台需采用电子签名等技术手段防范交易风险；强化信息披露监管，创造透明、公开、公平的网贷经营环境等规定。

（三）股权众筹监管情况

根据《指导意见》的规定，股权众筹业务由证监会负责监管，目前证监会尚未出台相关监管意见，我国关于众筹的监管近乎空白，而一直负责股权众筹规则制定的证监会创新部已经撤销，股权众筹监管规则推出暂时没有时间表。部分企业利用股权众筹监管空白的阶段，采用监管套利的方式，发起众筹项目，针对社会广大公众发售，在一定程度上存在非法集资或非法发行股票的风险。对投资者而言，如果产品出现风险，面临着难以维护权益的风险，但是一直未有监管部门对相关行为提出监管要求。

《指导意见》规定，“股权众筹融资主要是指通过互联网形式进行公开小额股权融资的活动。股权众筹融资必须通过股权众筹融资中介机构平台（互联网网站或其他类似的电子媒介）进行”。2015 年，证监会发布《关于对通过互联网开展股权融资活动的机构进行专项检查的通知》（证监办发〔2015〕44 号），规定“未经国务院证券监督管理机构批准，任何单位和个人不得开展股权众筹融资活动”。2015 年 8 月 10 日，中国证券业协会发布了关于调整《场外证券业务备案管理办法》个别条款的通知，指出，根据中国证监会《关于对通过互联网开展股权融资活动的机构进行专项检查的通知》精神，将《场外证券业务备案管理办法》第二条第（十）项“私募股权众筹”修改为“互联网非公开股权融资”。因此，目前市场上的股权众筹平台均不得进行公开股权融资活动，从狭义上理解，这些平台不能视为《指导意见》所规定的股权众筹机构。

根据 2014 年 11 月 9 日，国务院常务会议“建立资本市场小额再融资快速机制，开展股权众筹融资试点”的要求，及 2015 年全国“两会”上《政府工作报告》关于“开展股权众筹试点”的内容，可以分析出，股权众筹融资经国务院批准，将采取试点的方式开展。

（四）互联网支付监管情况

目前，我国互联网支付领域的监管最为完善也最为成熟。中国人民银行作为互联网支付的监管机构，早在 2010 年就开始对互联网支付行业加强监管，坚持循序渐进、统筹兼顾，市场主导与政府推动相结合，鼓励创新与防范风险并重的基本原则，推动互联网支付行业健康发展。中国人民银行陆续颁布了《非金融机构支付服务管理办法》、《非金融机构支付服务管理办法实施细则》、《支付机构客户备付金存管办法》、《支付机构反洗钱和反恐怖融资管理办法》、《支付机构跨境电子商务外汇支付业务试点指导意见》、《关于加强商业银行与第三方支付机构合作业务管理的通知》等一系列办法对互联网支付机构进行管理。

2015 年 12 月 28 日，中国人民银行颁布了《非银行支付机构网络支付业务管理办法》，清晰界定了互联网支付机构定位。坚持小额便民、服务于电子商务的原则，有效隔离跨市场风险，维护市场公平竞争秩序及金融稳定；坚持支付账户实名制；兼顾支付安全与效率。根据交易验证安全程度的不同，对使用支付账户余额付款的交易限额作出了相应安排；突出对个人消费者合法权益的保护；健全客户损失赔付、差错争议处理等客户权益保障机制，有效降低网络支付业务风险，保护消费者的合法权益；实施分类监管，建立支付机构分类监管工作机制，对支付机构及其相关业务实施差别化管理，引导和推动支付机构在符合基本条件和实质合规的前提下开展技术创新、流程创新和服务创新，激发支付机构活跃支付服务市场的动力。

中国人民银行目前比较完备的互联网支付监管制度及措施，为我国互联网支付业务的良好发展，达到世界领先水平，奠定了良好的基础。

三、互联网金融监管存在的问题

（一）立法缺失或立法层级较低，造成行业监管存在一定的真空和制度缺陷

在《指导意见》之前，除了网络支付业态监管规则较完善外，其他互联网金融业态特别是股权众筹方面的监管规则几乎空白，相关业务一直处于“三无”状态，即无门槛、无标准、无监管的状态。而《指导意见》出台后，关于互联网金融的专门监管规定一直迟迟未能出台，对于相关平台准入、资金监管、业务管理、消费者权益保护、信息披露等一系列问题没有明确规定。相关业务职能援引民事、刑事法律规定，造成很多机构一旦违约即面临刑事法律制裁，使得整个行业面临较大的政策风险。

同时，由于法律定位不明、业务边界模糊、行业内对业务开展没有达成统一的标准，监管长期缺位，存在“真空地带”，造成了 P2P 网络借贷和股权众筹行业存在鱼龙混杂、良莠不齐现象，部分平台直接涉嫌非法集资、设立资金池，严重侵害金融消费者的合法权益，无法有效进行市场出清，甚至出现了“劣币驱逐良币”的现象，也大大降低了政府监管的公信力。

对于互联网支付行业，虽然监管制度比较齐备，但由于相关制度立法层级较低，我国《行政许可法》规定，设立行政许可的法律位阶必须在行政法规以上，

而且行政处罚法规定部门规章设定的行政处罚仅为警告和三万元以下的罚款。中国人民银行对于互联网支付行业的监管政策法律位阶仅仅为部门规章，因此在从业资格准入、高管任职资格、行政处罚标准方面均受制约，造成了违规成本过低，与获得的收益不成比例；而对于支付机构法律定位、支付机构破产的清偿次序、电子支付资金流转和权属界定、支付诈骗的司法处理、支付账户管理等方面也需要更高位阶的法律制度作出更明确和权威的界定。

（二）监管与市场在创新与风险的博弈中缺乏有效的平衡，监管的前瞻性、有效性不足

互联网金融是金融行业与互联网相结合，由于互联网企业创新意识强，特别是互联网金融企业多数处于创业期，必须依靠强大的创新维持其生命力，因此创新产品层出不穷。一般认为，政府监管往往落后于市场创新，管制实际上总是通过限制经营机构的某些商业机会来实现的。在这种情况下，企业就会想出各种办法，设法逃避监管过程以获得最大利润，于是产生了金融创新。目前，我国互联网金融业务影响力非常大，服务的消费者数以亿计，一旦出现风险，可能就是区域或系统性金融风险。由于互联网金融业务领域创新不断，出于对金融风险的担忧，金融监管部门在鼓励创新与防范风险的博弈中，往往趋于保守，造成我国互联网金融监管的前瞻性不足。要想达到监管与创新的有效平衡需要极高的监管水平以及监管艺术，互联网金融监管尚未做到通过风险评估、监测预警机制，能够及时识别、防范和化解互联网风险，达到风险防范和鼓励创新的平衡，需要更加注重对监管的前瞻性规划和设计，尽量避免出现“追认式”的监管或者“纠正式”的监管。

（三）缺乏技术支撑，监管的有效性和执行力不足

互联网金融的技术性和互联互通决定了互联网金融监管的难度。对于传统金融机构，监管部门有很多业务系统对其监管，例如人民银行的账户管理系统、反洗钱监测系统、银监会的统计监测系统等。但是，目前针对互联网金融业务监管措施的执行和落实缺乏有力抓手，加之互联网金融机构互联网基因强、机制灵活、利益驱动强，传统的对金融行业的监管对这类机构的监管难度大。例如，对于客户资金存管目前缺乏有效的监督手段，互联网金融机构通过虚假交易报文可以轻松规避金融机构的监督；对于互联网支付业务账户分类管理、交易限额等措施的落实，缺乏技术手段予以监测。如果没有有效的技术手段对互联网金融业务加以监管，即使出台了相应的监管政策，也是无源之水，缘木求鱼。

（四）互联网金融监管“九龙治水”的特点，在一定程度上造成监管协调成本高企，实际无人负责的局面

互联网金融业务是典型的跨市场业务，很多互联网金融企业同时经营支付业务、网络借贷业务、网络基金销售、网络保险代销、消费金融分期、私募股权、信托受益权转让、资产证券化结构性交易等业务，传统的按照机构监管的分业监管模式并不适合于互联网金融的监管。

2015 年发生的“股灾”事件，2014 年出现的“钱荒”，均说明我国分业监管体制下，监管协调机制不通畅，对于跨金融行业监管套利行为监督不力。为了协调“一行三会”间工作，2015 年年底，国务院甚至专门成立了“金融事务局”（国务院办公厅秘书四局），专司中国人民银行、银监会、证监会、保监会的监管协调工作，可见金融监管协调难度之大。互联网金融的不断创新，渠道融合、机构合作、跨界发展的趋势日渐显现，给传统的分业监管体制带来了巨大挑战，迫切需要加强监管协调，建立协同监管体系。

按照《指导意见》的规定，互联网金融行业监管涉及多个监管部门，虽然《指导意见》规定了协同监管的原则，但基于我国实践，协同监管往往会出现“过度监管”或“监管不足”的情况，况且多部门监管协调难度比单纯协调“一行三会”更大，成本高企。例如，P2P 网贷企业注册登记由工商行政管理部门管理，ICP、EDI 登记备案由工信部管理，信息内容由国家网信办管理，日常机构监管和风险处置由地方金融局负责，反洗钱及征信业务由人民银行管理，非法集资涉众犯罪由公安部门负责，行为监管和统一业务规则制定由银监会负责，行业自律由人民银行主管的中国互联网金融协会负责。但是，对于目前频繁发生的网络借贷风险事件，一直没有部门牵头承担责任，切实履行监管义务。

（五）互联网金融监管资源、方式与市场现状严重不匹配

目前我国仅网络借贷企业就超过 3500 家，而网络借贷的监管主体银监会编制有限，各地银监局、银监分局均未设立普惠金融处（科），不可能完成对网络借贷企业日常监管的责任。在《暂行办法》中银监会也将网络借贷日常的机构监管职能移交给了各地金融局（办），但是各地金融局（办）一方面编制严重不足，人力上并未做好监管网络借贷业务的准备，另一方面金融局（办）的工作人员在一定程度上缺乏金融监管经验，例如，对于融资性担保公司，2015 年以来风险事件不断；同时金融局（办）可能受地方政府需要资金沉淀的诉求，放松对网贷企业的监管要求，以达到吸引网贷企业入驻，资金留存在当地的目的。而网络借贷企业是高度互联网化的企业，其业务范围与所在地并无必然联系，一

家山东的互联网金融企业，主要客户集中于北京或上海，甚至注册在山东而实际办公在北京，这都给互联网金融属地监管造成困扰。互联网金融企业可以通过监管地域的选择实现套利，而各地金融局（办）受到地区差异性影响，难以采取统一的监管标准，势必导致互联网金融企业向监管松的地区集中，可能造成区域性金融风险。因此，从目前的监管思路上看，监管部门的人力等资源以及所采取的监管方式与互联网金融市场发展现状并不匹配。

（六）金融监管对于互联网的“聚集效应”带来的负外部性缺乏控制

随着金融机构连接的日益广泛，互联网金融对证券、货币等市场的延伸，增大了风险传染的可能性。比如“e 租宝”事件后，由于投资人对网络借贷整体行业产生不信任感，集中提现，造成多家网络借贷企业出现问题，产生了多米诺骨牌效应。互联网因为具有很强的“聚集效应”，一旦出现风险问题，很容易加倍放大。现在微信、微博、新闻 APP 等多种信息传播渠道，使得某一信息无论真伪均可以在短时间内迅速传播，“羊群效应”明显，等到监管部门发现问题并了解清楚时，已经度过了危机处理的最佳时期。金融监管部门对这一问题，缺乏有效的控制手段，短期内难以解决。

网络借贷的风险特征与监管建议

郑联盛　王寿菊*

自2012年以来，第三方支付、网络借贷（P2P）、股权众筹等互联网金融的新兴业态迅速发展起来。截至2015年，中国网络借贷交易规模超过1万亿元，平台数量接近5000家，累计问题平台达到1518家，占比约31%。①中国网络借贷在三年内成为全球最大的互联网业务模式之一。但是，近期网络借贷平台风险事件频发，群体性事件层出不穷，以e租宝为代表的网络借贷平台风险事件暴露了互联网金融的重大风险，网络借贷的风险定价机制失效，风险处置形势极其严峻，其治理和监管已经到了急迫的程度。当前，网络借贷已经成为乱象丛生的重要问题，不仅导致了网络借贷投资者的重大经济损失，而且引发了重大的经济社会稳定问题。②

一、网络借贷发展的根源

包括网络借贷在内的互联网金融呈现爆发式增长的态势，其根源主要是两个因素：一是内生的体制性因素，即金融抑制；二是内生的驱动力因素，即长尾效应。金融抑制是中国金融体系发展过程中的一个重大的制度性问题，使得国内日益增长的多元化金融需求无法获得满足，即国内由于金融抑制存在金融服务需求缺口的情况。长尾效应是通过技术手段使分散的需求能够集中化，能够发挥规模

* 郑联盛，国家金融与发展实验室金融法律与金融监管研究基地副主任；王寿菊，中国社会科学院研究生院硕士研究生。

① 第一网贷：《2015年全国网络借贷行业年报简报》，2016年1月1日，http：//www. p2p001. com/news/zhishu/p/14. html。

② 龚明华：《互联网金融：特点、影响与风险防范》，《新金融》2014年第2期。

优势使金融服务的提供成本明显下降，相当于提供了一种有效的供给机制。互联网金融激发了金融抑制下的服务需求，长尾效应有效地满足了新的需求，互联网模式下的需求—供给匹配新机制使互联网金融呈现爆发增长的态势。

网络借贷快速增长还有一个具有两面性的因素，即风险管控。基于互联网的金融业务实际上是一种组织模式或商业模式的创新，是对原有监管体系的规避或突破，监管有效性较低，这使网络借贷发展基本没有受到监管制度的制约，缺乏监管使网络借贷发展存在一个巨大空间。但是，对原有监管体制的突破以及风险管控缺失必然带来新的问题或风险，特别是信用利差没有得到有效的定价，这使网络借贷的风险较为凸显并频繁爆发，缺乏有效的风险防控和信用风险定价机制将成为网络借贷未来发展中不可逾越的鸿沟。

（一）金融抑制

网络借贷发展的体制机制基础在于中国存在较为明显的金融抑制问题。中国网络借贷的起步要晚于英美等国，但是，网络借贷的交易规模迅速崛起，在三年之内就成为全球最大的网络借贷市场，这一发展现实与中国金融抑制具有紧密相关性。

一是金融抑制成为金融经济转型发展的重大约束。从计划经济到市场经济的转型之中，金融部门的改革开放相对滞后，这使金融出现抑制的状况，而金融抑制会破坏市场体系和价格体系，特别是中小微企业和小客户的金融服务无法得到有效满足，这阻碍了金融增长和经济发展，同时使金融服务的需求缺口不断放大。①

二是互联网金融的技术优势有效地突破了金融抑制，夯实了小微金融的发展基础。互联网金融借助互联网技术工具来提高金融服务的可得性和实现金融服务的普及性，拓展了传统金融体制所无法覆盖的服务领域，较为有效地突破了国内金融抑制的市场体制，大大拓展了小微金融的应用空间和服务能力，② 比如陆金所等机构就尝试建立一站式的金融服务平台。

三是互联网金融实际上突破了基于分业监管的金融管理体制边界，提高了金融服务的综合水平。包括网络借贷在内的互联网金融以互联网和金融的双向交互性，突破了传统金融抑制的体制束缚，通过互联网技术在理念、思维、流程及业务等方面的延伸、升级与创新，提高了金融服务的覆盖面。③ 由于中国施行的是管制型立法，网络借贷以及其他互联网金融业态实际上表现为市场微观行为主体

① 王丹莉、王曙光：《从金融抑制到金融自由化和金融民主化》，《新视野》2015 年第 2 期。

② 王海军等：《互联网金融：缘起、解构与变革》，《武汉金融》2014 年第 10 期。

③ 郑联盛：《中国互联网金融：模式、影响与风险》，《国际经济评论》2014 年第 5 期。

对于原有法律制度的一种规避，一定意义上也在突破中国监管体系对传统金融系统过度和过时的监管。[①] 从对金融抑制的体制机制束缚冲击上看，互联网金融将带来一定的“颠覆性”冲击[②]，将对商业银行经营服务模式产生实质性影响，有利于保障金融服务参与权和金融投资收益权，亦有利于中小微企业获得更好的金融服务。

（二）长尾效应

长尾效应最初是由美国《连线》总编辑克里斯·安德森于2004 年首先提出的。[③] 长尾效应最初主要运用于商品零售领域，其典型的含义是只要存储和流通的能力足够充分，需求不旺或销量不佳的产品共同占据的市场份额就可能和那些热销产品市场份额相当甚至更高。[④]

一方面，长尾效应是互联网金融发展及壮大的内在逻辑基础。长尾效应在互联网金融的应用主要体现为与二八定律的“对峙”，认为对于那些传统金融机构不太在乎、数量巨大的小客户通过互联网平台的整合，其业务规模甚至可能超过传统金融机构十分在意的重点大客户的业务规模。[⑤] 就网络借贷而言，由于网络借贷平台可以跨区域吸收公众的投资再进行放贷，其吸引的长尾客户（中小投资者以及中小微企业及个人借款人）将逐步呈现规模效应，甚至最后能够超过银行部门的信贷规模。[⑥] 从技术层面出发，包括网络借贷在内的互联网金融长尾效应主要体现在外部经济、规模效应和范围经济三重效应，长尾效应的产生在一定意义上改变了金融供给曲线和需求曲线均衡的位置，使得部分需求得以弥补，减轻了传统信贷需求的匹配压力，促进了资金供求的有效配置。[⑦]

另一方面，长尾效应为互联网金融的风险管控提供了理论支撑。长尾效应带来了一个较大的风险问题，即长尾效应代表着长尾客户的规模十分巨大，这将使基于长尾效应的业务模式需要管理更加复杂的客户体系，客户面临的风险将受制于服务主体的风控能力。而且，由于长尾客户的分散性，长尾客户的权益保障机制及风险补偿机制将更加难以全面建立。为此，包括网络借贷在内的风险应对需要考虑到长尾效应中的客户或投资者分散性问题。

---

① 杨东：《互联网金融的法律规制——基于信息工具的视角》，《中国社会科学》2015 年第 4 期。

② 谢平、邹传伟：《互联网金融模式研究》，《金融研究》2012 年第 12 期。

③ Chris Anderson. *The Long Tail: Why the Future of Business Is Selling Less of More*. New York: Hyperion Pressing, 2006: 4.

④ 安宇宏：《长尾效应》，《宏观经济管理》2013 年第 12 期。

⑤ 任律颖：《谈长尾效应与发展大众零售银行服务》，《浙江金融》2010 年第 5 期。

⑥ 彭程：《基于长尾理论研究互联网金融中的网络借贷模式》，《经营管理者》2015 年第 22 期。

⑦ 王馨：《互联网金融助解“长尾”小微企业融资难问题研究》，《金融研究》2015 年第 9 期。

（三）信用利差

从一定意义上讲，信用风险及相关的信用利差定价机制缺失是网络借贷蓬勃发展的重要根源之一。网络借贷通过长尾效应内生地构建了金融服务需求与金融服务供给的新渠道及新机制，同时，由于没有合理的信用风险定价机制和风险管控机制，网络借贷借机野蛮生长起来。

但是，互联网金融并没有改变资金融通的本质，金融的内在本质是信用、期限与风险的转换。① 在这个转换的过程中，资金的成本（利率）变化是信用风险有效定价和内生风险有效防范机制的指示器。如信用风险定价有效，那么不同网络借贷平台、借贷主体、借款期限以及借款规模等的信用风险将形成明显的信用利差。信用利差有效甄别及定价机制的缺失是未来网络借贷长期稳定发展的重大制度基础，建立起有效的信用风险定价机制是网络借贷风险管控最为核心的环节和长期可持续发展的机制保障。这就需要监管当局基于互联网的视角和金融的属性来构建互联网金融的监管新机制。②

二、网络借贷的风险：调研的验证

我们通过实证研究发现，网络借贷对于利率的敏感性非常之低，这说明网络借贷并没有建立有效的信用风险定价机制，整个体系存在重大的风险漏洞。2014年以来，我们课题组在北京、上海、杭州、深圳等地对多家网络借贷平台进行了较为全面和深入的调研，发现网络借贷由于其民间金融属性、资金可得性、监管规避性以及产品公募化使得其信用利差无法有效定价，进一步验证了上一部分关于信用风险定价机制和风险管控机制缺失的结论。

（一）资金可得性决定信用利差刚性

由于国内资金可得性较差，网络借贷主体缺乏定价权，这使得网络借贷的信用利差存在刚性。调研中我们发现，一方面网络借贷平台确实为部分小微企业解了燃眉之急，使得小微企业部分地获得了难以从正规金融体系获得的资金，一定程度上提高了资金的可得性。但是，另一方面，网络借贷对于小微企业资金满足的程度仍然有限，小微企业融资难问题仍然凸显。小微企业在网络借贷平台进行

① 王国刚：《从互联网金融看我国金融体系改革新趋势》，《红旗文稿》2014 年第 8 期。

② 张晓朴：《互联网金融监管的原则：探索新金融监管范式》，《金融监管研究》2014 年第 2 期。

融资中缺乏定价权，资金的融资成本非常高且不同借款人的成本差异性较小。2014 年全年网络借贷平台上企业或个人的融资成本整体超过 20%，有的甚至超过 40%，不同主体在同一时期相似期限、相似规模的融资成本差异很小。可见，中小微企业为了融资的可得性和便利性付出的融资成本是很高的，而且不同融资主体的信用利差无法有效甄别定价。2015 年随着降息周期的到来，网络借贷融资成本有所下降但仍然居高不下，网络借贷利率对于基准利率变化并不敏感。

作为资金的供给方或渠道，网络借贷平台的趋利性进一步固化了信用利差的刚性。一些网络借贷平台打着“为中小微企业融资服务”和“发展普惠金融”等旗号，以信息费、顾问费、中介费、管理费等多种形式赚取的利润占到融资成本约 50% 的水平。在资金融通的过程中，国内网络借贷平台获得了巨大利益，而小微企业并没有成为真正的受益者。在这个过程中，借款人的需求尽管十分强劲，但是，借款人的信用风险无法有效甄别，网络借贷平台理性的做法就是提高借款利率，这使得利用利差无法甄别且利率长期处于高位。

（二）网络借贷本质决定信用利差定价无效

网络借贷本质是民间金融互联网化，对于信用利差并无有效的市场化定价机制。网络借贷的本质是民间融资的互联网化，是一般工商企业利用互联网金融的外壳从事金融业务，而且不受金融监管，并没有建立有效的信用利差定价机制和风险管理机制。

首先，绝大部分网络借贷平台都是一般工商企业，并无金融体系相匹配的金融风险定价机制。此类机构在工商部门注册为互联网企业、科技公司、咨询服务公司等一般工商企业，对于风险的理解较为粗浅，对于收益的诉求较为强烈。

其次，绝大部分网络借贷平台大多从事民间融资业务，基本采取高利率放贷。除了个别具有真正大数据支持的网络借贷平台是信息中介，绝大部分网络借贷平台都从事民间融资业务，是典型的信用中介，且以较高的利率进行放贷。高利率有两个目的：一是提高平台的收益率，出于获利的目标；二是以高利率获得高收益来对冲高违约的风险，出于风险对冲的目的。这两个目标使得网络借贷的利率具有刚性，不同主体的信用利差无法有效反映。

再次，互联网是网络借贷获客的手段，线下的民间融资通过线上网络借贷平台获得资金来源和借款客户，大部分网络借贷平台并无大数据分析以及基于大数据构建信用利差定价和风险管控的专业能力。此外，网络借贷平台并没有受到有效的监管。由于已注册为工商企业，网络借贷平台并没有受到与金融属性相关的监管，网络借贷平台的风险甄别、定价及应对机制缺乏强制性约束。

最后，网络借贷平台提升了民间融资的风险程度。民间融资本来就较为混乱，但是，网络借贷平台将民间融资从线下转移至线上，融资规模迅速扩大，融资主体更加多元，筹资来源更加广泛，加上无效的风险定价机制，网络借贷的风险骤然加剧。

由于网络借贷缺乏明确的监管规范和监管主体，民间融资的诸多类型机构纷纷演变为网络借贷平台，成为“伪”互联网金融的典型代表。目前，国内存在三种偏离了网络借贷本质的伪网络借贷机构。第一种是以网络借贷作为载体，从隐秘型的民间金融机构转变为阳光化的互联网金融机构，主要目的是获得合法经营的权利，即“洗白”。第二种是以网络借贷作为载体，将客户资金非法吸收投入到特定的业务、公司或产业之中，主要目的是融资，即“自融”。第三种是以网络借贷作为载体，通过假标、资金池和高收益为手段，设计庞氏骗局，将客户资金非法吸收并据为己有，主要目的是骗钱，即“欺诈”。这三种“伪”模式都缺乏有效的信用利差甄别和风险管理机制，特别是无法在负债端进行有效的信用风险定价。

（三）网络借贷缺乏强制性风险管理机制

在调研中我们发现，一些网络借贷平台认为，目前没有准入门槛、没有监管主体、没有监管细则以及没有强制风控要求的情况不会持续太长时间，他们最为合理的选择是快速扩大规模，“只有做大，才不会被监管机构取缔”，并期待未来监管机构对既定事实进行认可，甚至发放牌照。这种“跑马圈地”和“监管博弈”的逻辑，使网络借贷平台往往忽视了风险防范，不注重借款人的信用风险甄别、信用利差定价和风险管理机制的建设。这种忽视风险定价的疯狂扩张行为容易引发潜在的金融风险和重大的群体性事件。此前，从事有色金属交易的泛亚交易所会员就超过 20 万人，涉嫌非法融资额度超过 400 亿元；主要从事融资租赁的网络借贷平台——e 租宝投资人数也超过 90 万人，涉嫌交易金额超过 720 亿元。两个案例中，融资平台都没有强制性的风险管理要求，投资者亦无法根据相应信息进行信用风险判定。

（四）私募产品公募化降低风险溢价

从最新的情况来看，由于网络借贷管理办法征求意见稿已出台，大量网络借贷平台因为涉及信用业务而开始考虑业务转型。近期，大量的网络借贷开始转变为私募金融产品公募化的载体。当前，随着网络借贷行业资产荒的出现，大量的网络借贷平台难以为继。为了生存，很多网络借贷平台提供不同形式的投资产品，这些产品本质上是具有传统金融机构发行的理财产品，而不是个体对个体的直接借贷。网络借贷平台成为证券、信托、保险、基金等理财产品的获客方式，并且通过产品设计来规避私募产品对投资者门槛的限制。比如一些网络借贷平台将最低门槛为100万元、具有私募性质的专项理财计划通过网络借贷化整为零，并设计出最低投资额为1元甚至更低的具有公募性质的网上理财产品，放在平台上进行销售。

私募产品公募化最大的问题在于投资人对借款人的信用风险甄别动机弱化，投资人的风险补偿要求降低，不同借款人、期限等的信用利差被"技术性"降低。由于网络借贷平台采用公募化募资，投资人的投资额度较小，对借款人的信用风险考察缺乏足够的动力，并认为平台已经做好有效的风险定价和风险管理。这使得投资者对借款人的信用风险甄别功能失效，投资者对于借款人的风险补偿要求降低，使得网络借贷的信用风险定价不反映或者较少反映投资者的风险补偿。

三、网络借贷的风险：监管的考察

从风险传导的机制看，监管部门的有效监管是风险传递隔断的最后一道防火墙，也是风险应对最为有效的环节之一。目前，国内互联网金融特别是网络借贷风险定价失效、风险事件频繁发生与长期监管缺位是紧密相关的。长期的监管缺位使得网络借贷的信用利差无法得到有效的定价，强制性的风险管控机制没有建立起来，监管体系应有的保障功能没有发挥出来。监管体系的弊端从另外一个侧面反映并验证了网络借贷信用利差定价机制和内在风险防控机制的缺失。

首先，网络借贷长期处于监管缺位，缺乏强制性风险管理机制。自2012年起，网络借贷在国内发展已有五年时间，长期处于无人管理的态势。在出现伊始，网络借贷就出现了较多的风险事件；在2013年网络借贷爆发式的增长中，"跑路"、破产和技术风险等事件频繁发生。直到2015年12月28日银监会才出台监管办法的征求意见稿。另外，网络借贷平台无须准入门槛和强制性风险管控要求。部分大型网络借款平台反映当地监管机构对于网络借贷整体呈现弱监管态势，偶有现场检查、调研和走访，对于中小平台基本是无人监管的状态，而且由于没有任何准入及监管规则，当地银监局和金融办缺乏监管措施和处罚依据。

其次，对网络金融属性相关业务的监管基本处于空白状态，对信用风险缺乏针对性的监管举措。从调研了解的情况看，大部分网络借贷平台是民间金融的互联网化、追求民间金融的高收益性、从信息中介转化为了信用中介。但是，在网络借贷管理征求意见稿中，中国银监会将网络借贷平台界定为资金融通的信息平台，即平台只能为双方的资金融通提供信息服务而不能有担保、资金池、增信等其他实质性或主体性金融服务。这种监管办法和实际操作中的差异性会导致两个重大的公共政策问题：一是绝大部分网络借贷平台都从事违法的业务；二是大部分网络借贷平台及其业务不受法律监管。更重要的是，作为信用中介的网络借贷平台并没有针对性的信用风险定价及风险管理机制的监管要求。

再次，网络借贷监管更多是事后的风险处置，缺乏事前的风控手段。由于缺乏监管框架和监管举措，投资者没有明确的保护机制，基本是风险事件爆发后主要通过公安部门介入和法律诉讼两个渠道进行权益维护。虽然，投资者获得了公安部门和法律的支持，但是，因为损失已经造成且基本是血本无归，这将直接导致投资者采取群体行动，引发围攻当地政府、监管机构等群体性事件。相对应的是，信用风险管理最为基础的事前甄别及应对举措极为缺乏，比如缺乏风险拨备、信息披露、投资冷静期、投资者保护等风险管理前置环节。

最后，网络借贷监管的体制机制问题亦是信用风险无法有效定价的基础根源之一。目前，网络借贷相关的监管主体主要是三类：银监会、地方金融监管部门和行业协会，但是，三类机构的监管边界、责任和分工是不清晰的。由于监管分工不明确，使得监管的顶层设计、风险管理的核心环节、诸如信用利差定价的基础设施等都不完备，使得网络借款的信用利差定价不合理、风险管理机制不健全。

四、网络借贷风险应对的政策分析

短短几年时间，国内网络借贷交易规模迅速突破 1 万亿元，网络借贷平台接近 5000 家，但是，网络借贷的信用风险定价机制缺失，风险事件频发，投资者权益损失巨大，并引发了诸多的金融、经济与社会问题。未来应该理顺监管体制，完善风险定价，强化风险管理，治理行业乱象，坚决守住不发生系统性、区域性金融风险的底线。

第一，理顺网络借贷监管体制，构建职责明晰、分工明确、协调有力的网络借贷监管体系，夯实风险管理和信用利差定价的体制基础。一是强化银监会在网络借贷监管的主体责任。银监会及其派出机构是网络借贷监管的“法定”责任主体，不仅要承担规则制定、监管制度以及指导工作等责任，而且要承担主体性和实质性的监管职能，特别是建立强制性的风险管理要求，完善信用利差定价机制。二是建立监管分工体系。银监会作为核心责任主体、地方金融办作为执行主体、行业协会作为辅助机构，银监会系统要在框架设计、标准制定、风险定价、专业监管以及监管协调中发挥核心作用，地方金融办要在监管执行中发挥基础作用，行业协会要发挥监管引导作用。三是构建网络借贷监管的协调机制。不仅要将银监会、金融办、行业协会协调起来，还要将相关的工商注册、信息管理、公安等部门进行统筹，健全网络借贷的信息共享机制并内化为风险定价的因素，并建立有效的监管协调协同机制。

第二，明确准入制，构建网络微观监管标准体系，夯实信用利差定价的微观基础。一是改变备案制为事实的准入制，强化网络借贷准入条件，形成较好的事前监管基础。为了防止“劣币驱逐良币”，应该强化准入的资本金、风险管理、专业能力、资金托管、消费者保护等微观标准，使网络借贷成为一个定位于信息服务中介、准入门槛较高、专业水平较强、利差定价有效、风险管理有力的金融信息服务行业。二是对于新设立的网络借贷机构，坚持严格的增量管理，按准入的微观标准进行准入备案审核，防止低端网络借贷和冒牌网络借贷充斥市场。三是对于现有的网络借贷机构，设置一定时期的过渡期。要求现有机构按照信息中介管理办法以及准入标准进行整改，到期采取验收和准入考核。对于不能在过渡期内满足准入条件和信息中介定位的机构，采取托管等方式由其他符合标准的机构进行管理改造。

第三，强化现场和非现场监管，切断非法融资互联网化的线上线下转换机制，防止出现信用利差定价的监管漏洞。银监会和地方金融办等相关监管主体应该强化对网络借贷平台的线上监管的同时，对于线下门店、广告、活动等加强管控，切断非法融资活动在线下的拓展渠道，切断非法民间融资借助互联网和线下门店的相互转换机制，将民间融资及其线下活动纳入监管体系之内，并对其风险进行有效定价和管控。

第四，强化负债端监管，防止私募产品公募化，强化信用风险的有效补偿。互联网金融的本质是要为实体经济服务，要为中小微企业融资服务，而不是作为金融机构主动负债或者违规操作的新渠道。私募产品具有较高的准入门槛和投资者保护机制，监管机构应该强化私募理财产品的监管，防止其借助互联网公募化，提升投资者对于借款人的信用风险甄别功能，对信用利差进行有效的分析并内化为有效的风险补偿。

第五，强化投资者保护机制，提升投资者对借款人信用风险的甄别和防范。一是信息披露制度。互联网金融具有普惠性和零售性，监管部门要强化网络借贷平台的信息披露制度建设，要求对网络借贷平台及借款人信用风险进行透明化的信息披露。二是风险提示制度。要求网络借贷平台在投资者投资前进行有效的风险提示，并设立冷静期，允许投资者在一定期限内退出其在网络借贷平台的投资。三是强化网络借贷平台的技术标准建设和技术风险防范，防止出现账户被盗、技术漏洞以及黑客攻击给消费者造成损失。四是强化信用风险应对的市场化机制，比如通过信用风险保险、账户保险等市场化手段对信用利差进行事先定价。五是建立争议处置和违法惩罚机制。一旦出现投资争议，投资者可以向网络借贷平台机构投诉，行业协会应建立流程大致相似的投诉机制和投诉中心以解决纠纷，并为投资者的法律诉讼提供便利。一旦证明借款人或平台存在刻意隐瞒信用风险等违法违规事件，则加大处罚力度，促使信用利差内化为网络借贷的风险管理因子。

参考文献：

［1］第一网贷：《2015 年全国网络借贷行业年报简报》，2016 年 1 月 1 日，http：//www. p2p001. com/news/zhishu/p/14. html。

［2］龚明华：《互联网金融：特点、影响与风险防范》，《新金融》2014 年第 2 期。

［3］王丹莉、王曙光：《从金融抑制到金融自由化和金融民主化》，《新视野》2015 年第 2 期。

［4］王海军等：《互联网金融：缘起、解构与变革》，《武汉金融》2014 年第 10 期。

［5］郑联盛：《中国互联网金融：模式、影响与风险》，《国际经济评论》2014 年第 5 期。

［6］杨东：《互联网金融的法律规制——基于信息工具的视角》，《中国社会科学》2015 年第 4 期。

［7］谢平、邹传伟：《互联网金融模式研究》，《金融研究》2012 年第 12 期。

［8］Chris Anderson，*The Long Tail*：*Why the Future of Business Is Selling Less of More*. New York：Hyperion Pressing，2006（4）.

［9］安宇宏：《长尾效应》，《宏观经济管理》2013 年第 12 期。

［10］任律颖：《谈长尾效应与发展大众零售银行服务》，《浙江金融》2010 年第 5 期。

［11］彭程：《基于长尾理论研究互联网金融中的网络借贷模式》，《经营管理者》2015 年第 22 期。

［12］王馨：《互联网金融助解“长尾”小微企业融资难问题研究》，《金融研究》2015 年第 9 期。

［13］王国刚：《从互联网金融看我国金融体系改革新趋势》，《红旗文稿》2014 年第 8 期。

［14］张晓朴：《互联网金融监管的原则：探索新金融监管范式》，《金融监

管研究》2014 年第 2 期。

［15］廖理等：《聪明的投资者：非完全市场化利率与风险识别——来自网络借贷的证据》，《经济研究》2014 年第 7 期。

主要国家网络借贷监管法律制度比较研究

王　刚　吴　飞*

我国个体网络借贷起步于2007年，在近10年的发展过程中虽然行业规模日益壮大，但随之也暴露出许多亟待解决的问题，从2015年开始我国监管机构正式介入个体网络借贷的监管领域，相应的监管细则也日趋清晰和完善。国外个体网络借贷市场的发展远远早于我国，特别是相关国家监管机构介入时间较早，已经逐渐摸索出一套行之有效的监管框架体系，这些丰富的监管实践对于完善我国个体网络借贷的监管具有一定的借鉴意义。

一、英国

英国是个体网络借贷的起源国，拥有一批从事各类业务在全球范围内都颇具代表性的个体网络借贷平台，个体网络借贷满足了相当一部分个人和企业的融资需求，已经成为该国网络替代性融资的重要组成部分。

（一）市场概况

英国虽然拥有高度发达的金融市场，但部分个人和中小企业的融资依然存在较大困难，各个网络借贷平台依托这部分群体的融资需求，通过为借贷双方提供信息服务等方式积极开拓市场，取得了令人瞩目的经济效益和社会效益。据英国个体网络借贷协会（Peer－to－Peer Finance Association）所披露的数据，该国的个体网络借贷市场大致分为商业借贷市场、消费借贷市场和票据融资市场，2014年英国个体

---

* 王刚，国务院发展研究中心金融研究所副研究员；吴飞，上海财经大学法学院博士研究生。

网络借贷市场的交易额已达约16亿英镑，2015年增长至约27亿英镑。①

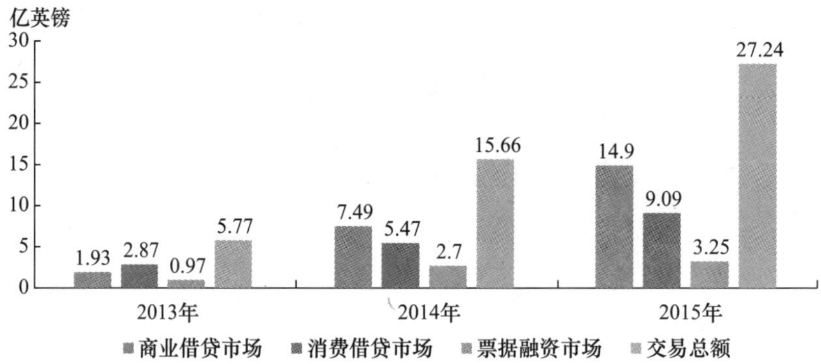

图1　2013~2015年英国个体网络借贷市场交易量

资料来源：Pushing Boundaries 2015 Benchmarking report Nesta/University Cambridge，http：//www. nesta. org. uk/sites/default/files/pushing_ boundaries_ 0. pdf.

目前英国市场个体网络平台约有53家，前五大平台分别是Zopa、Funding Circle、RateSetter、MarketInvoice和lendinvest，由于MarketInvoice主要从事票据融资，与其他四家平台差别较大，下文仅对其余四家平台进行比较说明。

表1　Zopa、FundingCircle、RateSetter、lendinvest四家平台具体说明比较

平台名称	Zopa	FundingCircle	RateSetter	lendinvest
成立时间	2005年3月	2010年8月	2010年10月	2013年5月
个体范围	个人对个人	个人对企业	个人对个人	个人对个人、个人对企业
出借金额（英镑）	≥10	≥20	≥10	≥1000
二级市场	有	有	有	有
借款金额（英镑）	1000~25000	5000~1000000	1500~15000	100000~5000000
利率范围	1%~20%	1%~15%	≥0.1%	6%~14%
预计坏账率	0.3%~5.2%	0.6%~5.0%	未披露	未披露
实际坏账率	0.3%~11%	0.83%~2.15%	0.49%	未披露
FCA注册	是	是	是	是
个体网络借贷协会会员	是	是	是	是

资料来源：peer－to－peer companies _ The P2P money website，http：//www. p2pmoney. co. uk/companies. htm。

① Data of P2PFA members _ Peer－to－Peer Finance Association，http：//p2pfa. info/data.

通过表1不难看出，尽管英国个体网络借贷市场起步较早，但后续仍有较多平台成立，且取得相对较大的市场份额，这表明英国个体网络借贷市场并未形成单个或少数平台垄断的局面。在个体参与范围上，既有仅面向自然人或仅面向企业的个体网络借贷平台，又有同时服务于自然人和企业的个体网络借贷平台，市场细分程度较高，不同平台之间竞争较为激烈。出借金额上 Zopa、FundingCircle、RateSetter 标准较低，lendinvest 最低金额较高，这也反映了这些平台通过最低借款金额对客户群体进行了再次划分。这四个平台虽然对客户进行债权转让拥有一些限制，但无一例外均拥有可供客户转让债权的二级市场，单个债权面临的流动性压力较小。四大平台的借款金额差异范围较大，lendinvest 与 FundingCircle 由于涉足企业借贷领域，借款金额的上下限范围相较于另两个平台均有大幅增加。在利率范围上，较为突出的平台是 RateSetter，该平台仅设置了最低利率限制，没有规定利率上限。平台预计坏账率与实际坏账率之间的差额能够在一定程度上反映平台的风险预测管理水平，除了未披露的两家平台之外，FundingCircle 在预计坏账率与实际坏账率之间的差额远远小于 Zopa，特别是 FundingCircle 的实际坏账率远远低于预计坏账率。四大平台均已在英国金融行为监管局进行注册，但都尚未获得通过电子运营系统进行借贷的行政许可，同时这四家平台也都是英国个体网络借贷行业自律组织——个体网络借贷协会的成员。

（二）监管制度

英国个体网络借贷的最早监管者是公平交易局（Office of Fair Trading），个体网络借贷平台需要从公平交易局获得《消费者信贷许可证》（Consumer Credit License），公平交易局在审批时会主要考察申请人信用和合法性，对资本金没有要求，也不硬性规定市场利率上限。[①] 公平交易局对个体网络借贷的监管重点有三项：保证出借人被个体网络借贷平台平等对待；严格规范平台的宣传；确保出借人获得尽可能多的信息。[②] 但随着2014年公平交易局的停止运转，[③] 其对消费信贷的监管权转移至金融行为监管局，金融行为监管局成为英国个体网络借贷的主要监管者。2014年3月，金融行为监管局发布了《金融行为监管局对网络众筹以及通过其他媒介推销不易变现证券的监管方法》，[④] 该监管方法适用于在英国运营借贷型众筹平台的公司，该监管方法结合行为监管局手册以及英国

---

① 刘越飞：《英国的高成本信贷市场》，《中国金融》2012年第15期。

② 宋鹏程、吴志国、赵京：《投融资效率与投资者保护的平衡——P2P借贷平台监管模式研究》，《金融理论与实践》2014年第1期。

③ Office of Fair Trading，https：//www.gov.uk/government/organisations/office－of－fair－trading.

④ PS14_ 4_ The FCA's regulatory approach to crowdfunding over the internet, and the promotion of non－readily realisable securities by other media，http：//www.fca.org.uk/news/ps14－04－crowdfunding.

消费信贷法（Consumer Credit Act，2006）等法律一道构建了英国个体网络借贷的主要监管规则体系。金融行为监管局对个体网络借贷监管规则的主要内容有：

1. 商业准则

商业准则是企业必须持续遵守的根本要求，一旦企业违反这些要求金融行为监管局将采取相应的监管措施。业务原则主要包括：①诚信，公司从事业务时必须诚实守信；②专业、谨慎和勤勉，公司从事业务时应当专业、谨慎和勤勉；③管理与控制，公司必须在合理范围内注意对其事务进行负责有效的管理和控制，并辅之以适当的风险管理制度；④财务稳健，公司必须保有适当的财务资源；⑤市场行为，公司必须遵守适当的市场行为标准；⑥消费者利益，公司必须对消费者的利益予以适当关注，并公平对待消费者；⑦客户沟通，公司应当对客户需求信息予以适当关注，并通过清晰、公正且无误导的方式与客户进行信息沟通；⑧利益冲突，公司必须公正处理自身与客户之间以及客户与客户之间发生的利益冲突；⑨与消费者之间的信赖关系，公司必须对确保其建议的适当性以及确保客户基于自身判断进行自由决策予以合理关注；⑩客户资产，公司在管理客户资产时必须对客户资产进行充分保护；⑪与监管当局的关系，公司应当以开放与合作的方式处理与监管机构的关系，对于监管机构关注的信息应当进行披露。[①]

2. 高级管理层安排、制度与控制

这一制度和控制规则阐述了个体网络借贷平台在实践中如何遵守上述商业行为第三准则。这一规则包括：①稳健的治理安排；②员工的技能、知识和经验；③外部责任；④记录；⑤利益冲突。[②] 平台的制度和控制类型必须能够适当反映平台业务的性质、规模和复杂性以及客户面临的风险暴露。

金融行为监管局制度与控制规则上对个体网络借贷的另一项要求是无论何时平台一旦不能继续运营，其平台订立的现存贷款协议将继续得到管理和执行。

3. 准入条件

金融行为监管局在监管手册中设定了个体网络借贷平台需要满足且持续满足的最低监管要求，这也是获得行政许可的条件。金融行为监管局还针对这些条件制定了相关指引。2000 年金融服务与市场法中与之相关的准入要求有：①个体网络平台的法律地位；②平台营业地；③包括关联公司在内的有效监管；④平台资源；⑤平台及全体职员的适格性；⑥平台的业务模式。[③]

4. 获批准个人（Approved Persons）的实践原则与规则

这一部分内容是金融行为监管局对个体网络借贷平台获批准个人所设定的行

---

① Principles for Businesses – FCA Handbook，https：//www. handbook. fca. org. uk/handbook/PRIN. pdf.

② FCA Handbook，https：//www. handbook. fca. org. uk/handbook/SYSC.

③ Financial Services and Markets Act 2000，http：//www. legislation. gov. uk/ukpga/2000/8/schedule/6.

为标准。实践规则概括了金融行为监管局和审慎监管局对获批准个人是否遵守了原则性规定的意见。这些原则内容包括：①获批准个人必须诚信实施控制职能；②获批准个人实施控制职能时必须专业、谨慎以及勤勉；③获批准个人实施控制职能时必须遵守适当的市场行为标准；④获批准个人应当以开放与合作的方式处理与监管机构的关系，对于金融行为监管局和审慎监管局所需要的信息必须进行披露；⑤获批准个人在行使具有重大影响的职能时必须采取合理步骤确保其负责控制的平台业务是有组织的、能够进行有效控制；⑥获批准个人在行使具有重大影响的职能时必须在其负责管理的范围内对平台业务进行专业、谨慎和勤勉的管理；⑦获批准个人在行使具有重大影响的职能时必须采取合理步骤确保其负责控制的平台业务遵守监管制度的相关要求和标准。[①]

5. 获批准个人的适格测试

这部分规则设定了金融行为监管局对获批准个人的准入设定的持续性最低标准。当平台为其员工或其他人提交成为获批准个人的申请时需要对其就获批准个人的持续性适格进行评估。金融行为监管局在评估平台行使控制职能的个人的适格性时涉及许多因素，其中权重最大的因素包括：①诚实、正直和声誉；②个人能力；③财务状况。[②]

6. 一般性规定

这些是与管理职责相关的一些规定，包括：①禁止平台宣称或暗示其业务获得了金融行为监管局的授权；②在紧急状态下平台不能遵守规则时所采取的步骤；③如何解释手册的规则和指引；④必须在披露状况中披露公司如何获得许可的受监管状态；⑤对名称和商标的限制；⑥禁止平台将经济处罚强加给员工、董事或合伙人以及针对经济处罚进行保险。[③]

7. 费用

费用规则包括涉及资金监管部门的规定，包括申请、通知、审核以及周期性费用，还包括金融申诉专员服务（Financial Ombudsman Service）与财务咨询服务（Money Advice Service）针对资金的相关规定。[④]

8. 针对投资业务的过渡性审慎规则

规则设定了平台应当遵守的审慎要求和特定通知要求。从事通过电子系统进行借贷这一受监管业务的平台需要持有相应的监管资本，监管资本等于贷款资金

① The Statements of Principle – FCA Handbook，https：//www. handbook. fca. org. uk/handbook/APER/2/1A. html.

② The Fit and Proper test for Approved Persons，https：//fshandbook. info/FS/html/handbook/FIT.

③ General Provisions，https：//www. handbook. fca. org. uk/handbook/GEN. pdf.

④ Fees Manual，https：//www. handbook. fca. org. uk/handbook/FEES. pdf.

的百分比和50000英镑最低额中的较高值。在2017年4月之前，这一最低额有所降低以考虑平台适应新机制。

过渡性审慎规则还包括对平台财务资源以及能够计入财务资源的项目的计算细则规定。为保证平台持有相应数量的监管资本，平台必须就贷款总余额的变化通知金融行为监管局。①

9. 业务行为规则

业务行为规则规定了适用于从事个体网络借贷平台的业务行为要求，这些业务行为要求仅涉及个体网络借贷协议下的出借人以及预期出借人。这些规则具体包括：①一般业务规则；②客户分类规则；③包含营销在内的客户沟通规则；④远程沟通规则；⑤提供公司服务、薪酬的信息；⑥客户协议；⑦向客户提供产品信息；⑧撤销权；⑨向客户进行信息披露。②

10. 客户资产规则

这一规则包括持有客户资产和资金的规则和指引，包括隔离要求、客户资金的法定托管以及平台倒闭时的信息恢复。客户资金规则要求平台在处理客户资金时对客户资金采取适当的保护措施，包括与平台在银行的账户之外单独存放，并且定期进行核对。客户资产处置规则的目的是确保在平台倒闭的情况下，平台能够维持并能够恢复信息，以帮助破产执行人及时偿还客户资金以及安全托管客户资产。③

11. 监管规则

这一规则涉及金融行为监管局与平台关系上的监管事项和要求，该规则包括：①权限变更的申请；②平台的个别指引；③规则的豁免与修改；④获批准个人的控制职能；⑤控制人与关联人；⑥代表任命；⑦通知与报告要求。④

12. 决策程序与处罚

这是关于金融行为监管局决策制定程序的原则性规定，决策制定程序包括发布法定通知，关于处罚的实施与数量的政策以及《金融服务与市场化法》指导下对金融行为监管局做出以及即将做出行为的审查。⑤

13. 纠纷处理

纠纷处理规则和指引主要内容为：①平台就所提供的金融服务的内部纠纷处理，包括平台必须实施的程序、平台处理纠纷的时间限制、平台做出并持有的纠纷记录以及平台必须就将纠纷信息上报金融行为监管局；②金融申诉专员服务的

---

① IPRU - INV Interim Prudential sourcebook for Investment Businesses，https：//www. handbook. fca. org. uk/handbook/IPRU - INV/ - link - /1. html.

② Conduct of Business，https：//www. handbook. fca. org. uk/handbook/COBS.

③ Client Assets，https：//www. handbook. fca. org. uk/handbook/CASS.

④ SUP，https：//www. handbook. fca. org. uk/handbook/glossary/G1147. html.

⑤ Financial Services and Markets Act 2000，http：//www. legislation. gov. uk/ukpga/2000/8/section/169.

实施，这旨在确保纠纷得到及时解决。①

14. 边界指引手册（Perimeter Guidance Manual）

这一规则主要是关于许可所需条件或豁免条件，包括在金融服务与市场化法案下受监管业务的指引以及豁免的生效。对于市场上特定平台来说，这一规则规定了哪些业务是受监管的以及存在哪些豁免，规则还解释了金融营销机制如何运行以及确定某一交流量是否属于金融营销。②

15. 金融犯罪

这一规则向平台提供了防止金融犯罪（如欺诈和数据安全领域）的指引以及先前金融犯罪风险专题评估的概述，在概述中包含了最佳实践以及反例。③

16. 公平合同条款监管指引

该指引阐述了金融行为监管局在《消费合同公平条款规则》下行使的权力，指引还解释了金融行为监管局监管消费合同不公平条款的诸多措施。④

当合同条款违背诚信要求，对合同一方的权利义务带来重大失衡损害消费者的利益时，这一条款将被认定为不公平条款。

二、美国

（一）市场概况

美国第一家个体网络借贷平台 Prosper 诞生于 2006 年 2 月，美国个体网络借贷市场经过十年多的发展目前主要有两种主要的业务模式：①直接出借模式，即出借人直接将资金借给有资金需求的借款人，并将该项贷款作为投资组合的投资之一；②平台出借模式，投资人购买个体网络借贷平台转让的债权，平台与存款机构合作将债权打包或发行证券将其转售给出借人，在此情况下，出借双方没有直接的联系。

个体网络借贷在美国整个信贷市场中所占据的份额并不大，但其增长速度十分迅速。目前美国个体网络借贷市场的主要贷款种类有优级、次优级无抵押消费贷款、小企业融资贷款以及学生贷款。表 2 将个体网络借贷平台所提供的产品与传统金融机构所提供的产品进行了简单对比，不难看出，个体网络借贷

① Dispute Resolution：Complaints，https：//www. handbook. fca. org. uk/handbook/DISP.

② The Perimeter Guidance Manual，https：//www. handbook. fca. org. uk/handbook/PERG.

③ Financial Crime：a guide for firms，https：//www. handbook. fca. org. uk/handbook/FC.

④ The Unfair Contract Terms Regulatory Guide，https：//www. handbook. fca. org. uk/handbook/UNFCOG.

所提供的贷款服务与传统金融机构所提供的贷款服务大体类似，但个体网络借贷平台的利率相对较高。个体网络借贷平台的目标客户主要有信用卡再融资的借款人、被大型金融机构所排斥的小企业、为学生贷款进行再融资的学生以及试图利用银行贷款以外的渠道购车的借款人。机构投资者、风险投资、金融机构和对冲基金对于个体网络借贷市场的浓厚兴趣加速了该行业的发展速度。在融资方面，2014 年第四季度到 2015 年第四季度，美国个体网络借贷市场 36 笔风险投资总额为 27 亿美元。机构投资者的进入也催生了专注于个体网络借贷市场的信息服务、风险评估和交易服务类等提供外围服务的公司。在贷款方面，对那些寻找多样化和高收益的投资者，个体网络借贷平台正成为一个非常有吸引力的投资渠道。

表 2　美国个体网络借贷平台与传统金融机构贷款对比①

	借款类别	机构名称	借款类型	年化利率	借款期限	借款额度（美元）	借款人平均信用分	借款费用
个体网络借贷平台	消费贷款	Avant	定期贷款	9.95% ~36%	2~5 年	1000~35000	650	0%
		Lending Club	定期贷款	5.99% ~35.96%	3~5 年	≤40000	699	1% ~6%
		Prosper	定期贷款	5.99% ~36%	3~5 年	2000~35000	698	1% ~5%
	小企业贷款	Bond Street	定期贷款	8% ~25%	1~3 年	50000~500000	>640	3%
		Funding Circle	定期贷款	6.98% ~32.78%	1~5 年	25000~500000	N/A	1.49% ~ 4.99%
		On Deck	定期贷款	7.3% ~98.4%	3 ~ 36 个月	5000~500000	>500	2.5%
	学生贷款	CommonBond	定期贷款	固定：3.5% ~ 7.74% 浮动：2.14% ~5.94%	5 ~ 20 年	≥5000	N/A	0%
		SoFi	定期贷款	固定：3.5% ~ 7.74% 浮动：2.14% ~ 5.94%	5 ~ 20 年	≥5000	N/A	0%

① U. S. Department of the Treasury. Opportunities and Challenges in Online Marketplace Lending, available at https: //www. treasury. gov/connect/blog/Documents/Opportunities_ and_ Challenges_ in_ Online_ Marketplace_ Lending_ white_ paper. pdf.

续表

	借款类别	机构名称	借款类型	年化利率	借款期限	借款额度（美元）	借款人平均信用分	借款费用
传统金融机构	消费贷款	Bank Loan	定期贷款	9.66% ~9.85%	2 年	可变	N/A	可变
		Consumer Credit Card	循环贷款	11.98% ~12.22%	循环	可变	N/A	可变
	小企业贷款	C&L Line of Credit	授信额度	联邦利率/LIBOR + 特定利率	约 2 年	可变	N/A	可变
		Commercial Credit Card	循环贷款	可变	循环	可变	N/A	可变
		SBA7（a）Loan	定期贷款	基准利率 + 2.25% ~4.75%	特定用途贷款≤10 年房地产≤25 年	≤5000000	N/A	可变

（二）监管制度

美国个体网络借贷市场的起步虽然晚于英国，但其对个体网络借贷市场的直接监管干预远远早于英国，在规范市场秩序保护借贷双方利益的同时，也给市场内平台企业带来了相应的成本压力，在一定程度上也限制了该市场的充分竞争。目前，美国对个体网络借贷的监管主体分为中央层面和地方层面两级架构，中央层面的监管机构主要有美国证券交易委员会、金融消费者保护局、联邦贸易委员会以及联邦存款保险公司，地方层面的监管机构主要是州证券监管部门。[①]

美国证券交易委员会是美国个体网络借贷市场的主要监管机构，在 2008 年美国证券交易委员会认定个体网络借贷平台所发行的受益权凭证属于证券范畴，进而要求个体网络借贷平台履行相应的登记注册义务，并提交相关业务材料，个体网络借贷平台被纳入美国证券交易委员会证券监管的框架当中，联邦证券发行强制登记制度和持续的信息披露制度给个体网络借贷平台带来了巨大的合规成本压力。[②] 金融消费者保护局是美国在金融危机之后成立的专门保护金融消费者利

① Government Accountability Office, New Regulatory Challenges Could Emerge as the Industry Grows, http: //www.gao.gov/new.items/d11613.pdf.

② Verstein A., The Misregulation of Person – to – Person Lending, UC Davis L. Rev., 2011, 45: 445 – 530.

益的监管机构，该机构的监管职权主要限于消费信贷领域，当个体网络借贷平台从事消费信贷业务时将受到金融消费者保护局的监管。金融消费者保护局对个体网络借贷的主要监管职责是收集处理个体网络借贷领域的消费者投诉，根据借贷双方的投诉建立相应的数据库，以及制定保护个体网络借贷领域消费者权利的细则性规定。联邦贸易委员会是保护美国市场竞争性的监管机构，在个体网络借贷监管领域的职责是对个体网络借贷平台的竞争行为进行监管，重点关注个体网络借贷平台在业务行为中出现的欺诈以及显失公平的现象，促进个体网络借贷市场健康高效地发展。由于美国个体网络借贷平台在业务流程中引入了商业银行，而这些商业银行又是在美国联邦存款保险公司进行了存款保险，因而将美国联邦存款保险公司也引入了个体网络借贷的监管领域。联邦存款保险公司主要通过对参与个体网络借贷业务的银行进行监管，从而间接实现对个体网络借贷市场的监管，具体来说联邦存款保险公司将对个体网络借贷平台通过银行资金处理的流程进行监督检查，并监督银行是否在这一过程中对客户隐私进行了有效保护。地方层面对个体网络借贷的监管主要在地方证券监管部门和地方金融消费者保护部门落实执行，部分地方部门对个体网络借贷平台在该范围内开展业务并进行了细化的要求和限制，以进一步保护借贷双方的利益。①

美国目前没有出台专门针对个体网络借贷业务的法律规则，但是由于其金融市场领域的立法较为完善，个体网络借贷在无须专门立法的情况下可以纳入现有监管法律体系中去，在立法方面没有出现法律空白或缺失的情况。这些诸多立法大致可以划分为两类：第一类是证券类立法，包括《证券交易法》（Securities Exchange Act of 1934）、《证券法》（Securities Act 1993）、《506 规则》（Rule 506 of Regulation D）等法律法规，这类规则主要规定了个体网络借贷平台需要满足的信息披露要求，以及在美国证券交易委员会进行注册登记的要求和相关豁免条件；第二类立法是有关个体网络借贷平台业务行为的规则，主要包括《联邦贸易委员会法》（Federal Trade Commission Act 1914）、《诚信借贷法》（Truth - in - Lending Act 1960）、《公平信用报告法》（Fair Credit Reporting Act 1970）、《银行保密法》（Bank Secrecy Act 1970）、《信贷机会平等法》（Equal Credit Opportunity Act 1975）、《债务催收公平法》（Fair Debt Collection Practices Act 1977）、《电子资金划拨法》（Electronic Funds Transfer Act 1980）、《金融服务现代化法》（Financial Services Modernization Act of 1999）、《全球及全美电子签名法》（Electronic Signatures in Global and National Commerce Act 2000）以及《多德—弗兰克华尔街改革与消费者保护法》（Dodd - Frank Wall Street Reform and Consumer Protection

① Government Accountability Office, New Regulatory Challenges Could Emerge as the Industry Grows, http://www.gao.gov/new.items/d11613.pdf.

Act 2010）。这类业务行为规则主要从保护借贷双方的利益出发，确保客户得到公平对待，能够理解个体网络借贷平台所披露的信息，规范个体网络借贷平台的信贷广告，明确个体网络借贷平台获取客户征信报告的条件，为第三方债务催收提供指引和限制。此外，这类规则还对个体网络借贷平台处理客户资金进行了规范，对个体网络借贷合同中所使用的电子签名也进行了相应限制。

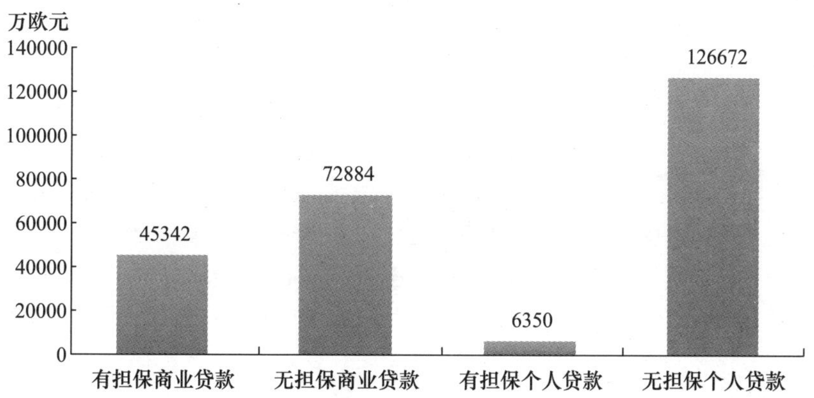

图 2　欧盟个体网络借贷市场融资总额

三、欧盟

（一）市场概况

个体网络借贷在欧盟一些成员国取得了较快的增长速度，2013～2014 年个体网络借贷平台的融资额增长速度为 112%，通过个体网络借贷平台融资的单个项目最高额为 5 百万欧元，平均融资金额为 11000 欧元。英国是欧洲最大的个体网络借贷市场，紧随其后的是爱沙尼亚以及法国。①

欧盟范围内个体网络借贷平台的业务主要分为三类：信贷中介、资金处理和债务催收。通过平台的中介作用，借款人获得贷款，出借人出借资金并获得相应的收益。平台作为中介机构提供相应的收费服务，包括对借款人征信状况的核查，提供在线工具帮助出借人选择借款人以及量化投资风险，基于借款人的信用状况设定利率，将出借人的资金转移至借款人，并定期向出借人发放资金收益以

① Crowdsurfer_ Crowd finance market data and analytics，https：//crowdsurfer. com/info.

及在借款人未按期偿还借款的情况下代表出借人进行债务催收。

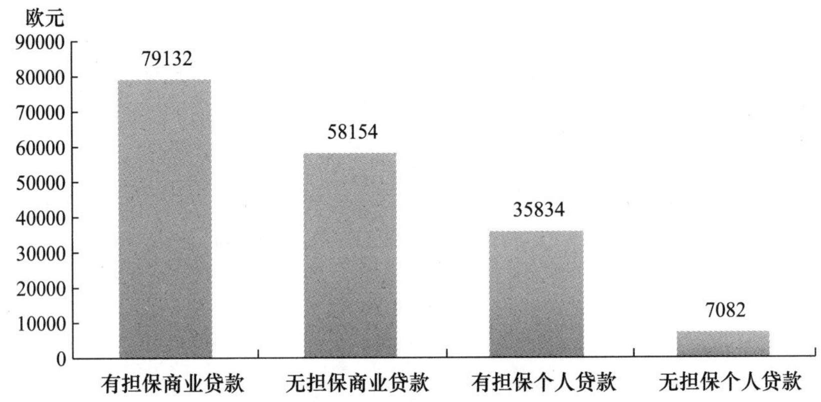

图 3　欧盟个体网络借贷市场平均融资额

资料来源：https：//crowdsurfer. com/app/#！/dashboard/campaigns/fundraise/overview。

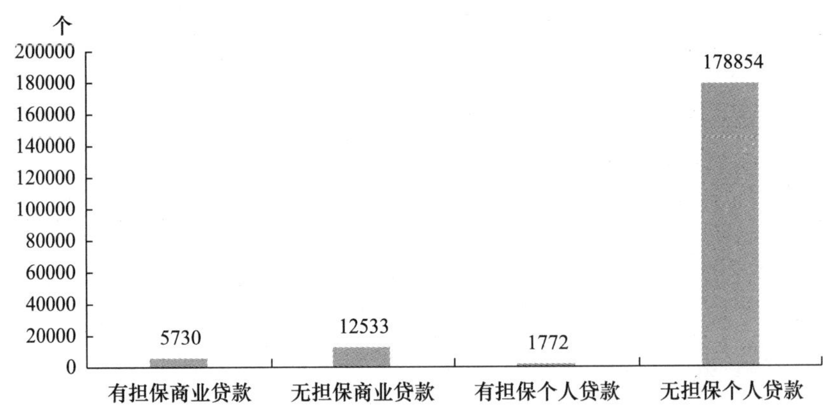

图 4　欧盟个体网络借贷市场项目数量

资料来源：https：//crowdsurfer. com/app/#！/dashboard/campaigns/fundraise/overview。

（二）监管制度

针对个体网络借贷，欧盟有部分国家已经引入了专门的监管体制，有的国家还在采取观望的态度，要求个体网络借贷平台遵守现有规则。

欧盟范围内个体网络借贷平台的监管必须遵守欧盟《消费者保护指令》、《不公平商业行为指令》以及《不公平合同条款指令》。这些指令规定了一系列

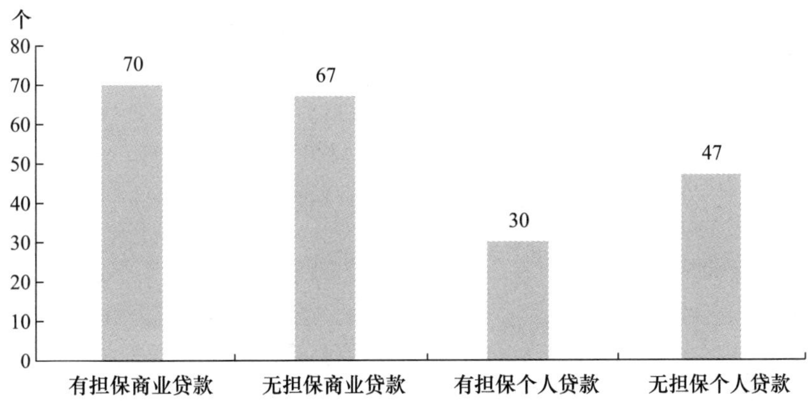

图 5　欧盟个体网络借贷市场平台数量

资料来源：https：//crowdsurfer. com/app/#！/dashboard/campaigns/fundraise/overview。

重要的消费者保护标准，成员国在制定专门监管机制时必须遵守对欧盟消费者法律中关于金融服务内容的最低协调义务。个体网络借贷还会涉及对个人数据的使用，个体网络借贷平台在收集处理客户数据的过程中必须遵守《欧盟数据保护指令》的相关细则。

1. 许可制度

欧盟各成员国对个体网络平台的许可申请都设置了宽严不一的标准，标准主要有申请个体网络借贷的特定执照、基本交易执照以及提供消费信贷或提供信贷中介服务的执照。个体网络借贷平台的许可制度可能还会接受欧盟《支付服务指令》的规范。①

在专门监管制度下，平台需要接受成员国相应监管机构的监管，并且按照与金融中介机构类似的要求申请许可或注册。根据所申请许可的类型，在专门监管制度下申请许可时可能还需要遵守附加的资本要求、职业资格以及行为要求。部分成员国的监管规则还要求在申请行政许可时提交相应的应急安排，以使在平台业务中断时能够保证基础服务的有序运行。

当个体网络借贷平台基于资金处理需求申请支付机构执照时，必须符合欧盟《支付服务指令》设定的要求，这些要求涵盖初始资本、资金防火墙以及平台陷入困境的恢复与持续运营计划等内容。②

① European Commission，Crowdfunding：Mapping EU markets and events study，http：//ec. europa. eu/finance/general - policy/docs/crowdfunding/20150930 - crowdfunding - study_ en. pdf.

② European Commission，Directive on Payment Services（PSD），ec. europa. eu/finance/payments/framework/index_ en. htm.

2. 信贷中介制度

欧盟各成员国对个体网络平台的借贷业务所进行的监管也各不相同。规则区别的原因之一是各国国内法对出借人和借款人进行分类的标准不同，部分国家的监管规则对消费者提供了额外保护。

当个体网络平台从事消费借贷业务，成员国国内立法规范这一业务时将会触发对欧盟《消费信贷指令》的适用。《消费信贷指令》与个体网络借贷较为相关的是消费者保护标准，这一内容主要包括信贷合同的撤销权、合同签订前进行最低信息披露的义务、信用状况评测规则以及信贷成本的评估与测算等内容。根据该指令的要求，个体网络借贷平台还需要通过相关数据库对客户在境外的资信状况进行评估。① 如果个体网络借贷平台被认定为通过“远程合同”（distance contract）提供金融服务，则客户还享有获得欧盟《远程市场金融服务指令》项下列明的在订立合同前必须披露的详细信息。②

欧盟《不公平商业行为指令》则保护个体网络借贷双方避免受到平台不公平业务行为的损害，这里的不公平业务行为主要是指误导客户、遗漏应当向客户提供的信息、违背专业审慎要求。该《指令》还对信贷合同的用词以及保障客户决策的独立性等内容进行了规定。③ 欧盟《不公平合同条款指令》进一步规定了在未经过单独协商的情况下，信贷合同条款在合同双方权利义务上显失公平以及存在违背诚实信用的要求时，这些条款对客户没有约束力。④

3. 资金处理制度

每个个体网络借贷平台在业务过程中几乎都会涉及资金处理，涉及资金处理的支付服务在欧盟是一项受监管的金融服务。支付服务的提供商被归类为信贷机构、电子货币与支付机构等类别，并且还要接受审慎监管。《支付服务指令》同样可能适用于个体网络借贷平台，如果个体网络借贷平台代理借贷双方进行资金流转并持有客户资金，则根据《支付服务指令》的要求，必须在自有资金与客户资金之间建立防火墙，并且将这些资金在信贷机构通过不同账户予以存放。⑤

当出借人通过银行账户向个体网络借贷平台划转资金时，平台还需要遵守欧

---

① European Commission, Consumer Credit Directive, http://ec.europa.eu/consumers/financial_services/consumer_credit_directive/index_en.htm.

② European Commission, Distance Marketing of Financial Services Directive, ec.europa.eu/consumers/financial_services/distance_marketing/index_en.htm.

③ European Commission, Directive on Unfair Commercial Practices, http://ec.europa.eu/consumers/consumer_rights/unfair-trade/unfair-practices/index_en.htm.

④ European Commission, Unfair Contract Terms Directive, http://ec.europa.eu/consumers/consumer_rights/rights-contracts/unfair-contract/index_en.htm.

⑤ European Commission, Directive on Payment Services (PSD), ec.europa.eu/finance/payments/framework/index_en.htm.

盟《反洗钱指令》中关于反洗钱和反恐融资的规则，特别是根据风险评估落实注意义务。这里的风险评估主要是要求个体网络借贷平台关注对客户身份的识别、支付方式以及地理风险因素。①

下文对欧盟成员国范围内的西班牙、法国和葡萄牙针对个体网络借贷的制度进行简单比较，通过成员国的细则性规定，有利于更好地把握和了解欧盟针对个体网络借贷的监管规则。

表3 欧盟部分国家个体网络借贷监管概览②

监管内容	西班牙	法国	葡萄牙
是否设立专门监管机制	是	是	是
借贷主体范围	个人对企业、企业对企业、个人对个人；贷款用途限于商业、教育和消费项目	个人对企业、企业对企业、个人对个人（仅限于教育项目）	个人对企业、企业对企业；资金必须用于借款人的项目或业务
许可	在国家证券市场委员会进行注册及申请许可，许可过程需要征询西班牙银行的意见	在ORIAS（法国唯一负责金融中介注册的协会）进行注册；ORIAS需要核查平台是否符合法律要求（知识与适格能力、义务以及职业赔偿保险）；ORIAS还需要检查基础性声明的执行情况；法国金融审慎监管局负责监管平台，法国反不正当竞争与消费欺诈管理局负责消费者保护；无事前许可要求	向葡萄牙证券市场委员会申请许可
最低资本要求	6万欧元或职业责任保险或两者兼而有之；募集资金总额超过200万欧元，最低资本要求为12万欧元，并随募集资金总额的增加而提高（上限为200万欧元）	无（必须拥有职业责任保险）	5万欧元或相当数额的职业责任保险

① Key elements of the 4th EU Anti – Money Laundering Directive, http://www.financierworldwide.com/key – elements – of – the – 4th – eu – anti – money – laundering – directive/.

② European Commission. Crowdfunding: Mapping EU markets and events study, http://ec.europa.eu/finance/general – policy/docs/crowdfunding/20150930 – crowdfunding – study_ en. pdf.

续表

监管内容	西班牙	法国	葡萄牙
贷款种类	固定及浮动利率贷款；利润参与型贷款（profit participating loans）；优先级与次级贷款；担保与无担保贷款（借款人主要居住的不动产不能用于借贷抵押，房屋抵押贷款中企业发起人即使符合一般消费者保护法消费者的资格要求也不适用消费者保护法）	贷款金额不得超过 100 万欧元，利率需为固定利率，期限最长不得超过 7 年；只有自然人允许出借资金，且单个项目最高出借额为 1000 欧元	贷款利率由贷款额决定
业务持续性要求	发生业务中断时，平台必须拥有有效机制确保基本服务的提供，项目融资能够正常进行	平台必须明确并组织相应准备，以确保包括平台倒闭情形下的业务持续性	平台有义务起草并通过网络公布有序处置的策略和程序，以确保业务的持续性
了解客户规则	平台必须评估客户的知识与经验，并验证客户能够自主进行投资决策以及理解和区分信息风险	平台必须遵守反洗钱规则；适当性测试与适格性测试都无法用于预估	客户需要声明已经理解了包括风险在内的业务条件；平台有义务起草并通过网络公布防止洗钱与反恐融资策略和程序
贷款限额	单个平台单个项目每年上限 200 万欧元；专业投资者上限为 500 万欧元	每年单个项目限额为 100 万欧元，贷款时限最长为 7 年	1 年内单个项目上限为 100 万欧元；机构客户和专业客户（如年收入超过 10 万欧元）项目上限为 500 万欧元
投资限额	非专业投资者每个项目上限为 3000 欧元，每年最高为 1 万欧元；合格投资者没有限制；专业投资者包括机构投资者、资产达 1 百万欧元或年营业额达 2 百万欧元或股本达 3 百万欧元的公司、年收入达 5 万欧元或拥有 10 万欧元资产的自然人	有利息收益的项目投资上限为 1000 欧元，无利息收益的项目投资上限为 4000 欧元	单个项目上限为 3000 欧元，每年总额上限为 10000 欧元；法人和专业投资者不受此限制

续表

监管内容	西班牙	法国	葡萄牙
借款人信息披露	融资项目描述和借款人主要特征	平台进行信息披露	借款人必须向投资者披露关键信息
平台信息披露与风险警示	平台自身信息（特别是项目筛选过程）和贷款信息；面向非专业投资者的一般性风险警示	向出借人进行风险警示；向出借人提供工具以根据年收入和支出评估能够出借的资金数额；使投资者能够评估特定商业计划经济可行性的相关因素	平台自身信息、融资成功项目的持续信息披露；对投资者必须披露的关键信息的详细内容
审慎义务	平台必须核实法律规定必须向投资者披露的项目信息	平台在审慎筛选项目，并且应当披露项目筛选的预设标准	未规定
利益冲突	平台应当公布利益冲突的处理方法；平台的董事、高级管理人员和员工应当避免利益冲突；平台股东不能对项目进行建议；平台、董事、高级管理人员和大股东对单个项目的投资上限为项目总金额的10%	未规定	平台的组织架构应当避免利益冲突；平台的管理人员和员工不能与投资者产生利益冲突；平台不能就发布在其网站上的项目提供投资建议
专业要求	董事和管理层需要拥有公认的知识、经验和专业声誉	良好的声誉和专业经验	平台应当拥有必要的人力、技术、物质和资金资源；平台必须接受葡萄牙证券市场委员会的评估

四、对我国的启示与借鉴

从上文对各国个体网络借贷市场概况以及监管制度的描述中不难看出，在监管介入上各国均对个体网络借贷施加了程度不一的监管措施，对个体网络借贷行业进行监管已经成为主要国家监管机构的共识。但是对于是否专门就个体网络借贷进行立法，各国的做法不一，这主要取决于一国原有金融市场相关立法特别是信贷市场相关立法是否健全，个体网络借贷所提供的服务本质上仍是基于传统信贷的信息服务，如果一国信贷市场立法体系完整，资金处理、征信体系等辅助服务完善，则现有立法完全能够对个体网络借贷进行有效监管，从而大大减少监管成本，提高监管效率。各国对监管主体的选择直接影响监管模式乃至监管目标的取舍。

（一）重视个体网络借贷行为监管

不难看出，主要国家针对个体网络借贷的监管框架几乎均侧重于对个体网络借贷平台的行为监管，通过规范个体网络借贷平台的经营行为实现对整个个体网络借贷市场的有效监管。在我国目前缺乏专门针对非存款类信贷机构立法的情况下，更应当重视制定个体网络借贷平台的经营行为规则，确立平台从事业务的基本准则和业务底线，增加对平台高级管理人员的适格性要求，明确平台准入的定性和定量要求，强化客户资金资产的保护措施，提升平台对纠纷的内部处理水平，完善催债制度对借款人的保护。

（二）突出现有监管规则的整合

针对个体网络借贷进行专门立法固然有利于提升对个体网络借贷的监管效果，然而不可忽视的是随之而来的高昂的立法成本和执法成本，所以相较于专门立法的另一现实选择是完善对现有监管规则的整合，发挥现有监管规则体系的最大效用。监管机构在出台专门立法之前，应当对可能涉及个体网络借贷的现有以及制定过程中的监管规则进行系统梳理，查找现有监管规则的漏洞与不足，重视利用现有规则对个体网络借贷进行监管，而不必追求通过专门立法设置新的监管架构实现对个体网络借贷的监管。

（三）引入过渡期规则

我国对个体网络借贷平台的监管细则应当设置一定时间的过渡期，逐步提升对个体网络借贷平台的监管要求，这有利于个体网络借贷平台平稳地实现业务调整和平台转型，有利于保证个体网络借贷服务的持续性和延续性，从而对满足自然人和中小企业的融资需求提供制度保障。以客户资金存管规则为例，目前完全实现客户资金在银行业金融机构存管的难度较大，全行业真正遵守这一规则的平台为数稀少，可以就此设置一定时间的过渡期规定，在过渡期内平台必须实现客户资金的第三方存管制度，第三方包括银行业金融机构与第三方支付公司，在过渡期结束后则必须实现客户资金在银行业金融机构的存管要求，否则将由监管机构实施相应的监管处罚。

（四）强化行业基础设施建设

各国针对个体网络借贷监管措施发挥作用的一个共同特征是存在高效稳定的

行业基础设施，我国监管机构应当顺应这一趋势，结合我国个体网络借贷市场的实际特点，探索建立个体网络借贷交易数据的集中登记制度，统一个体网络借贷平台的信息披露标准，并通过信息共享提高整个市场的透明度以及借贷双方的参与程度。我国监管机构要加快制定个体网络借贷中央数据库管理办法，进一步明确运行原则、使用范围、系统功能、安全要求等内容；在中央数据库开发过程中，充分利用现有资源，降低市场参与者成本，特别是注重各部门间数据统计和行业监测的协调；建立全行业信息披露制度和数据标准，规范个体网络借贷平台数据标准和接口，实现与行业中央数据库的实时对接和数据互联互通。

参考文献：

［1］韩斯玥、黄旭、贺本岚：《国际 P2P 行业发展趋势与商业银行未来发展》，《金融论坛》2014 年第 3 期。

［2］刘绘、沈庆劼：《P2P 网络借贷监管的国际经验及对我国的借鉴》，《河北经贸大学学报》2015 年第 2 期。

［3］卢馨、李慧敏：《P2P 网络借贷的运行模式与风险管控》，《改革》2015 年第 2 期。

［4］李雪静：《国外 P2P 网络借贷平台的监管及对我国的启示》，《金融理论与实践》2013 年第 7 期。

［5］李晓明：《P2P 网络借贷的刑法控制》，《法学》2015 年第 6 期。

［6］温信祥、叶晓璐：《法国互联网金融及启示》，《中国金融》2014 年第 4 期。

［7］杨东：《互联网金融监管体制探析》，《中国金融》2014 年第 8 期。

［8］郑联盛：《中国互联网金融：模式、影响、本质与风险》，《国际经济评论》2014 年第 5 期。

［9］张正平、胡夏露：《P2P 网络借贷：国际发展与中国实践》，《北京工商大学学报》（社会科学版）2013 年第 2 期。

［10］黄卫东：《互联网金融创新》，新华出版社 2015 年版。

［11］李麟等：《互联网金融生态》，中国金融出版社 2015 年版。

［12］罗明雄、唐颖、刘勇：《互联网金融》，中国财政经济出版社 2013 年版。

［13］王家卓、徐红伟等：《2015 中国网络借贷行业蓝皮书》，清华大学出版社 2016 年版。

［14］谢平、邹传伟、刘海二：《互联网金融手册》，中国人民大学出版社 2014 年版。

[15] 壹零研究院:《中国 P2P 借贷服务行业白皮书 2015》,东方出版社 2015 年版。

[16] EBA. Opinion of the European Banking Authority on lending – based crowdfunding, available at https://www.eba.europa.eu/documents/10180/983359/EBA – Op – 2015 – 03 + %28EBA + Opinion + on + lending + based + Crowdfunding%29. pdf.

[17] Emily Reid and James Black, "The future for peer – to – peer (P2P) lending: the proposed regulatory framework for lending platforms", *Journal of International Banking & Financial Law*, 2014, 29 (1): 397 – 421.

[18] European Commission. Report on Crowdfunding in the EU Capital Markets Union, available at http://ec.europa.eu/finance/general – policy/docs/crowdfunding/160428 – crowdfunding – study_ en. pdf.

[19] European Commission. Crowdfunding: Mapping EU markets and events study, available at http://ec.europa.eu/finance/general – policy/docs/crowdfunding/20150930 – crowdfunding – study_ en. pdf.

[20] FCA. FCA Handbook changes regarding the segregation of client money on loan – based crowdfunding platforms, the Innovative Finance ISA, and the regulated activity of advising on peer – to – peer agreements. available at http://www.fca.org.uk/static/fca/documents/policy – statements/ps16 – 08. pdf.

[21] FCA. The FCA's regulatory approach to crowdfunding over the internet, and the promotion of non – readily realisable securities by other media. available at http://www.fca.org.uk/static/documents/policy – statements/ps14 – 04. pdf.

[22] FCA. The FCA's regulatory approach to crowdfunding (and similar activities), available at http://www.fca.org.uk/static/documents/consultation – papers/cp13 – 13. pdf.

[23] Government Accountability Office. New Regulatory Challenges Could Emerge as the Industry Grows, available at http://www.gao.gov/new. items/d11613. pdf.

[24] Macchiavello E., "Peer – to – Peer Lending and the Democratization of Credit Markets: Another Financial Innovation Puzzling Regulators", *Colum. J. Eur. L.*, 2014 (21): 521.

[25] Mundial B. Crowdfunding's Potential for the Developing World, available at http://www.infodev.org/infodev – files/wb_ crowdfundingreport – v12. pdf.

[26] Osuji O. K., Amajuoyi U., "Online peer – to – peer lending: challenging consumer protection rationales, orthodoxies and models?", *Journal of Business Law*, 2015 (6): 484 – 508.

[27] Pope D. G., Sydnor J. R., "What's in a Picture? Evidence of Discrimination from Prosper", *Journal of Human Resources*, 2011, 46 (1): 53-92.

[28] U. S. Department of the Treasury. Opportunities and Challenges in Online Marketplace Lending, available at https://www.treasury.gov/connect/blog/Documents/Opportunities_ and_ Challenges_ in_ Online_ Marketplace_ Lending_ white_ paper.pdf.

[29] Verstein A., "The Misregulation of Person-to-Person Lending", *UC Davis L. Rev.*, 2011 (45): 445-530.

专题研究Ⅲ：行业创新与案例研究

陆金所：互联网改变金融资产交易全流程

上海陆家嘴国际金融资产交易市场股份有限公司（以下简称陆金所），是全球最大的互联网财富管理平台，平安集团成员企业，2011 年 9 月在上海注册成立，注册资本金 8.37 亿元。

陆金所旗下 lu.com 网络投融资平台（www.lu.com，原域名 www.lufax.com）2012 年 3 月正式上线运营。作为中国平安集团倾力打造的平台，lu.com 结合全球金融发展与互联网技术创新，在健全的风险管控体系基础上，一方面为支持国家实体经济发展，解决中小企业，尤其是个体工商户融资难问题，另一方面为个人及机构投资者提供专业、安全、多样化的投资理财服务。

一、基本情况

陆金所业务包括金融创新产品的研究开发、组合设计、咨询服务，非公开发行的股权投资基金等各类交易相关配套服务，金融类应用软件开发、电子商务、商务咨询等，金融和经济咨询服务、市场调研及数据分析服务等。

陆金所致力于用先进的互联网技术和理念满足投融资需求，成为中国最佳的线上财富管理平台。陆金所希望借助平台，为各类机构及个人提供各类金融信息服务，实现服务多元化，提高市场流动性和交易效率，增加市场透明度，使交易更公平、安全。同时，通过利用互联网平台技术优势，陆金所支持社会资源优化配置，助力提高整个国家的资本配置效率，支持农村经济发展，促进社会和谐。

陆金所是中国互联网金融领域的标杆性企业，并且是全球最大线上财富管理平台。截至 2015 年年底，陆金所平台累计注册用户数 1831 万户，较年初增长 257.6%，成为首个突破千万用户的专业互联网金融交易信息服务平台；活跃投资用户数363万户，较年初增长近10倍。通过陆金所平台交易的资产规模保持高速增长，自陆金所成立至2015年年底，累计总交易量达18146亿元。

其中，个人零售端7339亿元，机构端10807亿元。2015年全年的总交易量为15252.72亿元，同比增长超过5倍，个人零售端交易量6464.92亿元，同比增长近7倍，其中P2P一、二级市场交易量共计524亿元，同比上涨逾2倍；机构端交易量8787.80亿元，同比增长逾4倍，继续保持行业领先地位。

2016年1月，陆金所完成新一轮12.16亿美元融资，融资完成后，陆金所估值达到185亿美元。目前，陆金所提出的“9158”战略逐渐清晰：“9”即九类端口，分别为银行、信托、证券、保险、公募基金、私募基金、地产/政府/大型企业、黄金和P2P；“1”即一个平台——陆金所平台；“5”即B2B一级市场、B2B二级市场、P2P、B2C、C2C五个市场；“8”即模式、产品、风控、账户、客户体验、系统、营销与运营八大关键因素。

二、主要做法

（一）商业模式创新，从P2P网贷到一站式线上财富管理平台

从2011年成立至今，陆金所已经从1.0时代的单纯P2P网贷平台转变为3.0时代的一站式线上财富管理平台。

在1.0时代（2012~2013年），陆金所业务以自营模式运营P2P网络借贷为主，以高效率、低成本的方式实现个人直接投融资，联结不同地区间投融资需求，实现资源高效配置。从资金借贷双方的地域上看，出资人有近70%来自一线城市，借款人则只有20%。因此，陆金所的网络借贷业务对于平衡区域经济发展起到了显著作用。

此外，为了解决出借方的流动性问题，陆金所建立了网贷债权转让的二级市场，同时覆盖个人投资业务和机构投资业务。当某个债权人需要流动性时，可以“一口价”和“竞价”等方式寻求转让。这一方面缓解了投资人短期流动性需求，另一方面也给平台自身创造了稳定的收入来源。因此，借助在商业模式和产品业务方面的创新，陆金所很快在P2P网贷行业中处于领先地位。在此期间，陆金所从平安集团引入了成熟的个人信贷授信系统，用于快速建立初步的风险控制管理体系，在设立之初就与平安融资担保（天津）公司展开合作。通过在P2P网贷业务中引入第三方担保等增信措施，全方位保护投资者利益。在投资合同条

款上，规定对于逾期 80 天的投资项目，由第三方担保支付全额的本金、利息和逾期罚息。

在 2.0 时代（2013 ~2015 年），陆金所逐步聚焦“开放”与“跨业”两个关键词。在平台业务上，拓展银行、信托、保险、证券、不动产、P2P、地方政府、公募基金和私募基金九大市场。在综合性线上财富管理平台，提出建立满足不同投资者以及投资者不同人生阶段不同需求的一站式财富管理平台概念。在客户层面，划分出中高收入阶层个人投资者、高净值客户与大众客户、金融机构与企业客户三个群体；在业务层面，划分出 P2P、非信贷金融服务、现金管理三大类别；在产品服务上，注重多元化产品组合包装后的线上匹配，并且对不同类别产品的风险管控建立标准化程序。在此基础上，逐步形成了资产来源、包装组合技术、端到端风险管理等方面的核心竞争优势。

在此期间，陆金所建立了全过程风险管控架构，形成了七步端到端的风险管理体系。一是制定风险政策制度框架体系，业务必须在制度框架内运行；二是对产品风险进行标识，对资产进行分类和信用评级，并将产品划分为五个不同的风险等级；三是全面信息披露，将产品关键信息传达给投资者；四是设置投后预警监控，根据检查的结果实时调整评级，动态向投资者披露信息；五是打造覆盖全产品线、产品生命周期的风险管理系统；六是建立全方位的风险评价体系；七是探索投资者与产品精准匹配（KYC）。

在 3.0 时代（2015 年至今），陆金所的商业模式开始向“O2O”和“跨境”两个方面转型，进一步完善综合财富管理平台。“O2O”主要是充分整合线上和线下资源，其中，线下数量庞大的平安保险和平安普惠的代理人和门店员工，是陆金所的独特优势。“跨境”则是建立起双向交易平台，包括引入海外优质资产和境外资金对接国内资产。在服务方面，提供基于大数据的资产组合管理及推荐功能等，上线更丰富的资产类别。即在聚合 P2P、非标金融资产和标准金融资产等主打产品之外，又扩容了非固定收益类产品。并且，进一步提高资产获取和包装能力、风险管理和组合能力以及销售能力，实现更高效、更低成本融资。

在对外合作方面，积极与饿了么、杜蕾斯、东方梦工厂等展开战略合作，与上述企业开展跨界合作探索金融场景化。同时，在客户资源、客户体验、营销渠道等领域，双方共同探索互联网金融与实体企业的跨界合作新模式。

在风控方面，陆金所建立了成熟的需求与供给精准匹配流程（KYC）。KYC 以七步端到端的风险管理体系为基础，进一步整合资产端和负债端的大数据，为投资者提供“量身定做”的理财服务。KYC 包括两个方面：一是将产品风险等级划分为 R1 ~ R5 五个等级，风险依次提升。其中，R1 本金和收益率稳定，R5 本金和收益率都可能有较大波动。二是投资者风险承受能力评估。通过投资者风险评估问卷，从基本信息、投资经验、投资目的、投资风格、风险认识五个方面，将投资者风险承受能力划分为 C1 ~ C5 五个类别，风险承受能力依次提升。在此基础上，将产品与投资者匹配，同时提供针对性的风险投资建议。

陆金所每一次升级和转型，不仅是自身服务内涵的丰富与深化，而且作为行业标杆，引发同业共同转型（见图 1）。

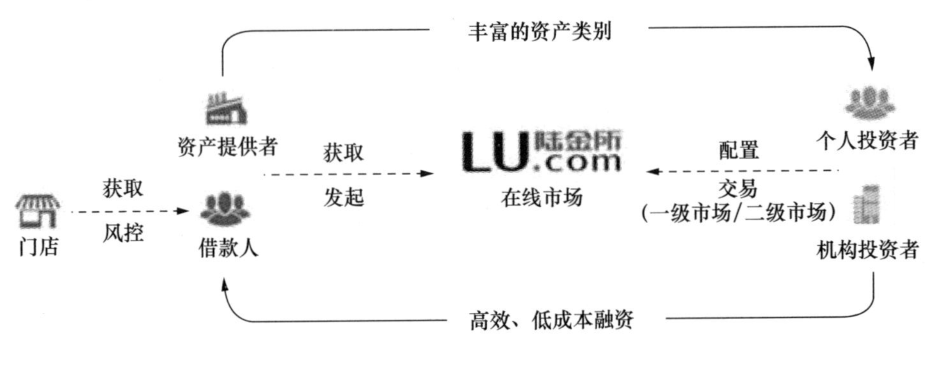

图 1　陆金所的升级和转型过程

（二）服务创新，推进普惠金融服务

陆金所围绕“用先进互联网技术和理念满足投融资需求，成为中国最佳的线上财富管理平台”企业愿景，从降低融资成本、提高交易效率和市场透明度，满足普通大众财富管理需求等方面进行服务创新。其中，陆金所推出的“稳盈—安 e”服务最具代表性。

在我国的融资格局中，银行高度垄断减少了中小金融机构能够获得的金融资源，限制了它们为中小企业服务的能力，而大银行追求贷款规模效益和风险平衡，又不愿为中小企业提供贷款。我国占企业总量 0.5% 的大型企业拥有 50% 以上的贷款份额，而占 88.1% 的小型企业的贷款份额不足 20%。这样的融资环境使得 90% 以上民营中小企业无法从银行获得贷款。在中小企业“融资难、生存难、发展难”的问题引起中央政府的重视之后，“鼓励引导和规范民间资本进入金融服务领域”的政策支持也应运而生。

2012 年 3 月陆金所推出的首款服务“稳盈—安 e”系列，在国际 P2P 网贷模式的基础上进行创新，连接投融资双方，为投资人提供 8.4% 以上的预期年化利率，并引入第三方担保机制，由第三方专业担保公司提供本息“全额担保”，切实保障投资人投资安全。并且，陆金所还在市场中创造性地推出债权转让服务，凡持有“稳盈—安 e 贷”一定期限并符合转让条件的投资者，就可以在陆金所二

级市场中随时转让，大大提高了投资流动性（见图2）。

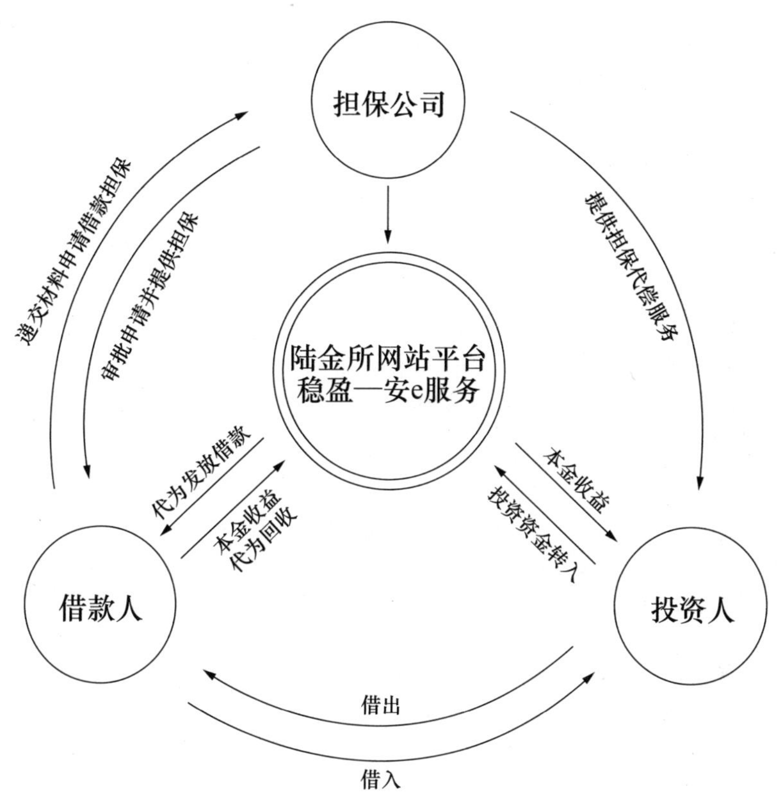

图2　陆金所网站平台“稳盈—安e”服务过程

（三）技术创新，建立行业领先的全流程风控体系

陆金所一直坚持，互联网金融的本质仍然是金融，核心竞争力是风险控制能力，因此做好风险控制是陆金所最重要的工作之一。经过几年的经营并吸取了平安集团几十年来的综合金融经验，陆金所已经形成了一套完善的全流程风控体系。

陆金所的风控措施可以概括为七个步骤：

第一步是制定风险政策制度框架体系，所有业务必须在制度框架内运行。

第二步是对每个产品严格筛选、审查，进行资产分类和信用评级，用星级来展示产品的安全度，比如5星级产品代表安全程度最高。

第三步是进行规范的信息披露，陆金所追求的是差异化的风险提示，即针对每一个不同的产品，将其内部评级、底层资产、主要风险、还款来源、保障措施都一一列明，并且用互联网化的语言传达给用户。

第四步是设置投后预警监控，对所有在售资产至少每三个月进行一次检视，一旦发生异常将自动预警，并根据检查的结果实时调整评级，动态向投资者披露。

第五步是打造覆盖全产品线、产品生命周期的风险管理系统，实现风控的标准化、智能化、模型化。

第六步是建立全方位的风险评价体系，在陆金所，风控人员会被内嵌至前台业务单元中，而前台销售人员的 KPI（绩效指标）中甚至有 20% 是风控的内容，确保业务人员在做业务时必须将风险摆在第一位。

第七步是确保资产与资金的精准匹配。陆金所在资产端将根据内部评级进行风险分类；而在资金端，陆金所也将对投资者进行风险分类，运用传统的问卷方式以及互联网大数据技术进行持续分析，保证分类的准确性（见图 3）。

陆金所在风控上的创新，既是对标商业银行模式，又充分考虑互联网经营的特点。在风控上，陆金所投入的成本、资源也远远超过其他互联网金融平台，目标是要建立一个全过程的、立体化的风险管理体系。

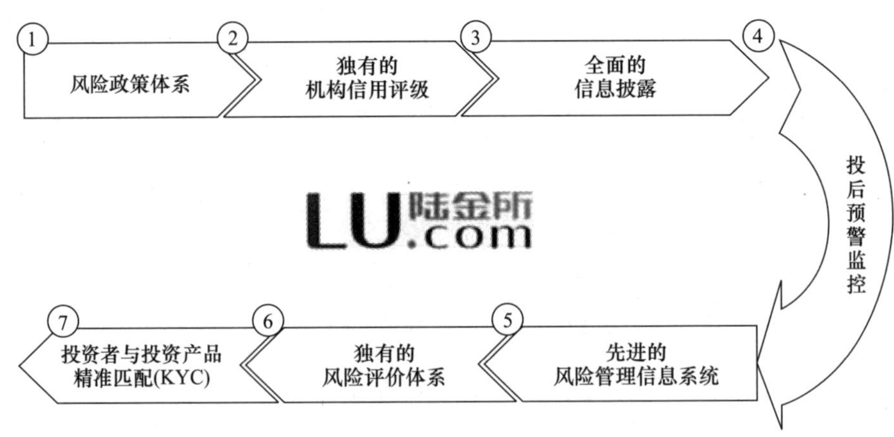

图 3　陆金所的风控措施具体情况

（四）组织创新，打造开放平台服务

陆金所认为，用户财富管理需求是多样的，仅靠一两家机构很难满足，因此要打造开放平台，让一切能够提供服务的公司和机构参与，为用户服务。

经过几年经营，陆金所已经取得令人瞩目的成绩。截至 2016 年 6 月末，陆金所平台累计注册用户数2342万户，较年初增长27.9%，活跃投资用户数587万，较年初增长61.7%，2016年上半年新增投资用户数239万户，同比增长逾3倍。交易量方面，自陆金所成立至2016年6月末，累计零售端交易量13993亿元。2016年上半年零售端交易量6658.96亿元，同比增长近5倍，期末零售端资产管理规模达3387.88亿元，较2015年年底增长35.0%，继续保持行业领先地位。

陆金所一直认为，互联网金融对于普通人生活最实际的意义很大程度来自其普惠的特征。以互联网为代表的现代科技正从根本上改变着人们的生活形态，因此互联网金融的诞生是一种必然。

陆金所目前正在做这样一件事，通过陆金所平台推出的P2P投资项目，“稳盈—安e贷”正是面向普通投资者、小微企业与个体工商户的投融资需求，这个模式的成功就在于其切切实实符合普罗大众的需求：通过“稳盈—安e贷”，一方面实现了对于普通投资人的财富增值，较高的预期年化利率、1万元起投的普惠门槛，投资60天后即可转让的良好流动性，以及平安担保公司全额本息担保，让其在这个市场中炙手可热；另一方面更推进了资本的有效流动与配置。

在陆金所平台上，不仅有资产和产品提供方、投资者，也有支付机构、评级机构、律师事务所等各个参与方。陆金所平台化最终目标是形成完备的互联网金融生态体系，一站式满足用户不同人生阶段不同财富管理需求，为用户提供更多的投资选择、更丰富的投资功能，以及更便捷的用户体验。通过客户体验优化，增强移动端功能，在陆金所投资也将更加方便。

三、经验效果

（一）助力实体经济发展

中国之所以能够引领互联网金融创新，首先在于实体经济的巨大融资需求没有被满足，如个人和中小企业融资难，以及银行需要通过将大量的资产实现证券化、提高资本配置效率来服务新的产业。同时，中国依托于年轻且对高新技术很在行的人群，已经建立起了强有力的科技和电子商务支柱体系。

在此背景下，互联网技术的速度和应用创新就非常重要：一是互联网拥有前所未有的优势，可以抵达全国各个地方，其速度、透明度和风控以及低成本是传统金融服务模式所无法比拟的；二是单纯依靠传统金融机构满足实体经济的需求是非常困难的。在中国的经济转型过程中，既需要传统的金融模式，也需要创新的金融模式，更需要两者的融合。

（二）助力区域经济平衡

互联网金融的发展，有助于改善我国区域经济发展不平衡的局面。目前陆金所平台上的投资人有2/3来自北上广一线城市，而借款人则大部分来自二、三、四线城市，特别是中西部地区。资金在区域之间产生流动，将一线城市投资者的闲置资金转移至中西部地区急需资金的小微企业，帮助了二、三、四线城市发展，优化了国内不同地区的资源配置。

以陆金所“稳盈—安e贷”的经营状况为例，在平台每月数万笔的交易中，投资者多在北京、江苏、上海、广东等经济发达地区，而40%～50%的融资需求集中在泉州、温州及西部等地二、三线城市。资金通过互联网，从一线城市向发展较快的城市中小企业转移，从而支持实体经济的发展。

（三）提高金融资产交易透明度和效率

P2P业务是陆金所一次成功的尝试，但服务实体经济还有更多的问题需要去探索与解决。比如，目前很多机构正面临底层存量资产的盘活问题，实际上这已经成为扩大内需，拉动市场，提高资本效率的桎梏。陆金所希望能够通过创新的办法解决相关问题，即在坚守风控底线的基础上，通过结构化创新，让市场更加透明、增加流动性、创造投资需求，让资本效率得到提高。

陆金所成立至今一直专注于做三件事情：①为客户创造更便捷的投融资方式；②建立起更完备的风控体系；③帮助客户提升流动性风险的防范能力。

围绕这三件事，陆金所将始终秉持六大原则：①不做期限错配，不以短养长；②专业的风控能力，严格的资产筛选；③不做资产池，项目来源独立；④面向专业市场，服务合格投资者；⑤有效的增信措施，保护投资者权益；⑥坚持创新驱动，提供高效流动性。

（四）获得权威机构及社会各界认可

早在2013年10月，时任央行副行长的刘士余带领互联网金融发展与监管研究小组在深圳调研P2P网络借贷，刘士余就对平安陆金所的创新模式颇为肯定，鼓励其成为“行业标杆”。

值得一提的是，陆金所董事长计葵生荣获2014年度中国政府“友谊奖”。计葵生获此殊荣，主要是表彰其在陆金所任职期间，为中国现代金融创新发展与构建多层次资本市场而做出的卓著努力。尤其是在计葵生董事长带领下，陆金所在中国互联网金融领域积极探索，不仅成为全球 P2P 行业三甲，更已成为中国互联网金融领域的标杆性企业。陆金所正践行着用创新战略推动中国金融高效发展，并服务于现代化建设的历史使命。

2015 年，陆金所凭借“稳盈一安 e”互联网信贷投融资创新服务荣获上海市政府颁发金融创新奖。值得关注的是，此次金融创新奖首次接受互联网金融等新型业态的申报，而陆金所也成为国内 P2P 行业首家获此殊荣的平台。

陆金所获得上海最重要的金融创新奖，这意味着上海政府支持包括 P2P 网贷在内的互联网金融创新的政策基调，并且支持方向也更加明确，符合政策导向、风控完备的 P2P 平台将更加受到政府认可。

除此之外，由社会科学院金融研究所、央行金融研究所等组成的联合课题组发布的中国网贷行业发展报告及 P2P 平台风险评级结果中，陆金所一直获得风险评级综合最高得分，综合排名第一。

（本文主要内容由陆金所供稿）

人人贷：自律与合规铸就成长新动能

以2007年国内第一家网贷平台诞生为起点，国内的网贷行业虽经历了从野蛮生长到逐步合规化的曲折演变，但其发展速度和成果仍令人瞩目。成立于2010年的人人贷亲历了网贷行业从初生到繁荣，并向着规范化转型的整个过程。凭借在自律、安全、合规以及金融创新等方面的积极探索与积累，人人贷获得了行业与用户的认可，如今已发展为国内网贷行业的领导品牌。

2013年12月，人人贷母公司人人友信集团获得了1.3亿美元的A轮融资，创下当时行业最大单笔融资纪录。凭借在网贷领域风控方面的经验优势以及创新的金融服务，人人贷在由融360与中国人民大学联合进行的网贷评级中，先后六次获得A级最高评级。在由中国社会科学院等机构发布的“中国网贷评价体系”排名中，人人贷是极少数连续五次获得课题组最高认可度的平台之一。此外，基于良好的经营表现和行业口碑，人人贷连续两年获得“中国互联网百强企业”等多项业内殊荣。截至2016年9月，平台累计成交金额已超过200亿元，用户突破285万户大关，累计为理财人赚取了超过16亿元人民币。

在成功经验的背后，人人贷坚持的合规和自律准则发挥了关键作用，也体现了优质平台对行业的示范。本案例着重介绍人人贷在平台风险控制，以及合规性建设方面的成功经验，借此给予行业一些有益的启示。

一、人人贷的成功基石：风险控制融入企业的发展“基因”

2016年8月，在银监会向各家银行下发的《网络借贷资金存管业务指引（征求意见稿）》中明确了风险控制的主体只能是网贷平台。风险控制对于平台的重要性以及用户利益的保障毋庸置疑，具备过硬风控实力的平台在保障用户资金安全的过程中会占据更大的优势。

在过去六年的探索与发展中，人人贷逐步形成了一套较为完整的风险控制体系，涵盖借贷行为的事前、事中、事后的全流程，以降低虚假标的出现的概率以及用户和平台的运行风险。

其一，人人贷坚持小额分散的风险控制原则，这与四部委发布的《网络借贷信息中介机构业务活动管理暂行办法》（以下简称暂行办法）中对平台划定借款上限的思路是一致的。人人贷联合创始人杨一夫介绍，2016 年上半年的数据显示，人人贷平台平均单笔核批借款金额仅为 8.35 万元，远低于暂行办法规定的 20 万元限度，为理财人创造了安全、稳定的投资环境，也是普惠金融的价值体现。

其二，风险控制需多头并举。人人贷通过线下风险控制与线上大数据挖掘技术相结合，形成了贯穿网络借贷业务始终的风险管理体系。事前，人人贷会对借款人设置一定的门槛，并通过线上与线下结合的手段来审核用户信息的真实性，从而进行有效的风险评估。事中，平台通过数据采集对借款人还款行为甚至生活行为、社会行为进行跟踪，及时识别潜在风险。事后，若借款人发生逾期风险，平台将通过有效、合法、合理的手段完成账款催收。

在这一模式中，相比事后的补救，事前对资产端严格的资质审核更为关键。人人贷在 2015 年的实地认证标达到 93712 笔，比重接近 90%，体现了风险防范大于事后补救的原则。

其三，风控管理不只是风险部门的事情，而且贯穿整个公司的业务运作和企业文化。从最前端的销售，到最后台的资产管理，在整个过程中人人贷都始终保持着对风险的敬畏。另外，在与民生银行合作的资金存管系统上线之后，虚假标的出现的概率将大大降低，为用户资金安全增加一道防护网。

二、人人贷合规建设的成功经验：银行资金存管树立行业合规发展样板

2015 年年末，银监会出台了《网络借贷信息中介机构业务活动管理暂行办法（征求意见稿）》，要求 P2P 应当实行自身资金与出借人和借款人资金的隔离管理，并选择符合条件的银行业金融机构作为资金存管机构。2016 年 8 月，在银监会向各家银行下发的《网络借贷资金存管业务指引（征求意见稿）》，以及银监会、工信部、公安部和网信办联合发布的《网络借贷信息中介机构业务活动管

理暂行办法》中，明确了银行资金存管的硬性要求。银行资金存管由此被认为是网贷行业的最大合规门槛。人人贷等一批完成了银行资金存管的平台为行业探索了可行的路径。

人人贷银行资金存管模式简介

人人贷于2016年2月实现了与中国民生银行的资金存管系统对接，成为网贷行业内首批实现真正的银行资金存管模式的平台之一，也是目前监管政策认可的合规存管模式。在此模式之下，中国民生银行为人人贷开设了存管账户、投资人和借款人的独立个人存管账户、合作机构存管账户，以确保账户的独立和资金的有效隔离。用户的每一笔交易，需要跳转至中国民生银行页面确认，并最终在中国民生银行端完成资金流转。在银行资金存管模式下，用户资金和平台资金实现了有效隔离，银行对用户账户进行分账独立管理，保障资金安全。

人人贷副总裁韩啸认为，真正意义上的资金存管是确立银行对平台用户资金的管理和监督角色。通过存管体系实现平台资金和用户资金的有效隔离，并由银行监督用户资金流转的全过程，最终达到保障用户资金安全和符合行业监管要求的目的。在人人贷与中国民生银行合作的资金存管模式中，银行的存管、划付、核算及监督作用得到凸显，由此带来三大启示：

首先，将用户资金与平台自有资金进行有效隔离，是平台实现银行资金存管的首要标志。中国民生银行开设专户用于存放人人贷用户交易资金，从而实现用户资金与平台运营资金的隔离。用户的资金自交易之初就在银行体系内运转。这种隔离避免了平台自建资金池的可能性，消除了平台擅自挪用资金的隐患，从而在根源上保障了用户资金安全。

其次，构成真正银行资金存管的第二个关键性要素是，由银行对用户账户进行独立管理。民生银行为每一位人人贷用户设立独立的银行存管子账户，并对用户的交易与资金流水进行簿记，以此实现账户的独立管理。同时，民生银行每日将与人人贷就银行系统与平台的总账户，以及所有用户的分账户进行对账，确保数据安全准确。而用户也可在民生银行提供的界面查询资金余额、资产交易情况等数据，避免平台提供不实信息。

最后，保障用户自主投资意愿。用户在进行充值、投资、提现等操作时，都将跳转至民生银行的界面进行密码验证，确保根据用户真实意愿进行交易，防止平台在未经用户授权的情况下对用户资金进行违规操作。

银行资金存管模式的确立无疑为行业设立了更高的隐性门槛，对平台技术实力、运营能力等综合实力均提出了更高的要求。人人贷与民生银行在存管系统技术对接的过程中进行了诸多探讨，最终花费将近一年时间才完成系统上线，在当时尚无行业内成功经验的环境下，探索出银行资金存管的可行方式，为行业树立了可参照的范例与标准，从而推动整个网贷行业的合规划进程。

三、结　语

2016 年对网贷行业而言，是回归金融本质的一年，野蛮生长的时代将彻底结束，规范发展与理性繁荣将是未来的行业发展主流。人人贷联合创始人杨一夫认为，随着行业监管细则的落地，行业的优胜劣汰将更加激烈，对于行业的良性发展而言将起到利好的作用。无论何时，自律与合规都是互联网金融平台得以良性发展的基石。人人贷的成功经验对于行业无疑是良好的借鉴，同时，创新的步伐永无止境，人人贷仍将与行业同行共同探索互联网金融的繁荣之道。

（本文主要内容由人人贷供稿）

玖富：围绕“成长周期”的场景金融服务体系

玖富，中国移动互联网金融综合服务平台，基于移动互联网和大数据风控技术为用户提供高效、优质的金融服务。玖富目前拥有3000万个注册用户，其中移动端用户超过2800万户。旗下拥有玖富钱包、悟空理财、玖富超能、玖富叮当等多个知名子品牌。玖富获得了多项技术大奖，长期为国内商业银行提供业务顾问与技术支持服务，包括流程银行再造、个人理财、小微信贷等方面。

一、围绕“成长周期”的场景布局

在消费金融布局方面，玖富通过战略合作、战略投资、内外部孵化等形式，在多个领域的消费场景进行布局，提供消费金融服务。在中国目前主要的消费金融分类场景中，几乎都可以看到玖富子公司或所投资公司的身影，如教育培训领域的蜡笔分期、租房领域的房司令、3C消费领域的玖富超能、二手车交易好车无忧等。这些场景金融服务，覆盖了用户教育培训、毕业租房、购车、婚恋、出游等成长生活周期，形成了围绕用户“成长周期”的场景金融服务体系（见图1）。

玖富消费金融布局已经形成跨场景、跨地域的格局，线上电商、场景化O2O、线下消费等均已布局，并引入保险机构、银行、消费金融公司、创投机构、行业龙头企业等多元化的力量为玖富构建一个全新的消费金融服务体系。

1. 对外Link，在合作中共赢

在外部Link合作方面，玖富通过线上、线下的形式，与不同领域的企业展开合作。在线上部分，2015年7月，玖富与易车网合作布局汽车消费市场；2015年8月，玖富与世纪佳缘展开合作，推出婚恋服务分期。而在线下部分，玖富联合新东方在线、达内科技、优胜教育等130多家教育机构推出玖富蜡笔分期，成为国内最大的教育分期服务商。

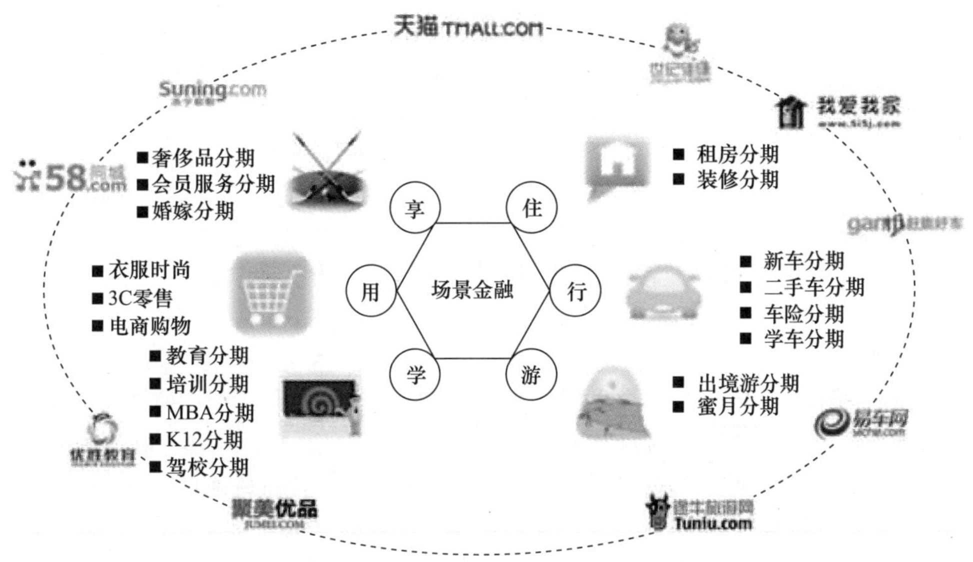

图1　玖富围绕用户“成长周期”的场景金融服务体系

而在互联网金融领域的合作中，玖富与芝麻信用、腾讯征信、前海征信等多家征信机构合作，积累了大量用户数据，不仅可在短时间内为用户提供信贷服务，还能够有效降低风险。

2. 内部 Plus，孵化创新不断

从 2014 年开始，玖富在内部创新孵化了不同定位的多个产品，包括 wecash 闪银、悟空理财、玖富钱包、小金票、蜡笔分期、贷我飞、分期 GO 等。内部的“Plus”创新孵化，不仅对用户群体进行细分，服务更精准，同时也极大地调动了内部创新动力和活力。目前，蜡笔分期已经与数十家教育机构展开合作；而分期 GO 则与老牌渠道商迪信通全国 1500 家门店实行消费分期合作。

3. 战略投资优质潜力企业

在“Link&Plus”孵化战略之下，玖富开启了更加具体的战术布局，对有战略意义的创业平台、企业进行投资。2015 年，玖富联合 IDG、红杉资本、华兴资本、险峰华兴、唯猎资本、东方弘道等 7 家知名投资机构，共同举办了首届“玖富杯”互联网金融创业大赛，大赛中遴选出来的优胜者不但可获得投资机构的关注，加速融资的进程；同时也会获得玖富在风控技术、合作资源、场景建设等领域的全方位支持。2016 年，玖富联合经纬创投、IDG、华兴资本等举办“火眼·2016 玖富中美金融科技创业大赛”。

在 2015 年大赛中脱颖而出的房司令，在成立短短一年内就获得了广泛好评，除了先后获得多家知名创投机构的关注与投资，也得到了玖富的大数据风控技术、资源合作多方面的支持。在玖富的资源协助下，房司令与我爱我家旗下“相寓”平台达成全面合作，此后这家新兴的房租分期O2O公司迅速吸引了业内外众多关注目光。

二、错位竞争构建生态优势

目前抢滩消费金融市场的机构大致分为几个阵营，除了以P2P为代表的互联网金融公司外，还有传统银行、获得牌照的消费金融公司、以BAT以及京东等为首的互联网和电商公司以及垂直领域的O2O平台等。在目前的竞争格局下，P2P平台在交易量与场景方面似乎都无法与一些消费金融公司及电商巨头匹敌，那么互联网金融公司该如何打好这场仗？我们不妨来看一下消费金融各大“玩家”的优缺点。

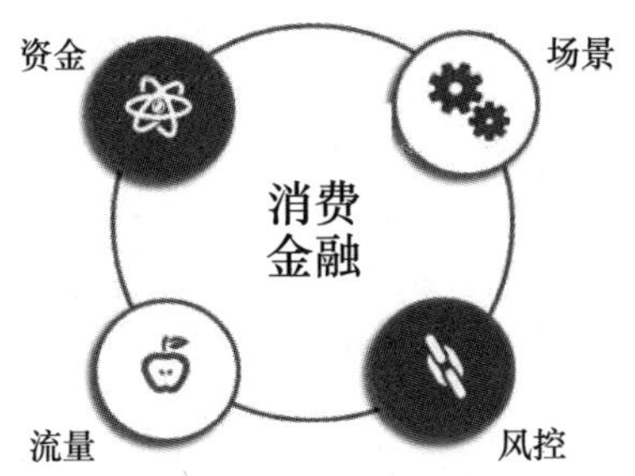

图2　消费金融业务开展的四要素

首先，银行无论是资金、风控技术、消费信贷业务资历都非常深厚，但体制和效率是最大的阻碍。银行个人信贷一直占比很小，而消费金融主要目标用户是没有信用卡、没有征信记录的那部分用户，银行机构主动接触这一部分用户的意愿就不强烈。

垂直行业的龙头公司有线下场景资源，但金融功底与风控是短板，需要重新搭建消费金融服务体系，并且在资金引入、风控等方面加大投入。不过占据场景的一极，类似国美、苏宁开展消费金融业务仍然前景看好。

以阿里、京东为代表的互联网电商巨头公司，在流量和场景上占据优势，蚂蚁花呗、京东白条等消费金融产品业依托于此快速成长起来。

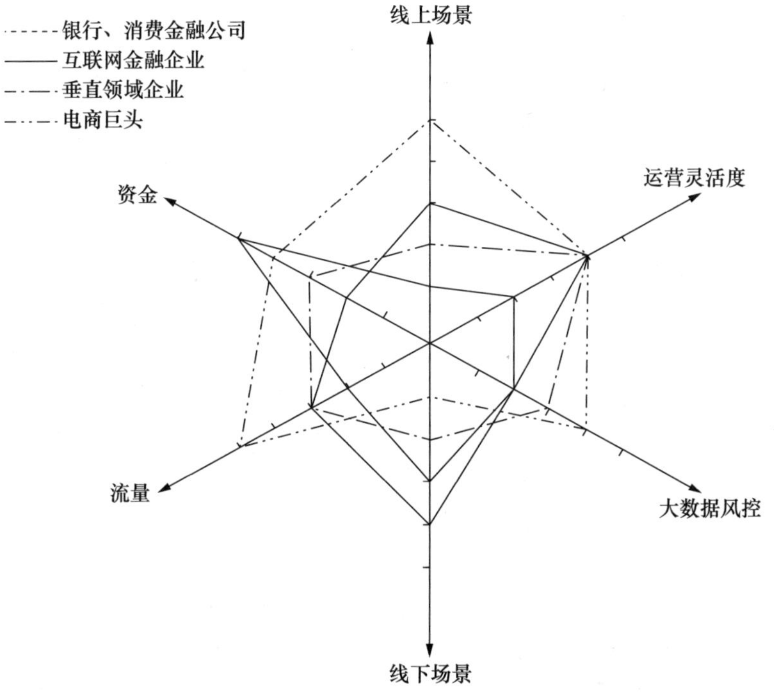

图 3　各类企业在场景金融要素中的竞争力分析

从上述可知，消费金融市场够大，无论是场景、流量还是资金、风控，都没有实现垄断，通过模式创新和技术创新，互联网金融平台仍然可以在消费金融的这一场大战中脱颖而出。

因此，基于以上种种，玖富场景布局基于当前市场竞争格局以及市场空间，错位竞争，采取了战略资源共享合作的方式，构建了自身的场景金融体系。

因此，玖富作为拥有风控技术、用户数量、超高比例移动端用户的资深平台，具备了与垂直领域巨头合作，搭建场景金融生态链的基础。因此，打造了一个既开放共赢，又自成体系的场景金融生态链。

三、未来前景

2016 年 8 月 24 日，银监会正式发布了《网络借贷信息中介机构业务活动管理暂行办法》，对个人和企业在借款余额上做出了限定。该暂行办法规定同一自然人在同一网络借贷信息中介平台的借款余额上限不超过 20 万元人民币，在不同网络借贷信息中介机构借款总额不超过 100 万元人民币；同一法人或其他组织在同一网络借贷信息中介机构平台的借款余额上限不超过 100 万元人民币，在不同网络借贷信息中介机构平台的借款余额上限不超过 500 万元人民币。

消费金融信贷特点为小额分散，一般额度均在限额规定以内，消费金融也成为新规之后各大平台转型、追逐的重点。玖富围绕个人“成长周期”的场景金融布局十分具有前瞻性，在将来的竞争中也可占得先机。

此外，2015 年 6 月，国务院将消费金融公司试点扩大至全国；2016 年“两会”总理在《政府工作报告》中再次提及消费金融：在全国开展消费金融公司试点，鼓励金融机构创新消费信贷产品；几乎同期，3 月央行及银监会发布《关于加大对新消费领域金融支持的指导意见》，要求培育发展消费金融组织体系，加快推进消费信贷管理模式和产品创新。可见国家不断释放出鼓励消费金融、促进消费拉动经济增长的信号。

同时央行数据显示，截至 2015 年年末，我国居民消费信贷余额 18.9 万亿元，消费贷款正以每年超过 20% 的速度激增，艾瑞咨询最近公布的报告也称，预计 2017 年消费信贷规模将超过 27 万亿元。巨大的市场蕴含着无限机遇。

目前来看，电商巨头、线下零售巨头、消费金融公司、垂直领域场景巨头将成为未来消费金融发展的四极。但由于消费金融涉及客户开发、场景搭建、大数据风控等一系列环节，门槛较高。尤其是仅具备某一两项资源优势时，开发场景金融全产业链难度较大、风险较高。以玖富为代表的较为成熟的互联网金融平台可以作为场景金融服务的集合商，在场景金融的全产业链中进行区块化切割，发挥各自优势资源，通过协同作业实现利益共享、风险共担。

从这个角度来看，玖富探索的经验具有广泛的普适性。玖富目前布局的场景覆盖衣、食、住、行、学、享等多个领域，对求学、工作、婚恋、购车购房、医疗美容等各阶段需求均有涉及，形成了自身独特的完整场景金融生态链，在一个市场前景广泛被看好的市场，也具备自身独特的竞争优势。

（本文主要内容由玖富供稿）

信而富：用科技重构金融生态普惠金融内涵初显

信而富成立于2001年，曾在十余年的时间里为金融机构提供信用风险管理服务，服务对象涵盖了中国银行、中国银联、中国建设银行等在内的全国一半以上大型银行，累计为1亿余张信用卡提供信用评分、承销服务。2010年，信而富涉足网络借贷信息中介服务，主要为未被传统金融机构覆盖但又有信贷需求的普通人，提供价格合理、便捷安全的消费信贷服务。

（一）普惠金融使命下市场定位5亿“爱码族”

公开资料显示，截至2016年9月，人民银行个人征信系统共有2927家接入机构，收录自然人数8.99亿，其中4.12亿人有信贷业务记录，约有4.87亿人没有信贷业务记录。

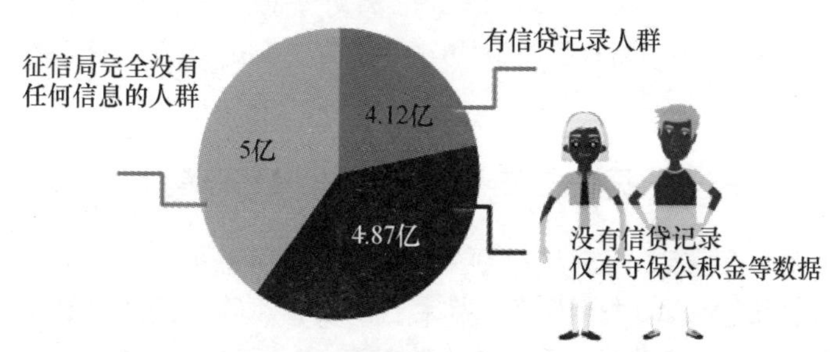

图1　中国个人征信现状

由于信贷数据缺失、采集成本较高等原因，传统银行难以向这部分人群提供风险定价和授信服务，因此此类“在央行征信有工作记录，但无信贷记录”人群的信贷需求难以得到满足。基于此，信而富将市场锁定为这大约5亿（4.87亿）人，服务其小额信贷需求，提升消费信贷服务在国内的覆盖率、可得性与满意度。

经过一系列的调研与数据分析，信而富对这5亿人进行了精准画像，发现其除了没有信贷记录这一共同特征之外，还具备“职业稳定，对于互联网重度依赖，喜欢网购，拥有各种消费和信贷需求”等共同特性。在目标市场确定、用户画像清晰的情况下，信而富率先在国内提出“爱码族”（EMMA）概念，英文全称为“Emerging Middle - Class Mobile Active Consumers”。这一概念的提出，让在央行有记录但没有信贷记录的5亿人群获得了更广泛的社会认知，也使其获得信贷服务的可能性增加，此外，这对普惠金融的发展也有着深远的影响。

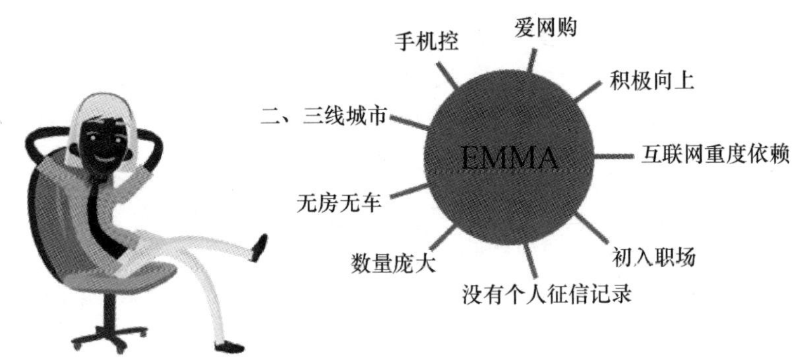

图2　信而富（EMMA）概念体系

事实上，目前“爱码族”（EMMA）已然对普惠金融产生了积极影响，而面对这5亿级的市场，如何将消费信贷服务覆盖至更多的“爱码族”人群成为了信而富发展的关键。

（二）“多渠道、多数据”打破隔离，独特战略另辟蹊径

不仅传统银行无法迈入这5亿人的市场，由于信息不充分，导致信贷行为的预测成本高昂、获客成本居高不下，费率、定价、风险等问题也让P2P网络借贷服务难以真正进入这一领域。央行统计数据显示，中国网贷行业主要覆盖10万元以上的信贷需求，仅有大约1%的网贷机构真正从事低于10万元的小额借款服务，从事几百元、几千元微额借款服务的更是少之又少。信而富面向5亿“爱码族”，服务小额信贷需求，凸显出互联网金融对普惠金融的意义。

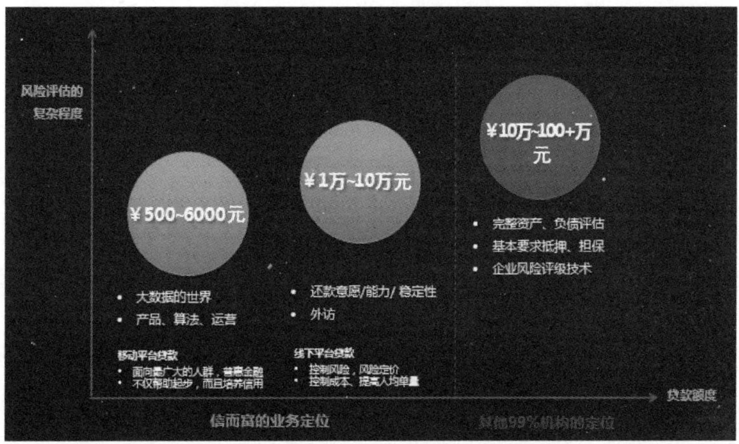

图3　信而富的业务定位

要解决“爱码族”覆盖的问题，获客成本成为破题关键，信而富经过不断探索与尝试，以“多渠道、多数据”战略破解了行业难题，率先构建了大规模、高效率、低成本的获客模式。在中国有为数众多的企业拥有超过1亿用户的数据，但却互不共享，造成数据源相互隔离。信而富打破信息隔离，通过与大型互联网数据平台开展合作，实现最大渠道多样化、最多途径接触到整个“爱码族”。大数据分析处理、预测筛选技术成功运用于分析在线社交媒体、互联网搜索、浏览、在线旅行和交易活动等用户信息，最终筛选出合格且有信贷需求的“爱码族”。在战略与技术的共同支撑下，截至2016年10月末，信而富平台累计为超过100万借款人提供消费信贷服务，成功撮合借款交易超过880万笔，这一另辟蹊径的做法初步取得成效，“爱码族”覆盖问题得到妥善解决。

图4　信而富产品的应用场景

（三）核心技术颠覆传统金融生态

信而富的“多渠道、多数据”战略，以及大规模、高效率、低成本的获客模式都建立在其强大的核心技术体系上。目前，信而富已拥有“预测筛选、自动决策、信用评分”三大核心技术。

为了配合战略发展，应用大数据技术来做出更好、更有效的信贷决定，2015年年初，信而富在美国硅谷建立了大数据实验室，旨在将来自世界各地的顶级工程师与数据科学家聚集在一起，共同探讨如何利用人工智能、机器学习等前沿技术，从而更好地运用中国大量的传统和非传统数据来为消费信贷做更好的信用决策。实验室团队核心成员有谷歌、甲骨文、Facebook 等互联网巨头工作背景，以及来自哈佛、麻省理工和芝加哥大学等世界知名高校的学生。

回归分析、决策树和判别方法等传统金融技术中的标准方法在面对非结构化、海量、弱相关特征明显的大数据时存在一定缺陷，即不能提供所有的预判价值。同时，鉴于中国的特殊情况，反欺诈成为了消费信贷发展的最大难题。信而富运用人工智能、机器学习等新的技术结合其 16 年来信贷风险管理能力，有效地解决了传统技术中的不足，显著提升了信贷决策中的模型精确度，在一定程度上解决了被欺诈攻击的问题，其中预测筛选是反欺诈的核心。

（四）预测筛选技术（PST）

预测筛选技术（Predictive Selection Technology，PST）是基于对用户在互联网、社交平台等方面的行为、轨迹数据进行分析，筛选出有潜在信贷需求的合格借款人的领先的大数据处理技术，这一技术极好地解决了欺诈防范的问题。

图 5　预测筛选技术（PST）

预测筛选技术有效地帮助信而富降低了逾期风险，这一技术生成的风险可控的目标客户群还款率比主动申请用户群高20%之多。

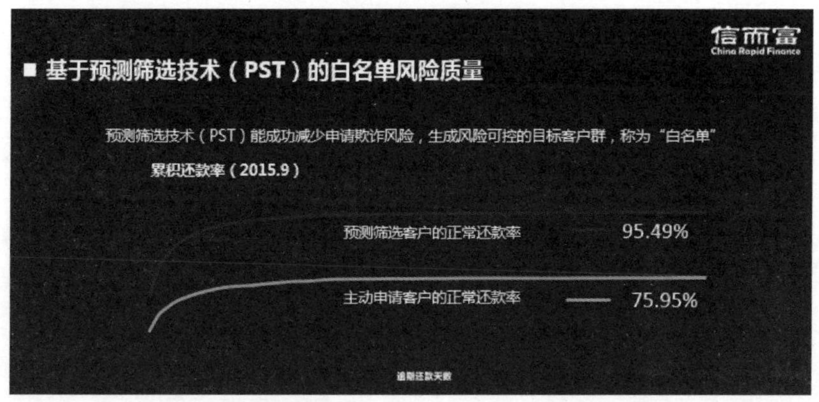

图6　预测筛选技术（PST）的白名单风险质量

（五）自动决策技术（ADT）

自动决策技术（Automated Decisioning Technology，ADT）是通过对合格借款人的移动轨迹、信用特征等数据，进行风险、欺诈、价值等多维评分，判定用户还款能力、还款意愿和还款稳定性，并对该借款的额度、期限和费率等授信做出决策的技术。该技术无须人工干预，即可做出标准化的决策。

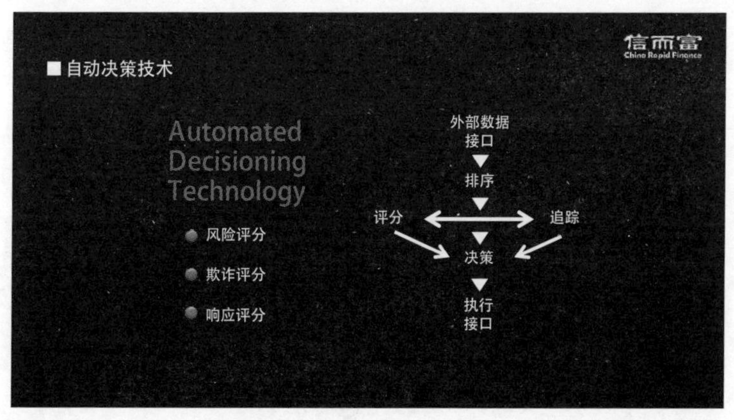

图7　自动决策技术（ADT）

上述技术及发展理念表明，信而富通过技术可以给市场提供价格合理、便捷的消费信贷服务，通过预测筛选、自动决策技术解决欺诈问题，并建立起传统和非传统数据的桥梁。用创新的前沿科技结合传统信贷经验颠覆传统金融技术，最终受益的将是5亿“爱码族”。

作为科技金融的典型案例，信而富在市场定位、商业模式、技术架构等层面都已形成完整链条，全面综合地反映了当前互联网金融金字塔顶端的水平。由于其市场定位高度契合国家普惠金融发展战略，基于现有的商业模式，未来发展将呈现爆发式活力。普惠金融的实质是将消费信贷覆盖至更多“爱码族”，信而富未来在商业模式、技术架构等层面将成为超强概念输出方，互联网金融对普惠金融的补充作用将真正得以实现。

（本文主要内容由信而富供稿）